教育部 财政部高等学校特色专业教材建设

教育学　●易连云 总主编

职业教育导论

JIAOYUBU CAIZHENGBU GAODENG XUEXIAO TESE ZHUANYE
JIAOCAI JIANSHE JIAOYUXUE

沈小碚 主编　雷成良 副主编

国家一级出版社
全国百佳图书出版单位

西南师范大学出版社
XINAN SHIFAN DAXUE CHUBANSHE

内容简介

该书由西南大学沈小碚副教授主编，全书共分十章，包括：第一章，职业教育概论；第二章，职业教育目标论；第三章，职业教育体系论；第四章，职业教育专业设置论；第五章，职业教育课程论；第六章，职业教育教学论；第七章，职业教育学生论；第八章，职业教育教师论；第九章，职业教育的职业伦理；第十章，职业指导论。该书对职业教育的概念进行了比较深入的解读，分析了本学科的研究对象及意义，简要地论述了职业教育的发展态势。对职业教育的培养目标、体系结构、专业设置、课程开发、教学理论、学生学情、教师发展、职业伦理以及职业指导等方面分别作了比较详尽的论述。

本书适合作为高等学校职业教育学专业教材，也可供广大相关职业教育研究人员作为参考资料选用。

图书在版编目(CIP)数据

职业教育导论 / 沈小碚主编. —— 重庆：西南师范大学出版社，2017.3

ISBN 978-7-5621-7535-3

Ⅰ.①职… Ⅱ.①沈… Ⅲ.①职业教育－教育理论 Ⅳ.①G71

中国版本图书馆CIP数据核字(2017)第054425号

教育部　财政部高等学校特色专业教材建设·教育学

职业教育导论
ZHIYE JIAOYU DAOLUN

沈小碚　主编　　雷成良　副主编

责任编辑：杜珍辉
封面设计：王　煤
出版、发行：西南师范大学出版社
　　　　　　（重庆·北碚　邮编：400715
　　　　　　网址：www.xscbs.com）
排版制版：重庆新综艺图文广告有限责任公司
印　　刷：重庆美惠彩色印刷有限公司
开　　本：787mm×1092mm　1/16
印　　张：17
字　　数：380千字
版　　次：2017年3月第1版
印　　次：2017年3月第1次印刷
书　　号：ISBN 978-7-5621-7535-3
定　　价：42.00元

《教育部 财政部高等学校特色专业教材建设·教育学》丛书编写指导委员会

主　任：靳玉乐
副主任：易连云
委　员：(以姓氏笔画为序)

　　王德清　　代光英　　朱德全　　陈时见
　　陈恩伦　　杨晓萍　　易连云　　谢长法

丛书总编委会

总主编：易连云
编　委：(以姓氏笔画为序)

　　王德清　　代光英　　刘电芝　　李林静
　　李　静　　李姗泽　　朱德全　　杨　挺
　　陈时见　　陈恩伦　　杨晓萍　　易连云
　　赵　斌　　唐智松　　谢长法　　彭泽平

总　序

  西南大学教育学院发展历史悠久，学术渊源深厚。其前身西南师范学院教育系始建于1950年。1952年全国院系调整时，复旦大学相辉学院教育系、四川大学教育系、重庆大学教育系、国立女子师范学院教育系、四川省立教育学院教育系、川东教育学部教育系和公民训育系、华西协和大学家政系、昆明师范学院教育系、贵州师范学院教育系等9个高校教育类专业相继并入。2011年7月，为了建设一批国内一流、国际上有影响的高水平学科，推动高水平、研究型综合性大学的建设进程，学校以教育学院为主干、联合教育科学研究所、高等教育研究所、教育部西南基础教育研究中心等教育类教学科研机构进行整合成立了以研究型发展为特色的西南大学教育学部。

  2007年原教育学院教育学专业被获准为教育部财政部（教高函〔2007〕25号）第一批特色专业，教育学这个历史悠久的专业从此具有了新的发展契机进而进入到一个新的发展阶段。4年来，原教育学院认真落实特色专业建设规划，立足学院优秀学术传统，以高水平的教育教学研究为平台，不断铸造新的本科培养模式，彰显出鲜明特色。

  经过半个多世纪的发愤图强，教育学部在人才培养、科学研究和学科建设方面取得了卓越的成就。现拥有5个本科专业；教育学博士后科研流动站；教育学一级学科博士学位授权点，涵盖了近20个教育学与心理学二级学科博士学位授权点。

  在近几年的特色专业建设中，教育学部成功申报了课程与教学论国家重点学科；重庆市教育学一级学科重点学科；课程与教学论国家级教学团队，教育学、课程与教学论、教师教育基础课程3门重庆市教学团队；课程与教学论、比较教育学、课程教学技术与艺术3门国家级精品课程，课程与教学论、比较教育学、课程教学技术与艺术、大学生心理健康教育、高校美育等5门重庆市精品课程；西南基础教育研究中心、心理健康教育研究中心2个重庆市人文社会科学重点研究基地。

  西南大学教育学专业在人才培养方面积累了丰富的经验且取得了较为突出的成绩。在半个多世纪的发展历程中，教育学部构建了从本科生到博士后的人才培养体系，不仅走出了一大批享誉中外的学人大家，而且为国家培养了众多优秀的人民教师、高水平教育管理干部和教育科学研究专门人才,同时也积累了丰富的教育教学经验,探索了一系列教师职前培养与职后培训的新模式。

根据专业建设与发展的需要,学院鼓励教师从事高水平的教育教学科研,特别注重教学科研的成果转化,着力建设高水平的教材、精品课程、高水平的教学团队,同时注意学生的科研意识培养与科研能力的提高。我们组织编写了以教师为主的本科特色专业教材建设和以免费师范生科研为主的学生科研论文系列两套丛书。

本套丛书主要针对特色专业教材建设,我们选择了教育学大类中重要的基础课程进行教材建设和改革,从指导思想到编写体例均试图有所创新,以期适应现代教育理论发展和学生自身发展的需要,同时也为了满足高水平职后教师培养的需要。

我们深深的知道,目标虽然清楚,可要达到它却未必轻松,已经作出的努力也未必尽如人意。瑕疵自然在所难免,望广大同行指正,是为序。

易连云

前　言

职业教育,何谓职业教育?

在职业教育发展得如火如荼的今天,很多人尚不知"职业教育"为何物;而在知晓"职业教育"为何物的人心目中,"职业教育"依然处于被边缘化的尴尬地位。这一矛盾在当下中国普遍存在。因此,在职业教育发展得如此"热"的当下,我们有必要静下心来做一些"冷"思考……

自新中国成立后,尤其是改革开放30多年以来,我国社会经济各方面得到全面恢复和快速发展,社会主义现代化建设蒸蒸日上,国际竞争力逐步增强,民族复兴也不再是遥不可及之事。一方面,在21世纪第一个10年,我国经济年均增速保持在10%左右,经济总量从世界第六跃居世界第二,城镇化率过半,初步形成覆盖13亿人的社会保障体系等,这一切为中国持续向前发展打下了更加坚实的基础。而在另一方面,我国所面临的国情依然不容乐观——人均国内生产总值依旧徘徊在世界百名左右,城乡差距依然存在并趋于扩大,资源与环境的双重压力并未得到减轻……人口多、底子薄、发展极不平衡,我国仍处于并将长期处于社会主义初级阶段。

作为为社会主义现代化建设输送各级各类人才的重要载体——教育,其责任和使命之重大不言而喻。而当前的普通教育实为普及科学文化知识的通识性教育,普通高等教育虽是按照专业类别进行培养,但由于其多注重理论灌输,加之近年实行大规模"扩招"过后,因教学质量等方面有所不济,难以为社会各行各业提供实际可用的人才。

作为为人们谋求职业做准备而提供较强的专业性理论知识和实践技能的教育形式——职业教育,其作用和意义之深远不容轻视。目前国内的中职教育和高职教育都已取得了一定的成绩,在社会经济各部门发挥着日益重要的作用。尤其是部分地区和学校实行免费职业教育以来,就读职校的学生逐年增多。然而,我国中职和高职教育层次不分明,在很多方面存在着重复建设。中等职业教育没有体现出其应有的职业性和专业性,为求得更多生源,很多学校依然走着普通教育的"老路";高等职业教育没有体现出高等教育的层次,在专业设置和教材等方面仍然搬用中职的内容。另一方面,职业教育的理论研究与实际严重脱节,很大一部分从事职业教育研究的人员并未深入职业教育领域的实际,所得出的"理论成果"要么是主观经验的推导,要么是国外经验的"拿来主义"。研究没有结合国情和各省市、各地区的具体实际进行考察和论证,因此难以推广到实际应用中去。

本书名为《职业教育导论》,那么作为"职业教育"的"导论"应当涵盖哪些层面?包括哪些内容呢?这一问题对职业教育的理论研究者、教学实践工作者、行业工作人员以及职校学生等不同群体而言,会有不同的见解。目前关于"职业教育"的书籍琳琅满目,但大多数主要是针对职业教育某些理论教学层面或者某一实践领域的探讨与阐述,鲜有从综合层面对职业教育的内涵与外延进行梳理和分析的著作。

本着为职业教育做一个全貌式概述的目标,让更多人了解什么是职业教育,为什么要发展职业教育,认识到职业教育与个人发展及社会经济发展的密切关系,本书命名为《职业教育导论》,在体系结构上共划分为10章。其中第一章职业教育概论首先对职业教育的概念进行了比较深入的解读,然后从中外职业教育的发展历程,到当今国际国内职业教育的发展状况,简要地论述了职业教育的发展态势,最后介绍了职业教育学的学科发展状况,分析了本学科的研究对象及意义等。第二至十章从职业教育的培养目标、体系结构、专业设置、课程开发、教学理论、学生学情、教师发展、职业伦理以及职业指导等方面分别做了比较详尽的论述。

本书在完成的整个过程中,始终坚持和贯彻写作初衷,在各方面力求做到最好。首先,把握全书的整体性。因是为职业教育作导论,全书在各章节之间观点保持一致,避免出现观点混乱的现象。前后观照,相互联系,反映出理论的内在发展变化过程和内容的统一性,使各章和全书体现出整体性和统一性。其次,突出时代的发展性。全书突出反映时代发展前沿,参考引证国内外教学理论和改革实践的最新研究成果,着力论述现阶段的发展态势。再次,强调应用的实践性。在各章节的写作过程中,在阐释基本理论的基础上增强实践性,平衡理论知识和实践技能的比重,强调职业教育应有的实践特性。最后,重视语言的朴实性。本书所用语言通俗易懂,除少部分专业术语之外,鲜有生僻晦涩之语,适宜各类读者群体阅读。

本书作为职业教育的导论,可供职业教育研究人员使用,也可供中高职院校教师和学生使用。本书借鉴和参考了诸多书籍和论文等文献资料,吸收了大量关于职业教育的最新研究成果,所作注释与参考难免会有所疏漏,在此特加以说明并向其原作者致以衷心的感谢!由于受时间和水平所限,书中如有不妥之处,还望大家海涵,并恳请各位读者批评指正,以便做进一步的修改。

沈小碚
2014 年 8 月于重庆

目 录 MU LU

第一章 职业教育概论 ······ 1
    第一节 职业教育的内涵 ······ 1
    第二节 职业教育的发展 ······ 12
    第三节 国内职业教育的发展状况 ······ 15
    第四节 国外职业教育的发展状况 ······ 19
    第五节 职业教育学的研究对象及意义 ······ 22

第二章 职业教育目标论 ······ 28
    第一节 职业教育的目的及培养目标 ······ 28
    第二节 职业教育培养目标的确立依据 ······ 39
    第三节 职业教育培养目标的素质结构 ······ 41
    第四节 职业教育培养目标的实现 ······ 43

第三章 职业教育体系论 ······ 48
    第一节 职业教育体系的内涵 ······ 48
    第二节 职业教育体系构建的原则 ······ 54
    第三节 职业教育体系构建的依据 ······ 55
    第四节 职业教育体系构建的变革趋向 ······ 58

第四章 职业教育专业设置论 ································ 73
第一节 职业教育专业设置的内涵 ···························· 73
第二节 职业教育专业设置的原则和要求 ······················ 77
第三节 职业教育专业设置的程序和方法 ······················ 81

第五章 职业教育课程论 ···································· 88
第一节 职业教育课程的内涵 ································ 88
第二节 职业教育的课程模式 ································ 94
第三节 职业教育校本课程的开发 ··························· 104
第四节 职业教育课程改革的趋势 ··························· 109

第六章 职业教育教学论 ··································· 115
第一节 职业教育教学的内涵 ······························· 115
第二节 职业教育的教学原则 ······························· 118
第三节 职业教育的教学方法 ······························· 121
第四节 职业教育的教学模式 ······························· 131
第五节 职业教育的教学组织 ······························· 141
第六节 职业教育的教学评价 ······························· 145

第七章 职业教育学生论 ··································· 156
第一节 职业教育学生的特点 ······························· 156
第二节 职业教育的学生观 ································· 160
第三节 职校学生的全面发展 ······························· 163

第八章 职业教育教师论 ··································· 171
第一节 职业教育教师的内涵 ······························· 171

第二节 职业教育教师的素质要求 …………………………… 180
　　第三节 职业教育教师的专业化发展 …………………………… 187
　　第四节 职业教育"双师型"教师的培养 ……………………… 192

第九章 职业教育的职业伦理 ……………………………………… 208
　　第一节 我国古代的职业伦理思想 ……………………………… 208
　　第二节 现代西方的职业伦理思想 ……………………………… 223
　　第三节 职业院校的伦理教育 …………………………………… 226

第十章 职业指导论 ………………………………………………… 233
　　第一节 职业指导的内涵 ………………………………………… 233
　　第二节 职业指导的内容 ………………………………………… 236
　　第三节 职业指导的实施 ………………………………………… 238

参考文献 …………………………………………………………… 251

第一章

职业教育概论

学习目标

1. 初步认识和了解职业教育,掌握职业教育的内涵;
2. 熟悉职业教育的发展概况,包括国内发展情况和国外发展情况;
3. 初步认识职业教育学的学科发展状况;
4. 熟悉职业教育学的学科构成体系;
5. 掌握职业教育学研究的目的及意义。

职业教育,作为人类社会教育系统中的一个重要类别,伴随着人类社会经济的不断发展变化而经历了诸多不同的发展时期。本章首先对职业教育的内涵加以阐释,包括其概念的界定、特性的描绘、功能的阐述以及其大致分类,然后分析论述了职业教育在中外历史上不同时期的发展状况,为后续章节探讨职业教育的发展规律以及对其意义和作用的剖析做好铺垫。

第一节 职业教育的内涵

职业教育是什么?一言以蔽之,它就是为了职业的教育。但是随着社会历史的发展进步,人们认识水平的逐步提高,在知识经济和信息社会日益发达的今天,职业教育的内涵和外延不断扩大,远不止其字面意义上那么简单。如何界定职业教育,如何描述这一重要的教育类型,显得尤为重要。

一、职业教育的概念

关于职业教育概念界定的相关论述颇为丰富。立足点不同,所给出的概念解释的侧重点就会存在较大差异。对已有的诸多概念解释我们无法逐一而论,但可以选取比较具有代表性和典型性的观点加以分析。

(一) 国际上对职业教育概念的界定

1. 国际组织对职业教育概念的界定

（1）世界银行

1993年，世界银行作出规定，职业教育是在学校中为技术工人做准备的，部分课程是专门职业理论和实践；技术教育是为技术人员做准备的，大多在中学后进行，这些机构大多被称为理工或工业学院。世界银行把职业教育分成了九类：传统的学徒训练、常规的学徒训练、企业培训、部分培训机构、与项目相关的培训、中等职业学校、综合性学校、多样化中等学校和职业学校。

（2）国际教育标准分类法

1997年，国际教育标准分类法规定，职业前或技术前教育：一，主要为学生进入劳务市场和准备让他们学习职业或技术教育课程而设计的教育。二，主要为引导学生掌握在某一特定的职业或行业，或某类行业所需的实际技能、知识而设计的教育。[1]

（3）联合国教科文组织

联合国教科文组织（UNESCO）在2001年发布了《关于技术和职业教育建议的修正意见》。在这份文件中，"技术与职业教育"是作为一个综合术语来使用的，它所指的教育过程除涉及普通教育之外，还涉及学习与经济和社会生活各部分的与其职业有关的技术及各门科学，以及获得相关的实际技能、态度、理解能力和知识。[2]

文件指出，技术和职业教育应当被进一步理解为：一是普通教育的有机组成部分；二是为在职业场所和工作世界中进行有效工作而准备的一种方式；三是终生学习的一个方面并且是成为尽责公民必要的途径；四是推进环境健康可持续发展的手段；五是促使贫穷得以缓解的方法。[3]

2. 不同国家对职业教育概念的界定

（1）瑞典——《国际教育百科全书》

瑞典教育家胡森（T. Husen）等人主编的《国际教育百科全书》中，对"职业教育"概念的解释是从"技术和职业教育与培训"的教育内涵进行分析和描述的。书中指出，在任何一个国家，通常可以认为技术和职业教育与培训至少跟三个独立的机构设置中的一个或者多个相关，这三个独立的机构设置包括正规学校、学校后职业培训机构和那些或大或小的工业或者经济企业。[4] 因此，此书中将技术和职业教育与培训区分为"基于学校的技术和职业教育与培训""在职期间基于学校的技术和职业教育与培训"以及"基于工作的技术和职业教育与培训"三种类型。

（2）英国——《简明不列颠百科全书》

在英国《简明不列颠百科全书》中，"职业教育"（Vocational Education）的定义为："旨在传授工商业职业知识的教育。它可通过正规的中等专业学校、中等技术学校或在职培训计

---

[1] 欧阳河.试论职业教育的概念和内涵[J].职教与经济研究,2003(1):25.
[2] 马建富主编.职业教育学[M].上海:华东师范大学出版社,2008:4.
[3] 米靖著.现代职业教育论[M].天津:天津大学出版社,2010:3.
[4] [瑞典]T.胡森,[德]T.N.波斯尔斯韦特主编.教育大百科全书(4)[M].重庆:西南师范大学出版社/海口:海南出版社,2006:109.

划来获得,也可没有实际指导而在工作岗位上不正规地学会某些必需的技能。"[1]

（3）德国——《职业教育法》

2005年,德国颁布了修订后的《职业教育法》,对德国的"职业教育"界定为四类,即职业准备教育、职业教育、职业进修教育以及职业改行教育。其中,职业准备教育的目标是通过传授获取职业行动能力的基础内容,从而进入国家认可的教育职业的职业教育。职业教育旨在针对不断变化的劳动环境,通过规范的教育过程传授符合要求的、进行职业活动必需的职业技能、知识和能力（职业行动能力）。它还应使获得必要的职业经验成为可能。职业进修教育应提供保持、适应或扩展职业行动能力及职业升迁的可能性。职业改行教育应传授从事另一职业的能力。

（4）美国——《社会科学百科全书》

在美国的《社会科学百科全书》中,"职业教育"被定义为:"职业教育这一术语可以宽泛地用以指任何以直接为个体获得有报酬的职业而进行有效准备的教育形式。但是,在实践中,它并不包括在产业中进行的培训,也不包括作为普通教育的一部分的实践技能的训练,同样也不包括在学院或大学中为所谓的专业性职业进行准备的教育。"

而在《社会行为科学百科全书》中,"职业教育"是指:"在中等教育水平上提供的实践性技能培训,主要是针对有薪水的职业,学习内容就是完成好工作或职业所需要的知识和技能。"

在《卡尔·D. 帕金斯职业和技术教育法》中,"职业和技术教育"（Vocational and Technical Education）被定义为:"提供一系列课程的教育项目,这些课程与个体在当前或未来的职业领域中获得有报酬或无报酬的就业密切相关。这些教育项目主要是以能力为本位的应用性学习,其目的在于传递给个体学术性知识、形成个体的高层次思维能力、解决问题的技能,以及与职业相关的专门技能,从而使个体能够成为经济上独立自主、具备生产能力、对社会有贡献的成员。"

（5）澳大利亚——《职业教育和培训术语辞典》

在澳大利亚,职业教育和培训（Vocational Education and Training）是指义务教育之后除普通高等教育之外的教育和培训,是澳大利亚继续教育（Further Education）中的一部分。旨在提供给受教育者职业的或与工作相关的知识和技能。当然,也包括为后续职业教育提供基础的先前职业教育。国家职业教育与培训系统的任务就是确保澳大利亚劳动力的技术足够支持本国商业和工业的国际竞争力,并且能够提供给受教育者充分挖掘其潜能的机会。[2]

(二)我国对职业教育概念的界定

1.黄炎培老先生认为,从广义上来说,所有的教育类型都包含有职业教育的成分;而从狭义上来讲,职业教育属于专业性很强的教育,重在传授实用知识和技能。

2.《中国大百科全书》对"职业教育"的定义是:"给予学生从事某种职业或生产劳动所

---

[1] 中国大百科全书出版社《简明不列颠百科全书》编辑部译编.简明不列颠百科全书(9)[M].北京:中国大百科全书出版社,1986:435.

[2] 米靖著.现代职业教育论[M].天津:天津大学出版社,2010:7.

需要的知识和技能的教育。"[1]

3.《教育大辞典》对"职业技术教育"的定义是:"中国对职前、职后的各级各类职业和技术教育以及普通教育中的职业教育的总称。包括进行科学、技术学科理论和相关技能学习的技术教育以及着重技能训练和相关理论学习的职业教育。"[2]

4.《中华人民共和国职业教育法》规定,职业教育包括职业学校教育和职业培训。其中,职业学校教育分为初等、中等和高等职业学校教育;职业培训包括从业前培训、转业培训、学徒培训、在岗培训、转岗培训及其他职业性培训,可以根据实际情况分为初级、中级、高级职业培训。[3]

5.其他研究机构、研究人员以及著作中关于"职业教育"的概念界定颇多,诸如:纪芝信主编的《职业技术教育学》一书中认为,"职业技术教育"是指在一定普通教育基础上,为适应某种职业需要而进行的专门知识、技能和职业道德教育,使受教育者成为社会职业所需要的应用人才。[4] 原国家教委职业技术教育中心研究所编著的《职业技术教育原理》一书中对"职业教育"的定义是,专门以职业为目的的教育,是使受教育者达到职业资格的获得、保持或转变职业生涯质量的获得与改进的教育。[5] 门振华编著的《职业技术教育概论》则认为,职业技术教育是对就业者所进行的一种不同水平的专门知识和专门技能的教育。即在普通教育的基础上,对国民经济各部门和社会发展所需的劳动力进行有计划、有目的的培训和教育,使他们获得一定的某种专门劳动知识和劳动技能,从而达到就业的目的或就业后易于提高的一种教育。[6] 李向东和卢双盈主编的《职业教育学新编》给出的概念界定是,职业教育是为适应经济社会发展的需要和个人就业的要求,对受过一定教育的人进行职业素养特别是职业能力的培养和训练,为其提供从事某种职业所必需的实践经验的一种教育。[7]

(三)职业教育概念的演变

从前文国际国内对职业教育概念的界定中可以看到,不同国家和地区的人员、机构组织等对职业教育的称谓有所不同。从古至今,在职业教育的发展史上,国内外曾出现多种关于职业教育的名称。其名称的改变也正体现了职业教育概念的发展,表明了职业教育内涵的不断丰富和外延的不断扩大。概括来讲,主要包含以下几种称谓:

(1)百工教育。"百工",在我国古代典籍中指的是技工,是具有一定技术专长的各种手工业者,如同今天所说的技术工人的总称。春秋战国时期,墨子开创了职业教育社会办学的先河,他是一位职业教育的积极倡导者。他出身于百工,自称"农渔工肆之人"。他开办私学,传授有关数学、力学、光学等自然科学知识,实行"百工教育"。这一阶段的职业教育主要包括工匠技术教育、农业技术教育、商业教育和医学教育等,主要由社会教育和家庭教

---

[1] 中国大百科全书出版社编辑部编.中国大百科全书·教育[M].北京:中国大百科全书出版社,1986:520.
[2] 顾明远主编.教育大辞典[M].上海:上海教育出版社,1991:227.
[3] 国家教委职业技术教育司,国家教委政策法规司组织编写.中华人民共和国职业教育法释义[M].北京:红旗出版社,1996:4.
[4] 纪芝信主编.职业技术教育学[M].福州:福建教育出版社,1995:19.
[5] 国家教委职业技术教育中心研究所编著.职业技术教育原理[M].北京:经济科学出版社,1998:7.
[6] 门振华编著.职业技术教育概论[M].重庆:重庆大学出版社,1998:1.
[7] 李向东,卢双盈主编.职业教育学新编[M].北京:高等教育出版社,2005:23.

育来承担。

(2)学徒教育。学徒制,在西方起源于奴隶社会,在中世纪时期得到了全面深入的发展。在《简明不列颠百科全书》中定义为"学徒训练"(Apprentice Training),是指根据一种规定有师徒关系、训练年限和条件的合法契约来进行的一种技术或工艺训练,并且指出,"学徒训练标志着从封建社会发展到工业社会的过渡阶段"。[1]

学徒制一般包括三个层次和水平的培训阶段,第一阶段:年轻人学徒制。学徒年龄大概在10~11岁,由师傅承担教育的责任,包括道德教育,一般要持续3~10年;第二阶段:旅行者。这个阶段为了能够学习更高层次的技术而跟随多个师傅,其工资由行会确定;第三阶段:师傅阶段。在向行会的师傅展示了对手工艺技术的掌握之后,旅行者可以被接受作为师傅,他们能够开设自己的店铺。[2]

(3)西艺教育。西艺教育,即西方技艺教育,一般泛指洋务运动初期的技术教育。清朝末年,在第二次鸦片战争之后,奕䜣、李鸿章、曾国藩与张之洞等人开展"洋务运动",推行变法新政,主张"师夷长技以自强",以谋求"自强"与"自富"。1862年,我国开设了近代中国第一所新式学堂——京师同文馆,用以培养翻译和处理外交事务的人员。此后,洋务派先后创办了20多所技术性学堂。

(4)实业教育。承接着19世纪60年代的西艺教育,清政府开办了近代军事工业、交通运输业、燃料工业和民用工业等实业,并陆续在北京、天津、上海、广州、武汉等地开办了各种专业和门类的实业学堂。至此,西艺教育越来越显示出了中国的本土化特征,发展成为实业教育。

1904年1月,清政府颁布的《奏定学堂章程》(即《癸卯学制》)将实业教育正式纳入学制,使职业教育成为学校系统中的独立体系。1913年8月,国民政府颁布了《实业学校令》,规定学校教育的宗旨是:教授农工商必需的知识和技能。1922年11月,北洋政府颁布了《壬戌学制》,第一次以"职业教育"取代了"实业教育"的称谓,正式确立了职业教育的地位。

(5)技术和职业教育。1974年,联合国教科文组织第十八届会议通过了《关于技术和职业教育的建议》,文件中把"技术和职业教育"(Technical and Vocational Education)作为一类教育的一个综合性术语使用,它的内涵包括教育职能、技术和有关科学的学习,以及掌握与社会经济各部门的职业有关的知识和能力等。

1999年4月,第二届国际技术与职业教育大会在韩国首都汉城(2005年改称为"首尔")召开。此次大会上,联合国教科文组织在正式文件中使用了"技术和职业教育与培训"(Technical and Vocational Education and Training,简称TVET)的提法,将职业教育和就业培训、在职培训视为一个统一的连续过程。这说明随着当今国际政治、经济的全球化发展,以及新技术革命对人类社会生活的影响和信息产业的迅速崛起,职业教育的内涵和外延都发生了巨大的变化,它已经从过去单纯指一个人就业前的教育培训,向在职培训、就业培训和转岗培训渗透,成为终身教育体系的一个有机组成部分。

(6)职业教育。"职业教育"最初是德国、美国等国家的提法,泛指除基础教育、普通高

---

[1] 中国大百科全书出版社编辑部译编.简明不列颠百科全书(8)[M].北京:中国大百科全书出版社,1986:727.
[2] 米靖著.现代职业教育论[M].天津:天津大学出版社,2010:23~24.

等教育、成人继续教育以外的为培养职业能力而进行的教育。

我国从20世纪90年代后期开始,政府正式使用"职业教育"这一称谓,将"职业技术教育"改为"职业教育"。1996年5月15日通过的《中华人民共和国职业教育法》,将各级各类职业学校教育和各种形式的职业培训归并于"职业教育"的范畴之中。《中华人民共和国职业教育法》第一章第四条规定:"对受教育者进行思想政治教育和职业道德教育,传授职业知识,培养职业技能,进行职业指导,全面提高受教育者的素质"的教育培训就是职业教育。

除了上述主要的六种称谓之外,还有实利主义教育、职业技术教育、技术职业教育等名称。其中,实利主义教育是杜威"实用主义"的另一译名。职业技术教育在苏联时期专指为国民经济各部门培养技术工人的教育,它在我国是指"宽口径"的职业技术教育,而且此称谓在我国20世纪中期以来到改革开放的很长一段时期被广泛使用。而技术职业教育是我国台湾目前对职业教育的提法,与大陆的职业教育内涵无异。

由此我们可以得知,职业教育其涵义包括了"职业和技术教育""职业教育和培训""技术和职业教育与培训"等多个术语的含义。社会经济发展到今天,职业教育还应该包括创业教育和指导这一概念。

既然职业教育与职业技术教育、技术和职业教育等国内外现行各种称谓的内涵一致,本书姑且统一使用"职业教育"这一称谓。

拓展阅读

关于职业教育的称谓[①]

我国从清朝末年至今,对职业教育有多种称谓。清末称为实业教育,相应的学校称为实业学堂。民国初改称实业学校,后在中华职业教育社的倡导下统称职业教育、职业学校。1949年9月在政协会议上有人认为职业教育是资产阶级的双轨制,在《共同纲领》中改称技术教育。"文革"后,称呼多样,如职业教育、技术教育、技工教育、专业教育、专业技术教育、综合技术教育、工艺教育、职业技术教育等,至1985年《中共中央关于教育体制改革的决定》后,统称为职业技术教育。

各国对这种教育的称谓也不统一,美、英、法、日称职业教育(Vocational Education),苏联、保加利亚、波兰称职业技术教育(Vocational and Technical Education)。在中国台湾地区称技术职业教育。1974年,联合国教科文组织建议各国使用共同的术语"技术和职业教育"(Technical and Vocational Education)。国际劳工组织则使用"职业教育与培训"的概念,世界银行和亚洲开发银行自20世纪中期也开始使用"技术和职业教育与培训"(TVET)的概念。1999年4月联合国教科文组织在韩国汉城召开第二届国际技术与职业教育大会,在大会的正式文件中也使用了"技术和职业教育与培训"的概念。

本书我们称职业教育,理由是:1982年12月4日通过的《中华人民共和国宪法》中的第十九条称职业教育。1996年5月15日,第八届全国人民代表大会常务委员会第十九次会议通过《中华人民共和国职业教育法》,并明确"职业教育是国家教育事业的重要组成部分。"

---

① 李向东,卢双盈主编.职业教育学新编[M].北京:高等教育出版社,2005:24.

二、职业教育的特性

职业教育是职业与教育相结合的产物。这就决定了职业教育本身具有职业和教育所共有的社会性等基本特征。然而,职业教育并不是职业和教育的简单相加,而是二者的有机融合,是历史性与超越性的统一体。因此,这就决定了职业教育还必须具有职业性、适应性、实践性、大众性、中介性和终身性等特性。

(一)社会性

黄炎培先生认为,职业学校"从其本质来说,就是社会性;从其作用来说,就是社会化。"职业教育是现代教育的重要组成部分,与现代生产及人民生活需要密切相关。相对于普通教育来说,职业教育与经济发展的关系更密切、更直接,更具有广泛的社会性。[①] 职业教育的实施过程,有着深深的社会烙印,如国家倡导职业教育要"校企合作、工学结合",要广泛吸引社会力量参与。职业教育的培养目标是从职业人到社会人。

(二)职业性

"职业"是职业教育的逻辑起点。职业性集中体现为就业导向性。职业教育以学生能够就业,并能使学生在未来的职业实践中得到良好发展为主要目标,教学内容以就业岗位需要为导向,教学环境强调与真实的环境相同或相似。所以,有人认为,职业教育就是就业教育。职业学校的教学计划、教学过程、教学方法、教学组织、实习等都与社会职业需要及学生将来的职业活动有关。黄炎培先生曾说,职业教育的根本目的就是"使无业者有业,使有业者乐业"。

(三)适应性

职业教育的适应性指的是随着社会经济的发展特别是生产技术水平的提高而改变自身特性或发展方式的能力。这种适应性主要表现在三个方面:一是制度的适应。国家发展职业教育,建立健全适应社会主义市场经济和社会进步所需要的职业教育制度,包括办学方向、层次、内容、管理等都始终要处于主动适应的位置,适应社会经济发展的需要。二是对象的适应。受教育者不应只是具有狭隘的职业性质或局限于一种技能的掌握,因为瞬息万变是我们时代的特征。所以,职业教育必须使青年具有较强的适应性。三是办学模式的适应。为适应市场需要,职业教育要由传统意义上的以学校教育为主的封闭的办学模式转向企事业单位、社会团体、公民个人及学校等多元化的混合模式。

(四)实践性

职业教育与社会经济发展的关系最为紧密,因此,职业教育必须根据企业技术创新、劳动组织方式变革、生产经营活动的特点,使教育过程与生产实践相结合,面向企业、面向生产。[②] 职业学校的教学必须做到理论与实际紧密联系,教师应联系学生实际,联系专业实际进行教学活动的组织。职业学校学生的学习要理论联系实际,强调在实践中培养学生以知

[①] 马建富主编.职业教育学[M].上海:华东师范大学出版社,2008:5.
[②] 马建富主编.职业教育学[M].上海:华东师范大学出版社,2008:5~6.

识为中介分析问题和解决问题的能力。通过实践,将知识转化为能力。

(五)大众性

职业教育是面向每一个人的教育,工农商学兵等都有接受职业教育的权利,职业教育以服务民众为宗旨。将中国从人口大国建设为人力资源强国,职业教育任重道远,这是职业教育大众性的有力体现。大众性要求职业教育始终代表人民群众的切身利益,实行"无差别"的对象性教育。

但职业教育的大众性不能无视受教育者个体的差异性。在教育对象上贯彻落实"有教无类",同时坚持"因材施教",施行人本主义教育。现代职业教育的内核是强调学生的中心地位,教师的作用是指挥、引导、协调。职业教育本身就是一个内容丰富、涉及广泛的综合学科,并且每一个学生因其资质、学识、生活阅历的不同,在学习兴趣与能力上就自然产生了千差万别的表现。因此,因势利导,使学生学有所长,不以同样的标准要求每个学生,使其能够在有专长或有兴趣的方面尽情地发挥,成为有用之人,就成为现代职业教育的重点。[①]

(六)中介性

职业教育的中介性是指职业教育在人的发展和社会发展之间、教育和职业之间的特殊位置。职业教育是教育与职业之间沟通的渠道,是把人力优势转化为智力优势,把智力优势转化为先进生产力的重要桥梁。黄炎培先生曾经说过,"教育不与职业沟通,何怪百业之不进步","要发展社会,革新教育,舍沟通教育与职业无所为计"。职业教育促进人的个性发展和社会进步,不是"普遍性"或者是"特殊对象性",而是直接对应于社会需要和个人生存的,是促进科学精神与人文精神的结合,促进社会发展需要的个体素质的提高,是使人的个性更适应社会直接需要的发展、提高和更新的中介加工,是其间最基本的桥梁。虽然基础教育和高等教育也担负着将"自然人"培养成为"社会人"的中介职责,但社会人的一个重要标识就是职业化,这表明了职业教育与基础教育、普通高等教育相异的一个方面。

(七)终身性

终身学习是面向未来的桥梁。社会经济的发展,科学技术的进步,使得知识更新的频率大大加快,职业人需要不断地学习,才能适应日新月异的现代社会。

具体来讲,亦即世界经济正在朝着以信息为基础的方向转变,在这种经济中一个企业或国家的效益是由它所提供的产品和服务的质量所决定的。以新技术为基础的生产体系具有更高的生产效率和灵活性,要求所有职工不断更新、提高他们的技能,并且更富有创业、进取精神。现有证据清楚地表明生产力最强的国家都有一个共同的特点,他们的劳动力训练有素而且机动灵活,拥有丰富的技能,不同技能搭配得很好,而且职工的技能终身不断提高。因此,我国的现代职业教育应顺应发展的潮流,为受教育者提供终身学习的机会,让他们的技能不断提高,始终在经济潮流中不被淘汰。[①]

[①] 吴国琴.现代职业教育的特点[J].考试周刊,2007(17):112.

> **拓展阅读**
>
> **职业教育是历史性与超越性的矛盾统一体**[①][②]
>
> 　　职业教育是历史性与超越性的矛盾统一体。历史性是职业教育的内在环节,职业教育总要受到一定历史前提的牵引与制约,职业教育不可能在"真空"中存在和发展。职业教育从来就是受到限制的职业教育,承认职业教育的历史性,就意味着承认职业教育的"有限性"与"非至上性",但这决非说职业教育因此失去了超越性,恰恰相反,正是职业教育历史性及其导致的有限性和非至上性,为人们发展职业教育提供了真正的自由和可能,可以说,职业教育的历史性为它的无限开放性提供了真实的可能,职业教育就是不断在有限性中超越有限性并在不断敞开自我超越的空间的过程中发展的。这种有限性与无限性、非至上性与至上性、历史性与超越性的否定性统一,正好构成了职业教育的辩证法。

三、职业教育的功能

教育的功能也就是教育的作用。教育作为人类社会特有的现象,它具有传递人类文化的功能,以此保证人类社会得以延续。教育促进个体身心健康发展,促进个体的社会化,使人类由自然人向社会人发展转变,以此推动社会经济各方面的持续发展。职业教育作为人类教育系统中的一个重要范畴,也具有教育的这些基本功能。具体来讲,可以将职业教育的功能分为社会发展功能和个体发展功能两个方面。

(一)职业教育的社会发展功能

社会发展包括诸多层面的发展,譬如政治发展、经济发展、科技文化发展等。所以,职业教育的社会发展功能也就涵盖了对政治发展的作用、对经济发展的作用、对科技文化发展的作用等多个层面。

(1)职业教育的政治功能。我国十分重视职业教育的发展,同样是在贯彻落实党的教育方针和政策。党中央、国务院根据国际形势和我国经济社会发展现状,清醒地认识到职业教育的重要性,从而做出了大力发展职业教育的决定。因此,职业教育从政治角度看,它起到了贯彻落实党的教育方针政策的作用。

(2)职业教育的经济功能。职业教育的发展与经济的发展紧密相关。纵观世界,经济发达国家的职业教育同样也发展得很好,如美国、德国、日本、新加坡等。我国当前的经济发展形势——走新型工业化道路、大力发展现代服务业等,都需要大批的技能型人才,而这些人才都需要职业教育来培养;调整产业结构,建设社会主义新农村也离不开职业教育。因此,职业教育发展得好,将促进经济发展;反之,则制约经济发展。

(3)职业教育的科技文化功能。科学技术是第一生产力,职业教育的发展可推动科技发展,从而进一步推动经济和社会发展。教育与文化密不可分,职业教育的发展将促进优秀的有特色的职业教育文化的产生;行业、企业文化与职业教育相结合,可以更好地培养行

---

① 罗崇敏著.教育的智慧[M].北京:人民出版社,2010:175.
② 贺来.现实生活的辩证觉解与"哲学立场"的确立[J].人大复印报刊资料(哲学原理),2000(4):64.

业与企业需要的综合素质人才。

(二)职业教育的个体发展功能

个体发展包括个体个性化和个体社会化两个方面。个体个性化,一般是指个体在社会适应和社会参与过程中所体现的稳定性特征。个性化的发展,意味着个体的自主能力、独立能力、创造能力与自控能力的提高。个体社会化,是指个体出生后通过习得社会规范、行为习惯、价值观念,去适应社会和参与社会的过程。个性化和社会化是个人自身发展的两个方面。人的发展是多层次、多质的,二者的协调发展是人得以健康良好发展的重要标志。我们常说的个性发展,应该是包含在社会规范中的个性发展。二者是和谐统一的关系。

教育就是在一定的社会背景下进行的促使个体个性化和个体社会化的实践活动。职业教育对个体这两个方面发展的作用主要是对个体身心全面健康发展的促进作用以及对个体的职业预备作用。

(1)职业教育对人的身心健康的促进作用

人的身心健康的全面发展包括了人的生理和心理两个方面的发展,尤其是心理方面的性格、气质、兴趣、爱好、能力、智力等方面在教育的作用力下更具有可塑性。职业教育的内容包括了知识、技能与职业道德等诸多方面,接受过职业教育的学生,提高了文化素养,学到了职业技能,培养了职业精神,形成和塑造了职业人的素质,有利于学生身心的健康发展。

(2)职业教育对个体的职业预备功能

我们每个人都是社会性的人,社会人以职业为载体,作为职业人立足于社会。社会分工的不断细化,使得每个人的职业愈加具体。个体习得一技之长以获得所需职业而得以安身立命。满足个体的这种需要,就是职业教育对个体的职业预备功能。

我国从1999年起,开始在全国城镇普遍推行劳动预备制度,组织新生劳动力和其他求职者在就业前接受1~3年的职业培训和职业教育,使其取得相应的职业资格或掌握一定的职业技能后,在国家政策的指导和帮助下,通过劳动力市场实现再就业,并同时实施严格的就业准入控制。[①]

而在职业教育发展最先进的德国,青年就业教育和岗前培训已经成为一种社会义务。德国大约有60%的青少年在中学毕业之后接受"双元制"职业教育,每周有一到两天在职业学校接受专业理论学习,三至四天在企业中实习和实践,培训时间一般为两年到三年半。

为适应知识经济和信息时代不断变化的职业要求,职业预备功能不能只是停留在初次就业之上,它还应该包括再就业、转岗培训、创业培训等,以此形成与终身教育的有机融合,为个体的职业素质的提高、职业能力的增强提供有力的保障和坚强的后盾。

四、职业教育的分类

职业教育,是与普通教育相对应的一种教育类型。"对应"而不是"对立",它所表明的是,职业教育与普通教育有共同点,同时也有差异性。职业教育与普通教育的共同点可以

[①] 马建富主编.职业教育学[M].上海:华东师范大学出版社,2008:28.

根据上述其特点、功能等方面知晓,这里不再赘述。而关于职业教育与普通教育的差异性,则可以从其不同的教育目的等角度进行分析。表1—1简洁直观地反映了二者的不同:

表1—1　普通教育与职业教育的主要区别[①]

	普通教育	职业教育
目　　的	促进全人发展	获得和维持工作
课　　程	较宽广	较特殊
评价标准	成功地扮演家庭、社会等成员的角色	成功地在受教领域就业与发展
学生来源	所有学生	特定学生

由职业教育与普通教育的区别可以看出,二者在培养目标、培养方式以及培养对象等方面存在着比较显著的差异。因此,对于职业教育的分类,就可以从其培养的类型、层次和实施范畴等来进行划分。

(一)按培养类型划分

职业教育按照培养类型来进行分类,可以依据我国国民经济行业分类标准,分为农业、工业、服务业三大产业,细分为16个行业门类。其中第一产业包括行业当中的第一个门类,即农、林、牧、渔行业;第二产业包括采掘业、制造业、建筑业等行业;第三产业是除第一产业和第二产业以外的所有行业的总称,包括教育、文化、卫生、医疗、餐饮等众多行业。职业教育根据不同行业的要求和规格,培养为各行各业服务的人才,才能推进现代化建设的全面进步。

(二)按培养层次划分

根据《中华人民共和国教育法》(1995年)第二章基本教育制度第十七条的规定,我国实行学前教育、初等教育、中等教育、高等教育的学校教育制度。亦即,我国现代教育,按层次分类,包括四个层次,依次是学前教育、初等教育、中等教育和高等教育。在中等教育阶段,分为普通中学教育和中等职业教育。在高等教育阶段,又分为三个层次:其中,专科层次包括高等专科教育、高等职业教育和成人高等教育;本科层次包括普通本科教育、本科职业教育和成人本科教育,本科职业教育尚处于发展建设当中;研究生层次包括硕士研究生教育和博士研究生教育,其中专业学位的硕士和博士研究生教育归为职业教育类别。因此,我国职业教育的培养层次就包括具有中等教育学历的职业技术人才和具有高等教育学历的职业技术人才。

(三)按实施范畴划分

教育与职业的融合,使得职业教育同时具有职业和教育的双重特征。而职业教育并不是与普通教育相对立的,二者统一于人的教育。在中等教育和高等教育阶段,职业教育和普通教育虽有分流,但两种教育形式是相辅相成的,职业教育中有普通教育的成分,普通教

---

① 黄政杰,李隆盛主编.技职教育概论[M].台北:台湾师范大学书苑出版社,1996:7.

育中含有职业教育的目的。因此,按照实施范畴来划分,职业教育可以分为职业学校与培训机构开展的教育和普通教育中所含的职业成分。普通教育中的职业成分主要通过开展专业类课程和职业规划课程等来体现。

第二节 职业教育的发展

职业教育是社会分工和技术进步的产物,随着社会的发展而发展。不同的历史发展阶段,职业教育的发展有着不同的内容和形式。从世界范围来看,职业教育的产生和发展大致经历了四个时期:萌芽时期、兴起时期、初步发展时期和快速发展时期。

一、职业教育的萌芽时期

职业教育的萌芽时期是指18世纪60年代以前的很长一段历史时期。

当人类开始有意识地向下一代传递生活知识和生产经验的时候,如采集、渔猎、饲养、农耕和手工制作等,人类就出现了教育活动,并伴随着人类社会的发展而不断发展变化。"口耳相传""师徒相授""父子相继"等形式是有关职业教育活动的原始形态,它虽然不是现代意义上的职业教育,但已初现职业教育的端倪。在古代社会,职业教育系统和体系尚未形成,还只停留在零散的、非正规的、个别化的形式之上。[①]

在古代社会的手工业时代,萌芽时期的职业教育实施的主要形式是学徒制,即以师徒制为特征的职业传授模式。在专门的职业学校出现之前,学徒教育模式占据了职业教育的大半壁江山。到了中世纪后期,随着社会经济的进一步发展,城市开始繁荣,工商业得到发展壮大,并形成了新兴市民阶层,学徒制因此得到了进一步的完善和规范化的发展。到了11世纪末期,一些行业主为了保护本行业的利益,纷纷组建行会组织,把学徒教育纳入行会管理当中。与此同时,许多国家也逐步规范行会管理制度,如1563年英国颁布了《工匠学徒法》,国家对学徒制作出规定,统一管理。[②]

在古代社会,除了学徒制,官学中也承担着一部分职业教育。古罗马时期就有了专门的学校教育,其中会传授少量的生产知识和生活经验。但由于古代受教育者都是统治阶级,他们轻视生产技术教育,因此带有职业教育特征的教育活动只隐含在他们的正规普通教育之中,是普通教育的一种补充形式。由此,我们可以得知,在古代官学中,职业教育只是普通教育的附庸。

二、职业教育的兴起时期

职业教育兴起的时间大致是在18世纪60年代到19世纪末。

职业教育活动虽然古已有之,但现代意义上的职业教育是随着资本主义大工业生产方

[①] 李强主编.职业教育学[M].北京:北京师范大学出版社,2010:36.
[②] 李向东,卢双盈主编.职业教育学新编[M].北京:高等教育出版社,2005:50.

式的产生和发展而发展起来的。18世纪60年代,瓦特改良的蒸汽机带来了人类历史上的第一次工业革命,首先在英国开始,到19世纪30年代末基本完成。工业革命过程中,社会上出现了各种各样的机器,它们对人们的生活条件、劳动内容以及生产组织结构等方面都带来了极大变化。这些机器的运用对劳动力的数量和质量都提出了新的要求,要求劳动者具有数学的、物理的和化学的普通文化科学知识,懂得机器的工作原理以及生产方面的应变能力。而传统的学徒制培养模式,无论是从规模、速度还是内容方面,都已经不能满足大工业生产对技术工人的要求,这样就迫切需要一种规模大、速度快、内容新的教育方式。于是,以传授现代生产科学技术知识为主要特征的近代职业教育就应运而生了。

近代产业革命促使社会生产力迅速发展,为职业技术学校的建立和发展提供了物质和技术保障,并随着机器大工业生产制度的扩展而推广到其他国家。英、法、美、德、日等国家都开始建立职业技术学校,一些大企业内部的职工培训也逐渐发展起来。英国莫尔的《乌托邦》和法国拉伯雷的《巨人传》等著作都提到了职业教育——作为理想社会的构建部分。自然哲学教授乔治·伯柯贝克于1800年创办以技工为对象的讲习班,后来慢慢发展演变为"格拉斯哥技工讲习所";德国佛朗斯于17世纪末创办了实科学校,把技术作业引进学校教育;法国利昂库尔公爵于1786年创办了初等教育兼技术教育的学校。[①]

这个时期的职业教育开始出现了学校形态的教育,从学徒的手工工艺转变为以传授科学技术原理为主要特征的现代工艺学。随着工业革命的不断推进,职业教育开始兴起并快速发展,但这个时期的职业教育还没有形成正规的制度,职业教育基本是由民间的产业部门负责管理,政府尚未充分认识到职业教育的重要性。

三、职业教育的初步发展时期

职业教育的初步发展起讫时间大致为19世纪末到20世纪40年代。

19世纪末到20世纪初,伴随着工业经济发展,生产力日益提高,人类社会进入了第二次工业革命时代,技术对经济和军事竞争的作用充分显现了出来。各国开始重视职业教育,政府开始对职业教育进行积极干预和参与,不断调整和改革本国的教育制度,以法律、政策、拨款等方式促进职业教育的发展,充分发挥职业教育在国家发展战略中的积极作用。这个时期职业教育的规模、体系、管理制度都日趋成熟,职业教育体系逐步完善,已具有初、中、高三个层级。这一时期最鲜明的特点就是逐步形成了现代资本主义的职业教育制度。

英国于1889年颁布了《技术教育法案》,授权地方当局征收职业教育税,用于提供技术教育或支持民办教育,并帮助其他机构开办职业教育。1902年,英国政府又颁布了《巴尔福尔教育法》。到1921年,英国中央教育署和一些专业协会合作,共同建立了一套较为系统的技术人员证书制度。[②]

法国于1881年开始以国家的名义兴办职业教育,政府重视职业教育的建设,形成初等、中等和高等职业教育体系。1919年政府通过了被称为"法国技术教育宪章"的《阿斯蒂埃法》,该法规定国家代替个人承担对工人子弟进行职业教育的任务,标志着国家职业教育

---

① 马建富主编.职业教育学[M].上海:华东师范大学出版社,2008:7~8.
② 李强主编.职业教育学[M].北京:北京师范大学出版社,2010:38.

制度的正式形成。[①]

德国在 1918 年制定了《魏玛宪法》。该宪法明确规定,接受八年义务教育过后的学生必须进入职业补习学校接受一定的职业课程的学习,一直到 18 岁为止。1920 年,德国各州又相继制定法令,要求全力贯彻《魏玛宪法》,以法律的形式强制规定了国民必须全面接受职业教育。

美国国会在 1862 年和 1890 年先后两次颁布实施了《莫雷尔法案》,这是美国通过的第一个职业教育法案。该法案要求政府以"赠地"和"拨款"的形式资助各地举办初级学院和社区学院。1917 年,美国国会又通过了被称为美国教育史上第二个里程碑的《史密斯-休斯法案》,该法案的颁布实施正式确立了美国职业教育体系与制度,大大促进了美国职业教育的发展,职业教育的师资也得到了发展和壮大。据统计,从 1918 年到 1925 年,美国职业教育教师在原有的基础上增加了 176%,学生增加了 224%,职业教育经费增加了 518%。[②] 这一切都极大地促进了美国职业教育的飞速发展,为社会经济的发展提供了强有力的人才保障。

日本作为发达国家当中的后起之秀,于 19 世纪后期开始,在新兴的官办企业中开展职业培训活动。1894 年日本明治政府颁布了《实业教育国库补助法》,1899 年又颁布了《实业学校令》,逐渐规范了日本职业教育的发展,初步形成了初、中、高三个层次的职业教育系统。

四、职业教育的快速发展时期

职业教育从 20 世纪 50 年代开始进入快速发展时期。

20 世纪 50 年代以后,随着第二次世界大战的结束,各国经济逐渐得到恢复和发展,人类社会开始进入了以原子能和计算机广泛应用为标志的第三次工业技术革命时代。新技术革命促使产业结构、劳动力就业结构发生变化,生产开始由劳动密集型向知识技术密集型转变,科教兴国成为世界各国政府的战略选择,职业教育在社会经济发展中的重要作用得到广泛认可。所以,无论是发达国家还是发展中国家,都纷纷采取各种措施,积极发展各种类型的职业教育。职业教育由此进入了快速发展时期。

从世界范围来看,这一时期的职业教育呈现出以下一些共同特点:

(一)各国政府加大投入扶持职业教育的发展,职业教育逐步走向国际化

第二次世界大战以后,科学技术对经济和军事竞争的作用愈加明显,职业教育所发挥的作用得到广泛重视。各国政府开始把职业教育作为国家事务来看待,出台政策、加大投入,保证职业教育的快速发展。此外,这一时期出现了一些国际教育机构,如国际劳工组织、联合国教科文组织等,这些机构开始规范职业教育的名称,并出台相关政策积极支持职业教育的发展。这一切都使得职业教育的发展呈现出越来越国际化的态势。

(二)加强职业教育与普通教育的衔接

世界各主要发达国家纷纷采取多种措施,使职业教育与普通教育相互沟通、相互渗透、

[①] 李强主编.职业教育学[M].北京:北京师范大学出版社,2010:38.
[②] 马建富主编.职业教育学[M].上海:华东师范大学出版社,2008:9.

取长补短。各国普遍采取的是职业教育与普通教育综合化的措施。如英国政府推出了"普通国家职业资格"课程,使学术性课程和职业性课程相互过渡;德国职业教育的突出特点是实行"双元制",它与普通教育是相互平行的系统;20世纪80年代以后,日本政府开始改革中等教育,设立了综合高中。

(三)各国职业教育体系逐步完善,各自发展具有特色的职业教育

第二次世界大战以后,各国职业教育的学校布局、专业设置、教育模式等问题都得以逐步解决,发展职业教育与各种类型教育的衔接,各国基本上都形成了完善的职业教育体系。许多国家还致力于根据本国的社会经济发展实际,发展具有本国特色的职业教育模式,如英国的双轨制、德国的"双元制"、美国的社区学院、日本的短期大学等。[①]

第三节 国内职业教育的发展状况

我国职业教育的发展历程,与我国社会经济的发展紧密相关,受社会历史各方面因素的制约较大。因此,可以根据我国历史的发展来划分我国职业教育的大致发展阶段,分析各阶段的态势和特征。

一、国内职业教育的发展历程

我国职业教育古已有之。但是,在很长一段时间内,职业教育的发展是融合于社会生产劳动之中的,并未形成专门的职业教育机构来开展有组织、有计划的专业化教育。国内职业教育根据其制度化的发展程度和不同时期统治者的重视程度以及受社会经济发展水平的影响,主要可以划分为以下几个阶段:

(一)古代非正式的职业教育阶段(奴隶社会初期~1840年)

在这个历史时期,职业教育与生产劳动紧密地结合在一起,基本处于一种"隐形"的状态,并未形成大范围的影响,尚未受到明显的关注。

春秋战国时期的墨子是一位伟大的职业教育的倡导者。他出身于百工,积极开展"百工教育",开创了职业教育社会办学的先例。这时期职业教育的形式多为:子承父业、师徒制、学徒培训制等。

受封建社会生产力发展条件的制约以及儒家"学而优则仕""君子谋道不谋食""君子不器"等观念的影响,职业教育一直处于社会的底层,受到达官贵人和文人雅士的鄙薄。儒家代表人物孔子是不提倡职业教育的。

(二)实业教育制度的萌芽与建立(1840年~1911年)

清朝末期,列强进犯,国力不济,鸦片战争、甲午战争后,受西方与日本经济发展的影

---

① 李强主编.职业教育学[M].北京:北京师范大学出版社,2010:39.

响,中国以张之洞为代表的洋务派,以康有为、梁启超为代表的维新派掀起了"洋务运动"及"维新变法"运动,主张发展实业,兴办实业学堂。自1866年,相继建立了上海江南制造总局机械学堂(1867)、福建船政学堂(1866)、天津电报学堂(1880)等。1879年,杭州太守林启创设的"浙江蚕学馆"是较早且较有影响的实业学堂。1904年,清政府颁布了《奏定学堂章程》(又称《癸卯学制》),从制度上确立了我国学校职业教育的体系构架。

这一时期的职业教育的仁人志士有龚自珍、林则徐、魏源、康有为、梁启超、张之洞、蔡元培、黄炎培等。

(三)实业教育改革(1912年~1921年)

1912年,中华民国临时政府设立教育部,任命蔡元培为教育总长。此后至1913年间临时政府颁布了《实业学校令》与《实业学校规程》等。

这一时期产生了一些重要的职业教育思想,代表人物有张之洞、蔡元培、黄炎培等。但影响最大的莫过于黄炎培先生。黄炎培先生于1913年在《学校教育采用实用主义之商榷》一文中提倡"实用主义"教育,并主张把"实业教育"改名为"职业教育"。[1]

(四)职业教育的兴起与发展(1922年~1948年)

这一阶段需要着重指出的便是黄炎培先生及其关于职业教育的思想理论。

黄炎培(1878年10月1日~1965年12月21日),号楚南,字任之,笔名抱一,江苏川沙县(今属上海市)人。是中国近现代著名的爱国主义者和民主主义教育家,是中国近代职业教育的创始人和理论家,他以毕生精力奉献于中国的职业教育事业,为改革脱离社会生活和生产的传统教育,建设中国的职业教育,做出过重要贡献。

1917年5月,黄炎培、穆藕初联合教育界、实业界著名人士计48人共同发起创建了中华职业教育社,他们共同草拟了"宣言书",一致认为,"方今最重要、最困难之问题,莫生计若,而求根本上解决此问题,舍沟通教育与职业,无所为计",决定"推广职业教育""改良职业教育""改良普通教育,俾为适于生活之准备"。[2]

1926年,黄炎培先生提出了"大职业教育主义"。陶行知先生从美国回国后,大力倡导其职业教育,并逐渐形成了"教育与社会生活相结合""教学做合一"的职业教育思想。

黄炎培先生重要的职业教育思想包括:

黄炎培在《实施实业教学要览》中给"职业教育"下的定义是:"凡用教育方法,使人人获得生活的供给及乐趣,一面尽其对群众之义务,此教育名曰职业教育。"

职业教育的作用:"谋个性之发展""为个人谋生之准备""为个人服务社会之准备""为国家及世界增进生产力之准备"。

职业教育的目的:"使无业者有业,有业者乐业",为"劳动者文化、业务水平的提高"和"造就新型知识分子"服务。

职业教育的方针:社会化——强调的是职业教育须适应社会需要;科学化——用科学来解决职业教育问题。

---

[1] 马建富主编.职业教育学[M].上海:华东师范大学出版社,2008:11.
[2] 谢长法.黄炎培与穆藕初——中国近代教育家和实业家携手合作奋斗的典范[J].职业技术教育,2010(28):71.

职业教育的教学原则:"手脑并用""做学合一""理论与实际并行""知识与技能并重"。时至今日,黄老先生的教育思想理论仍对我国职业教育的发展有很好的指导作用。

1922年北洋政府颁布了《学校系统改革案》,以职业学校代替了旧学制中的实业学校,第一次从学制上确立了职业学校的名称。

1927到1937年,国民政府制定了一系列关于职业教育的法规和章程;1937到1945年抗战期间,由于急需培养各种技术人才,职业教育并没有停滞,反而呈现出多规格、多层次、多形式发展的态势;但抗战胜利后,国民政府忙于内战,职业教育又陷入困境。

(五)我国职业教育的新发展(1949年至今)

1949到1978年,是我国现代职业教育发展的第一阶段。

这一阶段主要是兴办了中等专业学校及技工学校。为践行"两种教育制度、两种劳动制度"的精神,发展半工半读中学,创办城市职业中学。[①] 到1965年,中专及职中学校总数61626所,在校生443万人。

"文化大革命"的10年,教育基本停滞,职业教育事业受到了严重摧残。

1979年至今,是我国现代职业教育发展的第二阶段。

这30多年是在改革开放、大力发展国民经济背景下,我国职业教育真正蓬勃发展的新阶段。

我国现代职业教育发展第二阶段的大事记:

1980年,国务院批准了《关于中等教育结构改革的报告》,提出"发展职业教育,适应四化建设需要,是当前亟待解决的问题"。

1985年,全国教育工作会议发布了《中共中央关于教育体制改革的决定》,指出职业教育是我国教育事业的薄弱环节,要大力发展。

1991年10月17日,《国务院关于大力发展职业技术教育的决定》这一重要文件的发布,为之后10年的职业教育发展指明了方向,1991年到2000年这10年也成为我国职业教育发展最快的时期。

1996年5月15日,第八届全国人民代表大会常务委员会第十九次会议审议通过了《中华人民共和国职业教育法》。这是我国职业教育发展史上具有里程碑意义的大事,标志着我国职业教育正式步入法制化时代。

2002年,《国务院关于大力推进职业教育改革与发展的决定》发布。在此决定中,以就业为导向,改革与发展职业教育成为社会共识。

2003年,《中华人民共和国民办教育促进法》出台,各地依靠社会力量开办了许多民办职业学院。

2005年11月,国务院召开了全国职业教育工作会议,出台了《国务院关于大力发展职业教育的决定》。温家宝总理在会上发表重要讲话,把职业教育发展提到了一个前所未有的战略高度。该"决定"指出:到2010年,中等职业教育招生规模达到800万人,与普通高中招生规模大体相当;高等职业教育招生规模占高等教育招生规模的一半以上。

2006年,温家宝主持召开职业教育工作座谈会,在会上指出:职业教育就是面向人人、

---

① 沈小碚.中国职业技术教育的产生发展及其现状述略[J].西南师范大学学报(人文社会科学版),1992(1):43.

面向全社会的教育。要大力发展职业教育,进一步提高各级政府的认识,加大对职业教育的资金投入力度。同年,教育部出台了《关于全面提高高等职业教育教学质量的若干意见》(教高〔2006〕16号)一文。

2007年,党的十七大要求认真贯彻落实党的精神,提高高等教育质量,大力发展职业教育,建设人力资源强国。

2009年,在教育部年度工作会议上,时任教育部部长周济提出,要继续大力推进职业教育发展,把中等职业教育作为战略突破口,重点加强农村中等职业教育。

2010年7月29日,《国家中长期教育改革和发展规划纲要(2010—2020年)》发布提出,大力发展职业教育,调动行业企业的积极性,增强职业教育的吸引力;加快发展面向农村的职业教育。到2020年,形成适应经济发展方式转变和产业结构调整要求、体现终身教育理念、中等和高等职业教育协调发展的现代职业教育体系,满足人民群众接受职业教育的需求,满足经济社会对高素质劳动者和技能型人才的需要。

2011年4月29日,中共中央组织部、人力资源和社会保障部印发了《高技能人才队伍建设中长期规划(2010—2020年)》(中组发〔2011〕11号),要求切实加大投入,为高技能人才队伍建设提供经费保障。完善发展职业教育的保障机制,逐步实行中等职业教育免学费政策,鼓励支持更多青年劳动者接受职业教育。在国家职业教育基础能力建设等专项经费中,对就业率高、高技能人才培养成效显著的职业院校给予重点支持。

2011年,国务院发布了《教育部关于充分发挥行业指导作用,推进职业教育改革发展的意见》(教职成〔2011〕6号)、《教育部关于推进中等和高等职业教育协调发展的指导意见》(教职成〔2011〕9号)等重要文件,充分说明职业教育已经被提到了前所未有的高度。

2012年6月,教育部发布了《国家教育事业发展第十二个五年规划》,要求大力发展中等职业教育,落实政府发展中等职业教育的责任。推动各级政府把办好中等职业教育作为促进就业、改善民生、保障社会稳定和促进经济增长的重要基础,将主要面向未成年人的中等职业教育作为基础性、普惠性教育服务纳入基本公共教育服务范畴。逐步完善中等职业教育公共财政保障制度,逐步实行中等职业教育免费制度,完善国家助学制度。探索中等职业教育公益性的多种实现形式,完善中等职业教育布局规划。

2012年,党的十八大提出,发展现代职业教育体系,要进一步推动职业教育与产业发展紧密对接、深度融合,完善鼓励校企合作的政策措施,支持组建多种形式的职业教育集团。

2014年5月2日,《国务院关于加快发展现代职业教育的决定》(国发〔2014〕19号)提出,加快构建现代职业教育体系,激发职业教育办学活力,提高人才培养质量,提升发展保障水平,加强组织领导。

2014年6月,《现代职业教育体系建设规划(2014—2020年)》提出,牢固确立职业教育在国家人才培养体系中的重要位置,到2020年,形成适应发展需求、产教深度融合、中职高职衔接、职业教育与普通教育相互沟通,体现终身教育理念,具有中国特色、世界水平的现代职业教育体系,建立人才培养立交桥,形成合理教育结构,推动现代教育体系基本建立、教育现代化基本实现。具体分两步走:到2015年,初步形成现代职业教育体系框架;到2020年,基本建成中国特色现代职业教育体系。

二、国内职业教育的发展现状

经济和社会的需求是职业教育生存和发展的基础。经过 30 多年的改革开放,我国经济社会取得了长足的进步,但还处于"小康"——社会主义初级阶段。要在 21 世纪中期达到中等发达国家的水平,还有很长的路要走。我国的工业化水平、城镇化水平、科学技术水平与发达国家相比仍有相当大的差距,我国要把人口大国建设成为人力资源强国也必须付出更多努力。

以上这些既是现实情况,是我们面临的挑战,亦是机遇,给职业教育的大力发展提供了广阔的空间。

党中央国务院明确指出,发展职业教育是经济社会发展的重要基础。温家宝总理强调指出:大力发展职业教育,既是当务之急,又是长远大计。《国家中长期教育改革和发展规划纲要(2010—2020 年)》把职业教育放在了更加突出的位置,并明确指出了发展的总目标和要求。

目前,我国职业教育已经达到了一定规模。中等职业教育与普通高中教育的比例已经基本达到 1:1;随着高等教育毛入学率的提高,高等职业教育的规模已经超越了普通高等教育的规模。规模达到了一定程度,下一步就是要"把提高质量作为重点",即由规模发展逐渐转向教学基础能力的建设、教学质量和管理水平的提高上来,实现职业教育由外延式发展向内涵式发展的转变。

第四节 国外职业教育的发展状况

国外职业教育的发展历程大致可以分为萌芽、产生、迅速发展和新发展四个时期,每一阶段的发展都有其各自的特点,对社会经济起着不同的促进作用。

一、国外职业教育的发展历程

民国时期的杨鄂联曾经说过:"欧美各国,往昔无所谓职业教育,其重文艺教育、贵族教育而蔑视工艺教育,与我国之习俗盖相似也。迨中古时代,学徒制盛行,但亦无专设学校以陶冶群众者。十九世纪以后,因工商业之勃兴,工厂制之盛行,新机械之应用,工人入厂操工,无暇教其徒弟,而工艺既已浩繁复杂,亦非徒恃简单模仿所能奏功,于是始有职业教育,盖为二十世纪之新产物也。"[1]

而根据国外社会历史发展的阶段性和教育的发展态势,可以将职业教育划分为职业教育的萌芽、职业学校教育的产生、职业教育的迅速发展时期以及职业教育的新发展时期。

---

[1] 杨鄂联著.职业教育概要[M].上海:世界书局,1929:3.

(一)国外职业教育的萌芽

古代社会开展职业教育的主要形式是学徒制,如和尚、道士、牧师、医生、商贩、工匠等职业人,就是通过学徒制在寺院、道观、教堂、诊所、店铺、作坊等场所培养出来的。古埃及《汉谟拉比法典》中就有关于工匠收养子弟以传授技艺的规定。古希腊柏拉图的《理想国》当中也有关于学徒制的记载。当时手工业者主要是奴隶,他们在作坊工作,职业和身份都是世袭的。古罗马时期,学徒制开始有了行业组织的干预,有的职业甚至还有专门的设施。中世纪的雄辩家、律师、医生等高级职业人员也是通过学徒制培养的,但这一时期主要是以家庭教育的形式为主。

除了学徒制,官学中也承担着一部分的职业教育。如在古罗马时期,就已经有了专门的学校教育,但其教育内容主要是通识教育,虽然偶有体现出职业教育的特点,但无论是从数量还是从内容方面而言,它都还只是普通教育的一种补充。

由此得知,古代社会的职业教育尚未形成体系,还处于一种萌芽状态。

(二)国外职业学校教育的产生

18世纪开始出现的大规模的机器大生产,逐步取代了以往的工场手工业,这在人类的社会生产生活各方面都引起了翻天覆地的变化。机器的应用对劳动者的素质提出了新要求,学徒制对于劳动后备力量和技术人员的补充,无论是数量还是速度上而言,都已无法满足生产发展的需要。于是,各国开始进行学校职业教育的尝试。

17世纪末,德国的弗朗斯(A. H. France)首先创办了实科学校,把技术作业引进学校教育,将英国莫尔(T. More)所著《乌托邦》中描述的技术教育的构想变为了现实。他于1696年创办的"孤儿院",突破了普通学校的形态,聘请行业师傅讲授裁缝、纺织等课程,并在学校设有简易工厂,供学生开展生产实习。[①]

但这一时期的学校形态的职业教育,基本上只是由个人或者是私人机构进行组织和承办,国家的参与力度极低,因此尚未形成一定的规模。

(三)国外职业教育的迅速发展阶段

依据社会经济、科技发展水平以及国外职业教育的成熟度,以第二次世界大战为限,可以把国外职业教育的发展划分为迅速发展阶段和新发展阶段。

国外职业教育的迅速发展阶段起讫时间大致为19世纪中叶至第二次世界大战前。

伴随着工业经济的发展,生产力日益提高,世界职业教育得到了长足进步。从19世纪中叶到20世纪中叶,国外职业教育的规模、体系、管理制度都日趋成熟。这一时期国外职业教育发展呈现出如下特点:

第一,国家高度重视。随着各国工业革命的普遍开展和完成,从19世纪中叶开始,技术对经济和军事竞争的作用逐渐显现出来,各国政府开始重视技术教育,技术教育也因此成为国家事务。当时各国之所以重视发展职业教育,主要有以下几个方面的原因:一是技术革命。职业教育的优劣直接决定着经济发展的水平。二是国际战争。技术对于战争成败的作用越来越关键,因此加强职业教育,成为各国谋取军事胜利的重要手段和措施。三

---

① 马建富主编.职业教育学[M].上海:华东师范大学出版社,2008:7.

是国际博览会。这是各国在这个时期展现自己国家力量的一个大舞台,而这直接取决于职业教育开展的力度和效度,也是保持技术领先或实现追赶的重要方面。四是工人的觉醒。工人自身发展需要国家发展职业教育以提供其接受教育的机会。

第二,以立法、拨款等实际举措推进职业教育的发展。以立法、拨款的方式支持职业教育的发展,是西方发达国家发展职业教育的主要经验。如英国于1889年公布了《技术教育法案》,1902年英国政府又接着颁布了《巴尔福尔教育法》;1917年,美国国会通过了被称为美国教育史上第二个里程碑的《史密斯—休斯法》,这是以振兴中等程度的职业教育作为目标的法令。[①] 该法以拨款的方式大大促进了美国职业教育的发展。

第三,重视职业教育科学研究。为了能更好地发展职业教育,从而充分发挥职业教育在国家发展战略中的作用,各国纷纷重视对职业教育的科学研究,这是世界各国重视职业教育的另外一种表现形式。如1881年,英国国会任命了一个调查外国技术教育的委员会,这是从职业教育这个角度去探索经济强国之路;1914年,美国总统威尔逊指定成立了"全国职业教育委员会",研究国家对职业教育的支持问题。

第四,全面动员,广泛参与。在这一时期,各国都以法律、政策、拨款等方式广泛调动人们参与职业教育的积极性。如1919年德国生效的《魏玛宪法》明确规定:青少年在接受八年义务教育之后,必须进入职业补习学校学习至18岁。1920年后,各州争相制定法令贯彻落实《魏玛宪法》,要求14至18岁的青年都要进入职业补习学校学习。这就以法律的形式强制规定了国民必须全面参与职业教育,使接受职业教育成为全体国民的义务。

(四)国外职业教育的新发展

第二次世界大战后,人类历史上出现了一次影响极其深远的全面的技术革命。这次革命以原子能、电子计算机和空间技术的应用为主要标志,被称为"第三次科技革命"。

这一时期,国际上有关专家和学者围绕职业教育的发展问题进行了广泛而深入的调查研究,并形成了比较系统的发展职业教育的思想。富有代表性的人物主要有巴洛夫(Thomas Balogh)与福斯特(Philip J. Foster),他们是二战后国际职业教育界极具影响力的两位学者。他们的观点,代表了二战后职业教育发展的不同理念。[②] 其中,巴洛夫认为,职业教育尤其是发展中国家的职业教育应以"人力规划"为出发点。他主张按计划大力发展正规的学校形态的职业教育,坚持"学校本位"的办学形式,以求得人力培养上的规模效益。而福斯特则认为,企业本位的职业培训优于学校本位的职业教育。中、低级人才的培养应该走"产学合作"的道路。为此,应该发展多种形式的职业培训,并对现有的职业学校进行改造。

二、国外职业教育的发展现状

第二次世界大战以后,由于国情不一,各国职业教育的发展也不尽相同,但总的来说,还是呈现出以下一些共同特点:

第一,各国都非常重视职业教育的发展,职业教育逐渐呈现出国际化发展态势。

---

① 马建富主编.职业教育学[M].上海:华东师范大学出版社,2008:9.
② 马建富主编.职业教育学[M].上海:华东师范大学出版社,2008:10.

现代科学技术的进一步发展,新技术的广泛应用,对工人及工程技术人员在科技水平方面的要求日益提高,各国都十分重视职业教育的发展。为了能够积极吸收和借鉴别国发展职业教育的经验,不同国家之间加强了联系。值得一提的是,国际上一些重要的机构或组织,也积极为职业教育的发展做出贡献,如联合国教科文组织、世界银行等。职业教育越来越成为一项国际性的事业。

第二,注重依法治教,将职业教育发展纳入法制化轨道。

发达国家职业教育迅速发展的重要原因之一就是这些国家都十分重视教育立法,在不同的时期,通过立法的形式,促进职业教育的发展。如1958年美国通过了对教育变革有重要意义的《国防教育法案》,推进地区职业教育计划,加强与国防有关的职业教育。前联邦德国于1969年通过了《联邦职业教育法》,1981年又通过了《职业教育促进法》,以促进和协调"双元制"职业教育。20世纪50年代,日本先后制定了《产业教育振兴法》《职业训练法》等法规,通过这样一些法规,强化了全民对职业教育的重视,从而促进日本职业教育的发展。

第三,完善职业教育体系,形成严密的职业教育网络。

职业教育体系涉及职业教育的学校布局、结构层次、专业设置等方面的问题,同时也涉及职业教育和普通教育、普通高等教育以及成人教育之间的衔接和沟通的问题。二战以后,各国职业教育已形成比较完善的教育体系和严密的教育网络。例如,日本职业教育分初级、中级和高级三个层次。美国职业教育从高中开始,有三种学校,即综合高中、职业高中和职业教育中心。另外还有中等教育后的各种类型的社区学院。

第四,重视职业教育师资的培养,以提高职业教育的办学质量。

教师是保证职业教育质量的关键性因素。发达国家极为重视职业教育师资队伍的建设,主要体现在培训的正规化、教师的专业化以及教师优厚的待遇上。发达国家职业教育的师资有着健全的培养体系和稳定的来源。职业教育师资培养主要有四个渠道:一是开办专门培养职业教育师资的高等技术师范学院;二是在工科技术学院培训;三是在文理学院、综合大学内另设教育学院、教育系来培养;四是通过专门的职业教育师资进修、培训机构来培养,如教育培训中心或地区职业教育中心、大型企业培训部等开展继续教育和专业培训课程等。

第五节　职业教育学的研究对象及意义

职业教育学是关于职业教育的学科,它是一门重要的社会科学。在我国现行的学科分类中,通常将其纳入到教育学学科中,作为一个二级学科,称为"职业技术教育学"。[①] 而由于职业教育学自身的特性,无论是作为"教育学"下的二级学科,还是强调其独立性,要适应现代职业教育的发展需要,都必须对其研究给予足够的重视,而不是任其被边缘化或作为

---

① 米靖著.现代职业教育论[M].天津:天津大学出版社,2010:37.

"副业"加以研究。职业教育界的理论工作者和实践者都必须有这样一种清醒的认识。

一、职业教育学的概念及研究对象

(一)概念

职业教育学是一门研究职业教育现象,揭示职业教育发展规律的教育科学。它是教育学的一门重要的分支学科。

(二)研究对象

(1)对职业教育的概念及理论基础的研究;

(2)职业教育的发展历史、趋势及中外职业教育对比的研究;

(3)职业教育与经济社会发展、与人的发展、与劳动就业的关系的研究;

(4)对职业教育体系、结构的研究;

(5)对职业教育的培养目标、教学条件、制度、教学评价的研究;

(6)对职业教育课程论与教学论的研究;

(7)其他关于职业教育的研究。

(三)职业教育学的发展主要经历了三个阶段:

(1)萌芽阶段(16~19世纪)

在教育史上,最早论述职业教育的是17世纪捷克著名的民主教育家夸美纽斯。他在其代表作《泛智学校》中提出:所有的人都应学习一切知识。这表明劳力阶级的技艺知识得到承认,曾经被作为低贱者看待的技艺阶级获得教育权,这意味着职业教育的诞生。泛智教育思想为职业教育的实用主义哲学铺就了第一块基石。[1]

18世纪瑞士著名教育家裴斯泰洛齐在职业教育领域的贡献可谓巨大。在《葛笃德怎样教育她的子女》一文中,裴斯泰洛齐阐明了体育和劳育的要素,并在斯坦兹和布格多夫的实验中提炼出关于职业技能的观点。[2] 其一生通过把要素教育、普爱教育、技艺教育三种教育理论付诸实践,致力于国民教育事业。

(2)独立学科形成阶段(20世纪初~第二次世界大战前后)

德国教育理论家凯兴斯泰纳,被誉为德国的"职业教育之父",在其所著《工作学校要义》(或译《劳作学校的概念》)中,他将实用主义的方法引入到教育中,整合了学术教育和职业教育,构建起德国职业学校体系。[3]

美国著名哲学家、教育家杜威是进步教育学派的代表人物,代表作《民主主义与教育》专门列了一章"教育与职业"。他指出,真正的职业教育必须兼顾文化学科与实践学科的交融,以培养创造性的民主社会的公民,而不是工具。并特别指出,职业教育应当是一种终身教育,贯穿于人的一生,而不是一个短期的技能培训班。[4] 他的职业教育思想对后来的"新

---

[1] 徐平利.泛智教育:职业教育思想的萌芽[J].职业技术教育,2009(25):76.
[2] 耿春霞.裴斯泰洛齐的职业教育思想及实践[J].教育与职业,2012(16):103.
[3] 米靖著.现代职业教育论[M].天津:天津大学出版社,2010:46.
[4] 米靖著.现代职业教育论[M].天津:天津大学出版社,2010:53.

职业主义"思潮影响颇大。

(3)完善和发展阶段(第二次世界战以后)

20世纪70年代以后,随着各国职业教育理论专著的相继问世,科学职业教育学便逐步确立起来。

需要注意的是,我国的职业教育起步晚,发展相对落后,因此职业教育学在我国还是一门新兴的学科,理论探索和实践研究都有待于提高。著名的民主革命家、教育家黄炎培先生是我国现代职业教育理论的奠基人。他是中国近现代职业教育思想的集大成者,他在20世纪中期关于职业教育理论与实践的探究,形成了完整的职业教育思想体系,对当下职业教育工作者开展理论和实践研究具有深刻的启发性和指导意义。

拓展阅读

黄炎培对20世纪上半叶中国职业教育学科发展的贡献[①]

黄炎培是我国近现代著名的民主革命家、政治活动家、勇敢的教育实践者和卓越的教育理论家,他奠定了我国近现代职业教育理论的基础,对我国职业教育学这门学科的早期发展做出了重要贡献。关于黄炎培对我国20世纪上半叶职业教育学的贡献,笔者将从他对职业教育学的"软学科"和"硬学科"这两方面的贡献加以分析。"软学科"上主要探讨黄炎培在职业教育学研究对象、研究方法以及基本理论体系上的贡献,这是学科发展的内在根据和动力;"硬学科"上主要探讨黄炎培在建立供专业研究者栖身的研究机构,出版权威刊物,探索学科培养计划以及寻求资金来源上的贡献,这是学科发展的外部保障条件和体系。

作为我国近现代职业教育的奠基人,黄炎培对职业教育学研究对象的认识随着他的职业教育思想的改变而改变。1913年,黄炎培在借鉴美国教育经验的基础上倡导实用主义教育学说。同年他发表《学校教育采用实用主义之商榷》一文,此时黄炎培将研究对象聚焦在普通教育现象及规律上,他认为当时普通教育培养的人才不能适应社会的需要,应将实用主义引入普通教育中以改善当时的教育问题。随后,黄炎培发现只是在教育中抽象地引入实用主义并不能解决问题。1917年,黄炎培同各界知名人士共创中华职业教育社,开始倡导以职业为目的的职业教育。同年他还在《职业教育析疑》一文中将职业教育与实业教育进行区分,二者都以解决生计为目的,但是职业教育较实业教育内容广泛,实业教育较职业教育学制时间长。此时,黄炎培将职业教育的研究对象聚焦在职业教育现象及规律上。1926年,黄炎培在《提出大职业教育主义征求同志意见》一文中提出了大职业教育主义的观念,此时的他主张职业教育的研究对象不应当只局限于职业教育自身,而应当聚焦于社会现状、经济现状及一切教育现象和规律与职业教育的关系上,并且从中来观察和审视职业教育的基本规律。到此为止,黄炎培对职业教育学的研究对象到了比较成熟的阶段。

---

① 米靖,薛洋洋.论黄炎培对20世纪上半叶中国职业教育学科的贡献[J].职教论坛,2012(15):14~18.

黄炎培在职业教育学研究中开创性地使用了调查研究、行动研究以及比较研究的策略,他在兼顾演绎和归纳的基础上更加注重归纳,为职业教育学的研究方法体系的建设提供了有益的经验。

黄炎培奠定和构建了职业教育的基本理论体系,明确了职业教育的概念和功能,阐明了职业教育的目的,论证了职业教育的体系,提出职业教育的课程与教学的基本思想,重视职业教育的教师及学生发展,对职业道德形成重要认识,将职业指导引入职业教育学体系。

对职业教育学科发展外部保障条件和体系的贡献表现在:建立供职业化的研究者栖身的研究机构——中华职业教育社;创办权威的职业教育刊物——《教育与职业》;探索学科培养人才计划;寻求支持职业教育学术研究与发展的资金来源等等。

拓展阅读

我国当代职业教育学的历史、现状与发展走向[1][2]

一、我国职业教育学科的发展历史

自 1941 年第一本《职业教育学》问世至"文革"结束,我国职业教育基本上处于沉寂状态。1978 年改革开放后职业教育开始恢复,当代我国职业教育学科的发展主要经历了以下三个阶段。

1. 学科恢复期(1978 年~20 世纪 90 年代初)

十一届三中全会之后,随着以政治为中心向以经济为中心的社会转型,我国职业教育蓬勃兴起,职业教育学科开始恢复。我国职业教育学科在该时期逐步发展并开始成为独立学科。这一时期,我国职业教育学科理论经历了从"外来化"到"本土化"的创生过程。纵观 20 世纪 80 年代我国职业教育学的恢复过程,虽然职业教育学学科还相当幼稚,但这一时期经历了"介绍引进——初创概论——学科创生"的过程后,开始出现了本土化成果。

2. 学科成长期(20 世纪 90 年代)

这一时期,我国由计划经济体制向市场经济体制转型,职业教育学科为适应市场经济体制的发展,在实践和理论上都突出了应用的特征。职业教育学科在该时期进一步分化,出现了职业教育心理学、职业教育社会学、职业教育史学和职业教育教师学。如黄强等人的《职业技术教育心理学》、李蔺田的《中国职业技术教育史》等。比较职业教育学和职业教育管理学得到了进一步发展。

3. 学科反思期(2000 年至今)

这一时期完善了职业教育研究生教育体系,具有划时代的实践意义。这一时期我国职业教育学科分化出更多的分支学科,涵盖了与职业教育相关的更广的研究领域。牛征的《职业教育经济学研究》填补了中国教育经济学在职业教育领域的空白。职业教育课程

---

[1] 周明星,唐林伟.职业教育学科论初探[J].教育研究,2006(9):67~69.
[2] 周明星等.职业教育学科论[J].中国职业技术教育,2009(24):12.

> 论的研究代表作是黄克孝的《职业和技术教育课程概论》,职业教育法学研究开始出现。原有比较职业教育、职业教育史学、职业教育教师学和农村职业教育学等分支学科得到进一步的发展,代表性的成果有石伟平的《比较职业技术教育》等,职业教育学分支学科的发展,完善了职业教育学学科体系。
>
> 二、我国职业教育学科的发展现状
>
> 改革开放以来,我国职业教育学科的学术组织性和行政合法性不断加强,已初步形成职业教育的学术共同体,职业教育学科的社会建制不断完善,有力地促进了理论性的职业教育学科的发展。
>
> 改革开放30年来我国逐步构建了一个由学士——硕士——博士——博士后完整的职业教育学科人才培养体系。经过20多年来的培养,我国职业教育学科已经初步形成多结构的学科队伍,并初步取得多形式的学科成果,职业教育学科课程建设取得重大突破。学科平台作为职业教育学科赖以生存的"沃土",随着职业教育事业的迅速发展也不断增添了良好的成绩。在进行理论研究的同时,我国职业教育学界开始将目光转向了职业教育学科反思。
>
> 虽然我国职业教育学科发展成绩突出,但同时我们也应该看到,社会转型期我国职业教育学科发展依然面临着种种问题:①研究对象的泛化;②研究方法的简化;③学科体系的同化;④研究学派的散化。
>
> 三、我国职业教育学科的发展走向
>
> 回顾职业教育学科发展历程,契合社会转型时期我国职业教育改革和发展所肩负的使命和所面对的环境,逐步成熟的职业教育学科将呈现出新的发展取向:1.明确基本问题;2.丰富研究范式;3.构建理论体系。

二、职业教育学的研究意义

职业教育学的研究意义主要表现在以下四个方面:

首先,为职业教育的改革和发展提供理论指导和决策依据。决策是人们综合各种条件而进行目标选择,以及为实现目标而制订和优选行动方案的过程。要使决策科学而有效,就必须首先进行科学的研究,如此才能避免职业教育发展过程中的盲目性。

其次,有利于解决职业教育中存在的问题。一方面,职业教育与普通教育相比,发展历史短,且具有较强的特殊性,许多规律有待揭示。如职业教育与经济社会发展的互动规律,职业素质教育的内涵,职业教育教学质量评价体系等问题迫切需要人们进行理论研究;另一方面,职业教育实践也迫切需要理论的先行与指导。如综合高中政策已经启动,但理论研究远远滞后于实践发展的需要。

第三,有利于全面促进教师的成长与发展。联合国教科文组织曾指出:"在当前,从教师在教育体系中的作用来看,教师与研究人员的职责趋向一致。"换句话说,具有一定的教育科研能力已成为当代教师必备的素质。其原因主要是,通过教育科研,可促使教师自觉地进行理论的学习与提高,通过对研究问题的理性思考,自觉地进行教育教学改革,提高教育教学水平;通过教育科研,促进广大教师进行教育经验的积累、总结和提升,促进教师更加自觉地按教育科学规律开展教学。

第四,丰富和完善职业教育学学科的理论体系。职业教育有许多特殊规律有待人们研究和发现,如职业教育的课堂教学结构问题、教学组织形式问题、综合课程问题、职业学校低成就生源的教学与发展问题,等等。

【思考题】

1. 职业教育的内涵是什么？它有哪些特性和功能？
2. 我国职业教育的发展主要分为哪几个阶段？请谈一谈我国职业教育的发展现状。
3. 世界职业教育的发展主要分为哪几个阶段？请谈一谈世界职业教育的发展现状。
4. 职业教育学的研究对象是什么？
5. 职业教育学的研究有何意义？

第二章

职业教育目标论

学习目标

1. 了解职业教育的目的;
2. 把握职业教育的培养目标及其依据;
3. 了解职业教育培养目标的素质结构的内涵;
4. 掌握职业教育培养目标的实现途径。

目标通常是指努力想要达到的结果或境地。教育的目标是反映教育目的的具体而可观测的变化,它是判断教育社会价值高低的总体依据。具体而言,它是指希望通过教育过程使学生得以改变思维、感情和行动等方面,从而达到目的。职业教育的目标,也就是通过职业教育的手段,把受教育者培养成具有一定方向性和层次性的人,以使其为实现个人价值和社会价值做好准备。

第一节 职业教育的目的及培养目标

中华职业教育社曾经指出了职业教育的四大目的——谋个性之发展,为个人谋生之准备,为个人服务社会之准备,为国家及世界增进生产力之准备。这充分概括了职业教育对于个体的价值和对于社会的意义。为了达到这样的目的,职业教育必须有合理的培养目标,以个体的素质和社会的要求为基本依据,通过教学和实习等途径来予以实现。

一、职业教育的目的

经济与社会的不断发展,使得职业教育的目的也不断变化。无论在中国还是在外国,职业教育目的的发展历程大致相似。总的情形可以概括为四个阶段,亦即生计目的论—实业振兴目的论—人的全面发展目的论—辩证的现代职业教育目的论。这是一个否定之否定的辩证过程。也就是说,实业振兴目的论是对生计目的论的辩证否定,人的全面发展目的论又是对实业振兴目的论的辩证否定。每一次否定既是对前一种目的论的积极性的保留,又是对其片面性的克服,同时还增加了新的内容。

(一)生计目的论

我们知道,职业教育的最初形态为学徒制。学徒制是手工业行会的显著特点之一。在行会成立前,它作为一种个体属性而存在。在行会成立后,学徒制逐渐具有了社会的属性。贵族、富商和地主阶级的子女通常进入正规的学校学习伦理道德、文法、修辞等,为将来进入统治阶层做准备;而从事手工业者都是平民阶层,为了能够立足社会,必须经过学徒制进行培训。学徒制带有明显的为了生存和生计的目的。随着产业革命的出现,学校形态的职业教育也应运而生,其目的也是基于生计的需要。18世纪初期,在西方工业国家出现的大量的慈善学校均以贫苦儿童为对象,进行有现实效益的技术教育。我国近代的职业教育也主要是出于生计目的的考虑。黄炎培开办的职业学校和补习学校,陶行知的平民教育,晏阳初的乡村教育,他们开办的学校主要是面向那些不能升学的儿童或失业者,授之以职业上的技能,使他们有一技之长以维持生计。1917年黄炎培在《职业教育谈》中提出职业教育的目的有三:"为个人谋生之准备,一也;为个人服务社会之准备,二也;为世界、国家增进生产力之准备,三也。"1934年中华职业教育社提出,职业教育的目的——一为谋个性之发展;二为个人谋生之准备;三为个人服务社会之准备;四为国家及世界增进生产力之准备。基于上述认识,黄炎培把职业教育的终极目标确定为:使无业者有业,使有业者乐业。

(二)实业振兴目的论

随着近代工业的发展,技术在工商业的发展中逐渐地成为一个重要因素,技术的价值愈益显现出无穷的魅力,企业主和政府对技术训练的重要性有了新的认识。对工商业的从业者进行职业技术教育和培训,被企业主认为是创造高额利润和提高竞争力的关键,被国家政府视作振兴实业的重大举措。相应地,职业技术教育就成为振兴实业的法宝。因此,企业主主动开办各种各样的职业培训学校,政府也高度重视职业技术教育。职业教育的目的由主要解决下层民众的生计问题演化为以振兴实业为主要目的。然而,受教育者往往成为接受训练的机器和资本家获取更多剩余价值的工具。体力劳动与脑力劳动的分工、城乡分离都是社会生产力发展的结果,它虽然促进了生产力的发展,但是也促成了人的片面发展。近代的协作劳动、工场手工业和机器大生产进一步使人的片面发展加剧。从人的发展角度来看,实业振兴目的论暴露出了其严重的缺陷。

(三)人的全面发展目的论

社会分工所导致的人的片面发展的弊端早已凸显出来,到了资本主义生产充分发展时期,资本家为了获取更多的剩余价值,极力压榨和剥削工人,使工人失去许多受教育的机会和充分发展的时间,人成为机器的附属物,也使得人的片面发展达到了极点,使其缺陷得到充分的彰显。在20世纪初,国内外关于职业教育目的的认识错综复杂,职业教育也没有符合自身性质规律的定义。在职业教育理论界,各家各派关于职业教育目的的论说不一,众说纷纭。当时,有人认为职业教育仅仅是一种特殊的手工训练或农业、商业需要的训练。也有人认为职业教育之作用纯为生产,仅限于养成有效率之生产者,其产品则专供受过"自由教育"(也称"博雅教育")的人消费。与此类似,有人认为职业教育的目的是养成特殊效率之能力,而普通教育则养成适应环境变化的普通适应能力。还有人认为职业教育仅仅是实利教育、谋生教育。此种观点导致了视职业教育为"食用教育"的看法。一些有远见的教育家看到了在职业教育目的问题上存在的种种偏颇,提出了职业教育领域内的人的全面发展目的论。

霍尔的学生大卫·斯宾塞·希尔(David Spencer Hill)认为:"职业教育就狭义而言,乃专事训练具有社会价值的种种职业。然此外尚需养成其自身求知识的能力,强固的意志,优美的情感,进而协助社会,使成为健全的优良分子,盖一方面注重职业训练,同时并须照顾到受教育者乃国家之一公民,人类之一分子。"孟禄认为,工业革命以前之所谓职业教育是把知识技术借之实用训练,而其训练对象仅限于工人。在培养工人职业技能,提高生产效率的同时,又不能忽视对工人进行陶冶,"务使成为公民及人类之一分子",否则工人虽有工作效率,却会成为机械奴隶。邹韬奋认为,职业生活仅是人生活的一方面,职业责任仅是人承担的诸多责任中的一种,在进行职业教育时往往只看重了个人职业效率和社会经济的需要,在传授职业知识技能时往往忽略人的生活、人的精神世界的非职业的其他方面。事实上,割裂了人们生活的多方面联系,人的精神生活单一化,人会变成机器、怪物,也就不成为人了。普通教育、自由教育与职业教育有共同的价值存在,如健康、阅读、卫生、科学、文艺、真善美之享受等等。无论自由教育、普通教育还是职业教育都要培养学生求真知识的能力、巩固的意志、优美的情感,将来能以之应用于职业而自谋生活,同时能进而协助社会国家之幸福,最终成为完全有用之人物。不同类型的教育有不同的培养目标,但都服从于总的教育目的。邹韬奋的教育目的包含了知、情、意、德、智几个方面,是合乎人类身心发展规律和教育规律的。然而,这种职业教育的人的全面发展目的论在当时的社会制度和生产力条件下仅仅是一种难以实现的美好愿望。

(四)辩证的现代职业教育目的论

人的全面发展已成为当代世界各国教育界普遍重视并努力实现的目标,我们必须从日益知识化、科学化、智能化、审美化和人性化的社会生产和生活中看到人的全面发展的极端重要性。缺乏全面发展的观念,甚至忽视全面发展,都不能培养和造就出适应现代和未来社会发展所需要的全面发展的人才。人的全面发展是一个贯穿于人一生的过程,是在人的长期的教育——自我教育和职业生涯过程中不断地展开和逐步地得以实现的。

教育目的是学校教育培养人的总要求,深刻理解教育目的,对确立正确的教育观有重要作用。教育目的是受诸多社会条件如生产力发展水平、社会制度和社会生活状况所制约的,同时社会成员的教育意识水平又对教育目的有着巨大的反作用。在教育目的的价值取向上,个人本位论和社会本位论都有失偏颇。我国教育目的的理论基础遵循的是马克思主义关于人的全面发展的学说。

不同教育类型的存在,是由经济及社会发展的不同需求所决定的,而经济发展、社会进步对教育的需求又具体体现在教育的目的上。它是教育实践活动的出发点,也是检验教育实践活动的理论标准。由于职业教育既是社会需求和教学实践的结合点,又是教育社会功能的直接体现,因此它的培养目标应该定位为既要符合时代趋势和国家发展目标对人才根本特征的需求,又需符合职业教育对专业领域人才特征的需求。

辩证的现代职业教育目的论是建立在马克思主义的人的全面发展学说基础之上的,是职业教育的人的全面发展目的论的最新形态。其基本内涵有:

(1)职业教育的目的与普通教育的目的是一个国家或地区的总的教育目的的两个重要的方面,在于培养和造就合乎时代发展趋势和国家或地区发展目标要求的全面发展的社会成员。

(2)在广义上,每个社会成员所受的教育都应由普通教育和职业教育两部分组成,而且这两种教育是贯穿于人一生的经常性的教育活动。

(3)职业教育的主要目的是通过职业教育或职业培训而使社会成员获得某种职业能力和职业的发展潜能,并树立正确的职业道德观。

(4)全面发展不是人的各方面同步发展、均衡发展,全面发展是在长期的教育,包括自我教育以及漫长的职业生涯中逐步地得以展开和实现的。

二、职业教育的培养目标

所谓职业教育的培养目标,就是通过职业教育把受教育者培养成为什么样的人。培养目标规定了对受教育者培养的方向、规格与内涵,是职业教育实践活动的出发点,也是检验职业教育实践活动是否富有成效的标准。[1]

改革开放至今的三十多年以来,我国职业教育获得了很大的发展与进步,职业教育的培养目标也经历了多番变化,主要可归结如下:[2]

1985年,《中共中央关于教育体制改革的决定》提出:"社会主义现代化建设不但需要高级科学技术专家,而且迫切需要千百万受过良好职业技术教育的中初级技术人员、管理人员、技工和其他受过良好职业培训的城乡劳动者。"

1994年,国务院在《关于〈中国教育改革和发展纲要〉实施意见》中提出:"职业教育的培养目标应以培养社会大量需要的具有一定专业技能的熟练劳动者和各种实用人才为主。"

1998年,国家教委印发的《面向二十一世纪深化职业教育教学改革的原则意见》提出:"职业教育要培养同二十一世纪我国社会主义现代化建设要求相适应的、具备综合职业能力和全面素质的,直接在生产、建设、技术和管理第一线工作的应用型人才。"

1999年,教育部、国家纪委印发的《试行按新的管理模式和运行机制举办高等职业技术教育的实施意见》提出,按新的管理模式和运行机制举办高等职业技术教育的目的之一是:"……加快培养面向基层,面向生产、服务和管理第一线职业岗位的实用型、技能型专门人才的速度……"

1999年,国务院批转教育部《面向21世纪教育振兴行动计划》提出:"高等职业教育必须面向地区经济建设和社会发展,适应就业市场的实际需要,培养生产、服务、管理第一线需要的实用人才。"

---

[1] 马建富主编.职业教育学[M].上海:华东师范大学出版社,2008:35.
[2] 查吉德.改革开放30年来职业教育培养目标的政策分析[J].中国职业技术教育,2013(3):20~21.

2000年,教育部在《关于加强高职高专教育人才培养工作的意见》中提出:"高职高专教育培养拥护党的基本路线,适应生产、建设、管理、服务第一线需要的,德、智、体、美等全面发展的高等技术应用型专门人才。"

2002年,国务院《关于大力推进职业教育改革与发展的决定》提出,职业教育应"培养一大批生产、服务第一线的高素质劳动者和实用人才"。

2004年2月10日,教育部《2003—2007年教育振兴行动计划》提出:"大力发展职业教育,大量培养高素质的技能型人才特别是高技能人才。"

2011年,《教育部关于推进中等和高等职业教育协调发展的指导意见》提出,中等职业教育重点培养技能型人才,高等职业教育重点培养高端技能型人才。

2012年,《国家教育事业发展第十二个五年规划》提出:"系统培养初级、中级和高级技术技能人才。中等职业教育重点培养现代农业、工业、服务业和民族传统工艺振兴需要的一线技术技能人才;高等职业教育重点培养产业转型升级和企业技术创新需要的发展型、复合型和创新型技术技能人才。完善高等职业教育层次,建立高级技术技能人才和专家级技术技能人才培养制度。"

纵观改革开放后我国职业教育培养目标的政策发展,我国职业教育培养目标大致经历了由"技术员、管理人员、技工""实用人才""应用型人才"到"技能型人才""技术技能人才"的演变。其中,20纪90年代,一度存在"实用人才""应用型人才""技能型人才"等多种目标定位交叉共存的情况。[1]

然而,不难发现,上述职业教育的诸多培养目标,皆是为了适应社会发展、迎合用人单位需要而提出的。从社会经济发展和人的发展需要而言,培养学生全面发展的综合职业能力应成为职业教育培养目标的应有之义。全面发展的综合职业能力体现了个体发展的主观诉求与社会发展客观要求的统一;职业学校教育能够满足培养学生全面发展的综合职业能力的要求,决定了职业教育培养目标具有实现的可能性。[2]

黄炎培先生经过长期的职业教育实践,将职业教育的培养目标确定为"培养健全优良之分子"。这一目标要求职业教育应培养具有"切实的知识""精熟的技能""良好的职业道德"和"完善的人格"的全面发展的不仅能"应用于职业"而且能"协助社会国家"的"健全优良之分子"。[3] 这一目标理论对于当前我国职业教育中出现的专注专业课程、忽视公共基础课程,专注职业能力提高、忽视健全人格养成的倾向具有良好的方向性引导作用。

---

[1] 查吉德.改革开放30年来职业教育培养目标的政策分析[J].中国职业技术教育,2013(3):21.
[2] 张成涛.职业教育培养目标新探[J].西南交通大学学报(社会科学版),2012(6):89.
[3] 牛岩红.黄炎培"培养健全优良之分子"的职业教育培养目标[J].中国职业技术教育,2009(30):36.

> 拓展阅读

职业教育培养目标三要素[①]

关于职业教育的人才培养目标,若从目标定位主体来划分,总体上可分为三类:一是政策目标,即国家政策文本规定的职业教育培养目标;二是实践目标,即职业教育机构在实践中确立的培养目标;三是学术目标,即研究者从学术的视角提出的职业教育培养目标。政策目标、实践目标和学术目标虽有共性甚至雷同,但也有差异,且政策目标之间、实践目标之间和学术目标之间也不尽相同。造成职业教育培养目标定位差异的原因,除了价值层面上,因目标定位主体对职业教育价值选择存在差异以外,还有技术层面的问题,即目标定位主体对职业教育培养目标的概念、内涵和要素的理解存在差异,进而影响了目标表述。

职业教育培养目标是各级各类职业教育机构培养的人才的总体要求,是职业教育类型属性的集中体现,反映了各层次职业教育"质"的规定性,以及各层次职业教育之间、职业教育与其他教育类型之间的差异和内在联系。培养目标也是职业教育实践的行动指南,具有统摄意义,决定了人才培养要素的配置、培养过程及培养结果,必须科学严谨,避免随意性,否则"牵一发而动全身"。基于职业教育培养目标的重要性及其定位方面存在的一些问题,有必要对职业教育培养目标的要素进行研究。笔者认为培养目标应包括培养的人才类型、层次和规格等方面的有效信息。人才类型定位,有助于职业教育与其他教育类型相区别,体现了职业教育在教育体系中的分工和使命;人才层次定位,有助于职业教育体系内部合理分工,避免各层次职业教育的交叉重复;人才规格定位,则是对培养目标的具体化,增强培养目标的可操作性。

一、职业教育培养什么类型的人才

职业教育与普通教育乃至其他专业教育的区别,集中表现在培养的人才类型上。对于职业教育培养的人才类型,政策目标、实践目标和学术目标均给予了普遍关注,但在具体的人才类型定位方面存在一定差异。归纳起来,主要包括专门人才、应用型人才、实用型人才、技能型人才、技术应用型人才、技术技能人才等不同观点。这些不同观点或表述,与人才分类密切相关。因此,在进行职业教育培养目标定位时,必须对人才类型进行层次分解、细化,并明确各类人才的内涵,由此才能准确定位。

首先,职业教育培养的是专门人才。专门人才是指受过专门教育或通过有效自学,具有一定的专业知识,能够胜任某种专业工作的人。

其次,职业教育培养的是应用型人才。从教育的角度而言,普通教育旨在培养发现规律、认识世界的理论型人才,职业教育则主要是培养运用规律、改造世界的应用型人才。

再次,职业教育培养的主要是技能型人才和技术型人才。将职业教育培养目标定位为"应用型人才"虽然突出了职业教育的专门性、应用性特点,但并不能将之与应用性普通高等教育(如工程教育)相区别,仍没有明确职业教育应该且能够培养的人才范围。因此,应用型人才依然很宽泛,需要进一步细分。将职业教育培养目标定位为"技术型人才"和

[①] 黎荷芳,查吉德.职业教育培养目标三要素[J].中国职业技术教育,2013(9):20~23,27.

"技能型人才"不仅体现了职业教育的特性,也是教育体系内部分工的客观要求,使职业教育能有效区别于应用型普通高等教育(如工程教育)。

二、职业教育培养什么层次的人才

职业教育培养目标定位除了指出培养的人才类型以外,还须明确培养的人才层次。进行人才类型定位,目的在于将职业教育与其他教育类型相区别;进行人才层次定位,则是为了明确职业教育体系内部分工,突出职业教育内部的层次差异。事实上,人才培养目标的层次定位是当前我国正在构建的现代职业教育体系的逻辑起点。即只有明确经济社会发展对技术技能人才的层次要求,构建技术技能人才培养目标体系,才能据此构建相应的职业教育体系。

关于职业教育培养的人才层次定位,一直以来都不是特别明确,突出表现为中职与高职的人才培养目标交叉重复、缺乏有效衔接。从学术的角度而言,对于职业教育培养目标的层次定位存在两种比较典型的观点:一是认为技能型人才和技术型人才不仅有类型的区别,还有层次的差异,并提出中等职业教育主要培养技能型人才,而高等职业教育主要培养技术型人才。二是基于职业教育层次确立培养目标层次,认为初等职业教育主要培养初级人才、中等职业教育主要培养中级人才、高等职业教育主要培养高级或高端人才。这两种观点都能比较清楚地区分各层次职业教育的差异,但过于刚性,并不完全符合职业教育实际和人才结构特征。基于此,有学者认为,"不能排除高职教育的部分培养目标是技能型人才,但在目前情况下,也不能把培养高级技能型人才的任务笼统地归入高职教育,而应该对高级技能型人才做具体分析。""技术型人才也不一定都要通过高职教育培养,由中等职业教育培养的中、初级技术型人才在我国的现阶段仍有广泛的适用性。"

鉴于技术型人才与技能型人才在实际工作中难以区分且交叉重复的客观现实,以及中等职业教育结构的复杂性和高等职业教育体系不完善等特点,《国家教育事业第十二个五年规划》将职业教育的培养目标综合表述为"技术技能人才",并提出"构建现代职业教育体系,系统培养初级、中级和高级技术技能人才。""中等职业教育重点培养现代农业、工业、服务业和民族传统工艺振兴需要的一线技术技能人才;高等职业教育重点培养产业转型升级和企业技术创新需要的发展型、复合型和创新型的技术技能人才。完善高等职业教育层次,建立高级技术技能人才和专家级技术技能人才培养制度。"可见,从层次而言,职业教育的培养目标被分为四个层次,即初级、中级、高级和专家级。其中,中等职业教育主要培养一线的中初级技术技能人才,专科层次职业教育主要培养中高级技术技能人才,未来本科层次的职业教育主要培养高级技术技能人才,研究生层次的职业教育则培养专家级的技术技能人才。

三、职业教育培养什么规格的人才

职业教育培养规格是培养目标的具体化,也可称为操作性目标,它对所培养的人才应具备的知识、能力和素质提出了具体要求,阐明了相应的人才类型和层次的基本特征,是检验人才培养质量的重要标准。当前,在职业教育培养规格定位方面主要存在四个方面的问题:

> 一是培养规格缺位,影响培养目标的操作性。
> 二是培养规格虚化,不能有效反映职业岗位(群)要求。
> 三是培养规格理想化,忽视了"入门性"资格与"发展性"资格的区别。
> 四是培养规格现实化,容易以"实然"代替"应然"。

三、各级各类职业教育的培养目标

职业教育的培养目标,即职业教育要达到的目的,也就是职业教育要把受教育者培养成为怎样的人。这是职业教育的一个根本性问题,是职业学校教育的核心。职业教育的培养目标规定了对受教育者培养的方向、规格与内涵,是职业教育实践活动的出发点,也是检验职业教育实践活动是否富有成效的理论标准,在整个职业教育工作中占有重要的地位。而不同级别、不同种类的职业教育对人才培养方向、规格的要求都有所不同。

(一)中等职业教育培养目标

中等职业教育的培养目标是一个理论范畴,在当前职业教育教学改革中作为现实问题加以研究,有着一定的现实需求和社会价值,它是进行深入教育教学改革的基本问题和前提条件。[①]

从新中国成立后我国职业教育的发展历程来看,20世纪90年代以前的相当长时期内,我国中等职业教育的培养目标基本表述为:中等专业学校主要培养中级技术人员或管理人员;技工学校主要培养中初级技术工人;职业中学比较灵活,培养中初级技术和管理人员,也培养技术工人和从业者。具体表述如下:[②]

1961年,《技工学校通则》规定:"技工学校培养具有社会主义觉悟、必要的技术理论知识、全面的专业操作技能和身体健康的中级技术水平和中等文化程度的技术工人。"

1979年6月,教育部拟订的《全日制中等专业学校工作条例》(征求意见稿)规定,中等专业学校的培养目标是培养具有爱国主义和国际主义精神,具有共产主义道德品质,拥护共产党的领导,热爱社会主义,立志为社会主义服务,为人民服务,逐步树立无产阶级的世界观和人生观,具有相当于高中文化程度,并在此基础上掌握本专业现代化生产所需要的基本理论、专业知识和实践技能,具有健康体魄的中级技术、管理人员。

1986年,原国家教委颁发《关于制订职业高级中学(三年制)教学计划的意见》指出,职业高中的培养目标是"有理想、有道德、有文化、有纪律,热爱社会主义祖国和社会主义事业,具有为国家富强和人民富裕而艰苦奋斗的献身精神,具有实事求是、独立思考、勇于创新的科学精神;具有能直接从事某一职业(工种)的技术理论、专业知识和操作技能,与本专业有关的主要文化课,要具有相当于普通高中的水平;有健康的体格的中级技术人员和管理人员、中级技术工人和从业者。"

2000年,教育部制定的《关于全面推进素质教育,深化中等职业教育教学改革的意见》要求,中等职业教育要"全面贯彻党的教育方针,转变教育思想,树立以全面素质为基础、以

---

① 孙琳,苏敏.中等职业教育培养目标和学制研究[J].中国职业技术教育,2008(20):9.
② 孙琳.对中等职业教育培养目标的再认识[J].职教论坛,2008(11):6~7.

能力为本位的观念,培养与社会主义现代化建设要求相适应,德、智、体、美等全面发展,具有综合职业能力,在生产、服务、技术和管理第一线工作的高素质劳动者和中、初级专门人才。"

而综观全国 500 余所各类职业学校对培养目标的具体规定,可归纳如下:[①]

(1) 中等职业学校要培养同 21 世纪我国社会主义现代化建设相适应,具备综合职业能力和全面素质,直接在生产、服务、技术和管理第一线工作的中等应用型人才。

(2) 培养既具有扎实的专业理论知识和熟练的专业技能,又具有全面素质和综合职业能力,具有开拓创新精神的一线劳动者和应用型人才。

(3) 培养面向生产、服务和管理一线的,具有良好的职业素养与扎实的职业知识和技能,有职业生涯发展基础的中等应用型技能人才。

(4) 培养适应能力强,竞争意识强,择业能力强的复合型人才。

(5) 培养有知识、有技术、有良好的职业道德的应用型人才。

(6) 培养既有专业技能,又有综合素质的应用型、实践型人才。

(7) 培养有知识、工艺水平高、操作技能强的第一线高素质劳动者。

(8) 为用人单位培养适用型人才,为当地经济建设培养技能型、实用型人才。

(9) 培养出既能就业又能创业,既有专业特长又有经营管理综合能力的复合型人才。

(10) 培养具有开拓创新能力和高尚职业道德的高素质、综合型专业技术人才。

因此,我们可以得知,中等职业教育主要是培养与我国社会主义现代化建设要求相适应,德、智、体、美等全面发展,具有一定的职业能力、创业能力和终身学习的能力,在生产、服务、管理第一线工作的实用型技能人才和高素质劳动者。其中,"与社会主义现代化建设要求相适应"反映了中等职业教育与社会经济发展的密切联系,"生产、服务、管理第一线"反映的是中等职业学校毕业生的就业去向和就业领域,"实用型技能人才"反映的是中等职业教育培养目标的定位。[②] 在当前中等职业教育发展日渐萎缩,中等职业教育和高等职业教育发展愈加不平衡的情况下,合理定位中等职业教育的培养目标,对于促进其发展具有极其重要的作用,由此产生的对经济社会的推动作用也才能够有力地发挥出来。

二、高等职业教育培养目标

从教育的本质看,教育是促进个体社会化的过程。任何一种教育类型,其过程都担负着将人类个体带入社会的任务,这种带入体现为:义务教育是对受教育个体施加影响,使其拥有现代文明成果,传承现代文明;而高等教育是在传承现代文明的基础上,使教育者本身具有创新改造,促使现代文明向更高级转化的能力。高等职业教育的本质属性是促进个体职业行动能力社会化的过程。实践性、社会性、职业性、应用性可以概括为高等职业教育在促进个体职业行动能力社会化过程中的特点。

对于高等职业教育目标,目前我国表述最为完整的当属教育部教高〔2006〕16 号文。该文件指出,高等职业教育的人才培养目标是培养适应生产、服务、管理第一线的高等技术

---

① 孙琳.对中等职业教育培养目标的再认识[J].职教论坛,2008(11):8.
② 孙琳,苏敏.中等职业教育培养目标和学制研究[J].中国职业技术教育,2008(20):10.

应用型专门人才。社会的高级人才分为学术型和应用型两大类,普通高等教育培养学术型人才,注重培养学生的研究能力,强调学科体系的系统性与严密性,强调其理论形态;高等职业教育培养高端技能型人才,注重培养学生的实践、应用能力,利用已经发现的规律、定理为经济社会提供直接服务。可以说培养高端技能型人才是高等职业教育的根本目标,也是高等职业教育作为一种教育类型区别于普通教育,作为一种教育层次区别于中等职业教育的特征。

但是,从教育的本质角度看,当前我国高等职业教育目标的表述是从社会的需求出发,而不是从人的发展需求出发,带有明显的功利性。其表述的不足之处在于,过于追求教育的经济属性,忽视教育的自然属性,造成人才培养过程中过分注重技能培养,忽视了职业道德教育,忽视职业素质养成教育,使职业教育功能单一化,所培养的人才发展不全面。这一点,在对职业院校毕业生的跟踪调查中,得到了显著的证实。

高等职业教育作为教育的一种形式,其目标也应服从教育的本质,即促进个体发展优先于社会需求,促进个体符合社会需求要建立在个体全面社会化的基础上。因此,高等职业教育的本质应该从促进人类个体的发展出发,其培养目标应是促进人类生命个体的职业行动能力发展。实践也证明,这一培养目标也很好地促进了个体发展满足社会发展的进程。

拓展阅读

我国职业教育培养目标的历史沿革与界定[①]

由于历史的原因,我国的职业教育最早主要由中等专业学校、技工学校和职业中学这三类学校承担。20世纪80年代中期,我国高等职业教育开始发展,到90年代后期,高等职业技术学院获得了长足的发展,提升了我国职业教育的办学层次。

我国的中等专业学校、技工学校是在20世纪50年代初,学习苏联的教学和办学模式而兴办起来的。中等专业学校一般招收初中毕业生,学制3~4年。中等专业学校教育的培养目标是:培养具有爱国主义和国际主义精神,具有共产主义道德品质,拥护共产党的领导,热爱社会主义,立志为社会主义服务,为人民服务,逐步树立无产阶级的世界观和人生观,具有相当于高中文化程度,并在此基础上掌握本专业现代化生产所需要的基础理论、专业知识和实际技能,具有健康体魄的中级技术、管理人员。

技工学校教育的培养目标是:培养具有社会主义觉悟、必要的技术理论知识、全面的专业操作技能和身体健康的技术工人。1961年《技工学校通则》规定:"技工学校培养具有社会主义觉悟、中级技术水平和中等文化程度的技术工人。"1993年,劳动部颁发的《关于深化技工学校教育改革的决定》中对技工学校教育任务提出了新的要求,这就是:"技工学校要按劳动力市场的要求,拓展培训领域,服务于社会,在以培养中级技术工人为主要目标的基础上,有条件的也可以培养高级技术工人、企业管理人员或社会急需的其他各类人员。"

职业中学从1979年兴起,为适应我国生产发展和人才结构调整的需要,由一部分普通高中改成职业学校(班),当时也称职业高中。职业中学大多招收初中毕业生,学制2~3

[①] 马建富.职业教育学[M].上海:华东师范大学出版社,2008:38~40.

年。职业中学教育的培养目标是:培养具有社会主义觉悟的、有相应的文化程度的、掌握一定专业基础知识和生产技能的、德智体全面发展的劳动后备力量和初、中级技术管理人员。由于"初、中级技术管理人员"这一条与中等专业学校教育培养目标有相同之处,因而一些地方又把部分职业高中班称为职业中等专业学校。原国家教育委员会在1990年提出职业中学应"根据国家的教育方针,培养中级技术工人,具有中级技术水平的农民、中等管理人员、技术人员和其他从业人员"。具体内涵是具有良好的职业道德、职业意识、职业纪律、职业习惯、忠于职守的敬业精神;掌握直接从事某一专业、工种必需的文化基础知识和素养、专业技术知识和技能;有健康的体魄。

以上各类学校教育的培养目标尽管有些不尽相同,但它们同属中等职业教育的范畴,有许多共同之处:第一,都以初中毕业生作为教育起点,培养他们具有高中阶段学历的文化科学基础知识;第二,专业设置的方向基本相同,专业覆盖岗位或工种,而不是一个岗位或一个工种设一个专业;第三,都以中等专业技术、技能作为职业教育的终极目标;第四,主要专业的课程体系及其授课时数大致相同;第五,教学组织形式、教学方法大致相同;第六,都以符合社会需要作为唯一的目标达成评价目标。

所以,随着经济结构的调整和人才规格的变化,这三类学校培养目标之间的界限越来越模糊,"三位一体"已成趋势。2000年教育部《关于制定中等职业学校教学计划的原则意见》(教职成〔2000〕2号)提出"淡化中等职业学校之间类别界限"的要求,建议将中等专业学校(包括普通中等专业学校、职业中等专业学校、成人中等专业学校)、技工学校和职业高级中学统一改称"中等职业学校";同时要求淡化这三类学校的培养目标之间的界限与差别,同时统一了各类中等职业学校的培养目标,即"培养在生产、服务、技术和管理第一线工作的高素质劳动者和初、中级专门人才"。指出这类人才应当具有科学的世界观、人生观和爱国主义、集体主义、社会主义思想以及良好的职业道德和行为规范;具有基本的科学文化素养,掌握必需的文化基础知识、专业知识和比较熟练的职业技能,具有继续学习的能力和适应职业变化的能力;具有创新精神和实践能力、立业创业能力;具有健康的身体和心理;具有基本的欣赏美和创造美的能力。这一原则为理顺各类中等职业学校的关系起了积极的作用。

上个世纪末,随着我国高等教育逐步向大众化推进速度的加快,以及我国产业结构的调整,高等职业教育受到了国家和社会前所未有的重视。教育部高教司颁布实施的《关于印发〈教育部关于加强高职高专教育人才培养工作的意见〉的通知》中,对我国高等职业教育的培养目标做了较为细致的说明:"培养拥护党的基本路线,适应生产、建设、管理、服务第一线需要的,德、智、体、美等方面全面发展的高等技术应用性专门人才。"

2005年,《国务院关于大力发展职业教育的决定》中指出职业教育要"以服务社会主义现代化建设为宗旨,培养数以亿计的高素质劳动者和数以千万计的高技能专门人才"。职业教育要为我国走新型工业化道路,调整经济结构和转变增长方式服务。实施国家技能型人才培养培训工程,加快生产、服务一线急需的技能型人才的培养,特别是现代制造业、现代服务业紧缺的高素质高技能专门人才的培养。

> **拓展阅读**
>
> **我国高等职业教育目标定位的演变**[①]
>
> 研究我国高职教育的历程和有关高等教育发展的政策法规,可以辨析我国高职教育目标定位的演变脉络。这一脉络中存在四个比较清晰的节点,由这四个节点可以将这一演变过程分为四个阶段:
>
> 第一阶段(1991—2000年),"技艺性强的高级操作人员"定位基本确立了高职教育在教育体系中的纵向位置——高等次;
>
> 第二阶段(2000—2006年),"高等技术应用性专门人才"定位基本确立了高职教育在教育体系中的横向位置;
>
> 第三阶段(2006—2012年),"高(端)技能人才"定位基本确立了高职教育在社会体系中的分工;
>
> 第四阶段,2012年,"发展型、复合型和创新型的技术技能人才"定位是对高职教育本质特征和社会使命的理性思考。

纵观我国职业教育培养目标的沿革,我们把职业教育培养目标界定为:培养与现代生产力发展水平及劳动力市场需求相适应的、具有以某种职业资格为核心的良好职业素质与发展素质的中、高级技术应用型人才。这个培养目标,在强化职业教育职业针对性的基础上,更加注重职业教育对劳动力市场的适应,即扭转计划经济体制下形成的职业教育只对政府负责的传统观念,树立职业教育在国家宏观指导下对市场负责、对受教育者个体负责的新的教育理念。

第二节 职业教育培养目标的确立依据

一个国家的职业教育培养目标必定是其一定生产力发展水平上的社会经济状况对一定层次、一定规格的人才需求的一种主动反映,在形式上它又是某一类型学校的办学性质与教学任务的集中体现。因此,在确定职业教育培养目标的过程中,必须认真分析、研究对培养目标有制约和影响的种种因素。尤其是国家相关政策、社会经济、产业结构以及人才使用等方面的因素,都会直接或间接地影响着职业教育培养目标的确定。

一、法律和教育政策的规定[②]

法律和政策是影响职业教育培养目标的基本因素,这些路线、方针和政策是根据国家

[①] 易雪玲.我国高职教育目标定位演变的理性思考——《国家教育事业发展第十二个五年规划》的高职教育目标定位解析[J].中南林业科技大学学报(社会科学版),2013(2):143~146.
[②] 马建富主编.职业教育学[M].上海:华东师范大学出版社,2008:35~36.

的政治、经济要求,为实现社会经济发展的目标而制定的,其中有关教育的政策和法规主要是为了实现教育目的而制定的,其内容包括教育的指导思想、人才的培养规格及实现培养目标的基本途径等。

教育政策是一个国家依据一定历史时期的教育基本任务、基本方针制定的;同时,教育政策又是教育法规制定的依据。我国自十一届三中全会以来,已经颁布了一系列的教育政策文件和教育法规,成为各级各类教育确定自身培养目标的重要依据。职业教育作为我国教育体系中的重要组成部分,在确定具体培养目标时,要以这些教育政策及法规为依据,1996年颁布并实施的《中华人民共和国职业教育法》指出,实施职业教育必须贯彻国家教育方针,对受教育者进行思想政治教育和职业道德教育,传授职业知识,培养职业技能,进行职业指导,全面提高受教育者的素质。1999年《中共中央、国务院关于深化教育改革 全面推进素质教育的决定》指出:"社会用人制度对于实施素质教育有着重要的导向作用,改革用人制度是全面推进素质教育的当务之急。要依法抓紧制定国家职业(技能)标准,明确对各类劳动者的岗位要求,积极推行劳动预备制度,坚持实行'先培训、后上岗'的就业制度,继续改革大中专毕业生就业制度,使学生树立正确的择业观。地方政府教育部门要与人事、劳动和社会保障部门共同协调,在全社会实行学业证书、职业资格证书并重的制度。转变传统的人才观念,形成使用人才重素质、重实际能力的良好风气"。

党的十六大以来,国家有关部门提出了"全面建设小康社会""农村剩余劳动力转移""工业化、产业化、城镇化建设"等一系列工作方针与目标。这些带全局性的工作都是我国社会主义现代化建设中的重要内容,都与职业教育人才培养目标有着千丝万缕的联系。职业教育只有制定符合国家社会经济发展需求的人才培养目标,培养合格的专业人才,才能为建设和谐的小康社会做出应有的贡献。

二、产业结构发展的需要[①]

社会经济形态及产业结构是确定职业教育培养目标的客观依据。职业教育既受制于一定社会的经济发展水平,同时也影响着社会经济的发展。

首先,社会经济形态的拓展要求职业教育注重培养学生的创业能力和竞争意识。改革开放以后,随着我国经济体制改革的不断深化,社会经济形态发生了深刻变化,民营经济、开放经济和劳务经济已占到了相当的比例。这种变化和新形势对人们就业观念的影响将会越来越大,它促使各级各类职业教育在人才培养的过程中更多地关注受教育者的创业能力与竞争意识。

其次,社会产业结构的调整要求各级各类职业教育的人才培养目标与人才需求相适应。我国产业结构正在发生根本性转变,传统产业在产业结构中的比重急剧下降,而以知识密集型和新知识运用为特征的新兴产业得到迅猛发展;同时,传统产业中的知识、技术含量也大大提高。这就要求生产一线的劳动者不仅要具有熟练的专业技能,还要有较强的理论素养,成为一名智能型的应用人才。这对直接面向社会生产第一线培养中、高级技术应用型人才的各级各类职业学校的人才培养目标的确定产生了直接的影响。

---

① 马建富主编.职业教育学[M].上海:华东师范大学出版社,2008:36.

再次，经济全球化的发展趋势需要各级各类职业学校培养大量"本土化""外向型"的中、高级技术应用型人才。随着社会经济发展的全球化趋势的加快，现代企业都在向跨国公司发展，大量的跨国公司进入我国，虽然可以带来尖端的技术，但不可能带来数量众多的企业生产第一线的技术人才，这就为我国职业教育带来发展的机遇，同时，也对职业教育人才培养目标、规格等提出了更高的要求，进而在一定程度上影响着各级各类职业教育培养目标的制定。

三、个体全面发展的需要

受教育者个体全面发展的需要是职业教育确定其人才培养目标的内在依据。职业教育既是面向社会整体的，也是面向每一个受教育者个体的。个体为了自身生存和职业选择与发展，会产生继续接受相关专业教育的内在动力。因此，职业教育培养目标的制定必须考虑如何满足受教育者个体发展的需要。这些需要包括：受教育者个体终身学习的需要；受教育者个体就业与创业的需要；受教育者个体可持续发展的需要。[①]

第三节 职业教育培养目标的素质结构

职业教育的培养目标，其基本内容主要涵盖"知、技、意"三方面。"知"，即知识，指职业教育过程中受教育者的知识素质要求，主要包括受教育者文化基础知识、现代科技知识、专业基础知识及专业知识。"技"，即技能，指对受教育者专业技术能力素质方面的要求，主要包括受教育者所学专业的技术能力、工作能力、社会能力以及创新能力等，这是人才培养规格的核心。"意"，指的是受教育者的态度和情感，即对培养人才心理素质方面的要求。这三方面构成了培养目标的整体，各层次、各类型的职业教育培养目标正是通过这些方面的不同要求体现出来的。当然，不同人才类型因为其不同的工作面向，在其人才素质构成方面存在一定的差异。职业教育培养目标的基本内涵主要体现在以下三个层面。[②]

一、职业知识素质层面

职业知识素质主要包括个体的职业基础、职业资格、职业适应和职业发展等。职业知识素质是职业教育培养目标构成的核心层次，其核心部分为职业资格，因为这是由国家强制力作为后盾的一种职业标准，体现的是国家的意志。职业资格由"应知""应会"两部分组成："应知"是指从事某种职业必须掌握的专业知识；"应会"则是在"应知"基础上必须掌握的操作技能。通过教学，学生通过了相应等级的资格考试，即可获得相应的资格等级证书。但是，这种职业资格标准往往有一定的局限：第一，标准的制定和更新有时间周期，这就容易滞后于新技术、新工艺的出现与发展；第二，作为标准，既有原则又显抽象，高度概括而不

[①] 马建富主编.职业教育学[M].上海:华东师范大学出版社,2008:37.
[②] 马建富主编.职业教育学[M].上海:华东师范大学出版社,2008:40~42.

能涵盖某一职业必备素质的各个方面;第三,标准的执行受制于考核的指导思想、程序方法及具体内容,其信度、效度与标准执行应有的信度、效度存在一定的差距。因此,如果职业教育仅仅围绕职业资格来进行,显然就演变成为一种新的"应试教育",培养的是"一技之长"的工匠。所以,职业资格教育应有自己的平台和发展空间。前者就是"职业基础",就是获取职业资格应当具备的专业基础理论,而后者就是"职业适应"和"职业发展",就是一定的职业资格对一定的职业活动的适应能力和一定岗位职业活动的自我提高能力以及不同职业岗位之间的转换能力。

二、职业能力素质层面

职业能力素质主要包括个体的认知能力、操作技能、技术分析和学习潜力。职业能力素质既是个体职业发展的平台,又是职业素质的综合表现。其中,操作技能是这个层次的核心。所谓的操作技能是指将认知所得成熟的工艺技术转变为实际职业活动并获得预期工作结果的能力。操作技能分动作技能和心智技能两种。以肢体活动技术为主的技能主要是动作技能,例如厨师、钳工、计算机录入员等所需的操作技能;以推理判断技术为主的技能是心智技能,如营销员、维修工、会计员等所需的操作技能。所以,操作技能实际上是与职业资格密切相关的特殊能力。认知能力是一般能力,它是学习与发展的基础,认知能力强,不但操作技能较易习得,而且操作技能中蕴含的技术成分越多,职业活动中就会呈现越高的技术分析水平,从而使个体继续学习的潜力增大,职业发展的空间也随之被拓展。

需要强调指出的是,受教育者个体还必须结合相关专业所面向的职业岗位(群)对从业者体能方面的实际要求有选择地进行锻炼,因为有很多专业是需要受教育者具有较强的体能素质的。

三、职业心理素质层面

职业心理素质是指个体顺利完成其所从事的特定职业所必须具备的心理品质,具体可分为五个维度:

(一)职业动机

职业动机主要是指个体从事职业的内在动力与兴趣。人在从事具体职业活动的时候,都有一定的职业需要。人们往往选择适合自己需要和感兴趣的职业,以实现职业岗位与自己职业需求的匹配。但由于受社会就业供求关系等因素的制约,职业需要有时也会与职业实践产生一定的冲突,进而影响到人的职业心理。因此,职业教育首先应培养学生对专业的兴趣与热爱,并使之内化为从事该职业的动力。职业动机是职业活动和职业成就的超前反映,是职业价值观和职业理想的直接反映,要引导学生把职业活动既看成维持生活的手段,又当成完善个性的措施,更视为服务社会的途径。

(二)职业效能感

职业效能感主要是指个体对自己能否适应某种职业的自我评价,包括学习专业理论与实践进程中的感受、经验,以及对以后学习过程中可能遇到困难的估计和迎接挑战的信心。要使学生对所从事的职业抱有积极的态度和正确的价值观,认识到自己将来所从事职业的社会意义,正确对待可能遇到的困难、挫折,就得在平时的学习中培养其耐挫折的能力,做到能较好地克服心理障碍及各种可能的干扰,锐意进取,勇于开拓。

(三)职业价值观

职业价值观是个体价值观在职业选择上的体现。它是个人希望从事某种职业的态度倾向,也是个人对某种职业的愿望。任何人在进行职业选择时,都会对自己将要从事职业的价值进行判断,对可能取得的成就和社会回报的满意程度进行估计。在职业心理素质教育与培养过程中要注意引导学生对将要从事的职业有恰当的评价,要正确看待职业的社会地位、职业的待遇、职业的苦与乐等。

(四)职业道德感

职业道德感主要是指个体对职业道德标准的认识和体验,包括职业的荣誉感、幸福感、义务感和责任感等。其中,职业道德义务感和责任感是一个人职业道德倾向性的核心。职业学校的每个专业都是与具体的职业、工种相对应的,其职业道德规范不尽相同,但其实质都是调节职业生活中人与人之间的关系、判断是非与善恶的准绳,是社会公德在行业生活中的具体化。因此,职业教育的人才培养过程中应根据各行业、岗位的实际特点,进行有关行业相应的职业道德规范教育,使学生在将来的职业生活中能自觉规范自己的行为,实现职业发展。

(五)职业理想与追求

职业理想与追求主要是指个体对将来所从事职业的前途与目标的追求与设计,即学生对前景的规划与展望。职业教育具有职业定向性,学生从入学那天起就初步确定了未来的职业方向。因此,职业理想变得具体化和现实化了。个人追求社会对自身劳动的认可,与人们对精神生活、物质生活水平提高的向往直接相关,同具体的奋斗目标相联系。人们往往通过职业活动去追求社会理想的实现,在职业活动中体现自己的道德理想,借助职业活动取得的报酬实现物质、精神生活水平的提高,去实现自己的生活理想。

职业理想对确定人生目标,促进人生目标的实现有积极作用。建立在能胜任、能发挥自己优势基础上的职业理想,能促成自己人生价值的实现。职业理想是人们实现职业愿望的精神支柱和力量源泉,能增强人们前进的动力。因此,应要求学生较早树立职业理想,培养责任心、进取心、自尊心、自信心,同时也应拓宽专业的适应面,使学生成为复合型人才,增强他们对人才市场和劳动力市场需求变化的心理承受能力和应变能力。

第四节 职业教育培养目标的实现

职业教育对人才的培养活动,是贯穿在整个的教育教学活动之中的。要实现职业教育既定的培养目标,就得保障其教育教学活动的顺利进行。如此方能实现社会各方面发展所需人才的培养,以及实现个体的全面发展。而诸多目标的实现,必须做好社会、学校、教师以及学生个体多方面的工作。①

一、抓好内部质量管理

质量的生成基于有效的管理,在追求高质量的职业教育的过程中,建立和完善职业教育质量保障体系与标准尤为重要,从招生、教学过程到毕业生就业,要实施全程质量管理和全员质量管理。要按各学校的培养目标及专业标准、行业标准,成立有法定地位的质量鉴定委员会。通过全员质量意识的形成,建立岗位责任制,遵循科学管理程序,搞好教学过程的设计、执行、控制,使得各管理层次有明确的质量管理活动内容,层次间相互支持协助,运用多样化方法,把各个部门的力量集中起来,保证教学质量和人才培养目标的实现。

二、改革与完善课程体系

建立体现职业教育特色的课程体系是实现职业教育人才培养目标的关键环节。我国职业教育长期以来受普通教育的影响,在人才培养的过程中,比较注重学生基础理论知识的学习,职业学校课程多采用以文化课、专业课和实习为主的"三段式"课程模式。这种传统的课程模式往往重理论、轻实践,忽视了学生动手能力和解决问题能力的培养。要培养学生的职业能力,促进包括学生个性在内的全面发展,就必须使学生知识、能力、素质全面协调发展,也就是在建设课程时,不仅要把学生职业能力的培养贯穿于课程建设的始终,还要把学生个性特长的发展、人格的完善、素质的提升作为重要的参照系。这就要求职业教育的课程建设,一方面要准确地梳理并归类出各专业所需的职业能力,并以此为主线构建职业教育课程;另一方面又要注重学科知识的交叉,增加学校选修课程的比例和种类,实现科学知识与人文知识的交融,以促进学生的全面发展。纵观国内外职业教育课程模式,其办学思想的相似之处在于以能力本位为基础、以提高职业能力为核心,这正是职业教育的特色所在。联合国教科文组织也曾提出教育的"四大支柱":学会学习、学会做事、学会共处、学会发展,这已成为国际通用的标准。

三、建立健全实践教学体系

职业教育培养的是中、高级技术应用型人才,因此,在教学中更注重学生知识的应用能力,即操作能力的培养。为了实现职业教育的培养目标,职业学校必须加强实践教学体系的构建,把理论与实践、知识与能力有机地结合起来,使实践教学始终贯穿教学的全部过程。在教学形式上,不仅要有一定的理论教学,使学生掌握基本理论与基本知识,而且要有大量的实验、学习、设计等实践教学,培养学生的综合职业能力。在实施教育参与对象上,既要有校内的专职教师,又要有校外的兼职教师和实习单位的指导教师。在教学手段上实现现代化,运用多媒体教育技术迅速、高效地为职业教育教学提供各种所需信息,提高教学效率和教学质量,建立具有职业定向的、体现知识、能力、素质相结合的实践教学体系。

---

① 马建富主编.职业教育学[M].上海:华东师范大学出版社,2008:42~44.

四、建设"双师型"师资队伍

职业教育的主要任务是为生产、建设、服务、管理第一线输送高级技术应用型人才。这就决定了职业学校的教师与普通学校的教师是有着重要区别的,那就是"双师型"。

所谓"双师型",其本质特点就是指能集理论水平和实践能力于一身的教师。也就是指教师不仅掌握了本专业较深的理论知识,还具有较丰富的实践工作经验和扎实的实践工作能力。一方面,从教师队伍整体来说,既要有专职教师,又有兼职教师;既有来自学校的,又有来自企业的;既有侧重于专业理论教学的,也有侧重于专业技能教学的。另一方面,从教师个体来说,即专业课教师既要有全面的专业理论知识,又要有较强的岗位实践经验,逐步向教师—工程师、教师—技师、教师—会计师等复合方向发展。即便是专门从事文化基础理论课教学的教师,也要走向社会,了解企业,做到理论联系实际,加强教学的针对性。只有这样,才能有效地培养市场需要的专门人才。

要建设"双师型"教师队伍,职业学校教师必须在上岗前接受相关专业技能的专门培训,以便适应教学需要。另外,在教师队伍中还须从行业、企业中聘请实践经验丰富的高级技术人员和管理人员来学校兼职。同时更要加强"双师型"教师观念,上至教育主管部门,下至学校领导都应加强"双师型"教师队伍建设。

拓展阅读

"双师型"教师[1][2]

1998年原国家教委在《面向21世纪深化职业教育改革的原则意见》中提出了职业学校要加强"双师型"教师队伍建设的要求。

2008年江苏技术师范学院贺文瑾老师提出:"双师型"教师并不是所谓的"双证型"教师。我国职教界对"双师型"教师有一种普遍的理解,就是以教师是否持有"双证"(教师资格证、行业或职业技能等级证)为判断标准。这虽然从形式上强调了"双师型"教师要重实践的特点,但在职业资格证书制度还不健全、不完善的今天,资格证书与实际能力的等值性值得怀疑,以此为依据判断教师是否是"双师型"教师的做法亦值得商榷。姑且不说现在的考证制度是否合理和健全,即使取得的证书是货真价实的,它在实际教学过程中能起到的作用仍然值得商榷。"双证"即"双师"的认识,在实践中使得许多教师积极投入考证行列,结果出现教语文的拿会计证、教计算机的拿导游证等,为拿证而拿证,甚至出现以钱买证等现象,严重影响了"双师型"教师培养工作的导向。

"双师型"教师不是教师与技师或工程师的简单叠加。有人认为,"双师型"教师是"教师+工程师"或"教师+技师",这突出了"双师型"教师的教育教学能力和实践能力,注重了共性,但忽视了"双师型"教师与技师或工程师之间的区别。从工作对象看,技师或工程师面对的是物;"双师型"教师面对的是有思想、有感情的人。从在生产中的地位和作用看,

---

[1] 贺文瑾."双师型"职教教师的概念解读(上)[J].江苏技术师范学院学报(职教通讯),2008(7):48~51.
[2] 贺文瑾."双师型"职教教师的概念解读(下)[J].江苏技术师范学院学报(职教通讯),2008(8):49~51.

技师或工程师在生产活动中,占决定地位,起决定作用;"双师型"教师在"生产"活动中,占主导地位,起主导作用,教师的外部作用必须通过学生的内部作用发生效力。从知识、能力看,技师和工程师需知生产的基本知识和操作要领并能实际操作,而"双师型"教师必须将生产、管理、服务知识和能力吸收内化,并能有效地再现、传授给学生。这就要求"双师型"教师,不但熟悉操作过程,而且要精通其原理,并能组织和指导学生学会学习。不难看出,"双师型"教师并不是教师与技师或工程师的简单叠加,而是两者在知识、能力和态度等方面的有机融合,"双师型"教师不能简单地理解为既具备教师的能力,又具备技师或工程师的能力。

"双师型"教师不只是限于职业院校在编的专业教师。"双师型"师资的比例是衡量学校师资水平高低的一个重要标志,而兼职教师的使用情况可以反映学校有效利用社会资源进行教学的程度。现阶段,这两种教师都应当是"双师型"教师的重要组成部分,不可或缺。因此,"双师型"教师不仅仅局限于职业院校的专任教师,其外延应该包含两类:一是学校培养的具备相应行业任职资格和能力的专业教师。这类教师的人事关系在学校,其工作重心是职业教育教学,参与校办产业、行业、职业实践,也为职业教育教学服务。二是应该包含从行业、企业招聘的具有教师任职资格的兼职教师。这类教师(多指企事业单位、行业的专家)的人事关系不在职业院校,学校只负责指导、管理和评估其教学工作。从"双师型"教师及职业教育特点出发,这类兼职教师的比例应该扩大。

"双师型"不是要求职业院校所有的教师都要达到"双师"的标准。"双师型"标准不是一种个别化标准,而更多的是指职业院校教师队伍的素质、结构和比例要合理,尤其是专业教师在实践能力和教学方面能够胜任。"双师型"主要是针对专业课教师而言,对文化课和基础课教师提"双师型"要求要谨慎,一是涉及面太宽,普遍达到"双师型"的标准难度很大;二是从职业教育教学实际看,并非普遍需要,至少不是现阶段我国职教师资队伍建设的重点。

"双师型"教师是一个职教特色的本土化概念。国外职业教育界还没有"双师型"教师的说法,这是我国职业教育独有的概念。"双师型"教师既是时代发展与职教教师教育文化的产物,也是我国职业教育理论建设和话语创新的宝贵财富。

放眼未来,"双师型"教师还不是我们所期望的职教教师专业化发展的理想形态。理想的职教教师在专业理论知识和专业实践能力方面应呈现整合的"一",而不是目前所强调的"双"。从某种意义上说,"双师型"并不是我国职教教师专业化发展的终极目标,它只是我国职教教师教育发展过程中一个过渡性的必经阶段。我们也期待着"双师型"教师早日走向"终结"。

五、创设良好的校园文化环境

校园文化作为一种特有的社区文化,在培养人才上有着特殊的功能。一是价值观的导向功能,使学生产生对价值观念、精神文化、审美价值、人生价值、人际交往、生活方式、行为方式等方面的导向;二是人格的塑造功能,能塑造学生的心灵和形象,它把校园精神的深刻内涵,通过形象塑造内化在学生的思想、心理、思维、语言行为之中,共同的校园文化、共同的价值体系使学生对外界的事物做出价值判断、价值体验、价值取向;三是情感的激励功能,是激励学校师生员工追求卓越、努力创造、获取成就的一种重要机制。在这样的环境中,在这样的文化的影响下,会自然而然地激励师生员工积极进取、勇于创新、不甘落后、争创一流,使他们的责任感、使命感、荣誉感、自豪感、成就感融为一体。

学校要创设良好的校园文化环境,充分发挥校园文化对人才培养的积极作用。通过开展校园文化活动,如参观访问、社会调查、读书讨论、专题演讲等丰富多彩、生动活泼的教学实践活动,使理论与实践相结合,并在实践活动中加深对社会的正确认识,提高学生认识问题、解决问题的能力,把所学到的价值观念和道德规范自觉地转化为内在的信念和行动的准则,从而达到知行合一的目的。

【思考题】

1. 职业教育的目的是什么?
2. 职业教育有哪些培养目标?不同层次的职业教育培养目标有何不同?依据是什么?
3. 职业教育培养目标的素质结构是什么?它包含哪几个方面?
4. 职业教育的培养目标如何才能实现?请谈一谈具体的方法和途径。

第三章

职业教育体系论

学习目标

1. 明确教育体系的含义,掌握职业教育体系的内涵;
2. 把握职业教育体系构建的基本原则;
3. 厘清职业教育体系构建的依据;
4. 掌握我国职业教育体系的基本结构和构建要求;
5. 掌握世界职业教育体系构建的变革趋势。

教育体系是关于教育的一个基本的理论性问题,它关涉教育各方面统筹发展的全局。合理构建教育体系,对于促进教育的良性发展,提升个人身心素质,带动社会经济的快速发展都大有裨益。

第一节 职业教育体系的内涵

职业教育体系是整个教育体系的重要组成部分,它建立在普通教育基础之上,受一定的社会经济和技术发展水平的制约,并随着经济技术的变化和普通教育普及程度的提高而不断得到完善。职业教育体系是否健全,直接关系到职业教育目标的实现、教育和教学工作的进行以及整个职业教育事业的发展,也会对劳动者职业素质的提高、劳动力资源的开发和社会生产力的发展产生重要影响。[①] 由于我国正处于经济社会的巨大变革之中,因而职业教育的发展比较迅速。研究职业教育体系的目的就在于了解我国目前职业教育体系的整体构成情况及未来的发展趋势。

一、教育体系的含义

教育体系是指一个国家或地区相互联系的各种教育机构的整体,或该教育大系统中的

---

① 马建富主编.职业教育学[M].上海:华东师范大学出版社,2008:45.

各种教育要素的有机组合,如职业教育体系、普通教育体系、教师教育体系、教育管理体系等等。

依据组成教育体系要素的不同特征,可将教育体系进行不同的划分:

根据教育层次的不同可划分为:学前教育体系、初等教育体系、中等教育体系、高等教育体系;

根据教育法律地位的不同可划分为:义务教育体系、非义务教育体系;

根据教育投资主体的不同可划分为:公立教育体系、民办(私立)教育体系;

根据教育内容和培养目标的不同可划分为:普通教育体系、职业教育体系。

二、职业教育体系的内涵

职业教育体系是指一个国家或地区各种类型、各种层次、各种形式的职业教育的实施机构以及各级行政管理组织所组成的有机整体。它与基础教育体系、高等普通教育体系共同组成了一个完整的大教育系统。职业教育体系有广义和狭义之分。广义的职业教育体系,包括职业教育结构体系、职业教育管理体系、职业教育科研体系和职业教育投资体系等。狭义的职业教育体系,是指一个国家或地区各种类型、各种层次的职业教育与职业培训机构组成的整体。职业教育体系是建立在一定基础教育体系之上的,以培养学生具有从事某种职业的知识、技能、能力及相应的职业道德和敬业精神为目标的机构与组织的设置。

在职业教育体系中,职业教育的结构体系是整个教育体系的一个组成部分,它是一个复杂的系统,是由许多子系统构成的。主要包括:

(1)层次结构:指各级职业学校之间的比例构成。如初等职业教育、中等职业教育、高等职业教育之间的比例关系及它们之间的相互衔接。

(2)类型结构:指各级职业学校内部不同类别的比例构成。如中等职业教育中的中等专业学校、职业高中和技工学校之间的关系。

(3)专业结构:指专业设置类别之间的比例关系。

(4)布局结构:指各级各类职业学校的地区分布及其相互关系。

(5)办学结构:指国家办学、集体办学和社会力量办学之间的比例关系。

了解职业教育的结构类型,把握职业教育结构的演变与发展规律,构建一个科学的、合理的职业教育结构体系,是职业教育改革与发展的重要任务。

拓展阅读

中国职业教育体系的演化历程[1][2][3][4]

中国职业教育，可以追溯到古代，由于古代社会分工简单，职业流动少，职业教育以"子承父业"或"师徒相授"的形式进行，门类简单，层次单一，职业教育还没有形成体系。我国职业教育作为独立体系，则初步形成于1904年清政府颁布的"癸卯学制"，至今已有百年历史。回顾百年的发展历程，职业教育体系在社会意识形态、教育思想、政治经济、科技发展等因素影响下，发生了巨大的变化，呈现出明显的阶段性特征。总体来说，职业教育体系的演变大体可以分为新中国成立前的初创与探索期（1902—1949年）、新中国成立后的改造与受挫期（1949—1978年）、改革开放后的完善与创新期（1978年至今）。

一、新中国成立前的初创与探索期

近代中国的民族危机、资本主义生产方式在中国的萌芽与发展以及近代科学与工业的初步发展催生了我国的现代职业教育。从1902年到1949年的半个世纪历程中，中国职业教育体系从建立到逐渐完善。在层次上，借鉴了当时日本和欧美的许多做法，以初、中级为主；在类别上，分农、工、商、商船、家事、师范等，仍以农、工、商和商船为主；在阶段上，职业启蒙、职业准备和职业继续教育齐全；在形式上，是学校教育制和学徒制；在分布上，地区之间的不平衡较之调整前有了很大改观。职业教育体系结构的连接方式为职业学校制、学徒制和综合中学制。但由于中国职业教育起步晚、底子薄，加上内忧外患，职业教育体系还不能适应经济社会发展，特别是不能适应广大劳动人民群众接受职业教育的迫切需要。

表1　1902—1949年中国职业教育体系的形成

年份	主要事件	层次	学校类别	其他信息
1904前	新式学堂的出现	无	军事、农、工	
	壬寅学制（1902）	初级 中级 高级	农、工、商	
1904	癸卯学制	初级 中级 高级	农、工、商、商船	"实业学堂"分为三类五等
1912	壬子癸丑学制	初级 中级		《实业学校令》《专门学校令》等
1922	壬戌学制		农、工、商、商船、家事	
1925—1949	职业教育相关法制的颁行		农、工、商、商船、家事、医等	《职业学校法》《职业学校规程》《职业补习学校规程》

---

[1] 白汉刚,苏敏.中国职业教育体系的演化历程[J].中国职业技术教育,2012(18):60~66.
[2] 陈元晖主编.中国近代教育史资料汇编:学制演变[M].上海:上海教育出版社,2007:732~733,1008.
[3] 孙培青主编.中国教育史[M].上海:华东师范大学出版社,2009:365,401.
[4] 黄尧主编.职业教育学——原理与应用[M].北京:高等教育出版社,2009:410.

二、新中国成立后的改造与受挫期

1949年新中国建立,国家处于国民经济恢复时期,需要人"急",需要才"专",培养技术人才成为国家经济建设的必要条件。

整体而言,新中国成立到1978年,经历了社会主义改造、大跃进、"文化大革命"几大事件的中国职业教育体系经历了"除旧布新"的转变。职业教育体系在性质上,逐步改造为大众的、民主的教育;在层次上,分为初等和中等,中等技术教育是主体,还有少部分的高等技术教育,主要在高校进行;在类别上,分为工科、农林、医科、财经、政法、体育、文教、艺术、旅游服务等,比新中国成立前大幅增加;在阶段上,新中国成立后职业启蒙阶段的教育并没有发生变化,仍在小学进行,职业准备阶段的教育主要在初中和高中进行,职业继续阶段的教育在各类中高等技术学校和业余学校进行;在形式上,分为学校教育和学徒制,企业、工厂、农场和军队等部门也参与到职业教育办学中来;在分布上,城乡二元结构明显,但已有较大改进,为农村培养了各方面的专业技术人员。

表2 新中国职业教育体系的探索与发展

年份	主要事件	层次	学校类别	其他信息
1951	全国第一次中等教育会议	初等中等	技工学校 中等技术学校 农业中学 职业中学	高等教育部成立中等技术教育司,1953年改为中等专业教育司
1952 1953	《关于整顿和发展中等技术教育的指示》			
1954	《关于改进中等专业教育的决定》			
1958	《关于教育工作的指示》		半工(农)半读学校 中等专业学校	"教育与生产劳动相结合"
1964	《关于试行半工半读制度的初步意见的报告》		技工学校 成人业余教育 职业(技术)学校、职业中学、农业中学	

三、改革开放后的完善与创新期

1978年党的十一届三中全会为中国职业教育体系的建设拉开了新的序幕,新一轮职业教育体系建设以经济建设为中心,立足于改革开放,积极借鉴和吸收国外职业教育的经验,随着中国经济的发展有步骤地完善与创新。

改革开放后,国家进入以经济建设为中心的新时期,计划经济体制逐步向社会主义市场经济体制转轨,经济建设越来越迫切要求教育与之适应,职业教育与经济建设关系最直接最密切,建立一个完善职业教育体系成为必然趋势。

随着我国职业教育就业和分配制度改革,客观上要求职业教育体系建设要与市场需求和劳动就业紧密结合。近年来,推动经济发展方式转变和经济结构调整成为经济发展的主基调。

总之,随着中国政治、经济、科技和社会等因素的变化,职业教育体系不断发展变化。尽管职业教育体系经过多次大的调整,但以学校为主这一核心元素依然没有多大变化,只是随着历史的演变,在体系的组织方式上发生了转变。在改革开放以前,职业教育体系变化主要以学习借鉴为主,以政府的行政安排为主导,采用自上而下的行政方式组织起来。改革开放以来,由于中央权力的下放,地方和学校办学自主权的增加,各地在体系建设上进行大胆的探索,在探索、试错式的过程中,积累了丰富的经验,最后把这些经验上升为国家制度,职业教育体系的变革主要以地方探索创新为前提,以自下而上再向下的行政组织方式进行。

表3 中国特色职业教育体系的逐步形成与发展

年份	主要事件	层次	学校类别	形式	其他信息
1980	《关于中等教育结构改革的报告》	初等/中等/高等	职业高中/各类中等专业学校/农业、职业中学/技工学校/高级技工学校/技师学院/高职学院	职业学校教育/公司内培训/短期培训/少量学徒制	全国中等专业教育工作会议
1985	《中共中央关于教育体制改革的决定》				1982年全国人大五届五次会议明确提出"试办……专科学校和短期职业大学",提出逐步建立起一个从初级到高级、行业配套、结构合理又能与普通教育相互沟通的职业技术教育体系
1988	"燎原计划""三教统筹"				
1991	《国务院关于大力发展职业技术教育的决定》				
1993	《中国教育改革和发展纲要》				《国务院关于〈中国教育改革和发展纲要〉的实施意见》
1996	《中华人民共和国职业教育法》颁布实施				教委《关于实施〈职业教育法〉加快职业教育发展的若干意见》
1999	《面向21世纪教育振兴行动计划》、高校扩招				
2002	全国职业教育工作会议、《国务院关于大力推进职业教育发展与改革的决定》《2003—2007年教育振兴行动计划》				力争在"十五"期间初步建立起适应社会主义市场经济体制,与市场需求和劳动就业紧密结合,结构合理、灵活开放、特色鲜明、自主发展的现代职业教育体系
2004	"阳光工程"				《2003—2010年全国农民工培训规划》
2005	《国务院关于大力发展职业教育的决定》				温家宝:《大力发展中国特色的职业教育》
2006	《教育部关于加快发展中等职业教育的决定》				
	《教育部关于职业院校试行工学结合、半工半读的意见》				
2010	《国家中长期教育改革和发展规划纲要(2010—2020年)》(以下简称《纲要》)				《纲要》提出,"到2020年,形成适应经济发展方式转变和产业机构调整要求、体现终身教育理念、中等和高等职业教育协调发展的现代职业教育体系。"
2011	《关于推进中等和高等职业教育协调发展的指导意见》《关于推进高等职业教育改革创新引领职业教育科学发展的若干意见》				为落实《纲要》要求,提出中高职衔接和协调发展的具体意见

拓展阅读

影响职业教育体系形成的社会因素分析[①]

任何一个国家或地区职业教育模式的形成,都与其经济发展水平、经济发展模式、福利制度、产业结构、就业情况、文化等社会要素有着极为复杂和密切的联系。

经济发展水平会影响一个国家或地区的产业结构,因而决定了其所需的技能类型与职业教育模式。根据经济现代化程度,可由低到高把经济发展划分为四个阶段,即传统农业型经济;正在进行现代化,但仍贫穷的经济;富裕但仍在进行现代化的经济;富裕且已基本完成现代化的经济。从目前世界各国经济状况来看,美国基本已处于第四阶段,日本、德国等发达国家基本处于第三阶段,而中国等发展中国家正处于第二阶段,其他一些更为贫穷的国家则处于第一阶段。一般来说,处于第四阶段的国家,其产业结构主要以服务业和高新技术产业为主;处于第三阶段的国家,服务业有了很大发展,但高技术的制造业仍然占据较大比重;处于第二阶段的国家,较低技术的制造业占据较大比重。

经济发展模式、福利制度、就业制度也与职业教育模式有密切联系,而这些要素之间往往也有着密切联系,因此可以把它们放在一起分析。目前西方国家与之相关的政策基本上可划分为两种,即新福特主义(Neo-Fordism)和后福特主义(Post-Fordism)。它们都是对战后西方国家普遍实行的福特主义这种低技能、高工资、高就业经济发展模式与就业制度否定的结果。新福特主义以美国和英国等为代表,主张通过减少国家、社会和工会对经济干预的力量,建立更加灵活的市场,减少工资、福利、税收开支等手段,来增强企业的经济竞争力。其对竞争性个人主义很推崇。后福特主义以德国、日本、新加坡等为代表,它反对新福特主义通过降低劳动力报酬和福利,以及通过抨击劳动力保护法来建立高度弹性的市场以发展经济的战略,而主张通过政府、雇主和工会的合作,给所有工人提供好的工作条件、高工资、高福利,鼓励工人参与企业管理,在劳资之间建立高度的信任等措施,以提高产品和服务的质量,创造一种"高技能、高工资的魔术经济",来增强企业的经济竞争力。这两种政策必然会在很大程度上影响政府对职业教育的干预深度,比如实行新福特主义的英国,其政府一直坚持的一个原则是,培训主要是雇主的事情。

就业状况自然也是影响职业教育模式的重要因素,因为失业率是西方国家关注的重中之重。西方国家近年来出台的许多职业教育措施,就是出于解决失业率,特别是青年失业率的需要。

文化对职业教育模式的影响也是不言而喻的,如德国双元制的成功,与"企业必须深度参与职业教育"这一观念是密切相关的。

这些因素相互作用,形成了不同的社会模式,从而需要不同的职业教育模式与之相适应。

[①] 王杰恩,王友强主编.现代职业技术教育:理论与实践[M].济南:山东大学出版社,2007:92.

第二节　职业教育体系构建的原则

职业教育是面向现代职业的教育，是培养适应现代社会发展的人的教育。在职业教育发展壮大的过程中，依据经济发展、科技进步的客观要求，职业教育自然地逐步形成了自身的体系与结构。科学地揭示职业教育的体系和结构，无疑将会促进职业教育沿着健康的轨道向前发展。构建职业教育体系需掌握以下基本原则。①

一、适应社会发展的整体要求

教育结构体系应该适应我国社会先进生产力对教育提出的要求，为培养出提升社会先进生产力的不同类型的建设者而努力。同时，教育还应该体现我国先进文化的前进方向。因此教育结构体系对社会发展的适应性是全面的、整体的，我们不应孤立地强调某一个领域的需要，而忽视其他领域的要求。随着21世纪科学技术和经济的发展以及人民生活水平的提高，人们对社会精神文明的建设和个人人文素质以及精神生活的提高，提出了更高的和多样化的要求，21世纪的教育结构体系必须积极适应这方面的要求。

教育结构体系改革对社会的适应，还表现在不仅要适应社会当前发展的要求，而且更重要的是应该适应社会未来的需要，促进社会的可持续发展和进步。合理的教育结构必须具有引导和改造环境的能力。可以通过优化教育体系，培养高素质的劳动者和各类人才，影响社会各行业和企事业单位的发展政策，引导社会对人才资源的需求；还可以创造新的就业岗位和新的产业；引导和促进经济、科技的发展和社会的进步。

二、满足受教育者对终身学习的多样化需求

教育既有促进社会发展的功能，更具有促进人的发展的功能。一个合理的教育结构必须体现广大人民群众的根本利益，有利于多出人才，快出人才，出好人才；有利于满足不同类型、不同岗位的人在其一生发展中对教育的多种需要。多样化是教育发展的客观规律。

各级各类教育虽然有不同的功能和分工，但都担负着为社会主义建设事业培养全面发展的人才的任务。不能把提高受教育者的全面素质，与对受教育者进行职业准备教育或专业教育这两个方面截然分开。因此基础教育、职业教育和高等教育都要重视受教育者的全面素质特别是思想道德品质的提高，注意培养学生的学习能力、实践能力和创新能力。

当代科学技术的迅速发展，使知识发展和更新的速度大大加快，使终身教育显得比以往任何时候都更加重要。教育结构体系的设计和调整，应该从学校教育、在职教育和社会教育的相互连接、相互补充的关系等方面，为贯彻终身教育的理念迈出新的步伐。

---

① 鞠荣祥，尹铁林.构建职业教育结构体系的基本原则[J].科学与管理，2006(3):73.

三、从社会现有人才结构学历水平的实际出发

随着我国教育事业的发展,近 20 年来各行业劳动力的学历水平和专门人才的比重有较大提高。但由于人口众多和原有的教育基础比较薄弱,我国社会现有人才结构、学历层次总体上还是比较低的,而且发展很不平衡。专业技术人员不仅在数量上与发达国家有很大差距,在质量上也存在不少新的问题。因此,我们一方面要把培养具有现代素质的高级专门人才摆在人才培养的突出位置,同时应重视和统筹研究各类人才和劳动者的培养。在积极发展高等教育的同时还必须十分重视中等职业教育的发展和改革,提高中等职业教育的质量。抓住科学技术和经济快速发展的新的历史机遇,在提高国民素质的同时,加快各类人才的培养;另一方面,要从我国的实际出发,努力减少和避免由于教育层次、科类结构上的不合理所造成的在人才配置和使用上的浪费现象,充分发挥我国教育资源的效益。

四、遵循教育自身发展的规律

教育结构体系改革虽然受到经济和社会发展的制约,但也必须遵循教育自身发展的规律。教育发展的规律与教育结构体系改革关系密切,主要表现在以下两个方面:

(一)改革创新与相对稳定的统一

进一步转变观念、解放思想,加大教育改革的力度,积极推进教育结构体系的改革和创新,已经成为 21 世纪的重要任务。同时也要看到,由于受教育者身心发展的阶段、社会对人才需求的层次、师资队伍、办学条件、课程体系和教学内容等诸因素都有相对的稳定性,教育周期又通常比经济活动周期长,改革决策上的成功与否往往要在若干年后才能表现出来,其效果会影响到一代或几代人。因此,世界各国对于学历教育结构体系,尤其是中小学学制的变动,都是采取积极和审慎的态度,必须经过充分的科学的论证,进行必要的实验验证。

(二)多样化与规范化的统一

如前所述,教育结构体系尤其是高等教育和职业技术教育结构应该多样化,这是教育发展的客观规律;由于教育结构体系是一个有机联系的整体,为了更好地管理和发展教育,促进不同层次类型学校教育之间的相互衔接沟通,需要对不同层次类型学校教育的内容、层次进行一定的规范;为使相同学历、文凭、证书具有大体相同的价值,也需要对各种教育提出基本的要求。因此,教育结构的多样化并不排斥教育的规范化,通常情况下,越是基础教育、正规学历教育,越需要规范化。国际比较显示,科学划分教育的类型是教育结构合理化的重要前提。

第三节 职业教育体系构建的依据

1985 年颁布的《中共中央关于教育体制改革的决定》明确指出:"要逐步建立起一个从

初级到高级、行业配套、结构合理又能与普通教育相互沟通的职业技术教育体系。"[1]如何构建好职业教育体系是当前我国职业教育改革与发展面临的一个重要课题。职业教育的发展是由社会经济的发展所决定的,因此,其体系的构建必须考虑社会经济各方面发展的因素,应该以社会经济的发展要求、职业教育自身的发展需要以及人的主观发展需要为依据。

一、社会经济的发展要求

社会经济的发展要求是构建我国职业教育体系的客观依据。职业教育,作为培养第一线的生产者、管理者、服务者的教育,与社会经济的发展、科学技术的进步紧密相关。社会生产力和科学技术水平的层次和类别的多样性要求劳动者的素质必须与之相适应。现代社会多层次的人才需求,要求我国职业教育必须培养出多种层次和类别的专门人才,才能适应瞬息万变的现代社会的不断发展。

二、职业教育自身的发展需要

职业教育自身的发展需要是构建我国职业教育体系的内在依据。进入21世纪,科学技术呈现出加速发展,新技术、新工艺等层出不穷,职业教育所要传授的知识和技能、职校学生所要学习的知识不断增多。要适应这样一种动态的持续性变化,职业教育必须跟上时代的步伐,由过去的"终结性教育"转变为"形成性教育"。因此,职业教育必须做好职业预备教育和职业继续教育的有力衔接,把学校形式的职业教育和社会形式的职业培训结合起来,充分考虑办学条件、师资队伍、课程体系、教学内容等因素的影响,构建合理的教育体系,提升自身办学质量和水平,以适应社会发展与自身的发展。

三、人的主观发展需要

人的主观发展需要是构建我国职业教育体系的主观依据。构建现代职业教育体系,是为了适应国家现代化建设对各类职业人才的需求。而社会化的个人只有通过自身素质和能力的不断提升,才能适应现代社会发展的需要。1965年在联合国教科文组织主持召开的国际会议上,法国的保罗·朗格朗(Parl Legrand)提出了"终身教育"这一概念。教育的发展必须贯穿于人的一生,而不只是被限制在人的某一个成长阶段之内,以此提升个人适应社会的能力,培养人才的创新能力。为此,在构建我国现代职业教育体系的过程中,必须贯彻终身教育思想,开辟多种入学渠道,建立中等和高等职业教育合理的衔接机制,完善普通教育与职业教育之间的沟通与融洽。[2]

---

[1] 徐佳丽.试论构建我国职业教育体系[J].江汉大学学报,1999(4):98.
[2] 吕鑫祥,王式正.构建我国职业教育体系的背景和依据[J].职业技术教育,2004(1):12.

> **拓展阅读**

关于现代职业教育体系的构建[①][②]

国务委员刘延东出席"2011年全国职业院校技能大赛"闭幕式时强调，要认真落实《国家中长期教育改革和发展规划纲要(2010—2020年)》(以下简称《纲要》)，切实把发展职业教育作为促进经济发展方式转变的重大举措，构建适应需求、有机衔接、多元立交的具有中国特色、世界水准的现代职业教育体系，努力建设一支结构合理、素质较高的技能型人才队伍。国家领导的指示及教育规划纲要的规定为我国现代职业教育体系建设提供了思路和指明了方向。

一、现代职业教育体系的内涵

一是《纲要》定义的现代职业教育体系特征。《纲要》对现代职业教育体系的描述，包含了三个定语，明确了三个特征：第一，适应经济发展方式转变和产业结构调整要求；第二，体现终身教育理念；第三，中等职业教育和高等职业教育协调发展。

二是现代职业教育体系的内涵。满足这几个特征的现代职业教育体系至少应该包括以下三个方面的内涵：

第一，适应需求；

第二，有机衔接；

第三，多元立交。

三是现代职业教育体系的层次和结构。职业教育作为一个类型的教育，其体系之内既要有层次又要有结构。现代职业教育体系的结构体现在层次结构和类型结构上。

四是现代职业教育体系的四个必要条件。为此，我们在加快建设现代职业教育体系的进程中，应着力加强四个要素建设：

第一，制度安排；

第二，教育资源；

第三，培养模式；

第四，运行机制。

二、现代职业教育体系建设的步骤

建设现代职业教育体系，我们提出了"三步走"战略。第一步是2011—2012年实现"十个衔接"。从今起重点推进中高职培养目标、专业设置、课程体系与教材、教学资源、教学过程、招生制度、评价机制、教师培养、行业指导、集团化办学等十个方面的衔接。第二步是"十二五"期间形成初步架构。第三步是力争十年内建成适应需求、有机衔接、多元立交的中国特色、世界水准的现代职业教育体系。

三、现代职业教育体系建设过程中存在的问题

深入分析我们面临的经济社会发展新形势，准确回应国家发展战略对职业教育改革

---

① 北京经济管理职业学院[EB/OL]. http://www.biem.edu.cn/pages/info_details.jsp?seq=12267&boardid=7391102&classcode=7391102.

② 雷正光. 构建体系还需凝聚哪些共识[N]. 中国教育报，2013—1—23(5).

提出的新需求,要求我们必须清醒地认识到我国职业教育发展的诸多新问题和新挑战:教育理念还不适应现代产业体系建设对技能型人才的要求;系统培养技能型人才的体制机制尚未形成;职业教育行政管理的理念和方法还不适应职业教育规律的客观要求;中等和高等职业教育相互脱节、断层、重复十分严重;顶岗实习的实际效果远没有厘清,实现形式也没有解决;职业教育国家制度仍有许多缺失;行业指导和企业参与缺少制度支撑;职业教育国家标准不健全不完善也不成体系;现代信息技术应用水平差距大、发展不平衡。这些问题的存在根本上在于我国职业教育作为一个类型,其体系不畅通。针对职业教育体系建设所面临的问题,我们要积极更新职教观念,创新办学定位。要创新中等和高等职业教育的办学定位,在各自层面上办出特色、提高质量,促进学生全面发展。

四、建设现代职业教育体系重点做好"十个衔接"

在推进"十个衔接"的过程中,高等职业学校要发挥更加积极的作用。从人才层次结构上看,高等职业教育处于技能型人才成长的中枢阶段。高等职业教育处于技能型人才培养的高端,下牵中等职业教育,上接应用性本科和专业硕士研究生教育,对职业教育的人才培养和教育教学具有引领和导向性的作用。从教育功能上看,高等职业教育优势突出。高等职业教育在推动集团化办学、面向社会提供技术服务,以及传播和建设工业文明和企业文化方面,具有更为突出的优势和更为广阔的空间。

"十个衔接"包括:

一是人才培养目标的统筹与衔接;

二是专业结构布局的统筹与衔接;

三是课程体系和教材的统筹与衔接;

四是教育教学过程的统筹与衔接;

五是信息技术应用的统筹与衔接;

六是人才成长途径的统筹与衔接;

七是教师培养培训的统筹与衔接;

八是行业指导作用的统筹与衔接;

九是校企深度合作的统筹与衔接;

十是评价模式改革的统筹与衔接。

第四节 职业教育体系构建的变革趋向

现代中国的发展离不开世界,尤其是"入世"之后的十多年来,中国社会经济的发展与世界的发展紧密相连。中国教育的发展要取得进步和突破,在进行自身改革的基础上,必须学习利用国外的先进经验,以满足自身的发展需要。职业教育更是如此。因此,构建我国现代职业教育体系,应该先对世界其他国家和地区的职业教育体系有所了解和认识。

一、世界职业教育体系简介

世界主要发达国家和地区的职业教育不管是理论还是实践的发展都已经比较成熟,大多建立起了比较完善的职业教育体系,诸如德国、美国、英国、澳大利亚、日本等国家和中国台湾地区等。

(一) 德国

(1)社会基本特征

在经济发展与就业政策方面,德国所采取的是后福特主义模式,高收入、高福利、低就业率。在产业结构方面,德国仍然保持着世界中高端制造业中心的地位。另外,德国的传统文化就是全民、全社会重视职业教育的"职业文化"。

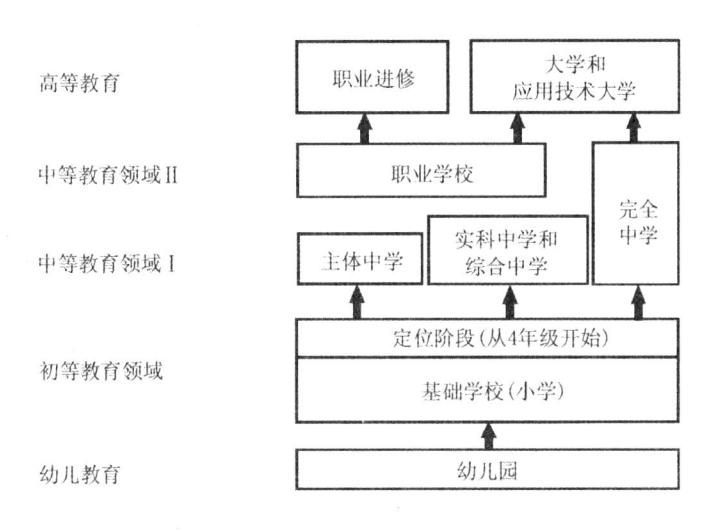

图 3-1 德国职业教育体制

(2)职业教育体系

德国的职业教育体系是众所周知的"双元制"。"双元制"的成功实施,需要政府、行业(企业)与学校三方密切合作。这种"企业本位的现代学徒制度",既需要政府对职业教育的深度干预,需要行业、企业对职业教育的积极参与,也需要学校积极配合。后福特主义的政策,决定了政府有可能深度干预职业教育,而德国的职业文化决定了行业、企业有可能积极地参与职业教育。这就为"双元制"在德国的成功实施奠定了坚实的基础。德国职业教育体系所培养的人才为"专深型",这与其产业结构以中高端制造业为主密切相关。

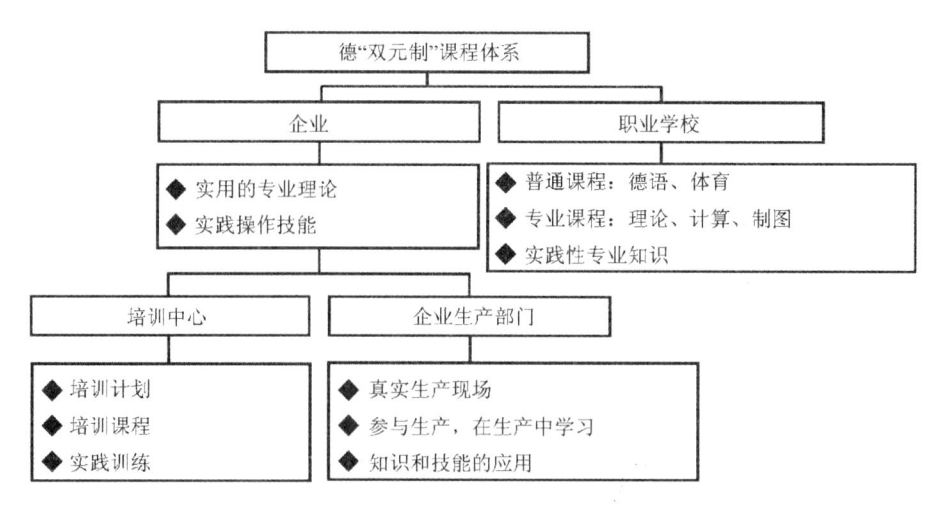

```
                    德"双元制"课程体系
           ┌──────────────┴──────────────┐
          企业                          职业学校
    ◆ 实用的专业理论           ◆ 普通课程：德语、体育
    ◆ 实践操作技能             ◆ 专业课程：理论、计算、制图
                              ◆ 实践性专业知识
    ┌────┴────┐
  培训中心   企业生产部门
  ◆ 培训计划  ◆ 真实生产现场
  ◆ 培训课程  ◆ 参与生产，在生产中学习
  ◆ 实践训练  ◆ 知识和技能的应用
```

图 3-2 双元制模式的课程体系

以企业技能培训为主，职业学校理论教学为辅，职业学校居从属地位，共同培训学生。

(3) 发展趋势

近年来由于经济增长缓慢，企业难以提供足够的培训岗位，使得"双元制"在德国的发展面临困境，东西德合并也给"双元制"带来了新问题。但是，德国政府已采取了许多措施来解决这一问题，包括对"双元制"本身的改革。"双元制"作为德国职业教育体系的主体地位并未动摇。德国职业教育体系目前的发展趋势主要是职业教育后移，以及随之而来的建构更高层次的"双元制"，承担这一任务的是职业学院。

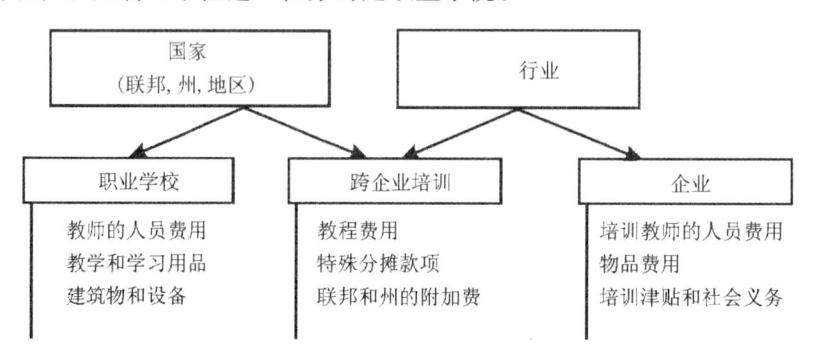

```
           国家                    行业
       (联邦,州,地区)
      ┌─────┬─────┐              │
   职业学校 跨企业培训           企业
   教师的人员费用  教程费用      培训教师的人员费用
   教学和学习用品  特殊分摊款项  物品费用
   建筑物和设备    联邦和州的附加费  培训津贴和社会义务
```

图 3-3 "双元制"培训的成本负担

(二) 美国

(1) 社会基本特征

在经济发展与就业政策方面，美国是典型的新福特主义代表，它所实施的政策是低福利、高收入、高就业率，当然，高经济增长率是其成功地实施这一政策的保证。这一政策与美国一直强调"个人""竞争""自由""民主"的价值观是一致的。在就业结构方面，美国有一个很大的特点，即高流动性。在产业结构方面，美国的中低端制造业很少，主要产业是第三产业与高新技术产业。在世界新经济的发展中，美国处于领先地位。

(2)职业教育体系

美国职业教育的实施机构主要是综合高中和社区学院,社区学院是美国职业教育体系的一大特色。美国职业教育具有大众性特征,其职业教育主要由学校或学院这种公共教育机构来承担,雇主参与职业教育的程度在美国一直很低,当然这与其职业流动性高也有一定关系。美国职业教育培训的人才是"宽专多能型",这与其社会特征是相吻合的。

(3)发展趋势

随着经济的进一步发展,以及社会各方面的日趋成熟,美国职业教育呈现出新的发展趋势,那就是职业生涯与技术教育体系的发展,这一体系使得美国职业教育朝着两个重要方向继续发展,即职业教育的终身化与大众化。职业教育对个体而言是"全程教育",对国家而言是"全民教育"。

(三)英国

(1)社会基本特征

英国政府在经济发展与就业政策方面所采取的也是新福特主义,尽量引入市场化机制,减少福利,提高收入,随着经济状况好转,其就业率开始回升。其产业结构主要是中高端制造业。在文化观念方面,英国政府一直坚持认为,培训主要是行业的责任。

(2)职业教育体系

英国的职业教育体系错综复杂。义务教育的毕业生既可以留在学校继续学业,也可以到继续教育学院接受职业教育,或是接受政府所提供的各种各样的培训,如现代学徒制等,也可以接受雇主提供的培训。当然有一部分人不接受任何培训而就业,也有一部分人失业。可见,英国职业教育体系是教育与培训并举的。随着"就业部"与"教育和科学部"的整合,以及后来"教育和就业部"演变成"教育和技能部",英国的职业教育与职业培训基本整合到一起。

英国政府很早就意识到职业教育所培训的技能与工作要求差别比较大,因此,通过国家职业资格(NVQ)证书来非常积极地推行能力本位教育,但更强调综合职业能力的培养。

"整合职业教育与普通教育",一直是英国职业教育改革与发展的重要目标,将生涯教育的思想渗透于教育体系中,用普通国家职业资格(CNVQ)整合职业教育与普通教育,形成"职业教育与普通教育的等值体系"来真正提升职业教育的地位。

(3)发展趋势

近年来英国职业教育发展的主要趋势有:政府继续扩展高等教育和继续教育的规模,丰富教育对象的组成,让更多不同背景的学员都能接受此类教育;借鉴德国"双元制",积极发展现代学徒制度,现代学徒制在英国中等职业教育中的作用日渐重要,大有成为中职主渠道之势;中学后的职业教育和培训重新受到青睐,义务教育后选择学习职业类课程,尤其是现代学徒制的年轻人在不断增加。

(四)澳大利亚

(1)社会基本特征

澳大利亚的经济发展与就业政策所追求的是高福利、低收入、高就业率。为了达到这一目标,他们对职业教育与培训非常重视。

(2) 职业教育体系

澳大利亚职业教育主要由劳动部门负责,劳动部门的作用逐渐加大,且占主导作用。直接承担职业教育的主要实体是国家公办的职业技术教育学院(即 Technical and Further Education,简称 TAFE)。TAFE虽然是学院,但实际上学员80%的时间在工作现场进行工作本位学习,只有20%的时间在TAFE进行学校本位学习,它实际上也是一种新型的现代学徒制度。因此,澳大利亚所培养的人才也是"专深型"的,强调就业导向以及技能水平的提高。为了达到这一目标,澳大利亚积极推行能力本位教育,尤其强调"关键能力"的培养。

澳大利亚的职业资格证书体系很发达,采用职业资格框架将职业教育与高等教育衔接起来。

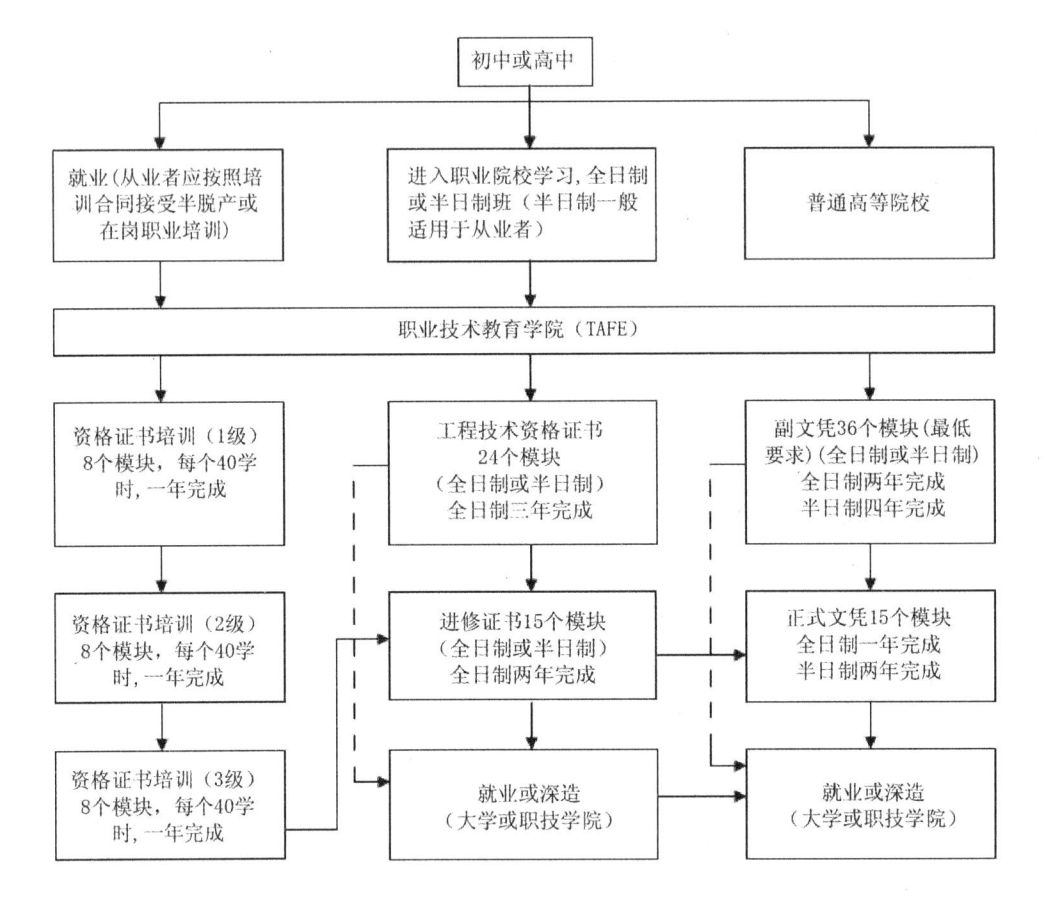

图 3-4 澳大利亚职业教育体系[①]

---

① 翟轰.德、澳、中三国职教体系的对比[J].中国职业技术教育,1998(3):40~42.

(3)发展趋势

近年来澳大利亚职业教育体系的一个重要发展趋势是,培训机会大大增加,接受职业培训的人数越来越多。过去 7 年中,在财政和基本培训项目(Infrastructure Initiative)的支持下,加入培训合同的青少年和成人的数量大大增加。2000 年,正在接受培训的学徒(Apprentice)和学员(Trainee)人数为 27.5 万人,这一数字对人口不多的澳大利亚来说是比较庞大的。此外,强化"客户为中心""就业导向"的职业教育与培训;强调提高职业教育质量,培养"世界级"的知识工人;在教育国际化进程中打"高职"牌,向外开拓"远程校园",在内建设"国际化校园"。

(五)日本

(1)社会基本特征

日本政府所采纳的经济发展与就业政策是后福特主义,追求高收入、高福利、高就业率的模式。日本人更多地希望通过团队合作,而不是个人竞争来发展经济。这与日本的传统文化精神是一致的。但是,日本目前的失业率比较高,这与中低端制造业转移有关。日本的产业结构仍然主要是中高端制造业。日本的企业结构有一大特点,即以大型企业为主。

(2)职业教育体系

日本职业教育体系有一大特点,那就是学校职业教育不发达,主要由企业自己进行职业培训。一方面,这与企业关于职业培训的一个观念有重要关系,即学校不可能培养职业能力,职业能力只能在工作中形成,学校所能培养的只是"可培训的能力";另一方面,日本企业的一些管理措施、企业文化、企业结构也为这一模式的成功实施提供了有利条件,这些条件包括终身雇佣制、年功序列制,以及以大型企业为主的企业结构等等。

(3)发展趋势

日本的职业高中已向综合高中发展,但职业培训仍然主要在企业中。由于失业率近年来增高,员工不再终身受雇于一个企业,终身雇佣制受到挑战,因而其企业内培训可能会进行一些改革。

(六)中国台湾地区

(1)社会基本特征

台湾的福利比较低,但是雇员的工资收入很高,因此在分配方面,台湾更倾向于就业者,这有利于激发人们积极接受教育与培训的愿望,以获得稳定的工作。台湾的制造业很发达,在其产业结构中,制造业占很大一部分。在管理制度方面,政府高度集权。

(2)职业教育体系

台湾的教育体系是普、职、成三位并列,职业教育在台湾教育体系中拥有很高地位,独自形成体系。在职业教育系列,最高可以获得博士学位。台湾通过完整的职业教育学校体系培训"专深型"人才,这与其产业结构是相适应的。

(3)发展趋势

制造业向大陆转移,以及第三产业与高新技术产业的发展,导致台湾就业结构的变化,使职业教育近年来呈现出向综合高中发展的趋势,从而使得职业教育体系呈现出与美国趋同的势态,所培养的人才也由"专深"向"广博"发展。

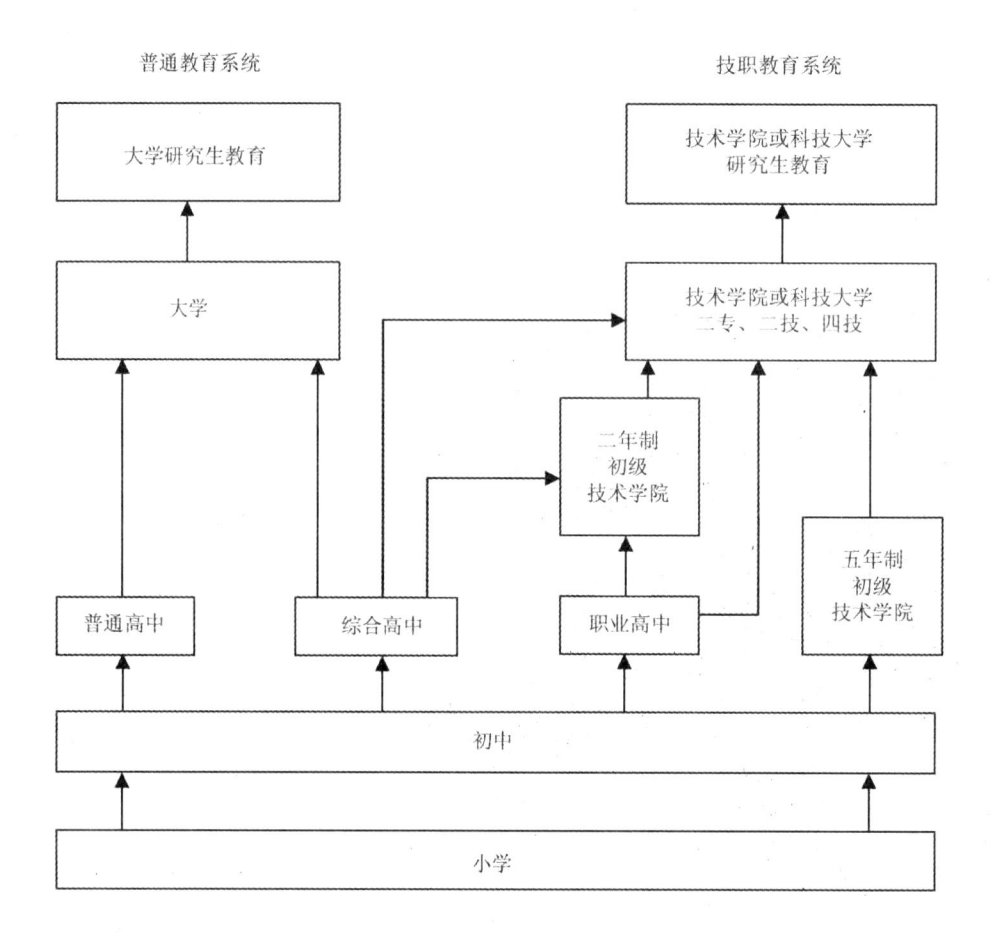

图 3—5 我国台湾职业教育体系①

尽管上述一些主要国家或地区职业教育体系错综复杂、变化多样,但仔细分析可以发现,它们主要是在三个维度上展开的,即在职业教育的责任上主要是由政府负责,还是由行业、企业负责;在职业教育的形式上主要是学校本位的职业教育还是企业本位的职业培训;在所培养的人才类型上是专深型还是普通型。从这三个维度,可以分别对这些国家或地区的职业教育体系进行定位。

二、国外职业教育体系变革的趋势

通过对上述各国和我国台湾地区职业教育体系的了解,我们可以发现,在职业教育终身化、国际化的大趋势下,各个国家和地区都加强了职业教育与普通教育之间的衔接,注重建设高素质的职业教育师资队伍,并逐步建立了一套较为完善的职业资格认证体系,使职业教育的发展更加规范化。

---

① 马陆亭.中国台湾地区相对独立的技术与职业教育体系[J].辽宁教育研究,2006(6):62~66.

(一)加强职业教育与普通教育的衔接

随着科学技术的日新月异,国际竞争日趋激烈,传统的偏重专业技术忽视基础学科的职业教育已无法适应时代的发展要求。世界主要发达国家纷纷采取多种举措,使职业教育与普通教育相互沟通、相互渗透、取长补短。各国普遍采取职业教育与普通教育综合化的措施。

20世纪80年代以后,日本政府对中等职业教育和中等教育进行改革,设立综合高中。在这种新型高中里,除部分必修课外,学生可根据自己的兴趣、特长和对未来发展的打算,选择相应的选修科目学习。为了消除普通教育和专业教育之间的界限,在专业设置上打破传统的专业划分,开设诸如人文科学、自然科学、国际合作、电子机械、教育、工业技术等一系列适应时代发展的崭新的综合学科,供学生选修,把普通教育的内容置于职业教育的课程之中。此外,实行学分制管理,允许学生跨学校选修,根据自己的发展需要转换专业或学校。

德国职业教育的突出特点是实行"双元制",起初它与普通教育是两个完全不相通的系统。随着国际人才市场需求的变化,劳动力素质结构日渐趋于复合型。据此,为了适应社会对高素质职业人才的需要,德国政府提出了教育改革方案,一方面,明确职业教育要向普通教育阶段渗透和延伸,要求实科中学和文理中学增加职教内容,开设职教课程,加强职业指导,全面地、多途径地在基础教育阶段培养学生的职业素质和职业能力;另一方面,为接受过职业教育的青年人提供进入高等学校学习的机会,并承认"双元制"教育模式的职业学院学历与专科大学等值。

英国教育传统上就有学历教育与职业培训之分,从中学开始就分选不同发展方向的学生,或进入高等教育或就业。多年来在英国只有获得"高水平的普通教育证书"的学生才有资格接受高等教育。1993年9月,英国政府在义务教育阶段之后的学术性课程——"高水平的普通教育证书"与职业性课程——"国家职业资格"(NVQ)之间,推出一种介于两者之间的新型课程——"普通国家职业资格"(GNVQ)课程。它采用单元课程与单元学分累积制的方式,使学术性课程与职业性课程相互过渡。为了加强NVQ、GNVQ与高等教育的衔接,英国政府采取措施,承认NVQ、GNVQ与普通教育享有平等权利,对于获得GNVQ高级证书者、NVQ三级证书者,可以选择直接就业,也可免试升入大学攻读学位。

(二)职业教育终身化

随着信息时代的来临,终身教育理念逐步深入人心,将职业教育体系中职前与职后教育有机结合起来,创造一个终身教育的完整连续统一体已成为世界性趋势。而职业教育也不再被看作终结性教育而是一种阶段性教育。随着知识经济时代的到来,知识的半衰期越来越短,有专家指出,职业教育的半衰期为5年。因此,时代的发展要求职业教育具有相对的适应性和延续性。如何使职业教育向终身教育延伸,已成为新世纪职业教育发展的关键性问题。

日本政府通过法律形式来促进终身教育。从1978年到1990年先后颁布了《部分修改职业教育法》《职业训练法》《职业能力开发促进法》《生涯学习振兴法》。1995年11月24日,第十九届东京都产业教育审议会发表了"关于在终身学习社会期待的职业教育"的咨询报告。报告提出,要构筑丰富的终身学习社会,把走上社会后的学习作为人生体系的重要一环。目前,日本已组建了包括终身职业能力开发中心、职业设计指导中心以及地方职业能力开发综合中心在内的,面向21世纪的终身职业能力开发体系。

美国早在1971年就在全美范围内推行实施终身化的职业教育——生计教育。生计教育是一项旨在对全体学生进行生计意识、生计探索、生计准备和生计定向等内容的持续性的综合教育计划,其目的在于帮助人们从幼儿园到成年获得全部生涯的谋生技能,并形成个人生活方式。

德国职业培训条例明确规定,职业教育是一种就业教育;转职培训是为在业人员转换新的职业岗位而进行的一种补充教育;职业进修是为从业人员在某一领域进一步深化而开展的职业继续教育。职业进修制度的不断完善,使职业教育逐步走向终身化。例如,许多州都为高级技工和技术员提供各种深造机会。据联邦劳动局统计,每年要求职业进修的人员约占在业人员总数的20%。

英国教育与就业部近年来把促进社会成员的终身教育作为己任,通过广泛、多样、多级别的资格证书体系激励终身学习。学校对每位学生设立伴随一生的成绩记录卡,记录该生接受教育和培训的情况;企业通过调整工资差距,并提供一定的资金,激励员工积极参加各种培训,以获得更高级的职业资格证书,从而提高从业者的素质。

(三)重视职业教育师资队伍建设

发达国家极为重视职业教育师资队伍的建设,主要体现在培养培训的正规化、职业教育师资的专职化以及职业教育教师优厚的待遇上。

发达国家职业教育的师资有着健全的培养体系和稳定来源。其来源主要有四个渠道:一是开办专门培养职业教育师资的高等技术师范学院;二是在工科技术学院培训;三是在文理学院、综合大学内另设教育学院、教育系来培养;四是通过专门的职业教育师资进修、培训机构来培养,如教育培训中心或地区职业教育中心、大型企业培训部等设置继续教育和专业培训课程。

发达国家对职业教育师资的任职资格都有严格标准。例如,美国有的州明文规定,要有大学本科学历,取得学士学位并有相关领域1~2年实际工作经验的优秀者,才能颁发职业技术教师资格证书,而且,教师的任职采用聘任制,只有晋升为教授才能得到终身职务。德国高等职业学校的教师只有一个职务档次——教授,其任职资格十分严格,申请者要有博士学位;要有5年以上的工作经历,且至少在所教授专业的企业岗位上工作3年以上;教学与科研比为9∶1。瑞士规定职业学校理论课教师必须具有4年的学徒经历、工程技术师范学院毕业、3年以上工程师实践经验,具备这些条件后,再到职业教育学院进修为期1年的教育学、心理学、教学法等课程,通过后方可任教。在职教师每年可安排一定时间的带薪进修假,学习新知识、新工艺、新技术。澳大利亚要求职业教师必须是"双师型"的,必须具备教师资格、实践经验、专业岗位工作经历。

发达国家职业技术教育的教师有着较为优越的社会地位与丰厚的待遇。如日本教师的工资比一般的公务员高15%,且原则上一年提升一级;德国的职业学校教师属于国家公务员,其工资为中级教师最高级,每2年增加1次,最高工资可超过大学教授的起始工资。正因为有较优厚的待遇,才吸引并稳定了高素质的师资队伍,从而产生了高水平、高效益的职业教育。

(四)职业教育的国际化

随着国际政治、经济、文化交往的日益频繁,国际化已成为当代职业教育发展的一个重要趋势。如何培养出适应时代发展的"国际人",已成为各国职业教育新的教育目标。

欧盟委员会从1995年开始实施"达·芬奇"跨国职业教育和培训计划,加强培养学生的外语能力,提出学生毕业时应掌握两门外语的要求。实施职教学生的跨国交流,各国联合开发外语课程和适应每个职业领域或经济部门具体需要的教材。

在亚洲,日本政府随着经济的繁荣不断调整教育政策,以适应其国际化发展的需要。早在1956年7月,日本中央教育审议会的《咨询报告——关于推进教育、学术、文化的国际交流》中就提出了推进国际交流的初步设想。为了适应教育国际化的方向,日本政府首先在教学内容上下功夫。日本的职业教育十分重视外语教学,外语科目所占的比重不断增加,有些专业的外语学分甚至达到专业课的三分之一;日本的教育部门还积极开发与国际事务相关的课程,广泛开展远程教育。此外,日本政府还十分重视加强国际交流与合作,主要形式有:与国外的学校建立友好交流学校、派遣学生出国留学、招收国外留学生、派教师去国外进修等。

(五)完善的职业资格认证体系

德国的"双元制"在国际上享有盛誉,一方面是其独特的教学模式,另一方面是公正、客观、严格的考试考核体系。"双元制"职业教育考试由与培训无直接关系的行业协会承担。为了保证考试的统一规范性,无论职业是否相同,相同科目的考试都采用同一标准,且安排在同一时间进行。德国职业教育院校的学生都要经过中间考试和结业考试,最终获得三种证书:考试证书、培训合格证书和职业学校的毕业证书。这三种证书由不同的机构颁发,体现学生不同方面的能力。因此,德国职业学校的资格证书在世界范围内有很高的认可度。

澳大利亚的职业教育以其学制的灵活性而著称,对于职业资格认证则采取全国统一的资格认证框架(AQF),从而保证了其权威性。AQF包括6个职业教育资格等级的专业证书(一至四级证书、文凭、高级文凭),从事相应的工作就必须取得相应的证书,不同等级的证书是通过学分制获取的,学生可根据自己的需要在任何时间去获得学分。获得文凭证书的学生可直接升入普通教育的专科二年级学习;同样,获得高级文凭证书的学生可直接升入大学本科二年级深造。

三、对我国职业教育发展的启示

2010年7月,国务院出台《国家中长期教育改革和发展规划纲要(2010—2020年)》,其中明确提出,到2020年,形成适应经济发展方式转变和产业结构调整要求、体现终身教育理念、中等和高等职业教育协调发展的现代职业教育体系,满足人民群众接受职业教育的需求,满足经济社会对高素质劳动者和技能型人才的需要。[①] 要实现这一目标,需要博采众长,而学习和借鉴发达国家的成功经验,结合我国国情加以转换和迁移,将大有裨益。

---

① 姜大源.构建现代职业教育体系需把握三个基本问题[J].广州职业教育论坛,2012(1):1.

目前,从总体上来看我国职业教育基础依然薄弱。主要表现在:投入不足,办学条件较差,各地区发展不平衡;统筹乏力,资源难以充分利用,办学效益低;职业学校招生困难,行业、企业举办的职业教育较少,中等职业学校办学规模缩小,就业准入制度没有得到很好落实,职业资格证书与职业学校学历证书之间的衔接不够;职业教育的办学模式、课程设置、教学内容和教学方法,还不能很好地适应劳动力市场变化的需要;教师对生产服务一线的经营管理、劳动组织、技术工艺了解不够,专业技能和实际教学能力不强等。为满足我国经济发展的需要和适应职业教育国际化的发展趋势,必须加强职业教育的改革。上述职业教育的发展和改革经验,将会给我们一些启示。

(一)加强教育体系的系统化建设

我国职业教育存在的问题最直接的后果是学生就业难。这是因为我国职业教育基本上还是普通高等教育本科课程的浓缩,过于注重理论知识的教学,忽视了学生实践技能的培养,使得职业教育没有自己的特色。目前虽然增加了中等职业学校毕业生进入高等学校特别是高等职业学校的比例,但是中专生大多不愿继续深造,一方面因为继续深造的学制太长;另一方面是学生感觉高职与中专差异不大。在我国职业教育仍是弱势教育,中等职业教育和高职教育的衔接类似近亲繁殖,这样的深造方式对学生的吸引力自然非常小。此外,国家通过建立职教师资基地,扩大职业学校毕业生接受本科及其以上学历教育的机会,但是,每年能够进入普通高等院校深造的职校生的比例实在是太小了。从整体来看,我国高等教育与职业教育还有着明显的界限。借鉴国外的发展经验,可以建立中等与高等教育相衔接的课程体系,使国家整个教育体系系统化。通过不断提高职业教育的质量,加大普通教育与职业教育的融合,开创我国发展高等职业教育的新道路,建立和完善人才培养的立交桥。

(二)重视开放式终身职业教育体系的建设

江泽民同志在十六大报告中提出要建立学习型社会,加强全民终身教育的思想。现阶段,职业教育终身化在我国已初现端倪,主要表现为在大力发展中等职业教育的同时,高等职业教育得到迅速发展;同时,大量培训机构的出现也标志着广大人民对终身教育的认可。但要真正实现高等职业教育的培养目标,促进职业教育向终身化方向发展,必须要促使职业教育与当地经济社会发展紧密结合,与劳动就业紧密结合,与人民群众多样化的教育需求紧密结合;要满足人民群众终身学习的需求,坚持培养和培训并举,不拘一格办学,实行学历教育与职业培训相结合、全日制和业余制相结合,把职业学校办成面向社会的、开放的、多功能的教育和培训中心;要根据不同专业、不同教育培训项目和学习者的实际需要,实行灵活的学制和学习方式,推行学分制等弹性学习制度,为学生半工半读、工学交替、分阶段完成学业创造条件。

(三)加强职业教育师资队伍建设

职业学校的教师不仅要符合普通中、高等学校教师的基本要求,还应精通本专业和相关专业的基本理论,熟练掌握本专业的技术、技能,有解决生产实际问题和推广科学技术的能力,而且还要具有市场经济意识和经营管理能力以及较强的公关能力。加强职教师资队伍建设,是办好职业教育的一项战略措施。针对我国职业教育师资力量不足、学历达标率低、结构不合理、实践经验普遍较差等现状,当务之急是采取以下措施:第一,加强职业教育师资培养培训基地建设,使职业教育的教师专业化。目前在职教师资培养过程中,普遍注重理论方面的课程,对实践能力的培养仍需加大力度。第二,拓宽职业教育师资来源渠道。实行开放式教师培养体制,挑选愿意担当职教教师的各类学校毕业生到职业教育师资培养培训基地接受一至两年的教育专业学习和技能训练,通过教师资格考核后到职业教育学校任教,或面向社会招聘职业教育专业师资和实习指导教师,实行专兼结合。第三,建立职业教育师资继续教育证书制度,努力促进职业教育师资定期参加培训,不断进修提高,以适应职教发展的需要。

(四)重视职业教育特色办学

目前,我国职业教育不受重视,民众的认可度较低,归根结底是因为我国的职业教育没有特色。而"特色"一词,并不是为了求得新意和奇特,而是要适应我国现代社会经济各方面发展实际。与普通高等教育相比,职业教育有其自身的特点,即发展过程的区域性、办学形式的多样化、教学过程的实际性、教育管理的开放性。因此,职业教育首要为区域经济服务,职业学校的人才培养要立足于当地,根据区域经济发展和市场的需要设立和调整专业设置。教育机构要加强与企业的联系和调查研究,从实际出发,因地制宜,使职业教育能为当地的经济发展提供人才资源保障。其次,职业教育要发挥其办学形式多样化的优势,广泛吸收中外教育资源,不断扩大职业教育的对外开放,促进人才的流动;根据经济发展的需要,主动出击,适时地开展各种教育和培训;适应我国建立学习型社会的需要,积极开拓普通高等教育未涉足的领域,如农村市场、在职和下岗人员的继续教育和培训。因此,我国的职教完全没有必要和普通高等教育去争一杯自己不占优势的羹。再者,职业院校要加强教学实践性,以提高学生实际动手能力为己任,用实践性强这一优势和普通中、高等教育竞争市场,相信不会处于下风。最后,我国的职教院校大多因为经费问题而苦恼,借鉴国外的经验,从改善自身管理入手,加强与行业、企业的合作,与市场接轨,吸收一切可以利用的资源,相信资金问题将不再突出。

(五)加强职业学校教育与职业资格证书制度及就业准入制度的衔接

目前,我国已广泛开展职业资格认证。但是,职业资格认证在考核内容上总是远远落后于知识的现有发展水平,如计算机的职业资格认证的笔试内容,在2002年仍然在考Windows 3.X和Word 6.0方面的知识。试问这样的证书还有什么价值,这样的证书又和学生的实际能力有何关系呢?因此,为适应我国改革开放和教育国际化的需要,必须要改变现在的考工标准、专业技术资格标准,努力推出含金量高的职业资格认证,加强与国际接轨;要争取国际权威的认证来到我国,适时地使我国的职业资格证书走向国际。有效地实行"先培训,后就业"的就业制度,推动职业教育的理性发展。

> **拓展阅读**

中国建立世界最大规模职业教育体系[1]

新华网上海 5 月 14 日电(记者 仇逸)记者从 14 日在上海召开的第三届国际职业技术教育大会上获悉,我国已经建立了世界上最大规模的职业教育体系,从 1978 年到 2011 年的 30 多年间,职业教育已经累计为国家输送了 2 亿多高素质劳动者和技能型人才。

会议透露,我国正在编制《现代职业教育体系建设规划(2012—2020 年)》,对未来我国职业教育进行通盘考虑和整体设计。这一体系的重点,是坚持面向人人成才、面向社会需求的原则,力争到 2020 年建成适应需要、有机衔接、多元立交,具有中国特色、世界水准的现代职业教育体系。

> **拓展阅读**

我国《现代职业教育体系建设规划(2014—2020 年)》确定的建设目标和基本架构[2]

为了加快发展我国的现代职业教育,建设现代职业教育体系,服务实现全面建成小康社会目标,教育部、国家发展改革委、财政部、人力资源社会保障部、农业部、国务院扶贫办等 6 部门于 2014 年 6 月 16 日联合印发了《现代职业教育体系建设规划(2014—2020 年)》(后简称《规划》)。其中,确定的现代职业教育体系建设目标和基本架构如下:

一、建设目标

总体目标:牢固确立职业教育在国家人才培养体系中的重要位置,到 2020 年,形成适应发展需求、产教深度融合、中职高职衔接、职业教育与普通教育相互沟通,体现终身教育理念,具有中国特色、世界水平的现代职业教育体系,建立人才培养立交桥,形成合理教育结构,推动现代教育体系基本建立、教育现代化基本实现。具体分两步走:到 2015 年,初步形成现代职业教育体系框架;到 2020 年,基本建成中国特色现代职业教育体系。现代职业教育体系建设量化目标见下表:

现代职业教育体系建设量化目标表

目标	单位	2012 年	2015 年	2020 年
中等职业教育在校生数	万人	2114	2250	2350
专科层次职业教育在校生数	万人	964	1390	1480
继续教育参与人次	万人次	21000	29000	35000
职业院校职业教育集团参与率	%	75	85	90
高职院校招收有实际工作经验学习者比例	%	5	10	20
职业院校培训在校生(折合数)相当于学历职业教育在校生的比例	%	14	20	30
实训基地骨干专业覆盖率	%	35	50	80
有实践经验的专兼职教师占专业教师总数的比例	%	35	45	60
职业院校校园网覆盖率	%	90	100	100
数字化资源专业覆盖率	%	70	80	100

---

[1] 新华网. 中国建立世界最大规模职业教育体系[EB/OL]. http://news.xinhuanet.com/society/2012-05/14/c_111949778.htm

[2] 中华人民共和国教育部. 教育部等六部门关于印发《现代职业教育体系建设规划(2014—2020 年)》的通知(教发〔2014〕6 号)[EB/OL]. http://www.moe.edu.cn/publicfiles/business/htmlfiles/moe/moe_630/201406/170737.html

二、现代职业教育体系的基本架构

我国的职业教育分为初等职业教育、中等职业教育和高等职业教育三个层次。《规划》的现代职业教育体系基本框架如下图。

关于高等职业教育,《规划》要求在办好现有专科层次高等职业(专科)学校的基础上,发展应用技术类型高校,培养本科层次职业人才。《规划》指出:应用技术类型高等学校是高等教育体系的重要组成部分,与其他普通本科学校具有平等地位;高等职业教育规模占高等教育的一半以上,本科层次职业教育达到一定规模;建立以提升职业能力为导向的专业学位研究生培养模式;根据高等学校设置制度规定,将符合条件的技师学院纳入高等学校序列。

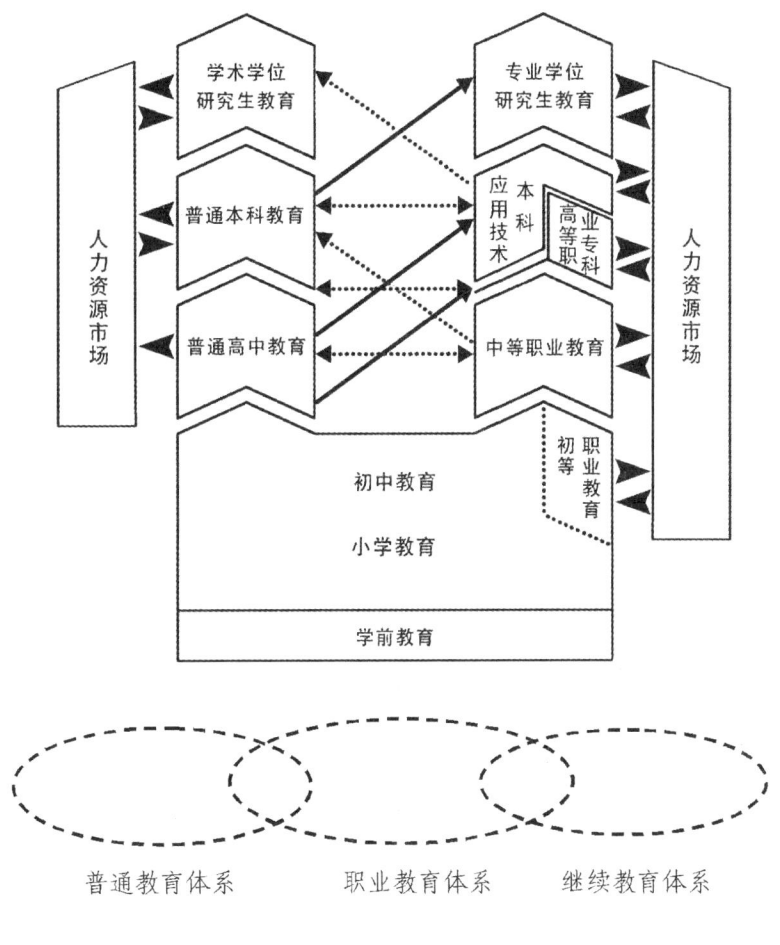

教育体系基本框架示意图

【思考题】

1. 教育体系的含义是什么？请简要论述职业教育体系的内涵。
2. 构建职业教育体系要坚持哪些基本原则？
3. 构建职业教育体系的依据是什么？
4. 我国职业教育体系具有怎样的结构？其构建要求是什么？
5. 请简述世界主要发达国家和地区职业教育体系构建的变革趋势，并分析对我国构建现代职业教育体系的启示。

第四章

职业教育专业设置论

学习目标

1. 明确专业和职业的含义,把握专业和职业的联系和区别,了解我国职业教育的专业设置概况;
2. 把握职业教育专业设置的原则,明确职业教育专业设置的要求;
3. 理解和掌握职业教育专业设置的程序和方法。

专业设置是职业教育实现培养目标和实施教学活动的基础工作,也是职业教育主动服务、适应经济社会发展的关键环节。专业设置合理与否,直接关系着职业学校办学水平和办学效益的高低,影响着职业学校的生存与发展。[①]

第一节 职业教育专业设置的内涵

要了解我国职业教育的专业设置,有效地促进各专业的良好发展,为我国现代化建设培养出各种层次和类别的专业性技术人才,必须先从专业、职业、专业设置等基础概念谈起,分析专业与职业的关系,深入探析专业设置的内涵。

一、专业与职业[②]

(一)专业

专业主要是按照职业分工与职业岗位群对专门人才的要求而设置的,虽然它并不等同于职业,即它并不是与社会职业一一对应,但又与社会职业有着非常紧密的联系。这种联系主要体现在四个方面:一是专业划分的基础为一组具有一致性的相关职业能力,包括基础理论知识和技术应用能力等;二是专业培养是以达到具有一致性的相关职业能力与工作

[①] 马建富主编.职业教育学[M].上海:华东师范大学出版社,2008:60.
[②] 马建富主编.职业教育学[M].上海:华东师范大学出版社,2008:61.

资格为目的;三是专业教学过程的实施与相关的职业劳动过程、职业工作环境和职业活动空间具有一致性;四是学生对专业的选择与他们对将来从事的职业的社会地位和社会价值的判断相一致。

(二) 职业

职业是指在业人员为获取主要生活来源所从事的社会工作类别,一般由三个最基本的要素构成:一是劳动;二是固定的报酬或正当的收入;三是要承担一定的职责并得到社会的认可。职业是随着人类社会进步和劳动分工而产生和发展起来的,它是社会生产力发展和科技进步的结果。

二、专业目录与科类结构

(一)专业目录

专业目录是职业学校培养各种专门人才的分类目录。专业目录规定了专业划分、专业名称及所属门类,反映所培养人才的业务规格和就业方向,是国家和各级教育行政部门规划职业教育发展,设置与调整专业,实施人才培养,安排招生,指导毕业生就业,进行教育统计和信息处理等工作的重要依据,是进行行政管理和学校教学工作的一个基本的指导性文件。

专业目录的作用主要有四个方面:一是为学生入学选择专业和毕业生就业提供指南;二是为人才市场、劳动力市场进行人才交流以及用人部门和单位对各类专门人才在选择、使用、管理上提供标准;三是为学校在人才培养的分类规格和质量标准方面提供规范;四是为学校与学校之间、学校与企业之间、学校与社会之间的信息交流提供依据。

(二)科类结构

科类是指学科和专业所属的类别。科类结构,是指职业学校所设置的学科领域与专业类别的分布与构成方式。科类结构直接影响着职业教育培养的各科类专门人才的比例。对于学科和专业的科类划分,各个国家不尽相同。中等专业学校曾按高等教育的分类方法分为工、农、林、医卫、财经、管理、政法、艺术、体育等科。新制定的《中等职业学校专业目录》在科类划分上,克服了专业学科教育的弊端,按综合性大的科类划分为农林类、资源与环境类等 13 个大类,使专业分类与国家产业分类、职业分类相适应,体现了职业教育的职业性特色。[①]

三、专业与专业设置

职业教育的专业主要是指职业学校根据社会职业分类而设立的培养人才的学业门类。职业学校据此制订培养目标、教学计划,进行招生、教学、毕业生就业等工作;学生亦按此进行学习,形成自己在某一专门领域的专长,为未来的职业活动做准备。

专业设置,是指职业学校专业的设立与调整。所谓"设立",是指专业的新建与开设;所

[①] 马建富主编. 职业教育学[M]. 上海:华东师范大学出版社,2008:61.

谓"调整",则是指专业的变更或取消。专业设置是职业学校区别于普通学校的主要标志。

职业学校的专业设置与普通学校的专业设置是有区别的。普通学校的专业主要依据学科分类、社会发展和工作领域而划分,侧重于学术性,且趋向于拓宽专业面,向综合性发展。职业学校的专业则主要是按照职业分工与职业岗位群对专门人才的要求而设置的,强调职业性,强调综合职业能力的培养,同时也注意基础性和就业的适应性。

专业设置是连接教育与经济的纽带,是职业教育为经济发展服务的具体体现,是职业学校适应社会需求、保证人才培养"适销对路"的关键环节。没有科学合理的专业设置,不能从经济社会的有效需求出发设置专业,必然会造成人才供求的失衡与错位,影响经济的发展和职业教育的生命力。[①]

四、我国职业学校专业设置的历史演变

我国高等职业教育的专业设置与中等职业教育的专业设置大同小异。新中国成立后至今的六十多年来,我国中等职业教育的专业设置几经变更,大致历程如下:

新中国成立初期,中专沿用原有名称,通用性很强,一般只设农、工、商、海事、医事、家事、其他7种,全部专业为51个。如工业类设机械、机电、土木、化工、电讯等科,业务面较宽,适应性很强。1953年我国开始进行第一个五年计划经济建设,由于中专处于初创阶段,没有经验,所以基本照搬了苏联的中专目录,专业设置比较强调针对性。1954年9月中央人民政府政务院发出《关于改进中等专业教育的决定》,同年11月政务院批准《中等专业学校章程》。这两个文件规定,学校专业设置要以国家计划委员会制定的专业一览表为基础,要求各业务部门在制订所属中等技术学校专业设置计划时,以中央业务部门集中统一计划为原则(地方领导的学校除外),学校之间应适当分工,所设专业力求集中单一,同一所学校所设专业以性质相近为基本原则。原有条件比较好的学校所设置的专业,以不超过4个为宜,新办或条件比较差的学校,可暂设1~2个专业,至多不超过3个;具备师资、设备条件的学校,可逐渐增设专业。

1959年教育部对各校已开设的专业进行综合与整理,当时共有17类336个专业,其中工科就占了13类237个专业,这反映了当时经济建设以工业为主导的要求。

1963年,教育部针对当时中专专业存在的划分过细、分散重复、配套不齐、种类庞杂、数量偏多、变动频繁等问题,提出"统筹安排、专业配套、合理布局、稳定提高、统一名称"的原则,着手调整,并在总结经验的基础上,确立了宽窄并存,允许各部门、各地区学校有所侧重的基本格局,对中专专业目录进行了全面的较为切合实际的修订,确定全国统一的专业为8个科348个专业,其中工科占242个专业。

"文化大革命"后,为了恢复和重建中等专业教育,1980年12月教育部发出通知,要求各部委根据社会、经济、科技发展新情况,修订中专专业目录,提出"专业划分应体现基础知识厚一些、专业面宽一些、实际技能好一些、适应性强一些的要求"。到1985年,教育部印发中专专业目录,分为10个科607个专业,其中工科专业为332个。

为适应改革开放后我国经济、科技、教育等的巨大变化,原国家教委于1992年修订了

---

① 马建富主编.职业教育学[M].上海:华东师范大学出版社,2008:60~61.

新的专业目录并于1993年3月正式公布,新的中专专业目录所列的专业分为9科49类518个专业。合并并拓宽的专业及业务范围拓宽的专业分别占51%和25%左右。

1999年教育部组织有关部门制订《中等职业学校专业目录》并于2000年9月正式公布。新的专业目录按照符合中等职业教育层次,适应国家产业分类与职业分类,业务范围以宽为主、宽窄结合、现实性与前瞻性相结合,专业名称准确、科学、规范等原则来制订,适用于实施高中阶段学历教育的各类中等职业学校。

新专业目录有13个大类270个专业及其专门化举例。这些专业所培养的人员能够满足《中华人民共和国职业分类大典》第二、三、四、五、六大类中的千余个职业岗位,适用范围比较广泛。[①]

> **拓展阅读**
>
> **我国职业教育专业设置的现状**[②]
>
> 我国中等职业学校的专业目录是在20世纪50年代学习苏联后开始实施的。1993年再度颁布的《普通中等专业学校专业目录》中专业数量增加到518个。我国的技工学校和职业学校一直都实施分专业教育,而且技工学校的专业数量有500多个,职业学校的超过900个。直到1995年劳动部才颁布《技工学校专业(工种)目录》,而职业学校的专业目录却长期未更新。进入20世纪90年代后期,从总体上看,原有中等职业学校的专业划分已不能适应国家经济结构和产业结构调整的需要,也不能适应科技迅速发展和迎接知识经济挑战的需要。现有的中专和技工学校的专业目录,或过于突出培养管理和技术人员,或过于突出培养单一工作岗位的工人;专业按行业划分,专业口径窄,且有重复设置的情况;一些专业名称也不够科学规范。同时,由于产业结构的变化,出现了大量的新兴产业和新职业岗位,也急需设置一批相应的新专业。正是考虑到这一新形势,教育部于2000年9月颁布了《中等职业学校专业目录》。该专业目录有13个大类270个专业及其专门化举例。
>
> 我国高等职业教育的专业设置情况有点特殊。在改革开放以前,我国的职业教育没有高等教育这一层次。到了20世纪80年代末90年代初,我国开始积极发展高等职业教育,90年代末,教育部发文要求我国高等专科教育与高等职业教育并轨,统称为高职高专教育。在发展高等职业教育初期,我国没有统一规范的高等职业教育专业目录,而是更多地强调,在专业设置方面摆脱传统的高等专科教育按本科学科模式设置专业的做法,面向社会经济、生产、服务第一线设置专业,把专业设置的决定权更多地交给了学校。随着高等职业教育的快速发展,部分高职高专院校在专业设置和调整工作中出现了一些新情况。突出表现在专业设置的随意性较强,有的采用本科教育的专业名称,有的则沿用中等职业教育的专业名称,致使不同类型学校相近的高职高专教育专业名称有很大的差异。根据招生部门的初步统计,全国至少有1500个高职高专教育专业名称。专业名称不规范,

---

① 马建富主编.职业教育学[M].上海:华东师范大学出版社,2008:62~63.
② 秦福利.试论影响职业教育专业设置的因素[J].纺织教育,2009(4):21~22.

在一定程度上影响了高职高专教育专业结构的调整和人才类别的划分、统计及宏观调控，也影响了社会对人才能力结构的了解和毕业生的就业。教育部于2004年印发了《普通高等学校高职高专教育指导性专业目录（试行）》，并从2005年开始实行。该专业目录包括19个专业大类、78个二级类、532种专业，这在高等专科教育层次专业设置管理中还是第一次，填补了我国缺少高职高专教育专业目录的空白。

第二节 职业教育专业设置的原则和要求

一、专业设置的原则

职业学校专业设置的原则是在一定理论指导或在实践经验基础上形成的职业学校专业设置中必须遵循的准则。职业学校专业设置一般应遵循以下原则：

（一）科学性原则

科学性是衡量一切事物的最高准则。职业教育专业设置的科学性具体体现在以下三个方面：第一，专业设置的指导思想要正确。专业设置是为了满足社会的发展需求和个人的成才愿望，是要为社会培养全面发展的高素质人才。只有确立了正确的指导思想，在专业设置过程中才不会被短期利益、局部利益所迷惑，才不会违背客观规律，造成专业设置的盲目性。第二，专业划分要科学，名称要规范，内涵要明确。专业划分必须符合国家职业分类的有关标准，突破以往一个行业一个类别的分类模式，依据工作性质的同一性，即某类职业所要求的素质和职业能力要求进行划分。专业命名必须准确反映专业培养内涵，与高校专业有所区别，既要准确反映专业培养目标和业务范围，明确人才培养规格，又要有保证培养目标实现的课程体系；既要适当扩大职业涵盖范围，使毕业生有广泛的适应性，又要适宜在职业学校学制内完成。第三，专业设置的操作过程要遵循科学性原则。从专业的规划、实施、管理到教学，每个环节的进行都要做到有据可依，符合教育教学规律。

（二）需要性原则

社会需要是专业生存与发展的前提。实现专业设置与社会需要最大程度的对接，是提高职业学校办学效益的重要环节。社会需要包括经济社会发展的客观需要和学习者的主观需要两方面。一般来说，学习者的主观需要受经济社会客观需要的制约与影响，但有时也会带有盲目性。因此，职业学校的专业设置既要考虑学习者的学习需要，更要考虑经济社会发展的长远需要。专业设置只有立足于一定经济和社会发展的实际需要，才能实现职业教育为经济建设和社会发展服务的功能，从而形成"服务—依靠"的互为推动的良性循环机制。职业学校在专业设置时应尽可能做到专业结构与区域的产业结构相适应，专业口径与社会职业分工情况相适应。

(三)统筹性原则

专业设置不仅是各个学校的个别行为,而且也是一种社会行为,因此,合理设置专业离不开政府的宏观统筹与指导。政府应在对劳动力市场需求进行科学预测的基础上,通过向职业学校发布信息,指导职业学校的专业设置,并建立严格、规范、有序的管理体系,对一定区域内各职业学校的专业设置进行宏观统筹与调控,使职业学校的专业整体结构科学合理。从职业学校层面来讲,学校面临的是区域性大市场,在政府的宏观统筹下科学地设置专业,能够减少盲目性,提高有效性。为此,各学校应按国家统一的专业目录选择自己所设的专业和规范各专业的教学行为。在清楚了解社会需求后,学校应根据自身性质、特点和发展方向,按照国家计划设置相应的专业,并严格履行审批手续。要特别慎重地对待与周围学校相同或相似的专业,努力做到人无我有、人有我优、人优我特,避免恶性竞争。政府和学校都要避免出现专业设置一哄而起、一哄而散的现象,减少人才积压和教育资源的浪费。

(四)适度超前原则

专业设置必须具有适度超前性才能克服因人才培养的周期性而导致的教育滞后性。为此,职业学校必须把握时代的脉搏,及时研究、分析时代发展的新动向、新趋势,了解某些新兴行业、新兴部门对人才的需求情况,对未来人才市场的需求进行科学预测,适时开设新的专业;同时,对现有专业,要根据社会发展的需要,及时进行拓宽和改造,使学生能赶上社会快速前进的步伐。

(五)效益最大化原则

这里所说的效益包括社会效益和经济效益两个方面。市场经济条件下,职业学校是具有相对独立自主权的办学实体,设置与调整专业时,既要注重社会效益,即要符合国家的教育方针,适应社会对人才的需求,又必须注重经济效益,以最优化的资源配置、最少的成本投入培养最多最好的人才。如果只注重社会效益,而置经济效益于不顾,就会削弱自身办学实力,使学校难以长久发展,甚至可能无法生存。反之,如果只注重经济效益而忽视社会效益,办学的方向就会偏离,经济效益也不可能长久。职业学校在设置和调整专业时,既要考虑满足社会的需要,注重人才培养的质量及对社会的贡献,同时也要分析教育投资效益,分析教育资源能否得到充分的利用。要在社会调查的基础上,预测今后毕业生的就业形势和生源状况、招生前景,预算专业建设所需要投入的成本。要注重实效和长效,注意规模、质量、效益的协调发展。

(六)开放性原则

我国经济发展和劳动力资源分布很不平衡。经济发达地区由于经济发展较快,所需劳动力较多,劳动力资源相对不足,而经济欠发达地区则明显劳动力过剩。在这种形势下,经济欠发达地区的职业学校在设置专业时,既要考虑为当地经济发展服务,又要适当考虑劳务输出,以促进劳动力的跨地区有序流动。

另外,全球一体化趋势已日益明显,这就要求办学者必须具有全球化的眼光,在专业设置上,要注重借鉴国外的先进经验,促进我国职业教育早日走向世界。

(七)发展性原则

首先,要立足于学生的可持续发展。随着经济社会的不断发展,人们已不再可能终生固守于一个职业了。转换岗位、转换职业的能力成为新时代人们必备的能力之一。这就要求职业教育的专业设置要体现发展性,要培养学生具备可持续发展的能力。职业教育的专业设置,无论是培养目标的确立、学制的确定、课程的安排、教学内容的选择等,都不仅要使学生具备单一专业的知识与技能,更要为学生今后的职业生涯发展打下坚实的基础,要为学生的持续发展提供条件。

其次,要立足于专业自身的可持续发展。这体现在专业自身要具有自我调节、自我发展、自我更新的能力,以适应市场经济条件下招生、就业市场和职业环境的剧烈变化。为此,专业建设必须走内涵式发展的道路。只有通过高水平专业的建设所培养出的高素质专门人才,才能保证专业持续不断地发展。

再次,要立足于学校的可持续发展。任何专业的设置都要服务于学校的整体利益,遵循学校的综合发展规划,有利于学校教育资源的统筹调配和最大效益的获得。

二、专业设置的要求

(一)要处理好稳定性与灵活性的关系

(1)要保持专业相对的稳定性

专业设置的稳定性是由教育规律所决定的,也是经济发展在一段时间内所要求的。

一个专业从设计、筹办,到办成规模、办出特色,需要大量的人力、物力、财力,需要一定的时间和过程,队伍的形成、质量的提高、经验的积累和社会的影响,绝非一日之功。

经济发展到一定的阶段,其产业结构、技术结构、就业结构就会趋于相对的稳定。这就要求专业也要保持相对的稳定,以确保所需人才的培养。

(2)要使专业具有一定的灵活性

专业设置的灵活性是职业教育的特点所决定的,也是经济发展所要求的。稳定是相对的、暂时性的,灵活则是绝对的、经常性的。

专业设置多年一贯制,是教育落后于经济发展、停滞不前的表现。当今社会,科学技术飞速发展,知识经济已见端倪,产业结构急剧变化,职业岗位不断更新,这就要求专业设置必须跟上时代的步伐,及时调整,及时更新,旧中求新,稳中求活。

但是,灵活性不等于随意、草率和盲动,不能只根据零散的信息或凭着感觉,频繁地、摇摆地变换专业。

保持专业的灵活性,有利于适应经济发展的需要,保持职业教育的活力;有利于更新教师的知识和技术,形成一支专业面宽、素质高、迁移能力强的教师队伍;有利于学校吸引生源,保持学校的稳定与发展。

专业变动要有根据,要讲条件,要在相对稳定的基础上,有目的、有计划地进行。如果专业年年变换、频繁更替,既表现出对社会需求心中无数,缺乏远见,也反映了对"适应市场需求"理解的简单化、表面化,其结果必然导致办学无明确方向,难以形成稳定的主干专业和王牌专业。

(二)要处理好战略性与战术性的关系

所谓战略性和战术性,是指专业设置既要立足当前,又要着眼长远,将"现实"和"未来"两个时空维度有机地结合起来,求得两者的统一。21世纪,虽然世界呈现出经济全球化、信息技术数字化、知识经济迅速发展等现代化特征,但我国仍将是典型的"二元经济结构",技术结构也呈现出多层次,既有现代化技术,又有传统技术。专业设置不能脱离现实的技术状况,既要从当前的社会急需出发,重视现实设计,又要瞄准高新技术发展的趋势,放眼未来,进行前瞻性、超前性的谋划,用专业设置的超前性来弥补教育培养人才的滞后性。

(三)要处理好宽广性与专深性的关系

所谓宽广性,是指所设置的专业,专业面宽,口径大,覆盖广,具有较强的综合性、交叉性和复合性的特点。所谓专深性,是指专业范围较窄,一般按行业、产品、岗位设置专业,具有职业岗位针对性强、技术专深、上手较快的特点。

宽广性和专深性是专业设置中的一对矛盾。强调专业的宽广性,主要是为了增强专业的适应性;强调专业的专深性,为的是增强其针对性。

(四)要处理好行业性与地方性的关系

职业教育的主要目标和基本任务是为本地区、本行业培养生产、建设、管理、服务的第一线技术应用型人才。因此,处理好行业性与地方性的关系,就成为专业设置中必须格外重视的问题。

(1)要重视设置地方需要的专业

地方所需要的大量的操作型人才,既不可能依靠国家办的普通高校来输送,也不可能从外地、外国去引进,而只能依靠本地区自己培养。

(2)要继续重视设置为行业服务的专业

我国的职业教育长期以来主要依靠行业办学,尤其是中专学校和技工学校,大多数由行业办理、行业管理或者是企业办理、企业管理,这类学校的办学方向的专业设置带有明显的行业性,与行业有着紧密的联系,主要是为行业服务的,如卫生、艺术等。而如今,应以"立足行业、面向社会、服务地方、辐射外地"的办学思路,来确定专业设置的方向和学校的服务方向。

(五)要处理好长线型与短线型的关系

社会需求既有长期需求,也有短期需求。因此,长线型专业与短线型专业在职业教育中都有着重要的作用。所谓"无长不稳,无短不活"就是这个道理。

第三节 职业教育专业设置的程序和方法

一、专业设置的程序

专业设置一般都必须经过以下几个程序:

(一)开展社会调研

这是职业学校专业设置的起点。社会调研主要了解三个方面的情况。

(1)区域宏观经济分析。要了解区域经济和社会发展规划,尤其是产业结构调整的趋势和支柱产业发展的情况。

(2)劳动力市场分析。要对劳动力市场供求关系的变化进行分析,了解各个专业人才供求状况,并对那些不受欢迎的专业情况进行具体分析,以便对专业进行调整。

(3)职业领域需求总量预测。包括该职业领域人才的饱和度、可供量、可能的流动量、发展变化等。在此基础上,判断未来一定时期内人才的需求量以及各专业的发展前景和生命周期。虽然人才需求变化受到许多因素影响,但借助科学方法,仍可得到某类人才在未来一定时期内的总需求情况。

(二)职业与专业分析

在对社会人才需求进行调查和预测后,还必须对人才的业务规格进行分析。

(1)职业分析。职业分析是专业划分和设置的重要依据。职业分析的基本含义是对社会职业的工作性质、内容及从业者必须具备的职业能力进行层次分析,确定该社会职业所应包含的主要操作技能、专业知识及行为方式的内容及范围,从而获得该社会职业所需的一系列知识、技能,在此基础上确定知识技能点,即了解岗位专项能力要求。

(2)职业归并。在职业分析的基础上,根据与同一职业领域职业对应的技能、知识点的重合度和相关性,对相关职业进行归并,以确定职业群,即群职业能力要求。

(3)导出专业。这主要是对确定的职业群进行符合教育规律的分析,以实现社会职业向职业教育专业的转换。一般是通过对职业群横向分组和纵向分层的方法来进行专业转换。横向分组主要指通过对社会职业的工作分析,确定职业群中相邻职业的业务范围、内容及职业方向和重点,从而确定专业范围;纵向分层指确定这一职业群共同的文化教育起点、专业基础知识和基本操作技能,从而确定该专业的主要学科,并为确定招生对象和学习年限提供依据。

在进行横向分组和纵向分层的分析后,就可根据技术领域或学科领域的划分,由职业来导出专业。

(三)确定专业培养目标

一般说来,专业培养目标是根据社会的需要、在职业分析的基础上确定的。所以确立职业教育的培养目标,必须把社会具体职业需求与学生个体发展需求结合起来考虑,使学生既能直接掌握就业本领,又具有一定的发展性能力。发展性能力不仅以特定的职业知识和技能为基础,而且以职业精神、职业道德、职业方向等方面较高的发展水平为基础。确定培养目标后,还必须进行准确的表述。目标表述是目标逐层具体的过程。专业培养目标包含以下三个方面的内容:

(1)培养方向,通常指该专业培养人才所对应的职业门类;

(2)使用规格,指同类专业中不同的人才在未来使用上的规格差异;

(3)规格要求,即同一培养方向、同一使用规格人才在德、智、体(或知识、技能、态度)等方面的具体要求。

(四)选择和组织课程内容

在确立了专业培养目标后,就应该依据这些目标来选择和组织课程内容,形成相应的系统和结构。课程内容选择与组织的结果是产生课程方案,其中包括教学计划、教学大纲和教材。

根据培养目标的层次性,课程内容的选择可分为两个主要层次:第一是整个专业课程的构建,即各门课程的选择;第二是每门不同课程的内容选择。这两个层次有密切的联系,不了解课程总体结构的功能,便不能依据此功能安排每门课程的内容;反之,对每门课程的功能和作用以及基本情况的内容不清楚,也不能构建整个专业的课程结构。课程内容的组织还要兼顾社会需求、学科体系、学生身心发展等方面的情况。

(五)教育资源分析

教育资源作为专业设置的支撑,对它的分析始终贯穿于专业设置的整个过程中。

(1)师资条件分析。包括学校是否具备开办此专业的师资条件(主要是专业理论教师和实验实习指导教师);如暂时不具备,在短期内能否引进,能否从社会上聘请到兼职教师,或能否从相关学科中选派教师强化培训后担任。

(2)教学设备条件分析。包括学校是否具备开设该专业的教学、实验实习设备;如果不具备,能否在短期内筹集到资金去添置,或者能否通过其他途径予以解决。

(3)教材分析。包括新设置的专业课程是否有可供使用或可供借用的教材;如果没有,能否组织人员在短期内编写出来。

此外,还要分析新设专业与学校的制度资源、文化资源是否匹配。相应的教育资源是开设新专业的必备条件。

(六)专业规划

专业规划的主要内容包括:是独立设置新专业,还是暂时附设在某个相近专业内,或是作为某个专业的专门化方向;专业规模多大;专业教育设施如何建设;专业师资如何配备;等等。这些都关系到未来专业建设乃至学校发展的蓝图,因此,要确保规划的科学性。

必须指出的是,在专业设置过程中,必须要有行业专家参与,尤其是专业人才。所设专业的培养目标、业务范围,重要学科及其基本标准,拟设专业的发展计划,办学条件分析等,须由行业专家和教育专家共同论证。专业计划制订后,须根据专业设置管理权限,报有关部门审批后方可实施(试行)。经过一轮实施,须对不足之处加以修改,以求完善。

二、专业设置的方法

职业学校专业设置的方法有很多,从不同的角度出发就会有不同的方法。职业学校专业设置的方法主要包括以下几种:

(一)经验的演进

职业学校的专业随着社会发展和科技进步始终处于发展变化中。专业的发展与变化是逐步演进的。当社会发生变化,要求职业教育专业做出变化时,通常是在不改变原有基本框架的前提下,做出适当调整,或补充新的教学内容,拓宽基础和范围,或对专业方向和专业目标做适当调整。由于这种模式是在原有基础上进行的调整,因而风险较小,不会造成大起大落;但如果原有专业模式基本上已陈旧落后,不符合社会发展需要时,那也会阻碍职业教育发挥经济、社会服务功能。

(二)宽窄并存、宽窄适度

"宽窄并存、宽窄适度"是指针对社会职业需求和学科划分,专业设置口径该宽就宽,该窄就窄,宽窄适度,或者适度拓宽专业口径,弹性设计专业方向。只要有社会需求,无论专业口径宽窄,都可以设置专业;而且专业口径的宽窄是辩证的、相对的、可转化的,专业名称上的窄,并不表明培养不出复合型、发展型的人才。采用此策略,可使学校的专业设置有极高的灵活性和适应性,学校也更具特色和竞争力。

(三)社会热点问题

这一方法是指专业设置随着社会人才需求的热点走,社会上什么专业最热,就上什么专业,这也是专业设置中一种常用而且有效的策略。但学校如果不考虑自身办学特色和优势,盲目跟着热点跑,让学校专业设置跟着社会热点的变化而过于频繁地调整,其结果必然造成人力、物力、财力的巨大浪费。

(四)边缘学科的交叉发展

根据社会人才需求,依托学校原有优势,着力在相关学科的交叉结合部开拓新的专业,培养社会急需的复合型人才。它适应了学科综合交叉的发展趋势,能够在相关学科的结合部、空白点、薄弱点上寻找新专业,培养社会急需的复合型人才。

根据职业学校专业设置的方法,着力培养社会急需的复合型人才的难度是很大的。正是由于这种难度,往往能形成自己的特色,做到人无我有、人有我优、人优我特,取得较好的社会效益和经济效益。实施这一策略的意义在于:发展职业学校原有的优势,培养社会奇缺的新型复合型人才;新开拓的专业又可促使传统专业的更新改造,提高传统专业质量;有效地利用师资,避免因专业反复调整造成的师资浪费;有效利用现有图书、设备和设施,避免因专业反复调整造成的财力和物力的巨大浪费;增强职业学校的办学特色和声誉;等等。

> **拓展阅读**
>
> **我国中高职专业设置的有效衔接**[①]
>
> 一、我国中高职专业目录的衔接比较
>
> （一）中高职专业目录概况
>
> 我国中等职业教育专业设置的发展相对较早，早在1963年，教育部门就针对中等专业学校制定了《中等专业学校专业目录》。30年后，教育部门对其进行修订，颁布了新的普通中等专业学校专业目录。1995年，劳动部针对技工学校颁布了《技工学校专业（工种）目录》。1998年，教育部又针对职业高级中学颁布了职业高级中学专业目录。直到21世纪，为了使中等职业教育的发展同我国社会主义现代化建设相适应，教育部于2000年9月颁布实施了我国首个《中等职业学校专业目录》。该专业目录又于2010年完成修订，即中等职业学校专业目录（2010年修订）（以下简称中职专业目录），其在原有目录的基础上，增加"继续学习专业举例"一栏，对应我国高职专业目录列举对应的专业名称。
>
> （二）中高职专业目录衔接的动态分析
>
> 1. 中高职专业目录——专业类别衔接。中高职专业类别的衔接是中高职具体专业衔接的基础。中职专业目录和高职专业目录分别包含19个专业大类。从中职专业目录的角度来看，中高职专业类别名称完全相同、基本相同及部分相同的个数占中职专业类别总数的比例和为84.2%；从高职专业目录的角度来看，中高职专业类别名称完全相同、基本相同及部分相同的个数占高职专业类别总数的比例和为94.7%。由此可以看出，中高职专业目录中专业类别名称的相似度较高，专业类别的衔接较为通畅，为中高职具体专业的衔接奠定了良好的基础。
>
> 2. 中高职专业目录——专业衔接。中高职专业目录中具体专业的有效衔接是确保我国中高职学校专业设置和衔接的可行性基础。
>
> 二、不同模式下中高职专业衔接的现状分析
>
> 实现中高职的有效衔接，能够从根本上改革中等职业教育作为"终结性教育"的形象，为广大学生提供更多的发展机会。根据相关资料显示，目前，国内实现中高职衔接的模式可以归纳为以下四种：五年制中、高职一体化模式，"3+2"或"3+3"中、高职相通模式，中职学校毕业生报考高职和普通高等院校以及中职毕业后非连续学程的高职教育模式。
>
> 三、对我国中高职专业设置衔接的反思
>
> （一）加快中高职专业目录的修订
>
> 中职专业目录和高职专业目录从19大专业类别上看，衔接较为通畅。但中高职专业目录在具体专业的衔接上仍存在问题，需做进一步修订。其修订依据主要从满足社会需求和个人需求两方面来看。在社会层面上，要满足社会对不同层次的技术技能型人才的

[①] 梁丹.我国中高职专业设置的有效衔接——从中高职专业目录设置、实施的角度分析[J].职教通讯,2014(19):30～34.

需求。中等职业教育和高等职业教育单从字面上来看,可以看出其定位于不同层次的职业教育,通过两种不同层次的职业教育培养出的人才,其具备的技术技能的层次也不尽相同。目前,中等职业技术教育定位于培养中级技术技能型人才,高等职业教育定位于培养高级技术技能型人才。随着经济的发展与社会的进步,一方面,社会对不同层次的技术技能型人才各有所需,另一方面,社会对高级技术技能型人才的需求不断增加。在个人层面上,要促进技术技能型人才职业生涯的发展。在终身教育理念的指导下,对职业教育而言,终身教育应使个人具备应对社会经济发展变化的职业能力,为个人的职业生涯发展服务。因此,为满足社会和个人对中高职教育的迫切需求,应逐步加强对中高职专业目录的修订。

(二)把握五年制中高职一体化教育模式下的专业设置定位

五年制中高职一体化教育模式是对中高等职业教育的有机统筹,是对技术技能型人才进行系统化培养的模式。专业建设在五年制中高职一体化教育模式中处于关键地位,也是该职业教育模式的突出特色和生命力所在。因此,针对五年制中高职一体化教育模式以及对技术技能型人才进行系统化培养的特点,在专业设置方面,应定位于各地区的主导行业的相关专业,注意设置专业能力培养要求年龄小、培养时间长,专业技能的掌握要求反复训练、复合型教学内容多的专业。

拓展阅读

德国"双元制"职业教育的专业设置[①]

一、德国"双元制"职业教育的专业设置概况

在了解德国"双元制"职业教育的专业设置前,要明确德国"双元制"职业教育中开设的专业均有明确的职业培养目标。德国职业学校的专业设置以职业分类为导向,具有以从事某一职业为明确培养目标的特性。职业教育的专业即为职业工种,如房地产销售、电工、化学实验员、面包师等。因此,研究德国"双元制"职业教育的专业设置即是研究其培训职业的设置,研究职业设置即是研究企业培训条例的制订。因为企业培训条例包含职业名称。培训条例是"双元制"培训中企业培训的培训大纲,明确规定了职业名称、培训期限、培训的职业描述、培训大纲和考试要求等相关内容,见表1。

表1 德国双元制职业教育培训条例内容

职业培训条例	培训的职业名称	职业教育专业
	培训的期限	通常为3.0~3.5年
	培训的职业描述	该专业学生所应具备的知识及技能等
	培训大纲	具体培训范围
	考试要求	行会考试范围

---

① 高松.德国双元制职业教育专业设置及对我国的启示[J].职业技术教育,2012(19):84~86.

二、德国"双元制"职业教育的专业设置流程

德国联邦职业教育研究所作为德国联邦政府机构,具体负责组织制定及更新"双元制"职业教育的企业培训条例。联邦职教研究所下属的第四部门具体负责制定职业培训的规则制度,如培训条例。第四部门又按照工程技术类职业、商业类职业和其他社会事务职业分成三个下属部门。联邦职业教育研究所负责主持制定培训条例,但培训条例并非由该所独立完成。培训条例的制定要经过多方多次会议共同讨论方可完成。

三、对我国的启示

(一)职业教育专业设置要体现职业教育的特性

与德国"双元制"职业教育专业设置具有明确的职业性相比,我国目前职业教育专业设置通常忽视职业导向性,专业设置趋同于技术教育、普通教育的问题较为明显。职业教育具有其自身发展的特点,明确职业导向性的专业设置对于职业教育发展意义重大。鉴于我国高职本土化的特点,中职或高职可以开设普通教育或技术教育类专业,但是专业设置一定要区别于普通教育和技术教育,如高职开设机械制造与加工专业,或者突出其职业教育性与具体职业挂钩,或者突出其应用性提高学生实践能力培养。

(二)职业教育专业设置要结合本国国情,适应社会经济发展需要

职业教育的专业设置应结合本国国情制定,不能照搬西方模式。职业教育的专业设置要适应社会经济发展的需要,不仅要设置职业教育专业,还应明确其培训类型、培训时间、培训内容等。社会职业的种类很多,技术的种类更多,但是并非所有的职业和技术均需通过三年的学校教育形式的职业培训。

此外,当前社会经济发展迅速,企业对人才的需要也会随着社会经济发展产生不同变化,职业教育的专业设置要及时考虑企业和社会需要,适时适度做出调整,及时更新和淘汰一些老专业。德国的许多企业之所以乐于参与职业教育的一个重要原因在于,企业可以针对本企业的实际需要,开设有针对性的专业,培养适合本企业实际需要的职业技术人才。根据我国国情,专业设置应该重视企业需求,职业学校可以考虑与企业合作培养学员。这样既给学员提供了实践机会,同时又解决了就业问题。同时,国家还应制定严格的职业资格准入制度,以使职业教育充分发挥其特性和价值。

(三)职业教育专业设置具有专业性,要有严格的规范和相对稳定性

职业教育的专业设置需要专业人员,结合职业特点和社会需要遵循严格的规范来制定。负责组织和制定德国职业学校专业设置的德国联邦职业教育研究所成立于1970年,现有600多名员工,拥有一大批长期从事职业教育研究的专家学者。即便如此,职业教育专业设置仍要组织雇主、雇员、行会、教育研究部门等多部门经过企业申请、专家讨论、制定规章、颁布法律等多个环节才最终确定。一个专业的设置需要两年左右的时间方可完成,这不仅体现了德国人的严谨性,而且检验了新专业设置的合理性。因为专业设置要具有长远规划,要能满足学生、专业、学校可持续发展的需要,要具有相对稳定性。

【思考题】

1. 专业是什么？职业又是什么？专业和职业有什么联系和区别？
2. 请简要论述我国目前的职业教育专业设置情况。
3. 职业教育专业设置需要把握哪些原则？有哪些要求？
4. 职业教育专业设置的程序是什么？职业教育专业设置主要有哪些方法？

第五章

职业教育课程论

学习目标

1. 明确课程的含义,掌握职业教育课程的内涵;
2. 识记职业教育主要的课程模式;
3. 熟悉职业教育不同课程模式的特征和属性;
4. 认识和了解职业教育校本课程的开发过程;
5. 把握职业教育课程改革的趋势。

职业教育课程论,是探讨研究职业教育课程理论与实践的一门学科,涉及职业教育课程的基本原理、课程模式、课程开发以及一系列课程改革等。[1]

第一节 职业教育课程的内涵

课程作为联结学校各要素的纽带,通常被认为是教育活动的核心环节。[2] 它是在学校教育中实现培养目标的主要载体,涵盖了学校教育各级培养目标所具有的知识、经验、技能和态度等诸多要素。因此,课程在学校教育中处于核心地位,起着统领整个教学过程的作用。

职业教育课程论,是关于职业教育课程的学问。在职业教育研究领域,职业教育课程是使用最多的概念之一,也是含义最复杂、歧义最多的概念之一。要研究职业教育课程论,必须对职业教育课程的相关概念有一个基本的认识。[3]

---

[1] 胡迎春主编.职业教育教学法[M].上海:华东师范大学出版社,2010:2.
[2] 徐国庆著.职业教育课程论[M].上海:华东师范大学出版社,2008:1.
[3] 朱德全,张家琼主编.职业教育课程与教学论[M].重庆:西南师范大学出版社,2010:3.

一、课程的涵义[1]

《教育大辞典》中关于"课程"的界定是:"为实现学校教育目标而选择的教育内容的称谓。"

在我国,"课程"一词始见于唐代。孔颖达在《五经正义》里为"奕奕寝庙,君子作之"句注疏:"教护课程,必君子监之,乃得依法制也。"宋朱熹在《朱子全书·论学》中亦有"宽着期限,紧着课程","小立课程,大作功夫"等句。这里的课程含有学习的范围、进程、计划的程式之义。西方课程(curriculum)一词源于拉丁文 currcle,即 race course,意为"跑到"或"民族经验",即将民族先辈的经验,选择后传给下一代,使其通过学习达到一定的社会要求。英国教育家斯宾塞在《什么知识最有价值》一文中最早使用"curriculum"一词,意为"教学内容的系统组织"。[2]

美国学者奥利弗把"课程"的不同界定按照从广义到狭义的顺序,列出七种解释:

(1) 儿童所具有的全部经验;
(2) 在学校指导下学生所经历的全部经验;
(3) 由学校提供的全部学程;
(4) 对某种学程的系统安排;
(5) 在特定学科领域内所提供的学程;
(6) 学校中的某项专业教学计划;
(7) 个体所修习的科目。

我国学者对课程的定义,可归纳为三种:

(1) "学科"说,认为课程有广义、狭义之分,广义指所有学科的总和或学生在教师指导下各种活动的总和,狭义指一门学科;
(2) "进程"说,认为课程是一定学科有目的有计划的教学进程,不仅包括教学内容、教学时数和顺序安排,还包括规定学生必须具有的知识、能力、品德等的阶段性发展要求;
(3) "教学内容"说或"总和"说,将列入教学计划的各门学科和它们在教学计划中的地位、开设顺序等总称为课程。

对课程的定义,大体是从三个标准考虑的:一是计划水准(意图、记述、文件等);二是实施水准(儿童实际的学习内容与学习经验);三是结果水准(计划中所期待的结果)。其中,注重实施水准的课程观被广泛接受。

二、职业教育课程的特征

有学者认为,课程是对学校教育内容、标准和进程的总体安排与初步设计。[3] 既然课程是教学内容及其进程的总和,那么职业教育的课程就不仅包括所有理论教学的内容,而且包括职业学校、企业及其他机构实施的实践教学活动。所以,职业教育课程是职业教育机

---

[1] 顾明远主编.教育大辞典(增订合编本上)[M].上海:上海教育出版社,1998:892.
[2] 马建富主编.职业教育学[M].上海:华东师范大学出版社,2008:77.
[3] 刘要悟.试析课程论与教学论的关系[J].教育研究,1996(4):12.

构教学计划、教学大纲及教材所规定的全部教学内容和全部教学活动的总和。①

关于职业教育课程的特征,美国职业教育研究者 Curtis R. Finch 和 John R. Crunkilton 归纳为三点:②

第一,定向性(Orientation)——面向生产或就业,其终极目标不仅是提高学生的课程成绩,而且是在工作中应用所学知识与技术。这样就把职业教育课程定向于生产过程以及其产品。这里的"生产过程"亦即学校设计的经验和活动,"产品"也就是这些经验和活动的结果。

第二,适应性(Justification)——基于特定地区的特定职业需求。

第三,针对性(Focus)——直接帮助学生形成广泛的知识、技能和良好的态度与价值观,增强学生的就业能力。

在国内,教育部职业技术教育中心研究所研究员姜大源将职业教育的特征归纳为三个方面:③

(一)定向性

职业教育的课程目标,具有定向性的特征。这一定向性表现在职业教育的培养目标是生产第一线的从事操作、服务和管理的应用型人才。必须针对这一培养目标,根据各个职业领域的基本活动来确立课程标准,使学生掌握必需的操作技能、服务技能以及管理能力等。受地区性经济发展的不平衡性的影响,加之各行各业自身的差异性,使得职业教育课程还必须具有不同地区与行业的定向性。

(二)应用性

职业教育的课程内容,具有应用性的特征。这一应用性表现在职业教育课程的内容应紧密联系职业实践,所传授的技能和知识能在生产、服务或管理工作中直接应用。

(三)整体性

职业教育课程的实施和评价,具有整体性的特征。这一整体性表现在职业教育的课程实施致力于构建一种整体的学习。传统职业教育的课程实施是一个只有观察、思考或者行动的开放性系统,而现代职业教育则力图构建一个包括课程评价在内的封闭式的教学系统。这表明课程的实施和评价以及学生相应的学习过程应该是一个包括观察、思考、行动和反馈的整体系统。

由此,我们可以看出,与普通教育的课程相比,职业教育课程的"定向性"特征是其最主要、最具显著性的特点。这是因为,与普通教育提供通识教育不同,职业教育是专业教育,是以就业为导向的教育。

---

① 姜大源著.职业教育学研究新论[M].北京:教育科学出版社,2007:119.
② 黄艳芳主编.职业教育课程与教学论[M].北京:北京师范大学出版社,2010:3.
③ 姜大源.论职业教育课程的基本特征与课程观[J].课程·教材·教法,1997(8):11~15.

表5-1 职业教育课程与普通教育课程的区别①

	职业教育	普通教育
课程目标	具体	一般化
课程内容	重点传授实践性技术知识	注重传授科学知识
课程实施	通过能力培养来理解知识点	按照知识点的积累形成能力
课程评价	具有客观标准	有较多的评价标准
课程实施场所	现场经验多	现场经验有限
课程实施结果	能力本位的,产出规则、程序等	知识本位的,产出知识点

拓展阅读

职业教育课程的学科话语与实践话语[②]

我国职业教育课程正处于模式转换的重要阶段,即从根深蒂固的、传统的以学科课程为主体的课程模式,转向以项目课程或任务引领型课程为主体的课程模式。伴随着实践层面的模式转换,学术层面的话语争论一直存在着。一方是恋恋不舍的学科话语,一方是坚决的实践话语。那么,为什么要转换课程模式,这一争论的思想基础是什么,转换仅仅是表层的,还是深刻的社会思维模式的转换,厘清这些问题对于理解新一轮职业教育课程改革的实质具有重要意义。

一、学科话语与实践话语的争论

早在20世纪90年代初,随着双元制、CBE(能力本位教育)等在我国的广泛传播,职业教育课程领域学科话语与实践话语的争论就开始了。进入21世纪,二者争论的焦点有了转换,对职业教育课程理论的探讨也向前迈进了一步。

(一)基于"数量"的早期争论

职业教育课程的学科话语与实践话语的早期争论源于CBE在我国的广泛传播。20世纪90年代初,CBE被引入我国,其核心思想是把职业岗位的工作任务表作为课程的首要资源,强调根据学生会做什么,而不是知道什么来陈述课程目标,并应用标准参照测验测量任务完成情况,这与学科化的职业教育课程思想是完全不同的。这一新鲜思想激起了职教界的广泛兴趣,并由此掀起了介绍、研究CBE的热潮。

这一时期学科话语与实践话语争论的特征可用"数量"来概括,即关注的焦点主要是理论课程与实践课程课时比例的多与少。也就是说,其分歧是应当让学生多学些理论知识,还是多些机会进行实际操作。进入21世纪,看似同样的主题,其内涵却悄然发生了变化。

(二)基于"逻辑"的当前争论

在早期讨论中,已有研究者开始意识到,传统职业教育课程的问题不仅仅是文化课程或专业理论课程太多,更重要的是理论课程与实践课程的"两张皮"现象。但是,当时并未就这一问题进行深入探讨,而是把精力主要放在了如何增加实践课时上。世纪之交,学科

---

① 黄艳芳主编.职业教育课程与教学论[M].北京:北京师范大学出版社,2010:5.
② 徐国庆.职业教育课程的学科话语与实践话语[J].教育研究,2007(1):51~55.

话语与实践话语的争论形态开始发生了质的转换,即转向按照何种逻辑设置课程与组织课程内容这一实质问题上来,从而揭开了解读职业教育课程实践性的理论新范式。

这一时期学科话语与实践话语的争论已实现了从"数量"到"逻辑"的转换。当然,与前一时期一样,这一时期的学科话语也从来没有停止过,对项目课程的疑虑以及对学科课程价值的认可仍然广泛存在,认为"行动体系试图把当代职业教育课程带入一个新的境界,但它本身似乎先陷入了某种窘境之中"。这些研究对于过分强调"学生只要会做就行"的观点来说不失为有价值的提醒,但它们似乎并没有完全清楚工作过程导向或实践导向思想的内涵。

尽管在学术领域实践话语占据了主导,在实践领域却是学科话语占据着主体。课程模式转换仍然非常困难,其原因比较复杂,如实践导向课程体系开发和实施的难度较大,教师已习惯了传统课程模式等。除了这些原因外,其所依据的当代思想基础也是不可忽视的因素,并且课程研究者需要关注的恰恰正是这些因素。事实上,我国职业院校的办学条件较五年前已有了很大改善,而许多教师尽管在认识上接受了新课程理念,也非常希望能够实现课程模式的转变,但在课程实践中,如教材编写、课堂教学,所延续的仍然是学科话语体系。其理念与行动处于明显的矛盾之中,这是个非常令人困惑的现象。

二、学科话语的当代思想基础及解构

职业教育的学科话语在当代有着非常深刻的思想基础,因此,要彻底解构学科话语,必须进一步探讨学科话语所依赖的当代思想基础。

(一)终身教育理论与学科话语

学科话语支持者援引最多的依据就是终身教育理论。他们认为当代教育的主要目标应当是如何使学生学会适应不断变化的社会,而这就必须加强普通文化课程与专业基础理论课程的学习。这一理论反映了多元时代人们对确定性的渴求,希望在教育中追求一种稳定的结构。

终身教育理论的目标并没有错,其错误在于我们往往把目标当成了过程,在于把"终身发展"与"终身考试"简单地等同起来,以致终身教育理论成了学科话语的重要支柱。

(二)技术的科学应用论与学科话语

职业是载体、技术是内容,应当把它们共同看作职业教育理论的逻辑起点。从技术的角度看,要真正确立职业教育课程的实践话语体系,必须回答两个问题:(1)技术知识是科学理论的附庸,还是一个独立的体系?(2)技术知识是一个有教育价值的体系还是无足轻重的体系?如果技术知识只是科学理论的附庸,或者说技术知识并无教育价值,那么学科话语就有坚实的理论基础,甚至会有学者"主张彻底取消职业教育,因为职业教育传授的技能很容易在就业过程中自然习得",而这就涉及技术与科学关系的正确定位。

许多人认为,我们正在享受的是科学的成就,而不是技术的成就。这种"有科无技"的观点,这种贫瘠的技术文化,必然在职业教育课程中排斥实践话语,从而确立起学科话语的绝对统治地位。

(三)认知理论与学科话语

认知理论是第二次世界大战以来的主流心理学理论,它克服了行为主义只关注人的行为的弊端,把人的内部认知心理结构放到了研究的核心地位,不仅揭开了这一"黑箱"的许多秘密,而且改变了行为主义对人的基本假设,承认了人是有着复杂内部心理结构的高级动物。应当说,认知理论作为一个心理学流派,在其范式下进行的这些研究是非常有价值的,但学术流派对研究角度的偏爱与实践领域对完整性期待的矛盾,使得认知理论仍然扭曲了人们关于知识与行动、理论与实践关系的认识,即把"认知"放到了前所未有的重要地位,忽视了认知与情境的联系的重要性。

当代许多理论对学科话语的支持其实是无意识的,只是人们对这些理论的理解存在偏差所致。因而学科话语的主宰地位其实并无坚实的理论根基,这就为在职业教育课程中重构实践话语埋下了伏笔。

三、实践话语理论基础的重构

确立实践话语在职业教育课程中的核心地位的理论基础是什么?职业教育课程为什么要摆脱理论到实践的演绎框架,遵循实践逻辑?这是解构学科话语后,建构实践话语首先必须回答的问题。但是,尽管我们一直在批评"教室里教种田,黑板上教修机器"这种现象,但要从理论上说明实践的重要性并不容易,而要论证实践在职业教育课程中的逻辑主线地位就更困难了。笔者认为,传统职业教育课程往往从理论与实践、终身教育等宏观理论中去寻找其理论基础,这正是问题之所在,因为以内容与方法为研究对象的课程,其真正的理论基础应当是知识论和学习论这些微观理论。只有这些理论才能够具体地告诉我们,这些课程内容是属于什么性质的知识,这种性质的知识需要什么样的学习方式,为了激发这种学习方式需要什么样的课程模式。因此,职业教育课程从学科话语到实践话语的转换,实际上意味着思考课程问题的思维方式的转换。笔者试从工作体系理论、知识的工作结构表征理论和建构主义学习理论三个维度,重构职业教育课程的实践话语体系。

(一)工作体系理论与实践话语

确立实践话语的首要理论依据是学科体系与工作体系的二元状态。学科体系指知识按照其内在逻辑关系进行分类和组织所形成的符号体系,工作体系指工作任务按照其内在逻辑关系进行分类和组织所形成的实践体系,它是人类为了有效地进行生产和服务活动所设计的劳动过程。尽管现代知识已不再仅仅是学者形而上学式争论的工具,它已在工作过程中得到了广泛应用,理论与实践的鸿沟正在得到弥合,但是学科体系与工作体系的二元状态仍然很明显。

(二)知识的工作结构表征理论与实践话语

学科知识在具体实践中的应用并非简单的演绎过程,也并非知识的简单移植,而是同时伴随着知识性质的变化,即从原来具有"普通性"的知识变为具有"职业性"的知识。知识的职业性理论要求在职业教育课程中,打破以往仅仅关注"知识点"的观念,引入结构观念。正如萨曲威尔所说:"专家的领域知识越多,组织得越好,越能理解技术体系是如何运作的,所获得的问题解决能力也越强",这就为在逻辑层面确立实践话语的主体地位奠定了重要理论基础。

(三)建构主义学习理论与实践话语

职业教育课程实践话语并不完全否定学科课程的价值,事实上,学科课程在作为"符号行动者"的学者培养中非常重要,不接受系统的理论训练就不可能成为学者。但是,我们不能按照学术教育的规律来设计职业教育课程。课程模式选择应以其对象的学习特点为依据,这是职业教育课程实践话语的基本观点。

第二节　职业教育的课程模式

《教育大辞典》中关于"课程模式"有两种类型：课程发展模式和课程理论模式。其中，课程发展模式是指在课程发展过程中，根据某种思想和理论，选择和组织教学内容、教学方法、教学管理手段，以及制定教学评价原则而形成的一种形式系统。不同的课程模式有不同的教育哲学和心理学基础，代表不同的课程组织结构和教学过程，反映课程与相关领域间的不同关系。[①]

不同国家的职业教育因其历史的发展态势和现实的发展条件的不同，各自的发展呈现出较大的差异。而纵观现代发达国家的职业教育，无不显示出其鲜明的发展特色。了解世界主要发达国家的课程模式，把握其改革与发展的趋势和规律，认真而虚心地学习其先进经验，将为我国职业教育的进一步发展提供实质性的、可靠的借鉴。

近现代世界职业教育课程发展的模式主要有：俄罗斯制、学科式课程模式、能力本位课程模式、模块式技能组合课程模式、核心阶梯课程模式、行动导向课程模式、职业群集课程模式、实践导向课程模式、"宽基础、活模块"课程模式、工读交替的"三明治"课程模式等。下面将对这些课程模式的发展概况一一进行分析。

一、俄罗斯制[②]

工业大革命的迅速发展使得从中世纪发展而来的学徒制已经不能满足工业发展对大量廉价劳动力的需求。于是，学徒制的发展便逐渐衰败。一种有系统性的、有别于学徒培训的职业教育课程呼之欲出。1868年，莫斯科帝国技术学校校长德拉·奥斯创立了俄罗斯制，采取对工艺过程进行分割的方法设计课程，并对学生集体授课，开创了在学校实施职业教育的模式。

分解技术和班级授课是俄罗斯制最突出的两个特征。它抛弃了古代学徒制中学徒们通过模仿师傅来学习技术的方法，通过对生产技术的分析，把生产过程分解为几个要素，以此来制订相应的课程计划，并指导学生通过工厂实习掌握这些技术。基于此，德拉·奥斯分别在木工、铁匠和车工等行业建立了实习工厂，按照逻辑顺序和技术难度进行授课。"事实证明，把技术加以分解并且排列成教学程序是可行的；只要具备适当的设施，一个教师可以同时向很多学生传授技术。"[③]

俄罗斯制为在学校实施职业教育，进行大规模地培养技术人才提供了操作路径，在职业教育史上具有划时代的意义。在19世纪后期，先后通过在彼得堡、维也纳、费城、巴黎、芝加哥等地举办的博览会在俄国国内和欧美各国推广和传播，对世界各国职业教育的发展

---

① 顾明远主编.教育大辞典(增订合编本上)[M].上海：上海教育出版社，1998：898.
② 徐国庆著.职业教育课程论[M].上海：华东师范大学出版社，2008：30～31.
③ 细谷俊夫著.肇永和，王立精译.技术教育概论[M].北京：清华大学出版社，1984：57.

都起到了巨大的推动作用。

二、学科式课程模式[1]

学科式课程模式又叫单科分段式课程模式,是传统课堂教学的一种经典模式。我国高等职业教育90%以上的学校其专业课程设置采用的是学科式或准学科式课程模式。它是指针对某一特定职业或工作岗位的需求,以学科为中心进行的课程编制构想。在职业教育的具体操作层面,单科分段式课程需要解决两大问题,一是"分科"问题,二是"分段"问题。关于分科,无论是中职院校还是高职院校都基于"公共课"和"专业课"两大类学科进行分科设置。[2] 关于分段,单科分段式课程的基本机构为三段式结构,即文化基础课、专业理论课和实践课。结构如下图所示:

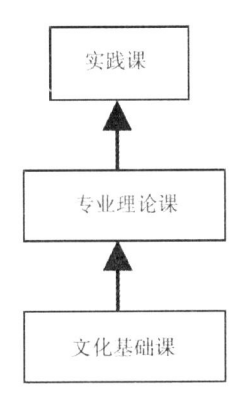

```
        ┌──────────┐
        │  实践课  │
        └──────────┘
              ↑
        ┌──────────┐
        │ 专业理论课│
        └──────────┘
              ↑
        ┌──────────┐
        │ 文化基础课│
        └──────────┘
```

图 5-1　"三段式"课程的基本结构[3]

"三段式"课程模式在我国职业教育课程模式中占主导地位,它注重学科体系的完整性,关注学科基础理论。在教学上循序渐进,课程安排上力量集中,有利于知识的传授。但是,作为学科式课程模式典型代表的"三段式"课程模式,具有明显的学科中心倾向,一定程度上忽视了各学科知识在实际运用中的整体性,学生难以灵活运用综合知识,无法在工作岗位上解决所遇到的实际问题,容易造成理论与实践相脱节。而且,在技能培训方面没有形成完整的体系,学生的动手能力普遍欠佳。

三、能力本位课程模式[4]

能力本位课程模式(Competency-based Education)简称CBE课程模式,产生于20世纪60年代的美国,一般认为是学科式课程模式失败的产物。它是以能力为基础的教育,以胜任岗位要求为出发点,重视学生的能力训练,理论知识以"必需"和"够用"为度,教学上强

---

[1] 李修清,罗国湘.关于高等职业技术教育课程模式的评价与思考[J].桂林航天工业高等专科学校学报,2006(1):3~4.
[2] 朱德全,张家琼主编.职业教育课程与教学论[M].重庆:西南师范大学出版社,2010:68.
[3] 马建富主编.职业教育学[M].上海:华东师范大学出版社,2008:83.
[4] 徐国庆著.职业教育课程论[M].上海:华东师范大学出版社,2008:36~43.

调学生的主体作用。[1]

　　能力本位课程模式在发展过程中形成了以 DACUM(Developing A Curriculum)为核心的课程开发技术。"DACUM"是由一个专业委员会负责实施的。这个委员会的成员由在某一职业岗位上长期工作、经验丰富的优秀从业人员、课程专家、学科专家、教师等组成，他们来自该职业有代表性的产业，其总体业务范围要宽到足以覆盖某一职业的主要范畴。其课程开发的程序如下：首先，将一种职业目标从工作职责和工作任务两个层次进行分析，分别得出综合能力和专项能力。通常一种能力可分解为8～12项综合能力，每项综合能力包含6～30个专项能力。对每个专项能力进行具体详尽的说明。然后，再由学校负责制订课程计划的学科专家、课程专家与经验丰富的教师，对各项细分过的专项能力所需要的知识、技能、态度等进行分析、融合，按照难易程度及逻辑关系，考虑它们在实际工作中出现的频率及重要程度，加以系统组织排列，形成若干个课程模块。最后把这些课程模块按一定的方式进行排列，最终获得某一职业或岗位完整的课程体系。其职业分析如下图所示。

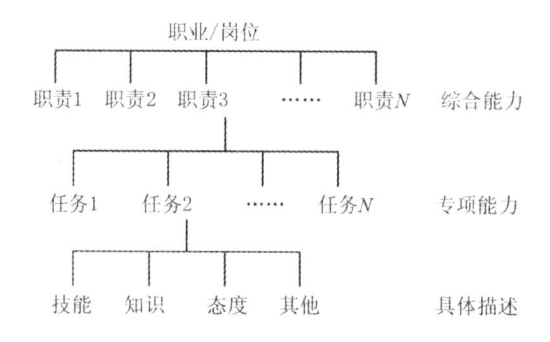

图 5-2　职业/岗位分析[2]

　　能力本位课程模式于20世纪60年代后期传到加拿大，80年代中后期又逐渐推广到欧洲、亚洲、澳洲等国家和地区，对职业教育与培训产生了深远的影响。1991年10月，中国—加拿大高中后职业技术教育合作项目(CCCLP)在成都举办了中国第一次DACUM讲习班，将CBE课程模式和教育思想正式介绍到了中国，引发了20世纪90年代全国范围内的CBE课程研究与实践热潮。

　　能力本位课程模式的课程开发以岗位职业能力为依据，学习目标关注学生的具体行为表现，教学过程根据学生的具体情况来确定学习进度，尊重了学生的主体性，充分发挥了学生的主体作用。但是，它的能力分析是从行为主义的思路出发，把职业能力分解为一些细小的任务和要素，这种方法对于一些非技能型的能力，是难以进行分析的，而且在当今社会，以胜任一种工作岗位为要求的课程开发，很难适应劳动力市场的变化，毕业生的社会适应性受到限制；同时，这种课程模式的知识体系比较零碎，不利于学生的继续学习，而且它对师资水平要求较高，所需投入很大。

---

[1] 李修清,罗国湘.关于高等职业技术教育课程模式的评价与思考[J].桂林航天工业高等专科学校学报,2006(1):3.

[2] 马建富主编.职业教育学[M].上海:华东师范大学出版社,2008:84.

四、模块式技能组合课程模式[①]

模块式技能组合课程模式（Modules of Employable Skill）简称 MES 课程模式，是 20 世纪 70 年代初由国际劳工组织（ILO）的 70 多名职业技术培训专家经过 14 年的努力开发出来的课程模式。

MES 课程是一个严密而复杂的系统，其内含概念的相互关系。如下图所示：

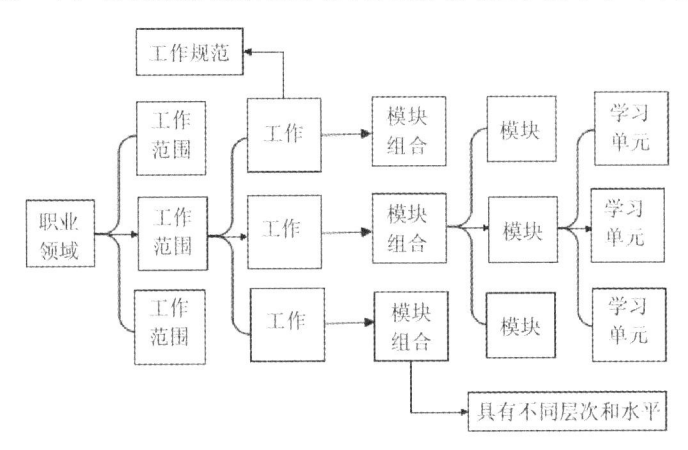

图 5－3　MES 课程概念图[②]

MES 以每一个具体职业或岗位建立岗位工作描述表的方式，确定出该职业或岗位应该具备的全部职能，再把这些职能划分成各个不同的工作任务，以每项工作任务作为一个模块。该职业或岗位应完成的全部工作就由若干模块组合而成，根据每个模块实际需要，确定出完成该模块工作所需的全部知识和技能，每个单项的知识和技能称为一个学习单元。由此得出该职业或岗位 MES 培训的、用模块和学习单元表示的培训大纲和培训内容，因此而建立起了以职业岗位（群）需求为体系的新的培训模式。[③]

模块式技能组合课程模式运用"模块组合"的设计思想，使其具有很大的弹性和个性，学习者可以自由地选择不同的模块组合，因此它非常适合进行岗前培训与继续教育。但是它并不适合于正规的职业学校教育，因为它无法使学生掌握系统的知识，不利于人的持续发展。

五、核心阶梯课程模式[④]

核心阶梯课程模式又叫"双元制"课程模式，其发展以德国为典型代表。"双元制"当中，一元是指职业学校，主要传授职业专业知识；另一元是指企业，主要为职业学校学生提供实习培训。企业培训在"双元制"中居主导地位。

[①] 朱德全，张家琼主编.职业教育课程与教学论[M].重庆：西南师范大学出版社，2010：72～74.
[②] 徐国庆著.职业教育课程论[M].上海：华东师范大学出版社，2008：33.
[③] 黄艳芳主编.职业教育课程与教学论[M].北京：北京师范大学出版社，2010：12.
[④] 李修清，罗国湘.关于高等职业技术教育课程模式的评价与思考[J].桂林航天工业高等专科学校学报，2006（1）：4.

核心阶梯课程的理论采用综合科的方法,以职业实践活动为中心,将与培训有关的专业知识、专业基础知识以及文化基础知识加以综合,不强调各学科知识的系统性和完整性,而是着重于整体能力的培养,具有广泛性、融合性和实用性等特点。可分普通课和专业课两部分,普通课融于专业课中。其专业课的课程结构如下图所示:

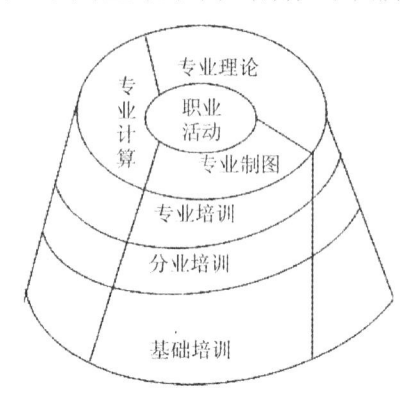

图5—4 核心阶梯课程模式[1]

参加"双元制"培训的学生具有双重身份,每周3~4天在企业学习时是学徒,1~2天在学校学习时是学生。[2] 其主要特点是让学生一面在企业接受职业技能训练,一面在职业学校里学习专业理论以及普通文化课程。以企业培训为主、学校学习和企业培训相结合的方式,有利于专深型人才的培养,满足了以中高端制造业为主的德国产业结构对人才的现实需求,对保持德国在国际上的影响力和竞争性起了重要作用,被人们称为德国职业教育的"秘密武器"。

六、行动导向课程模式[3]

行动导向课程模式,亦即学习领域课程模式,源于20世纪末德国对"双元制"的改革。1996年,德国根据新时期企业对技术工人的要求,开始对传统的"双元制"课程模式进行改革,将"学习领域"的概念引入到职业教育课程当中。所谓的"学习领域",它是以某一个职业领域所需要的一些特定的工作任务来作为某门课程划分的依据,通过这些相互关联的课程的学习,学生可以获得某一职业的从业能力和资格,并能够顺利就业。[4]

一个"学习领域"的组成包括学习目标、学习内容和学习时间三个部分。一般来说,每个职业教育专业的课程由10至20个"学习领域"组成。"学习领域"课程方案的核心成果是,在内容上摒弃了学科体系的束缚,紧紧围绕职业活动的要求对课程内容进行重组。其主要特征表现在四个方面:(1)以构建理论作为教育理论的基础;(2)以能力本位定向课程

---

[1] 马建富主编.职业教育学[M].上海:华东师范大学出版社,2008:85.
[2] 朱德全,张家琼主编.职业教育课程与教学论[M].重庆:西南师范大学出版社,2010:69.
[3] 徐国庆著.职业教育课程论[M].上海:华东师范大学出版社,2008:43~51.
[4] 黄艳芳主编.职业教育课程与教学论[M].北京:北京师范大学出版社,2010:13.

的内容;(3)以行动导向作为教学实施的原则;(4)以职业学校作为开发实施的主体。[1]

学习领域课程开发的基础是职业工作过程,是由与该专业相关的职业活动体系中的全部职业行动领域导出学习领域并通过适合教学的学习情境使其具体化的过程,可以简述为"行动领域——学习领域——学习情境"。学习领域的最大特征在于不是通过学科体系而是通过整体、连续的"行动"过程来学习。与专业紧密相关的职业情境成为确定课程内容的决定性的参照系。其基本思路和相互关系见下图:

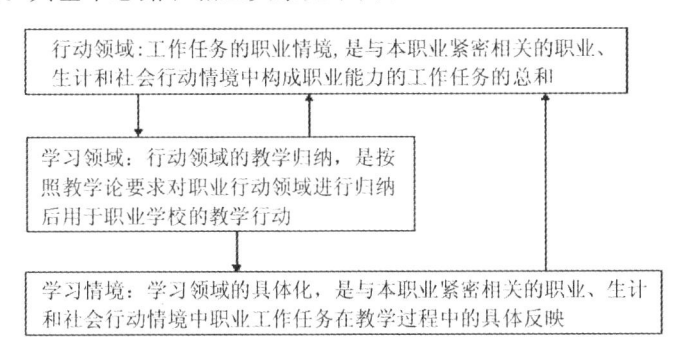

```
┌─────────────────────────────────────────────────┐
│ 行动领域:工作任务的职业情境,是与本职业紧密相关的职业、│
│ 生计和社会行动情境中构成职业能力的工作任务的总和    │
└─────────────────────────────────────────────────┘
           ↕
┌─────────────────────────────────────────────────┐
│ 学习领域:行动领域的教学归纳,是按                  │
│ 照教学论要求对职业行动领域进行归纳                 │
│ 后用于职业学校的教学行动                          │
└─────────────────────────────────────────────────┘
           ↕
┌─────────────────────────────────────────────────┐
│ 学习情境:学习领域的具体化,是与本职业紧密相关的职业、生计│
│ 和社会行动情境中职业工作任务在教学过程中的具体反映   │
└─────────────────────────────────────────────────┘
```

图 5-5 学习领域课程开发思路[2]

行动导向课程模式以职业领域为依据来设置课程的门类和内容,而不是按照学科知识的结构来划分课程门类,这有效地解决了传统的"双元制"中职学校的教学与企业的职业培训相脱离的弊端。

七、职业群集课程模式[3]

职业群集课程模式兴起于 20 世纪 60 年代的美国,由马里兰大学工业教育系主任梅烈博士倡导和创设。[4] 群集式课程是在分析职业群中最基本的共同基础理论和基本技能,通过对这些共同要素的学习掌握,进而发生迁移,从而使学习者能够比较容易地进行群集内各职业工种的学习。

它是为了适应现代社会工作变更频率加快这一趋势而产生的,其主要目的在于让未来的从业人员获得较为宽泛的基本就业技能,以便在某一职群的相关职业上能够自由地选择就业,或者在进入某一特定职业后仍具有灵活的转换工作的能力。这不仅可以满足科技快速发展和职业领域不断变化的需要,还能满足个人职业生涯发展的需要。[5]

职业群集课程内容的安排,大致可以分为职业初探和职业定向两个阶段。课程结构安排有三种形式:①平行式。学习期间始终轮流学习数种职业所需的知识和技能。②双层式。第一年学习数个职业,后两年专精于某个职业的学习。③金字塔式。先广后精,开始

---

[1] 马建富主编.职业教育学[M].上海:华东师范大学出版社,2008:85~86.
[2] 姜大源主编.当代德国职业教育主流教学思想研究[M].北京:清华大学出版社,2007:159.
[3] 朱德全,张家琼主编.职业教育课程与教学论[M].重庆:西南师范大学出版社,2010:74~76.
[4] 吕红,朱德全.高等职业教育集群式课程模式与课程开发[C].2007 年职业教育国际研讨会论文集,372.
[5] 马建富主编.职业教育学[M].上海:华东师范大学出版社,2008:86.

时学习广泛的基础技能,之后根据自己的能力和兴趣,逐渐缩小到学习单一行业的内容。[1]

集群式课程模式以就业需要和学生生涯发展为出发点,它克服了原有学科知识上的分科系统性和独立性,以职业岗位需求、学生能力、生涯发展为目标;注重理论与实践的统一,使学生在就业中具有较好的适应能力,因此具有较宽的就业面,转业也比较容易。但是,它对授课教师和课程安排的要求很高,具有集群难、学科多、教授难等特点,所以在实际的运行中难以有效地把握。

八、实践导向课程模式[2]

实践导向课程模式是我国职业教育工作者目前正在积极探索的一种课程模式,如上海的任务引领型课程、江苏的项目课程等。下面简要介绍一下两种课程的发展概况。

(一) 任务引领型课程[3]

所谓任务引领型课程,是以工作任务为中心来组织课程教学,课程的知识点、能力培养和技能训练的要素均在对工作任务的认识和体验、工作任务的实施过程及对任务实施过程的考核中加以体现和完成。[4] 它不同于以学科边界进行课程设置并按照知识本身的逻辑体系选择和组织内容的学科课程。

任务引领型课程具有任务引领、产品(服务)驱动、目标具体、内容实用、做学一体、以学生为中心等基本特征,其基本原则有:科学性与能力本位相结合、校企结合、实用性与全面性相结合以及选择性与发展性相结合等[5]。

与传统的学生被动接受式学习、以学科课程为主的三段式课程模式相比,任务引领型课程更强调学以致用、在做中学、行为导向教学法和企业的评价标准等。

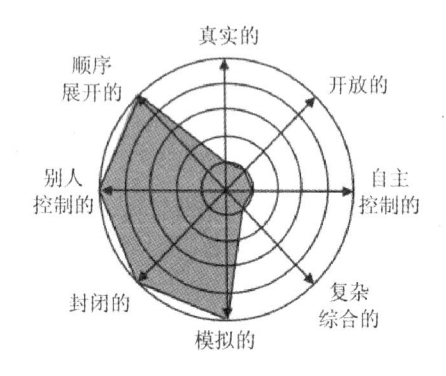

图 5-6 传统三段式课程模式特征图 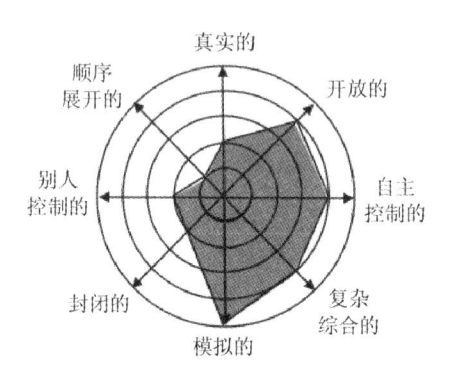　　图 5-7 任务引领型课程模式特征图[6]

---

[1] 江山野编译.简明国际教育百科全书·课程卷[M].北京:教育科学出版社,1991:253.
[2] 马建富主编.职业教育学[M].上海:华东师范大学出版社,2008:88~89.
[3] 宣以麟.任务引领型课程模式探究[J].上海教育科研,2006(10):66~67.
[4] 刘骋.任务引领型课程开发探析[J].武汉职业技术学院学报,2008(4):41.
[5] 赵晓雨,刘朝禄,刘灿国.任务引领型课程的建设与思考[J].职业技术教育,2009(35):12.
[6] 宣以麟.任务引领型课程模式探究[J].上海教育科研,2006(10):66.

(二) 项目课程[①]

通常认为,项目课程始于克伯屈,并且始于普通教育。但是根据克诺(M. Knoll)的研究,项目课程是始于职业教育,并且可追溯到17和18世纪,与自然科学家的实验和法学家的案例研究属于同一类型的课程模式。在当前而言,项目课程是职业教育课程发展的基本方向,对于彻底打破以学科课程为主体的三段式课程模式,建立起富有职业特色、能有效培养学生职业能力的课程模式具有重要意义。

职业教育项目课程是指以工作任务为中心选择组织课程内容,并以完成工作任务为主要学习方式的课程模式,其目的在于加强课程内容与工作之间的相关性,整合理论与实践,提高学生职业能力培养的效率。[②] 它具有开发主体多元化、课程结构模块化、课程内容综合化、课程实施一体化以及课程评价开放化等基本特征。[③]

项目课程改革最坚实的理论基础应当是职业教育课程的结构观。课程结构是影响学生职业能力形成的重要变量。课程作为沟通个体与社会的桥梁,其结构不可能来自课程本身,而只能来自外部世界。就学术教育和职业教育而言,其课程有两个基本出发点,即学科体系和工作体系,与前者相联系的课程旨在把个体导向学科体系,培养学术型人才;与后者相联系的课程旨在把个体导向工作体系,培养应用型人才。具体如下图所示:

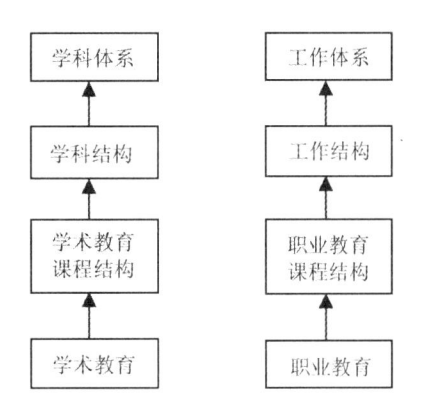

图5—8 学科体系、工作体系及其课程结构[④]

在开发设计当中,项目课程采用什么样的结构,要根据具体情况来确定。项目课程的结构模式主要有以下几种:递进式、网络式、套筒式、分解式、并列式。具体如下图所示:

[①] 徐国庆.职业教育项目课程的内涵、原理与开发[J].职业技术教育,2008(19):5~11.
[②] 蒋庆斌,徐国庆.基于工作任务的职业教育项目课程研究[J].职业技术教育,2005(22):47.
[③] 郝超,蒋庆斌.试论高职教育项目课程的基本内涵[J].中国高教研究,2007(7):60.
[④] 蒋庆斌,徐国庆.基于工作任务的职业教育项目课程研究[J].职业技术教育,2005(22):48.

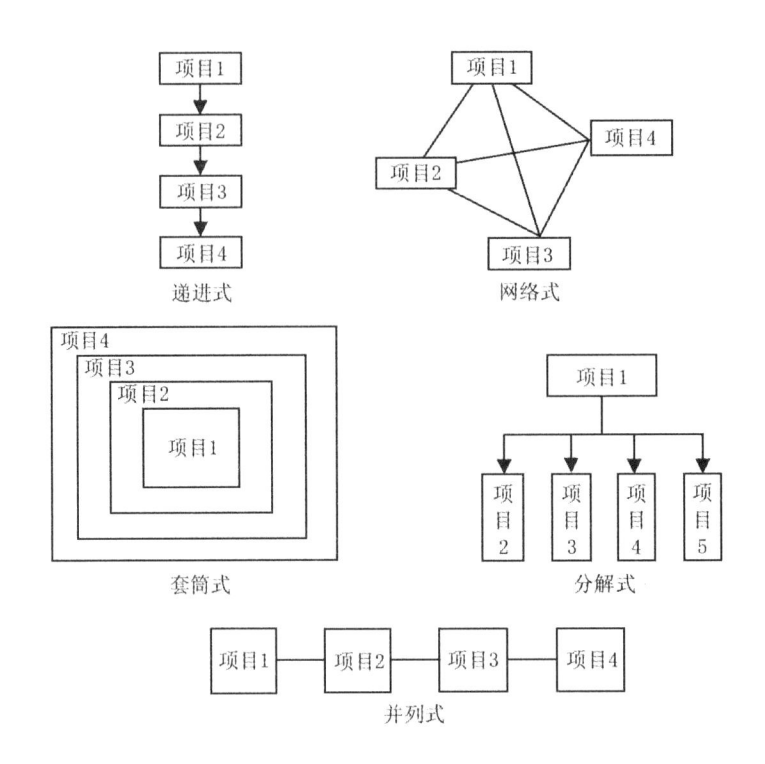

图 5-9 项目课程结构的主要模式①

根据上述内容可以看出,任务引领型课程和项目课程虽然名称不同,但其基本内涵是一致的,都是以实践为导向的课程模式。实践导向作为现代职业教育的基本取向,将是我国职业教育发展的主要方向。

九、"宽基础、活模块"课程模式②

"宽基础、活模块"课程模式即 KH 模式,它是在学习和借鉴国外课程开发模式的基础上,比较适合我国国情的一种职业教育课程模式。它借鉴和延续了集群式课程模式的优势,20 世纪 90 年代初在我国推出后产生了较大的影响。

所谓"宽基础",是指所学内容并不针对某一工种,而是一个职业群所必备的知识和技能,着眼于学生的发展"后劲",为学生继续学习和在某一类职业范围内转岗打下基础,强调通用技能的训练和关键能力的培养。

所谓"活模块",是指所学内容针对某一特定职业所必备的知识和技能,着眼于强化从业能力,并能够考取多个职业资格证书,以提高学生的就业竞争能力。"活模块"课程结构既有利于学校根据劳动力市场供求变化进行选择,又有利于学生根据个性特点和发展需求进行选择。课程内容的模块化结构还可使课程内容及时更新,紧跟科技进步。

---

① 蒋庆斌,徐国庆.基于工作任务的职业教育项目课程研究[J].职业技术教育,2005(22):49.
② 马建富主编.职业教育学[M].上海:华东师范大学出版社,2008:86~88.

"活模块"阶段 (从业能力深化)	模块1	模块2	模块3	……
"宽基础"阶段 (关键能力培养)	政治文化类板块	工具类板块	公共类板块	职业群专业类板块

图 5-10 "宽基础、活模块"结构[1]

"宽基础"阶段课程分为四大板块：政治文化类板块、工具类板块、公关类板块、职业群专业类板块。前三大板块几乎所有职业都应该学习，其目的在于提高民族文化素质，训练学生工作能力、创新思维能力，并增强其进一步学习的能力。国际上许多国家都把这类能力称为"关键能力"(Key Competencies)或"核心技能"(Core Skills)。[2] 为便于教学内容的组织与更新，每个板块又由一系列小模块组成。在政治文化课板块中，对于基础性的学科，如语文、数学等文化课，发挥学科本位课程的优点，讲究知识的系统性、完整性，以知识系统为主线，渗透能力的培养。在其他板块中，以能力形成为主线，围绕能力的培养与提高组织教学内容，强化操作能力的培养。

但是，"宽基础、活模块"课程模式从本质上并未突破学科本位课程模式的藩篱，其"宽基础"和"活模块"的要求，对于高等职业院校的学生比较适用，而对于知识基础相对薄弱的中等职业学校学生而言则显得较为理想化。

十、工读交替的"三明治"课程模式[3]

工读交替的"三明治"课程模式是英国职业教育课程的特色模式。以三年学习期为例，第一年是作为基础的校内课程学习，第二年在企业实习，第三年又回到学校学习。这种由"理论学习"到"实践操作"再到"理论学习"，在形式上很像三明治，此课程因此而得名。

学生在企业实习的内容必须与校内学习的内容相对应，因此它最大的特点就是理论联系实际，实践为进一步的理论学习提供更加深刻的体验和理解，有利于学生更好地理解理论知识和掌握技能，熟悉自己所从事的生产活动在整个生产过程中的地位以及了解生产程序之间的衔接关系。

以上每一种职业教育课程模式，各有其自身的优缺点及适用条件。不同发达国家的职业教育课程在设置上都体现了一定的能力本位思想，又扎根于本国政治、经济、文化的土壤。尽管各有差异，但很多国家的职业教育课程在很大程度上都与经济社会发展、产业结构和人才供需相适应。[4] 因此，对于职业教育课程开发而言，没有一成不变的、固定的模式，随着社会的发展，新的课程模式会持续不断地出现。在进行课程模式的实际选择时，必须综合考虑各种模式的优势，考虑教育的内外部因素，诸如学生情况、师资水平、设施设备、经

---

[1] 蒋乃平主编."宽基础、活模块"的理论与实践[M].宁波：宁波出版社，1999：19.
[2] 吕红，朱德全.高等职业教育集群式课程模式与课程开发[C].2007年职业教育国际研讨会论文集，376~377.
[3] 黄艳芳主编.职业教育课程与教学论[M].北京：北京师范大学出版社，2010：13~14.
[4] 黄艳芳主编.职业教育课程与教学论[M].北京：北京师范大学出版社，2010：14.

费投入、就业机会、学校特色等,做到创造性地发展和应用课程模式。①

第三节 职业教育校本课程的开发

校本课程开发,是一种新的课程开发策略,一种新的课程改革和管理模式,它在一定程度上对国家课程作了补充,是学校特色的体现,因此在职业教育领域具有相当重要的意义和作用。那么,什么是校本课程?什么又是校本课程开发?职业教育领域内的校本课程开发又是怎样的呢?在分析论述职业教育校本课程开发之前,必须对这些基本概念和相互关系有一个大致的了解。

一、职业教育校本课程的内涵

"校本课程",也就是"学校本位课程",其兴起的时间可以追溯到20世纪60～70年代。20世纪50年代末发起于美国的结构主义课程改革,进而传至全球,但最终由于其不能充分考虑学生兴趣和社会的实际需要而导致失败。校本课程正是作为对这次失败的课程改革的反思产物而兴起的,最初在发达国家如美国、加拿大、澳大利亚等国家的普通教育中付诸实施,以后逐渐影响到各类高等教育以及职业教育等。但受政治经济等社会因素的影响,校本课程在80年代末出现了衰退迹象。进入90年代后,时代变化迅速,为了与时俱进,校本课程再度受到关注和重视,并成为课程改革的主角。②

我国对校本课程的关注及研究起步较晚。20世纪80年代以后,我国开始进行大规模的教育改革,其中课程改革既是此次教育改革的重点又是难点。1999年召开的全国教育工作会议明确提出:调整和改革课程体系、结构、内容,建立新的基础教育课程体系,试行国家课程、地方课程与学校课程。之后,随着国家的大力提倡,不但基础教育的课程改革重视校本课程,而且也给职业教育的课程改革以新的推进。自此诸多校本课程的试验开始兴起,取得的成果也受到越来越多的关注。③

"校本课程开发"(School-based Curriculum Development)一词最初是由富鲁马克(A. M. Furumark)和麦克墨伦(I. McMullen)等人于1973年7月在英国召开的国际课程研讨会上提出的。④ 校本课程开发也被称作学校中心课程革新(School-centered Curriculum Innovation),或学校中心课程规划(School-focused Curriculum Planning)。校本课程开发是与国家课程开发相对应的一种课程开发模式,这种课程开发模式在20世纪70年代盛行于西方各主要发达国家。

虽然校本课程开发已有三四十年的历史,采用这种课程开发模式的国家也日益增多,

---

① 马建富主编.职业教育学[M].上海:华东师范大学出版社,2008:89.
② 米靖著.现代职业教育论[M].天津:天津大学出版社,2010:244～245.
③ 米靖著.现代职业教育论[M].天津:天津大学出版社,2010:245.
④ 刘力.走向以学校为本位的课程发展模式——香港的课程改革计划及其所带来的困扰[J].外国教育资料,1993(4):21.

但是对其概念的理解并不尽相同。根据我国国情,一般认为职业教育校本课程开发是指在国家课程计划规定的范围内,以学校和企业为课程开发的主要场所,依据学校的性质、特点、条件以及学生的需求和可利用的课程资源,由学校校长、教师、企业技术人员、行业相关人士、课程专家、学生、家长以及社会人士等共同参与学校课程计划的制订、实施、评价的活动。

不管对校本课程开发作何理解,它们的核心理念却是相同的,即都致力于打破"自上而下"的课程运作方式,主张把课程的决定权交还给学校、教师、学生以及家长。所以它是一种"自下而上"的课程运作方式,强调课程的适应性,关注学生的差异性。[①]

而在职业教育领域内,课程开发则必须更多地关注教育普遍性与职业教育特殊性的关系、实践技能与理论知识的关系、职业发展规律与职业教育发展规律等方面的关系。具体来讲,它受到诸多层面的因素的制约,如教育因素中的各种教育领域间的相互沟通、学生能力与师资水平、教育科学与教育技术学的发展等,心理因素中的认知心理与教育心理规律等,以及涉及社会制度的政治因素,涉及教育法、职业教育法、劳动法和青少年保护法等法律因素,涉及就业政策和不利群体地位的社会因素,涉及产业、行业经济规模和教育投入的经济因素,涉及科技进步和革新引起的劳动结构调整的技术因素,以及涉及教育部门、劳动部门和行业部门各自职能形成的历史因素的制约。

二、职业教育校本课程开发的模式[②]

校本课程开发的操作模式并不是一个僵化的线性行动步骤,而是一个滚动发展的动态过程,需要根据学校的具体情况进行不断调整和充实。因此,在实际的课程开发活动中,不能拘泥于该逻辑系统,而应更多地按照实用可行的原则来进行。建立合理的开发模式是职业教育校本课程开发的关键环节,主要有以下几个方面:

(一) 开发队伍的组建模式

职业教育校本课程开发队伍是学校、家庭、社会人员的集合体,主体是教师和企业人员,必须按照一定的组建模式将这些力量凝聚在一起。

其一,自建式。即充分挖掘本校的潜力,提高本校教师、学生及学校领导、行政人员的校本课程开发能力。学校可通过聘请课程专家来校指导讲座、派教师外出进修学习、观摩考察等方式,有针对性地提高开发者的素质。这是一种"内培式"的校本课程开发队伍组建形式,有利于增强学校内部的凝聚力,形成良好的学习氛围,提高学校自身的"造血"功能。这样组建的校本课程开发队伍最了解本校的实际情况,并且具有稳定性。

其二,引建式。即从企业或其他学校引进有较强校本课程开发能力的人才。其形式主要有:从相关行业企业引进人才,这类人才了解本行业的人才素质需求,具有人才市场分析能力;从相关中、高等职业院校引进具有资深经验的教师。这是一种"外引式"的校本课程开发队伍组建形式。这种形式有利于为学校注入新的活力,同时也能带动已有教师积极进行校本课程开发,以点带面,全面提高。

---

① 马建富主编.职业教育学[M].上海:华东师范大学出版社,2008:89~90.
② 马建富主编.职业教育学[M].上海:华东师范大学出版社,2008:90~91.

其三,合建式。即与企业和兄弟职业学校及高等院校相互联动,建立一支动态开放的校本课程开发队伍。学校针对校本课程开发过程中遇到的难题,一方面可聘请企业人员、相关专家或外校教师参与到开发队伍中来,另一方面也可采用咨询参谋的方式,随时请教有关人员。这种开发队伍的组建方式坚持的是一种"不为所有,但为所用"的原则,灵活多样且人员来源广泛,有利于集各类力量之所长,随时进行。

(二)课程的设计模式

课程设计是校本课程开发过程中不可忽视的组成部分。结合职业学校校本课程开发的实际条件,课程设计有以下两种模式:

第一,合作设计式。对于在时间取向上为长期和中期的校本课程可以采取这种设计模式。因为这类校本课程延续的时间长、涉及的面广、影响深、工作量大,要考虑一系列的问题。通过校际合作、专家与学校合作、研究机构与学校合作、教育行政部门与学校合作、领导与教师合作等可以系统地解决有关问题。首先,学校要根据教育行政部门的课程标准,明确自己的教育理念,同时在考察兄弟学校情况的基础上确立自己的特色;其次,教材的选择要听取专家、研究机构的意见,接受他们的指导;最后,教材的组织需要专家学者及教师智慧的相互激发。设计过程的每一个环节都是合作的结果。

第二,课程运行的互动设计式,也称教学情景的自生成式。对于短期的和属于个人活动的校本课程开发,一般可采用这种课程设计模式。著名的课程论专家斯基尔贝克(M. Skilbeck)指出:"设计课程最佳场所在于学生和教师相处的地方。"在这种模式中,课程设计的直接和主要参与者是教师和学生,通过师生的交流对话实现课程的修正与完善。其过程是:教师根据学生的需求进行课程设计——学生提供反馈和建议——教师自我反馈——再进行课程设计——课程设计更合理——教师的能力相应提高。教师的教学是通过诸多生动活泼、妙趣横生的教学活动完成的,这种方式能充分调动学生的积极性,课程运行的互动设计在这种教学情境中能够顺利进行。

三、职业教育校本课程开发的策略

因职业教育校本课程更注重对社会生产生活的服务性,能够促进课程资源的合理性分配,进一步促进教育民主化的进程,受到教师、学生、家长、企业和教育行政工作者等主体性因素以及软硬件环境等客体性因素的诸多影响,因此,在开发实施的过程中,必须要坚持针对性、综合性、衔接性以及实用与够用相结合的原则。①

那么在职业教育校本课程具体的开发过程中,需要讲求什么样的方法策略呢?下面用以工作过程为导向的校本课程为例予以说明。②

以工作过程为导向的校本课程开发关涉一系列过程,如对工作过程的分析、对行动领域的分析与描述、行动领域向学习领域的转化、学习领域向学习情境的转化等。具体而言,其过程大致可以分为六个步骤,即(1)工作过程分析及岗位分析,确定工作任务;(2)归纳典型工作任务,确定行动领域;(3)将行动领域转化为学习领域;(4)开发学习领域,构建课程

---

① 黄艳芳主编.职业教育课程与教学论[M].北京:北京师范大学出版社,2010:98~103.
② 米靖著.现代职业教育论[M].天津:天津大学出版社,2010:248~262.

体系;(5)设计学习情境,开展教学;(6)实施课程评价。其开发过程如图5—11所示。

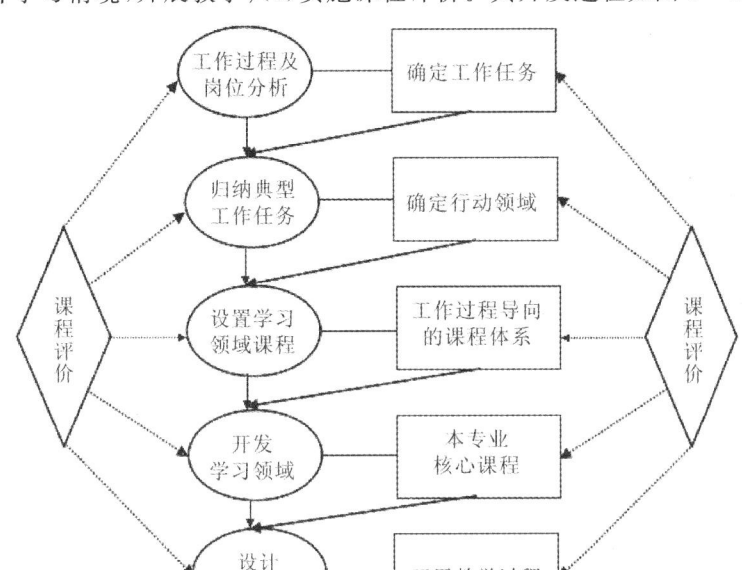

图5—11 校本课程开发过程①

（一）工作过程分析及岗位分析，确定工作任务

工作过程分析及岗位分析，确定工作任务环节是对学生未来要从事的工作整个工作过程以及学生未来所在的工作岗位进行分析。工作过程分析主要是解决生产什么产品、产品如何加工制作、自身工作在整个工作过程中扮演何种角色等。而岗位分析则主要是解决岗位需要哪些技能和工作任务、工作内容都有哪些等。

（二）归纳典型工作任务，确定行动领域

在得出这些典型工作任务之后，就要深入了解，通过与实际工人的深度探讨交流，确定出这些工作任务的性质和核心知识所在，这个过程是由实际操作领域的专家们去完成的。之所以选择实际操作领域的专家是因为他们一方面富于实践经验，更容易与技术工人沟通；另一方面，他们是最终课程方案制订的参与人员。通过对这些典型工作任务的分析归纳，由实际操作领域专家、本专业学科带头人以及骨干教师等共同讨论确定出本专业的行动领域。由于是校本课程的开发，因此应该充分结合当地实际情况来归纳工作任务，确定行动领域。

（三）将行动领域转化为学习领域

依据上述总结出来的典型行动领域，结合实际需求情况，将行动领域转化为学习领域。这项工作在整个课程开发过程中非常重要，它涉及学生所学习的知识与实际工作过程中所需要的技能之间的转化以及二者之间的密切联系程度。一般来讲，这项工作应该由资深的

---

① 米靖著.现代职业教育论[M].天津:天津大学出版社,2010:249.

课程开发专家来牵头,该行业的专业高级技术人才、部分任课教师等积极参与。借鉴问卷调查及访谈工作的成果,并对学生未来的就业岗位进行分析,依据学生知识技能的形成过程,按照整个工作过程之间的内在联系,将行动领域转化为学习领域。每一个学习领域都能对应一个比较完整的工作过程,而所有的学习领域则组成了该专业所对应工种的整个工作过程。

(四)开发学习领域,构建课程体系

传统的职业院校的校本课程开发往往是按照学科课程体系来构建课程、组织教学内容。而工作过程导向下的职业教育校本课程开发则打破了这种学科课程体系,它按照工作过程的内在联系来组织各个学习领域,将各个学习领域按照工作过程的递进顺序来排列,建立专业课程体系。

(五)设计学习情境,开展教学

在总结出各学习领域所包含的课程基础后,与企业等深入合作,由专业教师、企业专家、课程专家等共同组成课程小组,分析所有课程,并予以分类,确定出核心课程。对于非核心课程开展正常教学,对于核心课程应该重点开发,以工作过程导向为理论指导,校企合作共同开发课程标准,编制相应教材,设计学习情境,以学习情境为载体传授核心知识,开展教学。

列举出专业的各个学习领域所对应的学习情境之后,下面的工作就是要设计其中的专业学习领域中的学习情境,这些学习情境的设计与教学是整个课程开发的重要环节。学习情境主要采用团队自主学习为主、教师指导为辅的学习方式,因此在课程开发过程中要更多地体现学生的主体地位。首先通过具体的客户档案等将课程引入学生课堂,教师讲授大体内容,学生分组完成,每组选定一名小组长(组长可以轮流担任),通过小组讨论采用头脑风暴法征求修改计划;紧接着对每一修改计划进行可行性分析,选择最优计划来实施,直至完成全部工作。

(六)实施课程评价

评价环节贯穿于整个工作过程中,包括团队内部的互评、教师的评价等。

整个课程评价采用开放式的课程评价过程,并且由多方人士参与。工作过程导向的校本课程评价组由行业、社会以及教师等组成,师生评价与企业参与评价相结合,学校评价与社会评价相结合。行业企业可以通过自身的行业标准来判断课程质量,社会则根据学生所学与社会实际需求的吻合程度来确定课程有效性,教师则更多地从教学与学校发展的角度来评价课程。

课程评价的目的旨在更好地开发校本课程,更好地服务当地经济,使通过此课程体系培养出来的学生具有较高的职业能力。因此,在具体的过程中,还应该注意加强对先进理念的本土化,加强工人转岗能力、可持续发展能力等方面的培养。

第四节 职业教育课程改革的趋势

职业教育从产生之初直至今日，其课程一直处于不断的发展变革和完善之中。从职业化的轨道上来看，在近现代其大致经历了俄罗斯制、MES 课程、CBE 课程、学习领域课程等。其演进过程如图 5—12 所示。

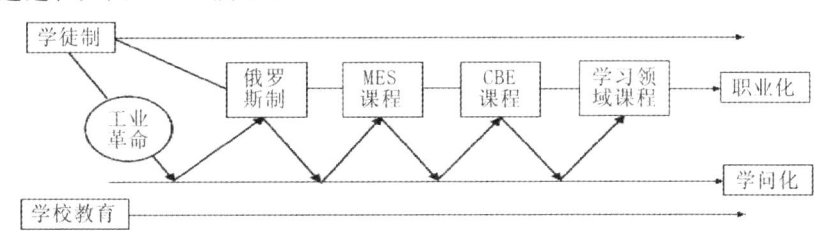

图 5—12　职业教育课程的演进①

而从对我国职业教育改革的影响过程来看，其变革轨迹更显得轮廓分明。如图 5—13 所示。

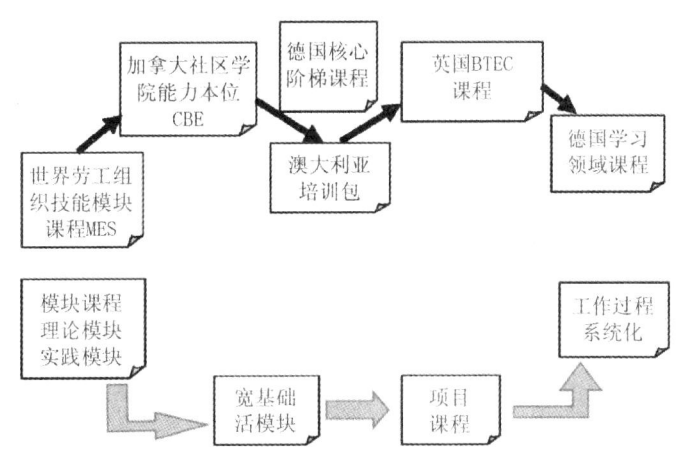

图 5—13　职业教育课程改革轨迹②

纵观世界职业教育课程发展历程可以看出，世界职业教育在课程改革方面主要呈现出课程开发注重现实性、课程设计注重基础性、课程实现注重实践性、课程体系注重灵活性等特点。在这样一些特点之下，近些年来世界职业教育的课程改革主要呈现出以下趋势：③

---

① 徐国庆著.职业教育课程论[M].上海：华东师范大学出版社，2008：22.
② 姜大源.世界职业教育课程改革的基本走势及其启示——职业教育课程开发漫谈[J].中国职业技术教育，2008(27)：7.
③ 郑晓梅.当代世界职业教育课程改革的特点与趋势[J].河南职业技术师范学院学报（职业教育版），2003(3)：61~63.

一、课程观念的多元整合化

随着工业时代向信息时代的转变,"知识经济""终身学习""可持续发展"等观念已引起世界各国的高度重视。为此,现代教育愈益关注人的个性发展,职业教育课程目标也从单纯注重培养学员的专门技能和专业能力向注重培养学员的社会适应能力、综合职业能力、创业能力以及情感、态度、价值观等多种素质相融合的方向发展,追求工具性价值、效用性价值和发展性价值的统一。这种发展趋势必然促成各种课程观的有机融合,职业教育课程观逐渐从原来单一的技能型向以综合职业能力为核心的多元整合型发展,呈现出"学科本位→能力本位→人格本位"发展的总趋势。这种发展态势说明,当代职业教育课程改革的一个重要指导思想是要把职业教育课程目标由培养单纯的"技术劳动者"变为培养"技术人文者"。这一多元整合型的课程观在客观上要求将以人为本的思想贯穿在职业教育课程发展的全过程中。因此,个性的全面发展、综合素质的培养自然就成为一些发达国家和地区职业教育课程开发的指导思想。美国在20世纪80年代末至90年代逐渐形成了崭新的职业教育观——从"职业教育训练"转换为"劳动力教育训练",强调课程目标以完善个体劳动者人格、提高个体劳动者素质为旨趣,要求用"人格本位"的课程观念来充实与完善"能力本位"的课程观念。

二、课程开发的系统化

20世纪60年代出现的终身教育思想是近年来世界各国教育发展的重要趋势之一。在以"终身学习和培训:通向未来的桥梁"为主题的第二届世界技术与职业教育大会提出:职业技术教育应该是所有国家发展历程中的一个重要环节。这说明,职业教育已从正规学校教育的一个特定阶段转变为终身教育不可或缺的组成部分,职业教育已驶入国家、社会和个人可持续发展的一体化轨道上来。未来的学习是终身持续的过程,是使人们适应社会不断变化的过程。终身教育观的确立改变了终结性、一次性的职业教育观,"只有终身学习、终身受教育,才能终身就业"已成为现代劳动力市场的一条基本规律。在这种背景下,当代职业教育课程开发自然就成为一个系统工程,课程开发的整体性和连续性特征越来越显著,课程开发由现在的阶段单向型渐次转变为连续多向型,即课程开发不只是面向某一阶段或特定阶段的学习者,而是面向所有从业人员的任何阶段。具体而言,在课程设计上,注重不同学科、不同层次内容间的衔接,尽可能地拓宽专业口径,为受训者提供继续学习的接口;在课程结构上,采用弹性化的单元模块式课程;在课程计划上,富有灵活性和开放性;在课程开发主体上,由企业、学校与行业和其他经济部门共同开发。体现了课程开发的系统化。

三、课程结构的模块化

在新的经济条件下,许多从业人员面临着经常更换职业的情境,这就需要他们具有较强的适应能力、转岗能力,即能迅速将所学的知识运用于新的环境,能迅速更新知识以适应新生的行业或职业的要求。在这种情况下,许多国家在职业教育课程结构方面越来越多地采用以职业群集为核心的模块式课程。职业群集模块式课程强调将数种工作性质相近的职业集合为一个"职群",通过对共同性、关键性和专业性知识、技能的科学分析和合理编制实现所谓的"内容群集",以此组成课程模块。模块一般分为通用模块和专用模块。采用职业群集模块式课程的主要目的在于让未来的从业人员获得较为宽泛的基本职业技能,以便在某一职群的相关职业上能自由地选择就业,或者在进入某一特定职业后仍具有灵活的转换工作的能力。这不仅可以满足科技快速发展和职业领域不断变化的需要,还能满足个人职业生涯发展的需要。因此职业群集模块式课程正得到越来越多国家的青睐,并趋向多元化。例如,俄罗斯技术工人培训的专业最高曾达到5500种,现在经过改革合并已减少到80~100个专业面;中等职业教育则只设立30~40个专业面。德国所设立的职业资格从1972年的600个减少到目前的377个,并要求获得某种职业资格的受训者熟悉7~8个工种所要求的岗位能力。美国在"从学校到工作"的联邦项目中,要求参加项目的所有中学为学生提供4~6大类职业课程模块。

四、课程评价的标准化

职业教育课程评价是以行业的就业标准为依据的。在这方面,许多发达国家通过确立统一的国家职业资格标准来实现。国家职业资格标准的制定,对于明确职业生涯的发展方向,保证职业教育和职业培训的质量,以及使就业、培训和教育更紧密地关联起来具有直接的影响作用。同时也避免了各个地区在招工、聘用、劳动评价等方面自行其是、要求不一的状况,还可以使持有一定等级的国家职业资格证书的从业人员,可以十分方便地在全国范围内的相近职业领域间流动。这样,就从根本上确保职业教育促进经济发展功能的完满实现。国家职业资格标准的确立为职业教育课程目标的制定、课程计划的编制、课程内容的选择与组织以及课程评价提供了可遵循的依据。实际上,国家职业资格标准的确立也就意味着职业教育课程评价标准化的形成。美国根据《2000年目标:美国教育法》成立了"国家职业技能标准局",全面负责国家职业技能标准体系的开发与确定工作,计划用5~10年的时间完成该国主要职业领域的职业技能标准的开发与确定。英国国家职业资格证书(NVQ)和普通国家职业资格证书(GNVQ)的权威性已辐射到中国等发展中国家。这预示着世界职业教育和职业培训的质量评估体系正向标准化、全球化的水平迈进。

拓展阅读

职业教育课程评价要抓住三个关键[①]

课程评价是课程开发中不可或缺的一项重要活动,在课程开发中起着导向、诊断、修正等作用。在当前职业教育进行课程改革的大背景下,如何通过适切的课程评价随时诊断课程设计和实施中的问题,及时修正课程,从而保证职教课程改革顺利进行是当前职业教育的一项重要课题。

关键之一:建立明确的课程评价意识

在职业教育课程开发中,首先应建立课程评价意识,这对于提升职业院校课程改革成效和教学质量具有重要意义。课程评价意识包括:

[①] 袁丽英.职业教育课程评价要抓住三个关键[N].中国教育报,2009-10-12(7):1~2.

第一,课程评价的全程意识。课程评价不仅是课程实施后的一个"总结性"评价,而且应是贯穿课程开发全过程的"过程性"评价,无论在课程规划、课程设计还是课程实施阶段,都应有课程评价的检验与监控。

第二,课程评价的整体意识。所谓整体意识主要包括两个方面:一是职业教育专业课程体系包含了单门课程和专业课程两个层次。因此,对职业教育课程的评价不能仅局限在单门课程上,而应以职业岗位要求为目标,把每一门课程都放在整个专业课程体系中加以考察和评价。二是在课程评价中应将课程、教学和评价融为一个有机整体,同时,还应兼顾传统的教学评价和对课程本身的评价两个方面。

第三,课程评价的发展意识。课程评价的目的不仅在于判断受评价对象的优劣或者绩效,更重要的是通过评价促进课程的持续发展和学生的全面发展以及教师的专业发展和学校的长远发展。课程评价可以承认评价对象之间的差异,但评价的目的不是为了确定这种差异,而是要从对这些差异的分析中找出问题和不足,提出改进的方法,促进评价对象在现有的基础上得到提高。

关键之二:形成合理的课程评价机制

建立合理的课程评价机制首先需要明确各级课程评价主体的职责,如中央、地方教育行政部门、学校和行业企业应有什么样的课程评价职责,必须有明确的表述和规定,各级课程管理部门才可能依据这些要求开展各自的课程评价活动。

在明确课程评价职责的基础上,职业学校课程评价还应形成灵活有效的运作机制。一是职业学校课程评价常驻机制。教育行政部门或职业学校设立课程改革领导小组或课程开发委员会,组织各层级的课程相关人员开展经常性的自我评价,完成日常的课程改革评价工作。二是内部评价与外部评价之间真诚对话机制。让基层学校和教师在与校外专家、教育行政部门领导的对话中提高课程评价能力。三是多元主体共同参与机制。在职业教育课程评价中,还要充分重视行业企业、学生和家长及社会职业技能鉴定机构等的评价作用,形成多元主体积极参与的良好氛围。

关键之三:构建科学的课程评价标准

由于职业教育专业课程多以及课程的地域性及多变性等特点,要制订全国统一的课程评价标准是较为困难的。但如果没有任何评价标准作依据,就可能会使课程评价流于形式。因此,应构建一个具有灵活性与适应性的课程评价标准。就目前我国职业教育课程而言,课程评价标准应体现以下几个特点:

第一,导向性。课程评价标准要突出职业教育课程的职业性特征,通过具体指标的价值倾向性,引导课程朝着鲜明的职业教育特色方向发展。

第二,适应性。课程评价标准既要考虑一般性要求,也要考虑地区间、学校间的差异。同时,还应有一定的灵活性,使各层次评价人员能够根据指标进行自我定义,使评价标准具有更强的针对性。

第三,操作性。课程评价标准应强调指标的可操作性,使评价人员能够根据评价指标有针对性地收集资料,对课程状况作出判断。

第四,层次性。课程评价标准应体现不同的评价层级要求,使每一个层级的评价适合该层级的评价需求。

> 由于课程评价标准的建构方法对评价结果有很大的影响,因此,应注意所用方法的准确性与合理性。一是要通过多元协商形成评价标准。课程评价标准要体现一定的价值取向,科学的课程评价标准,其价值取向应平衡各课程利益主体的诉求。在职业教育课程评价标准确立的过程中,还要增加行业、企业这一主体。二要兼顾量化与质化指标。

基于以上发展趋势,我国职业教育的课程改革应在以下方面进一步落实:[①]加强基础理论课程的整合,增加实践性课程;开设广泛的选修课程,以供学有所长的学生选择;完善产学合作制度,加强学校和企业的联系;加强"双师型"师资队伍的建设,以提高教学质量;等等。

> **拓展阅读**
>
> **职业价值观教育的比较研究与实验**[②]
>
> 社会的发展对劳动者素质、职业院校功能提出了新的挑战,职业价值观和态度等越来越成为个人竞争能力的关键因素。"职业忠诚、责任感、专业进取与创新、团队协作与职业规范"等职业道德、态度以及作为其内核的价值观,成为企业选人、用人的重要标准。近年来,职业院校在贯彻"以服务为宗旨,以就业为导向,走产教结合道路"的办学指导思想中,在职业价值观教育中做了大量富有成效的改革探索。然而,在课程、教学领域尚未取得大的突破。中国职业技术教育学会组织部分职业院校和专家,以《学会做事》一书为重要参考,开展了职业价值观和态度培养的比较研究与实验。课题研究的总体目标是:借鉴国际先进经验,研究、开发新形势下,有社会主义中国职业教育特色的职业价值观教育课程、教学模式。促进职业院校学生形成正确的人生观、价值观,提高整体素质,改善就业质量,增强其职业适应能力和终身学习的能力。课题的研究内容是:通过现状调查、比较研究,明确职业价值观教育在我国职业教育中的地位和作用;通过比较研究与实验,探索以职业院校在校学生为主要对象的职业价值观教育课程结构、内容及教育途径,如,课堂教学课程、活动课程、训练课程和专业渗透等;通过教学改革实验,建立职业价值观教育实施的有效方法、策略,包括以学生为中心的参与学习、体验式学习及建构主义学习的各种方式的实际应用。
>
> 本文着重介绍了课题研究已经取得的初步成果,这些成果受到师生欢迎与好评。包括职业价值观教育的课程结构构建和内容选择;教学过程的组织和方法;教师和学生的体会与收获。
>
> (注:作者系中国职业技术教育学会秘书长余祖光,本文为作者在 2007 中国哈尔滨国际职业教育论坛上的演讲)

---

① 薛颖,冯文全,黄育云. 发达国家职业教育课程改革的特点及其对我国的启示[J]. 内蒙古师范大学学报(教育科学版),2006(8):35~36.
② 海南教育服务平台/海南省教育研究培训院(好研网)[EB/OL]. http://res.hersp.com/content/345413.aspx

【思考题】

1. 课程是什么？职业教育课程的内涵是什么？
2. 请列举主要的职业教育课程模式。
3. 不同职业教育课程模式有何差别？请作简要对比分析。
4. 请简述职业教育校本课程的开发过程。
5. 请简要论述职业教育课程改革的发展走向。

第六章

职业教育教学论

学习目标

1. 明确教学的含义,掌握职业教育教学的内涵;
2. 把握职业教育的教学原则;
3. 理解和掌握职业教育的教学方法;
4. 识记职业教育主要的教学模式;
5. 熟悉不同的职业教育教学组织形式;
6. 把握职业教育教学评价的含义与类型。

职业教育的教学是学生积累知识、提高技能以及发展个性品质的一个连续过程,它是职业学校实现其培养职业人才教育目的的基本途径。职业教育教学论则是研究职业教育在实际教学过程中的一系列现象与问题,揭示职业教育教学发展规律的一门学科。

第一节 职业教育教学的内涵

职业教育的教学,作为职业学校所有工作的中心环节,既有与普通教育相同或相似之处,在其本质、规律以及教学原则等方面又有独特性。在对职业教育教学进行深入研究之前,必须对其内涵作一个初步的了解。

一、职业教育教学本质

(一)教学

在《教育大辞典》中,"教学"一词被界定为"以课程内容为中介的师生双方教和学的共同活动"。[1] 我国学者王策三认为,"所谓教学,乃是教师教、学生学的统一活动";[2]李秉德

---

[1] 顾明远主编.教育大辞典[M].上海:上海教育出版社,1991:178.
[2] 王策三著.教学论稿[M].北京:人民教育出版社,1985:88.

认为,教学是"教的人指导学的人进行学习的活动"。[①]

而从词源上来看,"教"最早出现在甲骨文中,如:"丁酉卜,其呼以多方小子小臣其教戒";"学"字在甲骨文中也有记载,如:"壬子卜,弗酒小求,学。"而"教"与"学"二字的连用,最早见于《尚书·兑命》。[②]

我国的《学记》是世界上第一部讨论教学的专著。其中有"建国君民,教学为先"一句,这里的"教学"一词不是单指学校的教学,而是泛指文化教育工作。而"教学相长"中的"教学"则是关于教师"教"与学生"学"的含义,并突出反映"教与学"两者相互作用的意义,即促进教师和学生共同提高。[③]

因此,教学是教师的教与学生的学的双边活动,是双方共同作用的过程,是教与学的统一。二者是相互依赖、对立统一的关系。一方面,教不同于学。在教学活动中,"教"主要是教师的行为,是一种外化过程;"学"主要是学生的行为,是一种内化过程。另一方面,教与学相互依赖,互为基础。在教学情境中,教师的教就意味着学生的学,学生的学也蕴含着教师的教,这是同一个过程的两个方面,不存在没有教的学,也不存在没有学的教,教因学而存在,学靠教来引导。[④] 所以,在实际的教学情境之下,既要充分发挥教师在教学中的主导作用,又要尊重学生在教学中的主体地位,二者不可偏废其一。

(二)职业教育教学

职业教育主要是培养学生综合职业能力的专业教育,是为学生将来就业或创业打基础的预备性教育。因此,职业教育教学是一项具有明显意向性的活动,它通过知识的传授、能力的培养来促进学生身心的不断发展与成熟。也就是说,职业教育教学指的是在职业学校或培训机构中,以培养学生综合职业能力为目标,由教师的教与学生的学所构成的人类特有的双边认识活动。

职业教育教学贯穿职业学校工作的始终。与普通教育相比,职业教育在教学对象、内容、模式、过程、评价等诸多方面都有其显著的特点。

(1)在教学对象上

职业教育在教学对象上具有复杂性的特点,这主要表现在其年龄、阅历、心理状况等方面。与普通教育相比,职业教育的教学对象要复杂得多,具体体现在年龄、阅历、学习基础、学习目的、学习动机以及对所学专业的认识和情感等方面的差异。职业教育的对象包括青年学生、青年从业者以及工作多年的成年人,因此存在各种各样影响学习的消极因素,这些为顺利搞好教学工作、完成教学任务增加了很大难度。[⑤]

(2)在教学内容上

职业教育在教学内容上具有实用性的特点。与普通教育教授学生以学科体系为参照的陈述性知识不同,职业教育更注重技能的培养。职业教育以培养技术型、技能型人才为目标,旨在培养学生获得一种能满足某一职业或工作需要的职业能力,而不是追求理论水

[①] 李秉德著.教学论[M].北京:人民教育出版社,1991:2.
[②] 李森著.现代教学论纲要[M].北京:人民教育出版社,2005:4.
[③] 李强主编.职业教育学[M].北京:北京师范大学出版社,2010:139~140.
[④] 马建富主编.职业教育学[M].上海:华东师范大学出版社,2008:99~100.
[⑤] 胡迎春主编.职业教育教学法[M].上海:华东师范大学出版社,2010:13.

平,更不是学历和文凭。因此,其教学内容应该以程序性知识为主、陈述性知识为辅。程序性知识涉及经验和策略方面的知识,主要回答"做什么"和"怎样做"的问题,该类知识也称为过程性知识或操作性知识。陈述性知识涉及事实、概念、规律、原理方面的知识,主要用于说明事物"是什么"和"为什么"等问题。也就是说,职业教育教学内容以未来工作岗位中实际应用的经验和策略的习得为主,以适度、够用的概念和原理的理解为辅。这就要求职业教育在教学内容的选择上,既要考虑到使学生掌握一定的文化基础知识和专业知识,还要注重教学内容的实用性和应用性,以培养学生的实践技能。[1]

(3) 在教学模式上

职业教育的教学模式主要以能力本位为主,具有指向性、操作性、完整性、稳定性、灵活性等特征。[2] 职业教育教学强调围绕培养学生职业能力,建立与人才培养目标和规格相关的,并与一定教学任务相联系的教学程序及其方法策略体系来实施教育教学。也就是要以职业能力为依据,整体设计教学方案、立体组合教学策略与资源,将教学目标、教学活动、教学方法与手段、教学评价集合在一起。通过教师与学生在"教学做合一"的教学组织形式,以及基于国家职业资格或职业技能的考试考核,有效实施教学全过程。[3]

(4) 在教学过程上

职业教育的教学过程以行动过程为导向,具有双边性、认识性、发展性、专业性、实践性等特征。[4] 职业教育的教学过程是师生共同活动的过程,双边性要求教学相长,教师与学生共同提高。同时,教学过程是在教师引导下学生掌握知识的过程,也就是教师引导学生认识客观世界的过程。学生在这一认识过程中,教学不断地促进学生自身的身心发展,使学生获得了知识,提高了技能,锻炼了身心素质。尤其是专业知识和技能的学习以及实习实训的锻炼,增强了学生的综合职业能力和实践能力,为以后的就业和创业打下了坚实的基础。

(5) 在教学平台上[5]

职业教育在教学平台上体现了现代化的特色,充分利用了现代多媒体网络信息技术开展教学。多人在线学习、远程教学服务,突破了地域和时间限制;各种仪器设备的模拟模型给人身临其境的真实体验感;虚拟现实的三维互动教学平台使教学更为直观、形象。现代多媒体网络技术的应用,为职业教育的教学提供了一个广阔的平台,节约了教育和培训的费用,而且大大提高了效率。

(6) 在教学艺术上

教学艺术是指教师遵照教学法则和美学尺度的要求,灵活运用职业活动的情景、过程、效果,教学的组织、程序、方法,教师自身的语言、表情、动作等手段,充分发挥教学情感的功能,为取得最佳教学效果而施行的一套独具风格的创造性教学活动。职业教育融合教学艺

---

[1] 马建富主编.职业教育学[M].上海:华东师范大学出版社,2008:100.
[2] 邓泽民著.职业教育教学论[M].北京:中国铁道出版社,2011:150~151.
[3] 黄艳芳主编.职业教育课程与教学论[M].北京:北京师范大学出版社,2010:7.
[4] 纪芝信主编.职业技术教育学[M].福州:福建教育出版社,1995:200~202.
[5] 邓泽民著.职业教育教学论[M].北京:中国铁道出版社,2011:118~119.

术上形象性、情感性、创造性、审美性等特征。①

(7)在教学评价上

职业教育在教学评价上注重学校与社会的综合评价。普通教育注重教育系统内的学科体系下的显性能力评价,而职业教育注重校内考评与社会考评的一致性。职业教育的教学评价主要是以综合职业能力为依据来制订能力考核的目标、内容和方式方法,使用行为动词描述考核目标,使学习成果的评价变得具体而清晰,并注意考核多样性和层次性。重要的是与社会评价系统相衔接,一是与国家职业资格考试、职业技能鉴定相结合,二是与企业行业标准相结合。②

第二节 职业教育的教学原则

教学原则是指根据一定的教学目的和任务,遵循教学过程的规律而制订的对教学的基本要求,即根据教育教学目的的需要去处理教学中矛盾关系的原则。它是反映人们对教学活动本质性特点和内在规律性的认识,是指导教学工作有效进行的指导性原理和行为准则。③

职业教育的教学原则是在职业教育的情境下,根据职业学校的教学目的、反映职业学校教学规律而制订的指导职业学校一系列教学工作的基本要求。因此,职业学校的教学工作除了遵循一般教学活动中的直观性、系统性、启发性、可接受性、理论联系实际、思想性与科学性相统一等原则之外,因其本身所具有的特殊性,还需要注意以下基本原则。

一、职业性原则

职业性原则是指应使受教育者在全面发展的基础上,获得与经济建设具有极为密切关系的相关职业所需要的职业知识、职业能力和职业道德,亦即成为具有全面素质和综合职业能力的应用型和实用型人才。④

职业性原则要求教师了解相关职业岗位的专业要求,教学过程的展开要以职业岗位的要求为依据,将教书和育人结合起来,提高学生知识与技能的同时,培养他们的职业道德和社会责任感。

二、实践性原则

实践性原则是指在教学过程中教师要引导学生从理论与实际的结合中理解知识,并运用知识去分析解决实际问题,做到学懂会用、学用结合、学以致用,旨在培养学生以知识为中介分析问题和解决问题的实践能力。⑤

---

① 邓泽民著.职业教育教学论[M].北京:中国铁道出版社,2011:176~177.
② 黄艳芳主编.职业教育课程与教学论[M].北京:北京师范大学出版社,2010:7~8.
③ 胡迎春主编.职业教育教学法[M].上海:华东师范大学出版社,2010:17~18.
④ 胡迎春主编.职业教育教学法[M].上海:华东师范大学出版社,2010:23.
⑤ 马建富主编.职业教育学[M].上海:华东师范大学出版社,2008:103~104.

实践性原则要求教师在教学中理论联系实际,把理论教学与实践教学有机地结合起来。同时真正发挥实践教学场地的作用,利用好实习、实训场地,让学生"实践出真知",不仅学会用脑,更要学会动手,将学校所学的理论知识运用到具体实践中去,以提高应用技能和操作能力。

三、指导性原则

指导性原则是指教师在教学过程中引导学生主动、自主地进行学习,同时指导学生养成正确的学习方法和思考问题的方法,以提高他们分析问题、解决问题的能力,从而帮助学生高效地完成学习任务。①

指导性原则主要运用于职业学校的实践教学活动中。指导性原则要求教师在学生的实际操作活动过程中,给予适当而有效的演示、描述和解释,让学生掌握生产技术设备的安全操作方法,这一过程可以采取集体指导的方式;而在学生自己操作练习的过程中,对其操作姿势和操作方法的指导和纠正则可以采取个别指导,并适时地运用启发性原则,使学生能有效地习得操作技能。

四、因材施教原则

因材施教原则是根据教育要适应个体发展的原理提出来的。班级授课制使得学校的教学工作面向全体、统一安排,一切活动的开展都是一以贯之地进行。这有利于全面提高教学质量,便于学校进行教学管理,但在一定程度上忽视了学生的个体差异性,使学生的个性发展受到阻碍。

贯彻因材施教的原则,并不是要否定统一要求和全面安排,而是在统一和全面的基础之上,教师要全面了解学生,熟悉学生在性格、特长、爱好、思想品质等方面的差异。职业学校的学生在这些方面更是参差不齐、各有差异,因此,老师更应该给予更多的关注,在教学中扬长避短、有的放矢、因材施教。② 尤其针对不同学生的兴趣和特长,实施个别化的鼓励和指导,将会有力增强学生的自我效能感,提高其在某一专业领域的学习能力和技能水平。

五、教学做合一原则

"教学做合一"的思想源于我国近代教育家陶行知的教学理论,他主张"在做上教,做上学","做"是核心。③ 教学做合一,体现了职业教育的本质,强调了职业教育的教学工作要重视学生的实践锻炼和实习实训的环节。

职业教育,归根结底指的是受教育者的职业预备性教育,其职业性、开放性等特点,要求学生在学习基本理论知识和专业知识的基础之上,要重视和强化学生实践能力的培养,提高学生的动手操作能力。只有真正做到解放学生的双手和大脑,手脑并用,让学生习得科学技术理论、熟悉生产技术设备、掌握生产操作技能,才能为以后的实际工作做好铺垫,

---

① 马建富主编.职业教育学[M].上海:华东师范大学出版社,2008:105~106.
② 纪芝信主编.职业技术教育学[M].福州:福建教育出版社,1995:209.
③ 黄艳芳主编.职业教育课程与教学论[M].北京:北京师范大学出版社,2010:6.

也才能适应各行各业对专业人才的要求。

除了上述原则之外,职业教育在实际的教学情境中还应该遵循社会化德育为先等原则和要求。

> **拓展阅读**
>
> ### 关于职业教育的教学理念
> ——实现教学理念从"供给驱动"逐步向"需求驱动"转变[①][②]
>
> 《国家中长期教育改革和发展规划纲要(2010—2020年)》指出:面对前所未有的机遇和挑战,必须清醒认识到,我国教育还不适应国家经济社会发展和人民群众接受良好教育的要求。教育观念相对落后,内容方法比较陈旧;学生适应社会和就业创业能力不强,创新型、实用型、复合型人才紧缺。接受良好教育成为人民群众强烈期盼,深化教育改革成为全社会共同心声。
>
> 教育改革,必须理念先行;职业教育的教学理念必须从"供给驱动"逐步向"需求驱动"转变。"供给驱动"的核心是"供给",在商品供不应求的情况下,厂商是市场的主宰,在最需要的时间里生产出尽可能多的商品是厂商的唯一追求;"需求驱动"的核心是"需求",在商品供过于求的情况下,消费者是市场的主宰,对于厂家来说,厂家必须潜心研究市场和消费者的需求,因为厂家生产出来的产品,只有满足了消费者的需求,才会被购买,而产品只有在被购买后,厂家才会有销售额和利润,才能实现再生产。
>
> 经济界、企业界是这样,教育,特别是职业教育更是如此。在学习岗位供不应求的时候,是职业院校选择学生;在学习岗位供过于求的时候,是学生和家长选择职业院校和专业;同样,在就业岗位供不应求的时候,是企业选择毕业生;在就业岗位供过于求的时候,是学生选择企业。
>
> 尽管存在着地区发展的不平衡,我国的职业教育,迟早将出现从"供给驱动"向"需求驱动"的转变,这种转变事实上已经开始,这是一个不以任何人的主观意志为转移的客观事实。在此期间,职业院校不能消极等待,必须有所作为,任何期待外部环境会自然顺应变化的想法只是幻想,只有主动地改变自己,才能最终适应外部环境的变化。
>
> 实现职业教育从"供给驱动"向"需求驱动"的转变,需要满足若干基本条件。
>
> 第一,满足经济界、企业界的需求。在计划经济条件下,经济界、企业界对员工的需求主要是通过组织调配来实现的,在此种人员配制的机制条件下,职业院校自然可以完全按照自身的意愿来培养毕业生;在市场经济条件下,经济界、企业界对员工的需求主要是通过市场配制来实现的,在此种人员配制的机制条件下,职业院校就不能完全按照自身的意愿来培养毕业生,必须主动地听取经济界、企业界对未来员工的需求,并将其始终贯穿于整个教学过程中,否则,职业院校的毕业生就很难找到合适的就业岗位,即使找到就业岗

---

① 教育部职业教育与成人教育司,教育部职业技术教育中心研究所编.中等职业教育教学改革理论与实践研究[M].北京:高等教育出版社,2008:314.

② 杨黎明.关于职业教育的教学理念——实现教学理念从"供给驱动"逐步向"需求驱动"转变[J].职教论坛,2012(6):1.

位,就业质量也不会很高。

第二,满足社会和生源市场的需求。长期以来,我国的教育一直处于供不应求的卖方市场。大学毛入学率在低位徘徊;高中阶段入学率很低;义务教育阶段的普及任务还很繁重,职业教育也远未到普及的程度。人民群众期待的是他们的子女获得一个学习岗位,不管这个学习岗位是普通教育还是职业教育,是高等教育还是中等教育。随着国民经济的迅猛发展,在一些沿海经济发达地区,学习岗位,包括高等职业教育的学习岗位,并不向最初那样令人羡慕了,学生和家长更多的是选择,选择优质的职业院校和专业。对于职业院校来说,如果不能满足学生和家长的要求,他们就会选择能够满足他们要求的职业院校和专业。

作为职业教育,具有双重服务的对象。职业院校所提供的服务如果不能满足企业的需求,它所培养的学生就会找不到就业岗位或者找不到高质量的就业岗位,它的出口就会出现问题;如果仅仅满足企业的需求,而不能满足学生的需求,它就招不到足够的学生或者招不到高质量的学生,它的进口就会出现问题。职业院校必须同时兼顾企业和学生的双重需求。

第三,满足教育自身和各级各类教育衔接与转换的需求。满足教育自身的需求首先是指教育必须保持相对的稳定性。没有稳定的教育,就不会有较高的教育质量,就不会有理想的师资队伍,就不会有规范的教学管理。职业院校的教学改革要始终处理好教育的相对稳定与人才需求显著变动的矛盾。而满足各级、各类教育衔接转换的需求则是实现教育立交桥的前提条件。职业教育不再是终结性的教育,而是终身教育中既相对独立但又与其他教育类型互有联系的教育,是终身教育的一个有机组成部分。因而,职业教育教学改革不仅涉及职业教育的内部,还要十分关注职业教育与其他各级各类教育的接口问题。

"需求驱动"条件下的职业教育,既要满足企业的需求,满足学生的需求,还要满足教育自身的需求和满足各级、各类教育衔接转换的需求,这对于传统的以学校为主的职业院校来说,实在不是一件容易做到的事。对于职业院校来说,这是一场"破釜沉舟"的变革,因为不改革是没有出路的;这是一场"伤筋动骨"的变革,因为小修小改是行不通的;这是一场"只争朝夕"的变革,因为只有领先一步,才能步步领先。

第三节 职业教育的教学方法

在《教育大辞典》中,"教学方法"的定义是"师生为完成一定教学任务在共同活动中所采用的教学方式、途径和手段。"[1]也有学者认为,教学方法是教师和学生为了实现共同的教学目标,完成共同的教学任务,在教学过程中运用的方式与手段的总称。[2]

---

[1] 顾明远主编.教育大辞典.上海教育出版社,1991:199.
[2] 张明兰,丁详坤编著.优化课堂教学方法丛书:教学方法运用技能[M].北京:中国人事出版社,1998:1.

在目前,教育教学实践中所运用的教学方法多种多样,其中常用的也有十多种。本节内容将对职业教育教学方法的主要类型及其选择与运用进行分析。

一、教学方法的主要类型

从不同的维度上进行划分,教学方法可以分为不同的类型。在方法体系的构成上,教学方法可以分为两个大类:理论性教学方法和实践性教学方法。其中,理论性教学方法包括讲授法、讨论法、谈话法、演示法、实验法、参观法、练习法、自学辅导法等;实践性教学方法包括模拟教学法、要素作业法、顶岗实习法等。在行动教学的导向上,教学方法可以分为过程导向、情景导向、效果导向、综合导向等四种类别。其中,过程导向的教学方法包括四阶段教学法、项目教学法等;情景导向的教学方法包括模拟教学法、案例教学法、角色扮演法等;效果导向的教学方法包括头脑风暴法、卡片展示法等;综合导向的教学方法包括引导文教学法、心智图教学法等。也有部分学者将教学方法分为一般教学方法和职业教育特有的方法。其中,一般教学方法涵盖了诸如讲授法、谈话法、讨论法、演示法、练习法、参观法、实验法、读书指导法、实习作业法在内的大部分常用的教学方法,职业教育特有的方法包括项目教学法、模拟教学法、案例教学法、情境教学法、引导文教学法等,多是具有较强实践性质的教学方法。

二、职业教育的教学方法

职业教育的教学方法多种多样,每一种方法都有其各自的适用范畴,不同的方法在教学活动中起着不同的作用。下面将对上文提到的一些主要的教学方法逐一进行介绍。

(一)讲授教学法

讲授教学法,又被称为"口述教学法",它是指教师通过口头语言讲述、讲解、讲演等形式向学生系统地传授知识的教学方法。[1]

讲授教学法古已有之,也是现代教育教学最常用的方法之一。在职业教育中,合理运用讲授教学法,能够直接、高效地讲解和传授课程中的基本理论和专业技术知识,使学生在短时间内获得大量系统性的科学文化知识。但因职业教育的特殊性,教师在采用讲授教学法的时候,需要注意所讲授知识的科学性、系统性以及适用性;同时在教学过程中,要引导发挥学生的主动性、积极性与创造性,寓教于"实",注重理论与实践的紧密结合,避免出现枯燥乏味的"满堂灌"现象。

(二)谈话教学法

谈话教学法,也叫"问答法""回答法""提问法",它是指教师根据学生已有的知识或经验,对学生进行提问,引导学生进行思考,对所提问题得出自己的结论,从而获得知识、发展智力的教学方法。[2] 谈话教学法,按照教学目标可以划分为启发式、回答式和再现式三种谈话形式,而从教学任务的实现形式,可以划分为引导式谈话、传授新知识的谈话、复习巩固

---

[1] 米靖著.现代职业教育论[M].天津:天津大学出版社,2010:187.
[2] 胡迎春主编.职业教育教学法[M].上海:华东师范大学出版社,2010:99~100.

知识的谈话和总结性谈话。①

教师在采用谈话教学法的时候,要注意对所教授内容合理而有效地引入,注重采用启发式教学,培养学生的思考能力,激发学生的思维,唤起学生的兴趣,使学生能积极主动地参与到学习中来。教师在通过谈话教学传授新知识、启迪新智慧的过程中,要注意知识的难度和适应性,要积极鼓励学生发现问题、提出问题并解决问题,结束之前一定要做好整个过程和内容的总结,否则会使整个教学状态显得涣散,学生的学习收效不佳。

(三)讨论教学法

讨论教学法是指学生在教师的指导之下,以小组或班级为单位,围绕某一问题进行探讨、辨明是非、相互启发、相互学习,从而获取新知识或者巩固已有知识的教学方法。讨论教学法可以划分为对话讨论、分组讨论、集体讨论和辩论式讨论等形式。②

讨论教学法的实施,教师只是起着指导和点拨的作用,要充分发挥学生的主体性,让所有的学生都积极参与到讨论中来,集思广益、取长补短、相互学习、共同提高。在讨论的过程中,老师要注意有效地把握学生讨论的观点、知识与信息,适时地对一些人或观点进行纠正,防止"剑走偏锋",以达到良好的教学效果。

(四)演示教学法

演示教学法是教师通过展示实物、直观教具或者演示实验,使学生获取或巩固知识的教学方法。③ 它大致可以分为启发式演示、巩固性演示和复习式演示三种类型。

演示教学法是一种以直观感知为主的教学方法,教师在使用之前要注意做好演示的准备,使学生明确演示的目的、要求、过程等方面。演示教学法的开展要注意理论联系实际,先用演示进行表演,使学生有了感性知识,然后在讲解中运用学生已经具有的感性知识,来启发学生理解所学内容。通过演示实验,把复杂的问题简明化,抽象的问题形象化,学生易于理解,便于接受。④

(五)实验教学法

实验教学法,是指学生在教师的指导下,利用一定的仪器、设备和材料进行独立的操作,以此来验证某种假设或者获取相关数据的教学方法。⑤ 实验一般可以分为研究性实验和教学性实验,而实验教学可以分为感知性实验和验证性实验。

在进行实验教学之前,教师要对实验仪器和教学材料做好充分的准备,向学生说明实验的目的和要求;在实验进行中,要注意检查学生的操作情况,及时纠正实验活动中的错误,帮助实验中遇到困难的学生;实验完成之后,教师要及时对实验结果做出评价和总结。在整个实验教学的过程中,教师要时刻注意实验活动的安全性,以及学生操作仪器设备的规范化。

---

① 米靖著.现代职业教育论[M].天津:天津大学出版社,2010:191.
② 纪芝信主编.职业技术教育学[M].福州:福建教育出版社,1995:211.
③ 黄艳芳主编.职业教育课程与教学论[M].北京:北京师范大学出版社,2010:207.
④ 胡迎春主编.职业教育教学法[M].上海:华东师范大学出版社,2010:102.
⑤ 李强主编.职业教育学[M].北京:北京师范大学出版社,2010:156.

(六)参观教学法

参观教学法是指教师根据一定的教学目的,组织与指导学生到校内外特定的场所(包括自然界、生产现场和社会生活场所等)对客观、实际的事物或现象进行实地观察、调查、研究和学习,从而获取新知识或巩固、验证和拓展已学知识与技能的教学方法。按照学科的不同,参观教学法可以分为生产性参观、自然和科学性参观以及历史文学性参观;按照教学任务的不同,参观教学法可以分为准备性参观、进行性参观和总结性参观。[①]

教师在开展参观性教学之前,一定要制订好参观计划,对参观的地点、目标等要进行明确的选择,以此增强参观的目的性和有效性。在参观过程中,要引导学生做好参观记录,启发他们对所见所闻认真思考,并对学生遇到的困难和疑惑进行适时的解答。在参观结束后,要及时进行有效总结,可以要求学生撰写观察报告或参观心得等。

(七)练习教学法

练习教学法是指为形成一定技能、技巧,培养创造能力,要求学生在教师指导下反复多次完成某些动作或活动方式的教学方法。按练习目的的不同,练习教学法可分为预备性练习、训练性练习和创造性练习;按练习内容的差异,练习教学法可分为心智技能练习、动作技能练习和文明行为习惯练习;[②]按形式的不同,则可以分为书面练习和口头练习。

不同的专业领域有不同的练习要求和方法。练习时,既要注重练习的过程,又要注重练习的结果。要在正确性和熟练程度的基础上,追求练习的高效性。练习要达到能够培养学生自我检查、自我分析、自我改正的能力,养成良好的学习习惯。[③]

(八)读书指导法

读书指导法,也叫"阅读指导法",是教师指导学生通过阅读教科书、参考书和课外读物等获取知识,培养独立阅读能力的教学方法。读书指导法的类型主要可以分为五种:分段型、双节型、课外及课后预习型、专任老师指导型和读书指导课型。[④]

读书指导包括指导学生预习、复习、自学教材以及阅读参考书等众多方面。在进行读书指导的过程中,要让学生学会动手做读书笔记,区分不同读物的价值,以此来判断是该采用概览、通读、精读还是背诵。读书笔记可以作为交流心得和读书报告会的材料。指导只是手段而不是目的,教师要积极调动学生阅读和学习的主动性和积极性,培养学生"好读书、读好书"的良好习惯。

(九)实习作业法

实习作业法,又叫"实践活动法",是老师指导学生在车间、农场、实习室等场所进行实际操作,将知识运用于实践以培养分析问题和解决问题能力的教学方法。[⑤]

教师在开展实习作业之前,一定要做好各项准备工作,制订明确而具体的实习计划,准

---

① 米靖著.现代职业教育论[M].天津:天津大学出版社,2010:195~196.
② 纪芝信主编.职业技术教育学[M].福州:福建教育出版社,1995:214.
③ 胡迎春主编.职业教育教学法[M].上海:华东师范大学出版社,2010:104.
④ 纪芝信主编.职业技术教育学[M].福州:福建教育出版社,1995:212.
⑤ 纪芝信主编.职业技术教育学[M].福州:福建教育出版社,1995:213.

备好各类实习器材和设备,确定实习成员的分组情况等,做到各项准备工作安排得当、有条不紊。在开展实习作业的过程中,要组织好同学们文明操作、安全作业,和相关技术部门密切配合,尽量争取学到更多的实际有用的操作技能。实习结束后,要安排撰写实习报告与实习心得,加深对实习过程的理解与消化。

上述九种方法主要是一些常用的教学方法,在普通教育和职业教育的教学中使用都相当普遍。其中,讲授法、谈话法、读书指导法主要是以语言传递为主的教学方法;讨论法主要是以引导探索为主的教学方法;演示法、参观法主要是以直接感知为主的教学方法;实验法、练习法、实习作业法主要是以实际训练为主的教学方法。除此之外,常用的一般教学方法还有发现法、欣赏法、研究法、情景法,等等。

(十)项目教学法

项目教学法,也称"产品教学法",有时候也叫"项目作业法",是指在教师指导下学生与教师通过共同实施一个完整的工作(工程)项目而进行学习的教学方法。具体到职业教育领域而言,一个"项目",可以是一件产品、一种服务、一个策划或决策等。

"项目"的理念最初来自美国现代教育家克伯屈与杜威的教育理论当中,他们提出应当根据受教育者未来将要在现实情境中遇到的问题来设计教育目标,通过提出和设置问题、分析和规划问题、操作和解决问题等一系列的所谓"做"的活动来构成教育的基本过程。[1] 而项目教学法是由美国著名儿童教育家、伊利诺伊大学教授凯兹博士和加拿大儿童教育家、阿尔伯特大学教授查德博士共同开创的。[2]

项目教学法是职业教育实践中最为典型的行动导向教学的组织形式之一,它充分体现了行动导向教学的真实性、完整性和协作性学习的原则。[3] 其实施过程一般可以分为四个教学阶段,即项目任务的确定、计划的制订及实施、项目的检查与评估、项目成果的应用与推广等。

在项目教学法的实施过程中,特别强调以行动为导向的学习,重视学生的相互交流与信息的反馈。作为职业教育和培训的一种重要教学方法,项目教学法对于培养和提高学生解决实际问题的能力具有显著的作用。因此,在项目开展的整个过程中,教师要引导学生将理论与实践紧密结合起来,只有将自身的专业理论知识运用到具体实践中去,才能真正培养和增强自身的实践技能。

(十一)案例教学法

案例教学法,又叫"案例分析教学法",它指的是教师选用专业实践中常见的、具有一定难度的典型案例,组织学生进行分析和讨论,提出解决问题的策略的教学方法。这里的"案例"是关于实际情境的描述,它指的是一个完整的、有代表性的真实事件。[4]

案例教学法的产生可以追溯到古希腊和古罗马时代。希腊哲学家、教育家苏格拉底在教学中曾采用"问答式"教学法,这可以被看作案例教学的雏形。之后,希腊哲学家柏拉图

---

[1] 米靖著.现代职业教育论[M].天津:天津大学出版社,2010:204.
[2] 邓泽民著.职业教育教学论[M].北京:中国铁道出版社,2011:64～65.
[3] 刘邦祥.试论职业教育中的行动导向教学[J].职教论坛,2006(2):6.
[4] 马建富主编.职业教育学[M].上海:华东师范大学出版社,2008:116.

继承了苏格拉底的教育思想,将"问答"积累的内容编辑成书,在书中附带了许多日常生活的小例子、小故事。一个例子说明一个原理,这些小例子可以被看作案例的雏形。案例教学最早应用于法学和医学领域,1908年哈佛商学院正式成立时,案例教学法又被引入商业教育领域。1908年哈佛大学创立企业管理研究院,开始正式推行案例教学。它是一种围绕教学目标,在教师的指导下,学生对呈现的典型案例进行讨论分析、归纳总结,从而培养学生思维能力的一种新型教学方法。[①]

案例教学法的实施,可以分为三个阶段——课前准备、课堂实施和课后评估,具体可以分为六个环节,即案例的引入、信息的收集、方案的研讨、决策的制订、方案的确定以及方案的评价等。在运用案例教学时,要注意精选案例,案例必须真实可信、客观而且多样;要做好充分的课程准备,案例教学的目标要明确而具体,要给予学生充分的独立思考、讨论的时间和空间。

(十二)模拟教学法

模拟教学法,又叫"模拟实习法"或"模拟练习法",是指在教师的指导之下,学生在模拟的工作环境中扮演实际工作中的角色,从事有关职业内容的一系列角色活动的教学方法。[②]模拟教学可以分为三大类,即模拟设备教学、模拟情境教学和模拟人物教学。

它是1967年由Fannin Shaftel和George Shaftel创立的,是一种通过表演相关情境和讨论表演的方式来探索感情、态度、价值、人际关系问题以及这些问题的解决策略。就本质而言,模拟教学法是一种以教学手段和教学环境为目标导向的行为引导型教学模式。[③]

模拟教学法既运用于常规的课堂教学,又运用在学生的教学实习中。在职业教育当中,职业学校和老师要根据学生的心理认知特点把教学内容和职业要素联系起来。其具体的实施过程基本按照四个步骤来展开:

第一步,计划阶段,制订教学计划,布置模拟任务;

第二步,执行阶段,划分小组、分派角色,开展模拟表演;

第三步,检查阶段,对学生的表演结果进行检查,展开分析和评价;

第四步,处理阶段,包括对结果的考核评分以及再次表演,以期取得更好的结果。

在实施模拟教学的过程中,对于设备的模拟,要注意学生操作的规范性,让他们掌握正确的要领;对于情境的模拟,要强化情境和场景的逼真性,也要认清模拟情境与现实情境的差异;对于人物的模拟,要注意所模拟的职业身份的规范化,不可简单了事。

(十三)要素作业法

要素作业法,也称"要素作业复合法",它是一种通过对手工生产劳动过程的分析,从中抽出操作要素编成单元作业,然后在与生产现场相脱离的场合按一系列要素作业进行教学的方法。[④]

要素作业法的实施要遵循由易到难、由简到繁、循序渐进的原则,教师要让学生学习和

---

① 邓泽民著.职业教育教学论[M].北京:中国铁道出版社,2011:75.
② 马建富主编.职业教育学[M].上海:华东师范大学出版社,2008:117.
③ 邓泽民著.职业教育教学论[M].北京:中国铁道出版社,2011:69.
④ 纪芝信主编.职业技术教育学[M].福州:福建教育出版社,1995:214.

掌握个别工序复合法的基础,然后在熟练掌握这些要素的基础之上,进行复合与应用,从简单作业逐步过渡到复杂作业。

在具体的操作过程中,老师应该指导学生认真分析工种的特点,明白其原理,知晓其操作步骤,从而分解出最基本的要素工序。实施过程的进度和难度必须得到控制,应根据学生的心理特点和已有的技能水平来确定。总之,要素作业法是一项具有很强实践性的教学方法,其教学过程的展开既要兼顾学生对某项工作的掌握与熟练,又要兼顾对此项工作所在的工种的整体技术的熟练与掌握,以此提高学生的操作技能。

(十四)四阶段教学法

四阶段教学法,顾名思义,就是将教学过程分为四个阶段的教学方法,这四个阶段包括准备阶段、教师的示范讲解阶段、学生的模仿阶段和练习总结阶段,它是一种程序化的技能训练教学方法。[①]

四阶段教学法起源于美国工业界在第二次世界大战期间的"Within-Industry-Program"训练框架。此后,德国为便于在工业界学习工厂中职业能力的传授,由 REFA 协会(德国企业管理协会)加以改造。其出发点是熟练产业工人的工作活动分析。在此,被归结为工作任务、工作流程、劳动工具和劳动组织。[②]

四阶段教学法是操作技能教学的主要方法之一,多用于诸如设备操作、技能训练等实践技能的教学和培训。它以行为主义的学习理论为基础,同样经过行为主义操作技能形成所必经的定向、模仿、整合以及熟练四个阶段,其中以教师示范——学生模仿为核心。

在这四个阶段中,准备阶段既包括准备相应的教学设备,也包括引导学生积极主动地参与,及时激发学生投入学习的兴趣;在示范阶段,教师要细致讲解操作学习的步骤,说明操作的要点和注意事项,并进行必要的强调;在模仿阶段,要引导学生理清思路,围绕"是什么—为什么—怎么做"的逻辑来熟知操作技能,在反复的操作中习得操作的要领;在练习总结阶段,通过学生的独立操作的情况,教师予以检查、点评、指正,对学生进行适时的赞赏和鼓励,让其在反复的操作练习中,规范而有效地获得技能。

(十五)引导文教学法

引导文教学法,即"引导课文教学法",又称"手册引导法",国内许多学者称其为"基于项目的引导文教学法"。[③] 它是借助一种专门的教学文件来引导学生独立学习和工作的教学方法。[④] 这种专门的教学文件即引导文(引导课文),它大致可以分为项目工作引导文、知识技能传授性引导文以及岗位分析引导文三种类型。

引导文教学法是承接着四阶段教学法而产生的。四阶段教学法可以被看作以教师或培训者为中心的教学方法,而引导文教学法就是在教师或培训者促进学生(受训者)学习的过程中,借助于预先准备好的引导性材料(引导文),通过对计划的制订、实施以及整个过程的指导,引导学生(受训者)解决实际问题而产生的。其具体关系如下图表所示。

---

① 胡迎春主编.职业教育教学法[M].上海:华东师范大学出版社,2010:112.
② 李强主编.职业教育学[M].北京:北京师范大学出版社,2010:152.
③ 米靖著.现代职业教育论[M].天津:天津大学出版社,2010:208.
④ 黄艳芳主编.职业教育课程与教学论[M].北京:北京师范大学出版社,2010:214.

表6-1 引导文教学法与四阶段教学法[①]

四阶段教学法		引导文教学法	
教授方法	学习方法	教授方法	学习方法
讲解	听	提出引导问题 讨论	独立获取信息
示范	看	制订计划是提供帮助 讨论计划草案	独立制订计划
指正	模仿	提出引导问题 讨论疑难问题	独立实施计划
评议	练习	编写质量控制单 评价成果	独立评估检查

通过对比可以得知,在职业教育中采用引导文教学法开展教学,教师要做好教学准备,提出引导问题并同学生一起讨论问题,在学生实施计划的过程中予以监督指导,最后进行总结和评价。学生则需要独立地获取信息,制订并实施计划,最后检查和评估自己的成果。这一整个教学过程可以分为六个阶段:获取信息、制订计划、做出决定、实施计划、检查以及评定等。具体教学过程如下表所示。

表6-2 引导文教学法的教学过程[②]

教学步骤	参加人员	教学用具
准备	教师	工作任务、引导文
分组	教师、学生	对迄今为止学习过程的总结
明确任务	教师	—
回答引导问题	学生,多以分组形式	引导文、专业书籍等
制订共同计划	学生,多以分组形式	引导文、专业书籍等
讨论答案和计划	教师、学生	引导文、专业书籍等
加工完成任务	学生,独立或分组形式	视任务而定
自我评分	学生独立	评分标准
他人评分	教师	评分标准
总结	教师、学生	引导文、评分表与项目成果

在实施引导文教学法的过程中,需要注意的是:第一,要合理把握引导文的难易程度。引导文多以引导问题的形式出现,这些问题必须控制好难易程度和区分度,学生通过引导文,要能够明确学习目标,清楚地知道他们所需要学习的知识、掌握的技能或者是完成的工作。第二,学生的一系列学习活动都是独立的。教师要充分调动学生的学习积极性和主动

[①] 胡迎春主编.职业教育教学法[M].上海:华东师范大学出版社,2010:131~132.
[②] 胡迎春主编.职业教育教学法[M].上海:华东师范大学出版社,2010:131.

性,通过学生的独立思考、独立发现问题和解决问题,培养学生的独立工作能力。

(十六)张贴板教学法

张贴板教学法,又叫"卡片展示法",是指在张贴板上钉上由学生或老师填写的有关讨论或教学内容的卡片,通过添加、移动、拿掉或更换卡片进行讨论、得出结论的研讨式教学方法。[1]

这一方法是由 G. Eberhard 和 W. Schnelle 开发出来的会议技术。运用卡片展示技术(张贴板)可以通过"书写讨论"的方式将学生引入交流的氛围,最大限度地调动所有学生的学习积极性,使每一位学生积极地加入发现和解决问题的工作中去,并可以有效克服谈话法不能记录交谈信息和传统的黑板上文字内容难以更改、归类和加工整理的缺点。[2] 因此,它是一种典型的由师生共同构建的教学媒体。[3]

张贴板教学法的实施主要包括教师开题、收集意见、加工整理以及归纳总结等四个方面。开题可以采用谈话或讨论的方式引入需要解决的问题,然后收集学生的意见在张贴板上予以展示。学生的意见不宜太过冗长,应主要以关键字或词语的形式,以便后续展开讨论。在加工整理阶段,教师和学生通过讨论对卡片进行添加、移动、更换等操作,对所收集的资料信息进行系统性的加工处理。最后得出结论,以解决开题时所提出的问题。整个教学过程要注意谈话和讨论的有效性,不能为某个问题争执不休而耽搁时间。建议采用分组讨论,以提高每个人的参与度和效率。

(十七)头脑风暴教学法

头脑风暴教学法指的是在教师的有效引导之下,学生就某一课题自由地发表自己的意见,老师和其他同学不对其正确性和准确度进行任何评价或干预的教学方法。这是一种可以在最短的时间内获得最多的思想因子和观点的讨论性方法。[4]

"头脑风暴"法又被称为"集脑会议"或"集体激励法",是由美国创造学家、BBDD 广告公司副总裁阿历克斯·奥斯本在 1939 年首次提出的一种激发性思维的方法,[5]旨在借助团队的力量汇集和启发风暴般的思潮来开发广告创意活动。在教学中,尤其是在职业教育的教学实践中,通过"头脑风暴"式的讨论,可以收集大量解决问题的意见和建议。

采用头脑风暴法,必须注意以下几个方面:

第一,要让学生自由思考,而且要能够不受任何拘束地自由发言,只有充分地解放学生的思想,才能收集到更多有益的观点和建议。

第二,要注意评价不能与回答同步进行,学生在回答问题或给出建议的时候,老师和其他同学不能直接地立即给予评价甚至将其打断,不论是对其看法表示赞同或否定。评价必须居于"集思广益"之后。

第三,讨论要注重量的积累,只有让同学们提出越多的观点和看法,才能在最后提炼出

---

[1] 马建富主编.职业教育学[M].上海:华东师范大学出版社,2008:118.
[2] 邓泽民著.职业教育教学论[M].北京:中国铁道出版社,2011:87.
[3] 胡迎春主编.职业教育教学法[M].上海:华东师范大学出版社,2010:118.
[4] 马建富主编.职业教育学[M].上海:华东师范大学出版社,2008:117~118.
[5] 邓泽民著.职业教育教学论[M].北京:中国铁道出版社,2011:83.

越有价值的意见和建议。也就是说,必须以量的积累才能达到质的生成和提高。

第四,要控制好参加的人数和讨论的时间。头脑风暴法的开展适宜采用小组讨论,每组5~10人左右,时间控制在5~15分钟为宜。人数过多或过少、时间太长或太短,都会对最后的结果造成影响。有经验表明,由"头脑风暴"法产生的建议有5%~10%是可行的。[1]因此,可以根据这一数据结构来归纳整理、分析和总结学生所提出的意见和建议。

(十八)理论与实践一体化教学法

理论与实践一体化教学法,顾名思义,就是将理论教学与实践训练融为一体,让学生的理论学习与实践学习更加有机地结合起来。目前一体化教学在实际运用中有两种形式:课程一体化教学和教师一体化教学。课程一体化教学就是由不同教师分别担任理论性强和实践操作要求高的教学。教师一体化教学就是将理论与实际合二为一,即与教学、与课程相关的所有授课内容均由一位教师担任。[2]

在职业教育中运用理论与实践一体化教学,主要是打破传统的科学体系和教学模式,根据职业教育培养目标的要求重新整合教学资源,体现能力本位的特点,将实践技能的培养和职业素养的灌输贯穿于各个教学环节,从而实现三个转变:从以教师为中心如何"教给"学生,向以学生为中心如何"教会"学生转变;从以教材为中心向以技能项目为中心转变;从以课堂为中心向以课堂、校内外基地结合为中心转变。[3]

理论与实践一体化教学法的实施,需要重新修订教学计划,整合课程体系;增强实践性教材的引入,将实践内容引入到课堂教学当中;加强"双师型"教师队伍的培养建设,这一点对教师一体化教学尤为关键;科学规划、建设和整合校内外实习实训基地,以此切实落实一体化教学。

上述第十至十八种方法主要是运用于职业教育领域的教学方法,充分体现了职业教育的职业性、专业化、实践性等特征。在实际的职业教育教学情境中,有效教学的开展通常不是某一种方法的单独使用,而是多种方法的集合体。在不同的教学环境下,选用恰当的教学方法,将会使教学达到事半功倍的效果,大大提高教学的效率。

三、职业教育教学方法的选择与运用

如上所述,职业教育的教学方法各式各样,不胜枚举。每一种教学方法的使用范围都有差异,各自的适用范畴都是有条件的。不同的学生水平与层次、不同的教师以及不同的教学环境等,都会影响到教学方法的选择与应用,都会产生不同的教学效果。

苏联时期著名教学论专家孔德拉秋克曾经说过:"教学的成败在很大程度上取决于教师能否妥善地选择教学方法。知识的明确性、具体性、根据性、有效性、可信性,有赖于对教学方法的有效利用。"[4]因此,在职业教育的教学实践中,选择合适的教学方法就显得十分必要。

---

[1] 马建富主编.职业教育学[M].上海:华东师范大学出版社,2008:118.
[2] 胡迎春主编.职业教育教学法[M].上海:华东师范大学出版社,2010:136.
[3] 黄艳芳主编.职业教育课程与教学论[M].北京:北京师范大学出版社,2010:216.
[4] 孔德拉秋克著,李子卓译.教学论[M].北京:人民教育出版社,1984:57.

在对教学方法的具体选择中,要依据职业教育的教学目的和教学任务、学生已有的知识技能等方面的发展水平、教师自身的能力水平以及现有教学设备等诸多方面的实际条件,坚持贯彻职业教育教学中理论与实践相结合的根本性原则,突出教学方法所体现出的发展性、教育性,严格遵守适用性的原则。在职业教育动态的教学环境当中,没有哪一种教学方法可以称为最好,只有在一定的条件下最适用。

教师只有根据教学计划和原则的要求,同时结合着自己的实践经验,创造性地选择和设计适合特定的教学环境和特定的学生群体的教学方法,以此来完成既定的教学任务,才能真正实现职业教育教学培养专业技能人才的目标。

第四节 职业教育的教学模式

在《教育大辞典》中,"教学模式"被定义为:"反映特定教学理论逻辑轮廓,为实现某种教学任务的相对稳定而具体的教学活动结构。"[1]它最初是由美国的乔伊斯(Bruce Joyce)和韦尔(Marsha Weil)在1972年合著的《教学模式》(Models of Teaching)一书中提出来的。他们认为,教学模式是"构成课程和作业、选择教材、提示教师活动的一种范式或计划。"[2]通俗地讲,教学模式是在一定教学思想指导下、在丰富的教学实践经验基础上,为完成特定的教学目标和内容、围绕某一主题形成的稳定而简明的教学结构理论模型及其具体操作的实践活动方式。[3]

教学模式与课程模式、教学方法之间的关系紧密,共同构成了学校教育中课程教学的重要组成部分。但是,不可将其与另外二者混为一谈。就本质而言,课程模式是具有一定课程结构和育人功能并适用于一定环境的课程组织形式;教学方法是在教学中为完成教学任务从而实现教学目标所使用的方式和手段;而教学模式是教学理论的具体化,是教学实践的概括化,是教学理论应用于教学实践的中介。

职业教育的教学模式因职业教育与普通教育在培养目标等诸多方面的差异而有其较强的特殊性。就目前而言,国内外职业教育的教学模式有数十种之多。国外主要有德国的"双元制"、美国和加拿大的 CBE 模式、国际劳工组织的 MES 模式、澳大利亚的 TAFE 模式、英国的 BTEC 教学模式、日本的公共职业训练模式、韩国的"产学合作"模式等;国内主要有五阶段教学模式、任务驱动教学模式、产学研结合模式、范例教学模式、探究式教学模式、抛锚式教学模式等。这些所有的教学模式,大致可以分为学科本位(学科中心)、能力本位、活动中心、问题中心等四种类型。下面就目前国内外职业教育一些典型的教学模式予以分析。

---

[1] 顾明远主编.教育大辞典(增订合编本上)[M].上海:上海教育出版社,1998:717.
[2] 张武升.关于教学模式的探讨[J].教育研究,1988(7):60.
[3] 徐继存等.教学模式研究:何去何从[J].克山师专学报,2000(2).

一、国外职业教育的典型教学模式

(一)"双元制"教学模式

"双元制"(Dual System)是德国职业教育的主要形式,是其中最具特色的同时也是其核心的部分。它形成于20世纪20年代,在50年代逐渐发展完善起来,在1984年首次使用"双元制"这一名称。所谓"双元制"教学模式,是一种企业(通常是私营的)与非全日制职业学校(通常是公立的)合作进行职业教育的模式。① "双元制"的独特性主要表现在职业学校与工厂企业、基础理论知识与实践技能的有机结合,从而为培养合格的高素质的技术工人提供了坚强的后盾。因其对德国国民经济做出了巨大贡献,使德国在"二战"后得以迅速崛起,"双元制"被人们称为德国职业教育的"秘密武器"。

"双元制"教学模式的"双元"特性主要体现在以下几个方面:②

(1)两个教育主体——企业与职业学校。企业着重进行实际操作技能的训练,职业学校着重理论知识的传授。

(2)受训者的双重身份——学生与学徒。在"双元制"教学模式中,接受训练的青少年首先同企业签订培训合同,成为企业的学徒;其次,根据《学校法》在职业学校里接受理论课的学习,成为职业学校的学生。

(3)两种法律依据——职业教育法与学校法。企业里的培训主要遵守联邦制定的职业教育法,属联邦政府管辖。职业学校的教学要遵守各州制定的学校法规,由各州负责。另外,企业培训绝大多数是在私营企业里,是建立在民法性质的培训合同基础上的,而职业学校大多是公立的,是建立在公法标准基础上的(学校职业教育是按公共教育法进行的)。企业与职业学校的培训、教育分属两个不同法律范围。

(4)两个主管单位——联邦与州的政府文教部门。企业的职业培训由联邦政府主管,职业学校的教学则由各州的文教部分管。

(5)两类课程——实训课与理论课。"双元制"教学模式的课程总的来说可以划分为两类,即实训课与理论课。实训课主要在企业中进行,理论课则主要在职业学校中进行,部分课程会有所交叉。

"双元制"采用的是"合作培养"的教学模式,新加坡的"教学工厂"是其新发展。20世纪80年代初,新加坡南洋理工学院院长林靖东经过多年的理论研究和多年从事职业技术教育的实践,首次提出了新加坡职业技术教育的"教学工厂"模式。所谓"教学工厂",是一种教学模式和教学思想,是一个概念,而不是在学校之内、教学之外,开办一个附属的教学实习工厂,或在社会上划定某一个工厂为学校定点实习厂,让学生在学校学完理论课后再到工厂学操作,而是要把教学和工厂紧密结合起来,把学校按工厂模式办,把工厂按学校模式办,给予学生一个工厂的学习环境,让学生通过生产学到实际知识和技能。③

"双元制"教学模式于20世纪80年代初由原国家教委引入中国。当时主要在中等技

---

① 石伟平著.比较职业技术教育[M].上海:华东师范大学出版社,2001:101.
② 王小丽.中外职业教育教学模式的比较及启示[J].黄河水利职业技术学院学报,2011(1):70.
③ 明廷华."教学工厂":一种值得借鉴的教学模式[J].职教论坛,2007(16):63.

术学校中进行试点,经过20年来"双元制"自身的发展与完善以及在我国的实践表明,"双元制"教学模式对于我国的高等职业技术教育有许多可借鉴之处。①

(二)CBE教学模式

CBE(Competency-based Education)意为"以能力培养为中心的教育教学体系"。该教学模式是美国休斯敦大学以著名心理学家布鲁姆的"掌握性学习"和"反馈教学原则"以及"目标分类理论"为依据,开发出的一种新型教学模式。②CBE模式主要流行于北美,加拿大、美国、英国、澳大利亚等发达国家运用较为广泛,20世纪90年代初逐渐在各国推广,现在已有30多个国家和地区学习和运用CBE教学模式。③

CBE中的能力(Competency)不仅仅是指操作能力、动手能力,而是指整个职业能力。它由知识、态度、经验和反馈构成一个专项能力(用一个学习模块的形式表示),6~8个专项能力构成一个综合能力,8~12个综合能力构成一种职业能力。它强调的是职业或岗位所需能力的确定、学习、掌握和运用。也就是以职业或岗位所必需的知识、技能、行为意识为从业能力的基础,以能力表现为教学目标。④

CBE突出特点主要体现在以下三个方面:⑤

首先,以职业能力作为进行教育的基础、培养目标和评价标准;以通过职业分析确定的综合能力作为学习的科目;以职业能力分析表所列的专项能力从易到难的顺序,安排教学和学习的教育体系和学习计划。

其次,CBE以能力作为教学的基础,而不是以学术知识体系或学历为基础,因此,对入学学员原有经验所获得的能力经考核后予以承认,可以用较短的时间完成原定课程。该模式强调学生自我学习和自我评价。教师是学习过程中的管理者和指导者,负责按职业能力分析表所列各专项能力提供学习资源,编出模块式的"学习包"——"学习指南",并不断对学生获得的成绩进行评定和鼓励。学生按照学习指南的要求,根据自己的实际情况制订学习计划,完成学习任务后,先进行自我评价,认为达到要求后,再由教师进行考核评定。

再次,办学形式的灵活多样性和严格的科学管理。CBE强调的是社会需求和学生在学习过程中的主体作用。课程可以长短不一,随时招收不同程度的学生并按自己的情况决定学习方式和时间。如全日制、半日制、个人、小组学习,听课或自学等,毕业时间也不一致,易做到小批量、多品种、高质量。由于学生入学时的基础差别、学习方式的个别化,毕业时间也不同,这就要求有一套严格科学管理制度,才能最大限度地满足教学的需要和发挥设备的作用。

CBE模式于20世纪90年代初,由原国家教委,通过"中国—加拿大高中后职业技术教育交流合作项目"(CCCLP)引入中国,并在许多高职院校得到广泛应用。⑥

---

① 樊国华,李加棋,商丽媛.国外高等职业教育教学模式分析及启示[J].理论导报,2010(11):52.
② 周勇.高等职业教育教学模式研究综述[J].长沙民政职业技术学院学报,2007(1):77.
③ 樊国华,李加棋,商丽媛.国外高等职业教育教学模式分析及启示[J].理论导报,2010(11):51.
④ 邓英剑,刘忠伟.国内外职业教育教学模式的比较分析[J].中国冶金教育,2011(5):5.
⑤ 邓英剑,刘忠伟.国内外职业教育教学模式的比较分析[J].中国冶金教育,2011(5):5.
⑥ 樊国华,李加棋,商丽媛.国外高等职业教育教学模式分析及启示[J].理论导报,2010(11):51.

(三)MES 教学模式

MES(Modules Of Employable Skills)意为"模块式技能培训",是国际劳工组织于20世纪70年代末、80年代初在借鉴德国、瑞典等国的"阶段式培训课程模式"以及英、美、加等国的"模块培训"等经验的基础上,运用系统论、信息论和控制论开发出来的职业技术培训模式,旨在帮助世界各国特别是发展中国家改变在技术工人培训上效率低下的状况。[①]

MES 以表的方式确定出某职业或岗位应该具备的全部职能(Function),再把这些职能划分成各个不同的工作任务(Tasks),以每项工作任务作为一个模块(Modular Unit 简称 MU)。该职业或岗位应完成的全部工作就由若干模块组合而成,根据每个模块实际需要,确定出完成该模块工作所需的全部知识和技能,每个单项的知识和技能称为一个学习单元(Learning Element,简称 LE),由此得出该职业或岗位 MES 培训的、用模块和学习单元表示的培训大纲和培训内容。[②]

MES 教学模式的基本特征可以归结为以下几点:[③]

(1)缩短了培训与就业的距离。MES 教学模式突破了传统的以学科为系统的教学模式,建立起了以职业岗位需求为体系的新教学模式。这就使培训更加贴近生产、贴近实际。

(2)有助于提高学习效率。MES 教学模式有利于学生在学习动机最强烈的时候,选修最感兴趣和最为需要的内容。而学习兴趣越浓,学习的效果就越好。

(3)有利于保持学习热情。MES 中的每个模块都比较小,同时又有明确的目标,所以,有助于学生看到成功的希望,并在较短的时间内为获得成功而满腔热情地奋斗。

(4)具有开放性和适应性。它可以通过增删模块或单元来摒弃陈旧的内容、增添新的内容,从而保证培训内容总体上的时代性和先进性。

(5)具有评估反馈系统,对社会生产和经济的发展有快速反应的能力。

MES 模式于1987年通过国际劳工组织引入我国。对于该模式,国家没有采取行政手段和财政支持,而是鼓励有关单位自行采用。十几年来,我国在推广运用 MES 模式开展技术培训工作方面,取得了很大成绩。[④]

(四)TAFE 教学模式

澳大利亚进行高等职业教育的主导力量是 TAFE(Technical and further education)院校,含义是"技术和继续教育"。TAFE 院校构成了澳大利亚最大的高等教育系统,是澳大利亚职业教育与培训的主力军。[⑤]

TAFE 是澳大利亚引以为荣的以公立学院为主要办学基地,在国家资格框架体系(包括资格认证框架、培训框架、认证框架)下,以产业推动为力量,以政府、行业与学校结合为特征,以客户(学生)为中心,与中学、大学有效衔接的、相对独立的、多层次的综合性职业教

[①] 周勇.高等职业教育教学模式研究综述[J].长沙民政职业技术学院学报,2007(1):78.
[②] 邓英剑,刘忠伟.国内外职业教育教学模式的比较分析[J].中国冶金教育,2011(5):6.
[③] 王小丽.中外职业教育教学模式的比较及启示[J].黄河水利职业技术学院学报,2011(1):70.
[④] 樊国华,李加棋,商丽媛.国外高等职业教育教学模式分析及启示[J].理论导报,2010(11):52.
[⑤] 樊国华,李加棋,商丽媛.国外高等职业教育教学模式分析及启示[J].理论导报,2010(11):52.

育培训体系,至今已有100多年的历史,在国际上具有较高地位。[1]

TAFE的教学模式主要表现出以下几个特征:[2]

第一,能力本位的培训。能力本位培训是澳大利亚TAFE学院教学的重要特色。TAFE教学模式的特点是学生在真实的工作场所中增进职业能力。整个教学过程是一个包括传递知识、评估培训效果和认定培训效果的完整过程。这种教学模式强调一切教学活动都以学生职业技能的提高为目的。

第二,以学生为中心的教学。TAFE学院的教学对象大多是成年学生,相当一部分学生是从工作岗位回到校园再接受培训的,他们已经拥有较丰富的经验,并且在学习目的和学习兴趣上有明显差异。TAFE学院教师的教学任务主要是传递职业技能,指导职业技能,激励学生实践技能直至熟练技能。在TAFE学院,教师会对每位学生进行指导,解答他们各自存在的问题,整个教学过程在师生共同配合中完成。

第三,灵活多样的教学服务。TAFE学院的学生既可以脱产培训,也可以在职培训。教学采取模拟公司、在企业现场实习等方式。教学地点根据需要可设在教室、实训车间和真实的企业里。考核方法根据教学内容和技能标准,采取笔试、现场操作或请学生实习的企业做出评价等方式。

TAFE的教学特点与中国教育部提倡的大力推行工学结合,突出实践能力培养,改革人才培养模式不谋而合,它对中国高职教育推行以职业能力培养为重点,与行业企业合作进行教学、课程实施的组织安排等方面有着启发和借鉴意义。[3]

(五)BTEC教学模式

BTEC是商业与技术教育委员会(Business & Technology Education Council)的简称,由英国两大职业评估机构商业教育委员会(BEC)与技术教育委员会(TEC)合并而成。BTEC既代表机构,也代表了一种资格。尤其是职业技术资格方面,在英国有广泛性和权威性,BTEC已成为英国首要的资格开发和颁证机构。[4]

英国BTEC教学模式是一种国际上较有影响的职业教育证书课程。由英国爱德思国家学历及职业资格考试委员会颁发证书,分初、中、高3个层次9大类,上千种专业证书。其中BTEC国家高级文凭(HND)课程,即相当于英国大学前两年的课程。同时,还相当于达到了相应专业的英国国家职业资格NVQ四级水平。学生毕业后,既可继续升入英国大学的学士学位学习,又可直接就业,无须再经过岗前职业资格培训考试。[5]

BTEC教学模式的主要特点表现在以下几个方面:[6]

第一,"以学生为中心"是BTEC教学模式的核心。在教学过程中,自始至终突出学生的学习活动,注重学生作为教学主体的存在是BTEC的主要特征。

第二,突出对学生通用能力的培养。把培养通用能力作为学生学习过程的重要部分,

---

[1] 刘兰明著.高等职业技术教育办学特色研究[M].武汉:华中科技大学出版社,2004:68.
[2] 张江林,郑天竹.TAFE教学模式对中国高职基础课改革的启示[J].中国现代教育设备,2011(23):121~122.
[3] 王玉霞.澳大利亚TAFE教学特色对中国高职院校实践教学的启示及其运用[J].当代世界,2009(3):52.
[4] 朱旭平.BTEC教学模式在高职课程教学中的应用[J].教育与职业,2004(28):24~25.
[5] 王珑.借鉴英国BTEC教学模式 改革高职考核评价方法的浅析[J].中国职业技术教育,2003(1):40.
[6] 王珑.BTEC教学模式带给我们的变化[J].中国职业技术教育,2005(1):22~23.

对学生通用能力的水平进行评估是 BTEC 教学模式的特色之一。BTEC 模式将通用能力归纳为七项,即①自我管理和自我发展的能力;②与他人合作共事的能力;③交流的能力;④安排任务和解决问题的能力;⑤数字运用能力;⑥科技运用能力;⑦设计和创新能力。

第三,根据行业的职业资格标准设置课程教学大纲。BTEC 课程教学大纲是由英国 Edexcel(爱德思)国家学历及职业资格考试委员会根据雇主协会提出的职业资格标准组织教育专家制订的,因此它符合社会和企业需求,针对性和实用性强。

第四,考核评价方法独特。BTEC 教学模式的考核方法从根本上改变了以分数为主、以试卷定成绩的传统考核方法。BTEC 模式的考核以"课业"为形式,以"证据"为依据,以"成果"为标准。学生成绩的确定以课业为主要形式,重点考核学生学习的专业能力成果和通用能力成果。

天津职业大学在引进英国 BTEC 教学模式并将其本土化的教学实践中感到,BTEC 教学模式在通用能力的内涵分解、评价标准、培养途径等方面已经形成了较系统的理论,并探索出了切实可行的实施办法,引进 BTEC 教学模式将有助于促进我国高职教育教学改革向纵深发展。[1]

二、国内职业教育的典型教学模式

我国在学习和借鉴世界主要发达国家职业教育教学模式的同时,结合自身各方面发展实际,积极探索符合我国职业教育发展的教学模式。尤其是近些年来,各地区或职业学校探索出了多种各具特色的教学模式。下面我们简要介绍一下目前国内影响较大的两种职业教育教学模式:五阶段教学模式和产学研结合教学模式。

(一)五阶段教学模式

五阶段教学模式,全称"五阶段周期循环职业教育教学模式",它是在借鉴国外先进职业教育教学模式的基础上,结合我国的具体国情,在"市场调查与分析、职业能力分析、教学环境开发、教学实施、教学管理与评价"五个阶段上做了较为深入的理论和实践研究,同时运用教育学、心理学、教育技术学、课程设计理论和营销学、技术经济学、质量管理学等现代科学理论设计开发的一套较为完整的、适应我国社会主义市场经济特点的能力本位的职业教育教学模式。由于这一教学模式的五个阶段具有周期循环的特征,故称为"五阶段周期循环职业教育教学模式"。[2]

五阶段教学模式的具体内容包括以下五个方面:[3]

第一阶段:市场调查分析阶段。一是市场调查,主要研究国家特别是本地区的有关政策,调查人才市场需求,正确做出专业设置的决定;二是专业开办的可行性研究,就是根据人才需求,决定培养方式、学制等。

第二阶段:职业分析阶段。经过市场调查分析,确定了开设的专业,就需要研究专业培

---

[1] 王珑,董刚.借鉴英国 BTEC 教学模式 改革高职学生能力培养方式[J].中国职业技术教育,2008(19):53.
[2] 邓泽民,陈庆合,郭化林.借鉴 CBE 理论,构建适合中国国情的职教模式[J].河北职业技术师范学院学报:社会科学版,2002(4):1.
[3] 周勇.高等职业教育教学模式研究综述[J].长沙民政职业技术学院学报,2007(1):79~80.

养目标。根据职业教育能力本位原则,应用职业能力和素质分析方法,进行培养目标专项职业技能和素质的分析。

第三阶段:教学环境开发阶段。包括开发教学软环境和开发教学硬环境两方面内容。

第四阶段:教学实施与管理。教学实施过程分为四部分:一是入学水平测试;二是制订学习计划;三是实施学习计划;四是成绩的考核与评定。

第五阶段:教学评价与改进。教学评价是职教模式周期中,承上启下的一个重要环节。因此,教学评价必须标准化、规范化和制度化,以保证模式的顺利运行和周期效率提高。教学评价包括:学生培训目标评价、教学环境评价、教学过程评价、教师评价和教学评价等。

五阶段教学模式以人才市场为导向,强调职业教育的专业设置随着社会对人才需求的变化而变化;以能力培养为中心,重视综合素质和职业能力的提高;以科学方法为指导,具有较高的系统性和实用性。它针对我国的国情和实际,在市场调查与分析、职业能力分析、教学环境开发、教学实施、管理与评价等五个阶段,均较 CBE、MES 等教学模式有较大的发展和创新,得到众多职业教育专家学者的高度评价和认可。①

(二)产学研合作教学模式

早在 1934 年,毛泽东同志就提出"教育与劳动结合起来"的思想,强调教育与生产的结合。② 1997 年,江泽民总书记在党的"十五大"报告中强调指出,有条件的科研机构和大专院校要以不同形式进入企业或同企业合作,走产学研结合的道路。这为我国高等教育改革指明了前进方向。③ 在教育部高教司文件([2000]2 号)中,明确把"产学研结合"作为高职教育的六项基本特征之一。④ 2002 年 10 月教育部部长周济在中国高职高专产学研结合经验交流会上明确指出"产学研结合是高职高专发展的必由之路和重要的指导方向"。⑤

产学研合作教育,简称"产学研结合",国际上称为"合作教育"。它是指生产、教学、科研三者在形式上的结合与本质上的合作,是高职院校一种新的教学模式。目前我国产学研合作教学的运作模式主要有以下四种:⑥

①校内产学研合作模式——根据学生培养目标的需要而建立的与专业密切相关的产业、企业、工厂,并使之与教学、科研挂起钩来。

②双向联合体合作模式——结合区域经济发展实际,依托当地主导产业办专业,依托专业办产业。

③多向联合体合作模式——高职院校选择现代化程度比较高、与自己所设专业相同或相近的企业作为合作伙伴进行办学。

④以企业为本模式——企业结合自身的产业类型,配套开办高职院校,设置针对性比较强的专业,培养适用性较强的人才。

产学研结合的核心是教育,主体是学生,目的是提高学生对社会生产的适应能力,基本

---

① 邓泽民,陈庆合.高等职业技术教育教学模式的比较与创新研究[J].职教论坛,2002(20):10.
② 张萍.借鉴德国双元制教学模式探索高职教育产学研合作有效途径[J].辽宁科技学院学报,2007(4):51.
③ 冯林,徐循,赵维俊,王凤英,尹平凡.推广产学研教学模式的实践[J].中国大学教学,1998(3):14.
④ 范小振.校企合作深化产学研结合教学模式改革的探索与实践[J].沧州师范专科学校学报,2006(2):59.
⑤ 张萍.借鉴德国双元制教学模式探索高职教育产学研合作有效途径[J].辽宁科技学院学报,2007(4):51.
⑥ 杨敏恒.论产学研合作教学模式的优化及运作要求[J].江西金融职工大学学报,2008(1):102.

特征是学校与企业合作培养学生,本质是教育学习与真实工作相结合。产学研结合教学模式是在一定的制度环境下,为了实现生产、教学、科研三者各自的组织目标,对科学技术、资金、设备、人才等社会资源的优化配置及产出的合理分配。① 其教学的基本模式如下图所示:

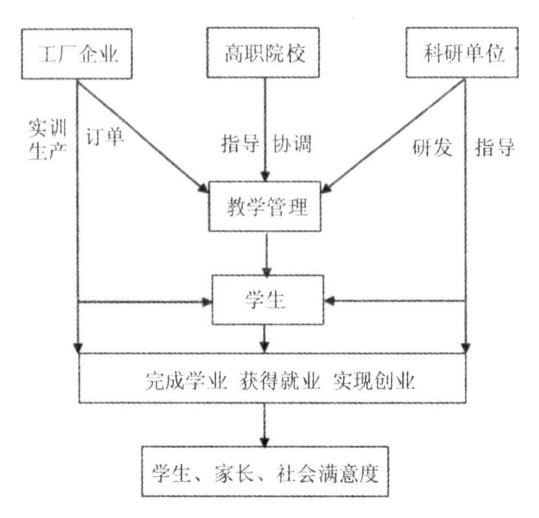

图6-6 产学研合作教学框架示意图②

因此,产学研结合不是简单的"校企合作",它是对生产领域和科研院所中的生产项目、科研项目进行考证、开发和研究,将科研成果转化为现实生产力。所以,在促进区域经济协调发展的背景之下,开展产学研结合教学,应积极开展与区域产业界合作,开展应用性技术研究;同时依托区域经济内有关产业界、经济界、科技界的力量和优势办学,提高学生的实践动手能力,③最终使学生能有效就业,使学校、企业和科研单位三者达到互利共赢的良好效果。

以上介绍的中外职业教育教学模式,尤其是我国当下影响较大的"五阶段"教学模式和"产学研结合"教学模式,主要是运用于高等职业技术教育当中。我国中等职业技术教育主要采用的是"校企合作、工学结合"教学模式。

2005年10月28日,国务院颁布了《关于大力发展职业教育的决定》,规定"大力推行工学结合、校企合作培养模式"。为了落实国务院的决定精神,2008年教育部制定了《关于进一步深化中等职业教育教学改革的若干意见》,要求"改革人才培养模式,大力推行工学结合、校企合作、顶岗实习",并指出"工学结合、校企合作、顶岗实习,是具有中国特色的职业教育人才培养模式和中等职业学校基本的教学制度"。2009年教育部《关于制定中等职业学校教学计划的原则意见》继续强调"坚持工学结合、校企合作、顶岗实习的人才培养模式"。政府加大了对人才培养模式的改革,我国中等职业教育人才培养模式向校企合作

---

① 周勇.高等职业教育教学模式研究综述[J].长沙民政职业技术学院学报,2007(1):80.
② 杨敏恒.论产学研合作教学模式的优化及运作要求[J].江西金融职工大学学报,2008(1):103.
③ 叶子飘.开展产学研教学培养高职专业人才促进区域经济发展[J].高等建筑教育,2003(1):100.

转变。①

中等职业教育"工学结合、校企合作"教学模式要求以技能教学为核心,坚持以就业为导向,积极探索促进中高职有效衔接和一体化的发展模式。这既是时代对中等职业教育发展的要求,也是中等职业教育发展的必然趋势。

拓展阅读

我国中职教学模式——任务驱动教学法与项目教学法②

一、任务驱动教学法及其特点

1. 任务驱动教学法的含义

"任务驱动"教学法,是指教师将教学内容设计成一个或多个具体的任务,力求以任务驱动,以某个实例为先导,进而提出问题引导学生思考,让学生通过学和做掌握教学内容,达到教学目标,培养学生分析问题和解决问题的能力。

它是一种以学生主动学习与教师加以引导相结合的教学方法,既符合探究式的学习模式,又符合教学的层次性和实用性,它可以让学生在完成"任务"的过程中,形成分析问题、解决问题的能力以及独立探索的学习精神和与人合作的精神。

2. 任务驱动教学法的特点:

(1)任务驱动,以工作任务为中心引领知识、技能和态度,让学生在完成工作任务的过程中再学习相关理论知识,发展学生的综合职业能力。

(2)目标具体,内容实用。任务驱动教学法的教学目标需清楚明确,以更好地指导教学过程,也可以更好地评价教学效果;教学内容的选择要紧紧围绕工作任务完成的需要,不求理论的系统性,只求内容的实用性。

(3)做学一体,任务驱动教学法要打破长期以来的理论与实践二元分离的局面,以工作任务为中心实现理论与实践的一体化教学。

(4)提高学生分析问题和解决问题的能力。

(5)提高学生学习的主动参与意识,激发学生的学习兴趣。

二、项目教学法及其特点

1. 项目教学法(也称产品教学法)是师生通过共同实施一个完整的项目工作而进行的教学活动。将一个相对独立的项目,交由学生自己处理。信息的收集,方案的设计,项目的实施及最终的评价,都由学生自己负责。

学生通过该项目的进行,了解并把握整个过程及每一环节中的基本要求,原则上项目结束后应有一件可以看得到的产品。

(1)该工作过程可用于学习特定教学内容,具有一定的应用价值,具有一个轮廓清晰的任务说明;

---

① 张文雯.中等职业教育教学模式研究[D].河北科技师范学院硕士研究生学位论文,2010(6):1.
② 新浪博客[EB/OL]. http://blog.sina.com.cn/s/blog_921c13170101137p.html

(2)能将某一教学课题的理论知识和实践技能结合在一起;

(3)与企业实际生产过程或现实商业活动有直接的关系;

(4)学生有独立进行计划工作的机会,在一定时间范围内可以自行组织、安排自己的学习行为;

(5)有明确而具体的成果展示;

(6)学生自己克服处理在项目中出现的问题;

(7)具有一定难度,不仅是已有知识、技能的应用,而且要求学生运用已有知识,在一定范围内学习新的知识技能,解决过去从未遇到过的实际问题;

(8)学习结束时,师生共同评价项目工作成果以及工作和学习的方法。

2.项目教学法的特点:

(1)实践性:项目的主题与真实世界密切联系,学生的学习更加具有针对性和实用性。

(2)自主性:提供学生根据自己的兴趣选择内容和展示形式的决策机会,学生能够自主、自由地进行学习,从而有效地促进学生创造能力的发展。

(3)发展性:长期项目与阶段项目相结合,构成实现教育目标的认知过程。

(4)综合性:具有学科交叉性和综合能力的运用的特点。

(5)开放性:体现在学生围绕主题所探索的方式、方法和展示、评价具有多样性和选择性。

(6)评价特点:项目型教学的评价注重学生在项目活动中能力发展的过程,测评内容包括学生参与活动各环节的表现以及作业质量。

三、任务驱动教学法和项目教学法的比较分析

两者在理论基础和评价指标上大体一致,而在培养目标的侧重点、设计特点、实施特点、教师作用等指标方面有较大的差别。主要表现在项目教学法的培养目标侧重点为关键能力的培养,它在项目设计上要求学生能够解决从未遇到过的新问题,这两点是项目教学法与任务驱动教学法的最重要的区别;在实施的过程中,也体现了项目教学法以项目为本位、以学生为主体的重要特征;此外,在教师的作用方面,"项目"的设计明显要比"任务"难得多。也就是说,任务驱动教学的目标更多的是理论知识的传授理解和技能的掌握,而项目教学的目标是要求学生能够熟练地运用已学到的知识去融会贯通地分析问题和解决问题,通过项目的多次训练能够具有"精通"专业的知识和技能的能力,亦即项目教学目标的难度系数要比任务驱动教学的要求高得多。实践证明学生只有通过这种仿真度极高的"项目"的教学与训练,不断积累经验才能培养和提高他们的关键能力。

四、任务驱动教学法和项目教学法的应用

1.整合式课程教学新方案。在第一阶段采用任务驱动法传授新知识与新技能,待学生打下基础后在第二阶段再采用项目教学法培养学生的综合职业能力——关键能力。理由如下:

(1)教师设计任务驱动法比项目教学法容易得多,通过任务驱动法的锻炼后再来设计较难的项目教学法将更容易领会其核心要素。

(2)学生在没基础的情况下实施项目法,完全由自己独立设计与实施显然是不合适的,

应先使用任务驱动法使学生得到新知识和新技能的储存,根据先易后难的教学原则,在第二阶段再实施项目教学法,学生就会适应并达到项目教学法应有的效果。

2. 两种教学法成功使用的关键在教师。两种方法都强调以学生为主体,师生互动的学习模式,但是教师在其中起着关键的作用。因为"任务"的分割与"项目"的选取是关键,尤其是项目的选取并非易事,无论项目的大小,它都应是一个完整的小系统,它都必须体现理论与实践、完成项目难易程度适中,突出关键能力培养的系统整合。因此,就要求教师首先必须深刻领会和理解二种教学法的精神实质,认真按其固有规律去开发课程,设计"任务"和"项目",绝不能贪图省事而敷衍了事,在课程改革的实践中按照先易后难,逐步推进的方式,认真设计和实施各门课程的"任务"与"项目",才能真正培养出高质量的中职专业技术人才。

第五节 职业教育的教学组织

教学组织,就是根据一定的教学思想、教学目的和教学内容以及教学主客观条件组织安排教学活动的方式。[①] 职业教育的教学组织,从现代教育观的意义上来说,就是学习过程的组织,可以看成社会组织的子系统。与普通教育不同,职业教育是一面镜子,其教学组织是应对社会发展,包括经济和技术的变化,特别是劳动组织的变化而从教学论角度确定的学习过程的结构形式。伴随着经济结构、技术手段、劳动组织的演变,职业教育的教学组织也在不断地发生着变化。[②]

目前在职业教育中,教学组织包括课堂教学、小组教学、个别教学、现场教学、分层教学、匹配教学、小队教学、包干教学、独立学习、合作学习、开放课堂等多种形式。下面就其中主要的也是适用面较广的课堂教学、小组教学、个别教学、现场教学四种形式予以讲解。

一、课堂教学

课堂教学是班级授课制的基本表现形式,也是现代学校教学的基本组织形式。课堂教学是指把一定数量的学生,按年龄、专业、文化程度组成教学班,以班为单位,由教师根据教学计划规定的内容和教学时数,实行集体教学,系统传授理论知识的教学组织。对于职业教育而言,课堂教学是理论教学最基本的教学组织形式。[③]

课堂教学的教学场所固定,可以大规模地进行教学,能充分发挥教师的主导作用,有利于学生获取系统、完整的文化科学知识。但是这种整齐划一的教学组织形式、固化的教学时间和内容,使学生的独立性和主动性受到极大的限制,很难照顾到学生的个别差异,不利于开展因材施教。所以,对于课堂教学,应适当缩小班级规模,丰富课堂教学活动形式,在

[①] 邓泽民著.职业教育教学论[M].北京:中国铁道出版社,2011:132.
[②] 姜大源著.职业教育学研究新论[M].北京:教育科学出版社,2007:252.
[③] 马建富主编.职业教育学[M].上海:华东师范大学出版社,2008:119.

二、小组教学

小组教学,又称"分组教学""小组合作学习",它以学生为中心,是一种介于班级课堂教学与个别教学之间的教学组织形式。小组教学是指把学生分为几个小组,在没有老师的帮助下,小组同学通过努力解决问题的教学组织形式。[1]

小组教学于20世纪70年代率先兴起于美国,它是以小组活动为主体而进行的一种教学活动,这是小组合作学习区别于传统班级教学的最本质特征。[2] 它有利于学生在小组内相互合作、相互促进,培养团队合作精神的同时提高整体教学效果。但是,由于学生的个体差异性,很难对所有学生进行比较合理的小组划分。小组划分不合理、活动设计不科学等,都会对教学效果和效率产生极大的影响,从而影响教学目标的完成。

三、个别教学

个别教学是学生个人在没有老师和同学的帮助下独立自主地学习或解决问题的教学组织形式,在这种教学组织形式中学生独自决定工作的步骤和解决问题的方式,是典型的以学生为中心的教学形式。[3]

个别教学有利于老师发现"偏才""怪才"等某一方面的拔尖性人才,也有利于老师适时辅导基础薄弱的学生,促进其学习的提高。对学生而言,个别教学有利于充分发挥学生个体的创造性和主动性,促进其个性的发展和独立性的培养与提高。但个别教学使学生缺乏与老师和同学们的互动交流与团队合作,不利于合作意识和团队精神的培养。

四、现场教学

现场教学是教师组织学生到生产劳动现场或事物发生发展的现场,如实习工厂和校外生产、经营、管理、服务现场等,通过实物、操作、演示和生产过程来开展教学活动的一种教学组织形式。现场教学一般分为生产性的现场教学、实习性的现场教学和参观—调查性的现场教学三种类型。[4]

现场教学只是一种变换了实践和空间地点的教学方式,它的组织形式可以是班级教学、个别教学和小组教学等,只是这里的"班级教学"不是在课堂里进行,而只是以班级的形式。因此,现场教学可以灵活地安排人数不等的班级或小组,单个学生也可以参与现场教学。但是,所有的现场教学都应该根据教学大纲和教材内容的需要来进行,以保证教学目标的有效完成。

现场教学的优点在于它能将现实生活中关于生产、经营、管理、服务等活动实时地展现在学生的面前,而不是学校课堂内的模拟情境或者学生的凭空想象。因此,它可以使学生

---

[1] 李强主编.职业教育学[M].北京:北京师范大学出版社,2010:162.
[2] 朱德全,张家琼主编.职业教育课程与教学论[M].重庆:西南师范大学出版社,2010:170.
[3] 李强主编.职业教育学[M].北京:北京师范大学出版社,2010:163.
[4] 朱德全,张家琼主编.职业教育课程与教学论[M].重庆:西南师范大学出版社,2010:171.

获得直观的新知识,验证并巩固已有的知识技能,能够有效提高学生的观察能力以及分析与解决问题的能力。在开展现场教学的过场中,老师要对学生进行有效的组织和引导,以提高学生学习的时效性。

拓展阅读

职业教育教学思想的"整体说""设计说""结构说"和"职业说"[1][2][3][4]

"整体说"

职业教育既要重视基于职业资格的就业本领的获取,又要重视基于人格发展的职业能力的培养,因此要将社会需求与个性需求融为一体,职业教育的学习过程就应强调知识、经验、思维、感悟与行动的交互作用,使学生在获取职业本领的学习过程中培养职业能力。职业教育教学思想的整体说具有其丰富的内涵。

一是基于整体说的学习理念。从整体说的观点来看,职业教育的功能不仅应使人在职业生涯和劳动世界中,而且应使其在社会政治及个人生活领域里,有能力独立地和负责任地发挥自己的主观能动作用,以实现自身的价值。这样一种基于宽阔目标视野的对职业教育学习理念的理解,在德国被称为个体的"职业成熟度"。

二是基于整体说的学习目标。涉及内容——专业、方法——问题、社会——交流及情感——伦理四大领域。

三是基于整体说的学习内涵。涉及认知——技能和心理——社会两大领域。

四是基于整体说的学习特征。包括学习过程、学习内容和学习方式三个方面。

基于整体说的学习旨在促进学生借助自我行动,在行动的过程中实现知识和经验的内化,以构建属于自身的知识体系并具备可持续发展的能力。由此,教学思想的整体说将促使职业教育的教学论出现一种范式的转变:从基于线性传授结构的教师中心的教学论向基于网状学习结构的学生中心的教学论转变。

"设计说"

传统静态的教育观认为,普通教育重视个性需求,其目标是内隐的;职业教育重视社会需求,其目标是外显的。换句话说,普通教育的培养目标是"非功利性"的,而职业教育的培养目标是"功利性"的。现代动态的教育观则认为,目标外显的就业导向的职业教育,同样可以做到既满足社会需求,又满足个性需求。这意味着,职业教育绝不是等同于一般职业培训的纯功利性的教育活动。职业教育不能只是培养被动适应社会经济发展、满足功利性岗位需求的"职业人"。作为一种教育,职业教育对人的全面发展同样发挥着奠基作用。因此,强调职业教育是就业导向的教育,除了要实现所谓功利性目标外,还要实现教育的人本性目标,即在获取职业技能、职业知识和就业机会的同时,发展学生的个性、发

---

[1] 姜大源.职业教育教学思想的整体说[J].中国职业技术教育,2006(13):1.
[2] 姜大源.职业教育教学思想的设计说[J].中国职业技术教育,2006(16):1.
[3] 姜大源.职业教育教学思想的结构说[J].中国职业技术教育,2006(19):1.
[4] 姜大源.职业教育教学思想的职业说[J].中国职业技术教育,2006(22):1.

掘学生的潜力、发现学生的价值,使其有能力在未来职业生涯中主动参加社会进程和工作世界的设计,成为对国家有用、对社会有责任感的"社会人"。

实现职业人加社会人的培养目标,从被动的适应导向转向主动的设计导向,是职业教育教学思想的跃变。以技术职业领域为例,这一跃变至少体现在两个方面:第一,是技术和经济决定论还是技术与工作设计论;第二,是抽象的技术还是具体的技术。

从技术的工作过程来看,职业教育传授的技术内容应关注技术实现程序的行动再现及其教学重构。这涉及技术内容的传递问题。职业教育应将逻辑符号还原为实在物体,将检验性实证还原为建构性行动。因此,职业教育的教学内容要从抽象的概念的技术转向具体的现实的技术,职业教育的教学也应从技术理论的复制转向技术工作的设计。

从技术的价值负载来看,职业教育的技术内容应关注技术实现的可能性与技术的社会期望值之间的联系。这涉及技术的伦理问题。人类期望生活的世界与期望采用的技术之间存在着不可消解的关联性。这一关联应该是和谐的。技术无限制的发展,例如网络的负面效应,克隆技术的滥用,生态环境的恶化等都表明,技术不再中性,而是以其自身的规则束缚着人类生存、制约着社会发展的。因此,培养对社会负责任的人,使之能参与技术的设计以使技术有利于社会的可持续发展,职业教育应从塑造被动适应技术发展的人转向培养主动参与技术设计的人。

"结构说"

一般来说,知识只有在序化,或者说在结构化的情况下才能被更好地传递。教育就是一种传递结构化知识的活动。就业导向的职业教育,对知识结构化以及结构化知识传递的理解,有其自身独特的视角。

这里,首先必须明确的是:何谓知识的结构?从主观层面看,是否知识的结构不是客观存在,而只是人类的一种认知过程或者说是学习过程的结果?抑或,从客观层面看,知识的结构是否在被认识之前,就是一种早已存在因而只需经过探究去开发的秩序呢?

关于知识结构化及结构化知识传递过程的学说,涉及所谓职业教育结构导向的教学论,它研究的领域涵盖三个维度:学习对象的内容结构、学习主体的知识结构和学习行动的过程结构。学习对象的内容结构要求根据职业工作过程中的任务对知识进行筛选和序化。学习主体的知识结构要求关注包括学习者的前知识、前认识和前理解在内的经验及其动机与兴趣。学习行动的过程结构则要求根据职业工作的对象、工具、组织及能力要求等要素构成的"有意义的职业行动情境",来构建相应的学习情境。

"职业说"

职业是职业教育的一个核心概念。职业教育要深化对自身教学规律的认识,就必须对职业有深刻的理解。从职业社会学和职业教育学等方面去理解职业的内涵,有助于把握职业教育教学的本质。

从职业社会学的观点看,职业是个体社会生存的载体;从职业教育学的观点来看,职业是个体接受教育的结果。所以,基于职业社会学意义的职业理解,应该是基于职业教育学意义的职业理解的基础,是职业对教育的影响。而职业教育在力保职业的社会功能及其社会公平而存在的同时,使功利性就业完成人本性就业跃迁,是教育对职业的影响。这

> 是职业教育对社会进步的贡献。
> 　　从专业科学角度看,一个专业之所以成为专业,是因为这个专业有着与其他专业不同的学科知识结构。而从职业科学角度看,一个职业之所以成为一个职业,则是因为这个职业有着与其他职业不同的工作过程,包括工作的方式、内容、方法、组织以及工具的历史发展诸方面(Rauner)。这将为职业教育的发展开辟一片新天地。

第六节　职业教育的教学评价

　　教学工作是学校教育的主体,教学评价是检验学校教学工作的手段,是判断教学效果的依据。职业教育的教学评价是对教师、学生以及各个教学环节的综合性评价,它承载着重要的社会责任。

一、职业教育教学评价的内涵

　　评价一般是指对被评对象的相关信息进行收集和综合,并作出判断、确定价值、进行评定的过程。教学评价指的是根据教学目标的要求,制订科学的指标参数,运用可操作的科学手段,通过系统地收集与教学有关的信息、资料并进行分析、整理,对教学活动、教学过程和教学效果做出价值判断的过程。[①]

　　教学评价通常是对教师的教、学生的学以及整个课堂教学过程的评价,而职业教育因其具有典型的职业性和社会性,其教学评价还包括对学生的实践技能等多方面的考评。职业教育教学评价的主体也是多元化的,包括学生自评、家长评价、教师评价、职业院校评价以及政府、行业和企业的评价。因此,职业教育的教学评价具有评价内容的综合性与广泛性、评价主体的多元化与权威性、评价过程的发展性与客观性等基本特征,以此保证了教学评价所具有的鉴定、诊断、激励、调控、预测、反馈、选拔以及资格证明等多方面的功能。

　　需要注意的是,教学评价只是手段,不是目的。在进行职业教育教学评价的过程中,必须坚持评价的主体性与客观性相结合、科学性与方向性相统一、可操作性与实效性相结合、评价与指导相统一等原则,克服评价的僵化、形式化和随意性。

二、职业教育教学评价的类型

　　职业教育的教学评价包括对教师教学工作的评价、学生的学业评价以及教学过程的评价等诸多方面,按照不同的分类标准,教学评价可以划分为不同的类型。下面我们以表格的形式将教学评价的不同类型进行直观描述。

[①] 胡迎春主编.职业教育教学法[M].上海:华东师范大学出版社,2010:33.

分类标准	类型	含义
功能作用	诊断性评价	又称"前置性评价""配置性评价""教学前评价""准备性评价"。它是在教学活动开始之前对学生进行的"摸底",是为发现学生经常性的或重复出现的学习困难之所在,并分析产生这些困难的原因而进行的评价。
	形成性评价	又称"过程性评价",它是在教学过程中为了了解学生的知识、技能水平和课堂学习情况而进行的评价,具有直接反馈的功能。
	终结性评价	又称"总结性评价""事后评价",它是在教学活动告一段落(一个单元、一学期或一学年)之后对整个教学阶段的教学效果的评价。
评价方式	相对评价	相对评价是在被评价对象的群体或集合中建立基准,然后把各个评价对象逐一与基准进行比较,来确定每个评价对象在集合中所处的相对位置。
	绝对评价	绝对评价是将教学评价的基准建立在被评价对象的群体或集合之外,然后把群体中每个成员的某种指标逐一与基准进行对照,从而判断其优劣。
	自我评价	又称"自身评价",它既不是在被评价群体之内建立基准,也不是在群体之外建立基准,它是被评价者参照一定的评价标准,对自己的教学或学习情况进行分析、判断、总结的活动过程。
分析方法	定量评价	它是从"量"的角度,运用统计分析、多元分析等数学方法,在复杂的评价数据中总结出规律性的结论。定量评价的方向和范围,必须由定性评价来规定。
	定性评价	它是对评价作"质"的分析,是运用分析与综合、比较与分类、归纳与演绎等逻辑分析方法,对评价所获得的数据、资料进行加工。
评价内容	过程评价	过程评价主要是指在教学设计和教学过程中,检查达到目标的方法和手段,同时对时间、费用以及教学实效性等方面做出评价。它既包括形成性评价,也涵盖部分的终结性评价。
	结果评价	某些时候又称"产品评价",主要是检查教学实施后的结果或者所生产出的产品的使用情况。
实施标准	常模参照评价	它是将个体的成绩与同一团体的平均成绩(称为"常模")进行比较,从而确定其成绩的适当等级的评价方法。它是一种"相对评价"性质的方法。
	标准参照评价	它是以具体体现教学目标的标准作业为参照,从学生在试卷上答对题目的多少,来确定学生是否达到标准以及达标程度如何的评价方法。它是一种"绝对评价"性质的方法。

三、职业教育教学评价的模式

职业教育教学评价模式是在职业教育具体的理论教学与实践教学过程中运用的评价方式和方法,其中包括合作评价模式、行为目标模式、目标游离模式和 CIPP 评价模式等。

合作评价模式是以社会、用人单位为评价主体,把评价结果反馈到中等职业教育教学主体,中等职业学校根据教学和培养目标需要主动消化、吸收以社会、用人单位为评价主体的评价意见,不断改进教学,提高教学质量。因此,合作评价模式更多是即时性的、对最终结果的整体评价。①

行为目标模式(泰勒模式)是美国俄亥俄州立大学教育科学研究所教授拉尔夫·泰勒(Ralph Tyler)等人在1933年到1941年所进行的"八年研究"和"30所学校实验"的基础上提出来的,以目标作为评价过程的核心和关键,通过对学生行为的变化来考察结果与目标的一致性,从而通过信息反馈促进教学活动能够尽可能完成教学目标。②"八年研究"的成果《史密斯—泰勒报告》被后人称为"划时代的教育评价宣言",泰勒也因此被称为"教育评价之父"。③

目标游离模式是1967年美国教育学家迈克尔·斯克里文(Michael Scriven)在对目标导向模式进行批判的基础上提出来的。他主张,为了降低评价活动中方案、计划制订者主观意图的影响,不能把他们的活动目的告诉评价者,这种不受预定活动目标影响的评价模式被称为"目标游离模式"或"无目标模式"。④

CIPP评价模式,又称"决策模式"或"决策定向模式",是1966年由美国教育家、评价专家D. L. 斯塔弗尔比姆在俄亥俄州立大学教育评价中心经过数年研究,基于对行为目标模式的批判而提出来的适用于学校及教育项目的评价模式。⑤

CIPP评价模式包括背景评价(Context Evaluation)、输入评价(Input Evaluation)、过程评价(Process Evaluation)与成果评价(Product Evaluation)四个阶段,它是一种综合评价模式。⑥

第一阶段,背景评价,又称"前后关系评价",它是对目标本身进行的诊断性评价。它的最初方针是鉴定出某些客体如一所学校、一项计划等的优势和弱点,并提出改进的方向。这类研究的主要目的是评定客体的综合地位,鉴定客体的不足之处,集中和整理能用来纠正其不足之处的因素,并诊断哪些方法能提高该客体的素质。它旨在检查教育目标和教育重点是否与学生的需要相协调,评价的最后结果应能为调整教育目标和教育重点提供一个可靠依据。

第二阶段,输入评价,有时也称"投入评价",它是对教学方案可行性的评价。输入评价旨在对背景评价做出的改进计划能否实施作现状调查,同时对实施过程中可能出现的各种障碍做出估计,从而修订改进计划,避免盲目实施,以避免失败和浪费时间、人力和物力等。

第三阶段,过程评价,它是对教学方案的贯彻情况进行评价和指导。目的是首先向计划人员和具体操作人员提供实施改进计划过程中的反馈信息,其次是为不断修正改进计划提供信息,再者是定期评定改进计划实施的深度以及实施对象接受的程度,最后是详细描述在实施过程中的各种价值以及参观者和参与者对总体实施质量的评判。

第四阶段,成果评价,或称"结果评价",它是对教学方案实施结果的评价。结果评价的目的是测量、判断改进计划实施的结果的目标完成度。反过来也是对改进计划是否确实弥

---

① 涂三广. 以就业为导向的职业教育教学评价的四个问题[J]. 职教论坛,2009(21):10.
② 王云超. 泰勒的目标模式——《课程与教学的基本原理》导读[J]. 文教资料,2011(34):209~211.
③ 陈宇杰. 对泰勒目标模式评价的认识与反思[J]. 考试周刊,2009(30):213.
④ 一帆. 教育评价的目标游离模式[J]. 教育测量与评价(理论版),2013(2):64.
⑤ 吴东泰. CIPP评价模式在教学评价中的运用[J]. 教学与管理,2002(21):23.
⑥ 胡育. CIPP评价模式简介[J]. 上海教育科研,1987(1):47.

补了客体的不足之处、满足了学生的需求进行评价。

这四个评价环节都具有各自独特的功能和作用,但彼此之间又相互联系,缺一不可,而且这一过程是循环往复、永无止境的。

CIPP 模式在 21 世纪初又有了新的进展,斯塔弗尔比姆将评价的四个环节变成七个环节,即把成果评价分解为影响(Impact)和成效(Effectiveness)两个环节,并增加可持续性(Sustainability)和可推广性(Transportability)两个环节,[①]以此弥补了之前在判断性质、价值取向以及使用范围等方面的缺陷。

拓展阅读

关于全面提高高等职业教育教学质量的若干意见[②③④⑤⑥]

教高〔2006〕16 号

在贯彻党的十六届六中全会精神、努力构建社会主义和谐社会的新形势下,为进一步落实《国务院关于大力发展职业教育的决定》精神,以科学发展观为指导,促进高等职业教育健康发展,现就全面提高高等职业教育教学质量提出如下意见。

一、深刻认识高等职业教育全面提高教学质量的重要性和紧迫性

近年来,我国高等职业教育蓬勃发展,为现代化建设培养了大量高素质技能型专门人才,对高等教育大众化做出了重要贡献;丰富了高等教育体系结构,形成了高等职业教育体系框架;顺应了人民群众接受高等教育的强烈需求。高等职业教育作为高等教育发展中的一个类型,肩负着培养面向生产、建设、服务和管理第一线需要的高技能人才的使命,在我国加快推进社会主义现代化建设进程中具有不可替代的作用。随着我国走新型工业化道路、建设社会主义新农村和创新型国家对高技能人才要求的不断提高,高等职业教育既面临着极好的发展机遇,也面临着严峻的挑战。

各级教育行政部门和高等职业院校要深刻认识全面提高教学质量是实施科教兴国战略的必然要求,也是高等职业教育自身发展的客观要求。要认真贯彻国务院关于提高高等教育质量的要求,适当控制高等职业院校招生增长幅度,相对稳定招生规模,切实把工作重点放在提高质量上。要全面贯彻党的教育方针,以服务为宗旨,以就业为导向,走产学结合发展道路,为社会主义现代化建设培养千百万高素质技能型专门人才,为全面建设小康社会、构建社会主义和谐社会做出应有的贡献。

---

① 邓凤.CIPP 评价模式在实践教学评价中的应用探讨[J].中国科技信息,2011(24):171.
② 中华人民共和国教育部门户网站(MOE.GOV.CN):http://www.moe.edu.cn/publicfiles/business/htmlfiles/moe/moe_745/200612/19288.html.
③ 教育部.关于全面提高高等职业教育教学质量的若干意见[J].中华人民共和国教育部公报,2007(5):31~34.
④ 教育部.关于全面提高高等职业教育教学质量的若干意见[J].中国职业技术教育,2007(1):14~15.
⑤ 教育部.关于全面提高高等职业教育教学质量的若干意见[J].云南教育:视界时政版,2007(1):27~28.
⑥ 教育部.关于全面提高高等职业教育教学质量的若干意见[J].卫生职业教育,2008(8):7~8.

二、加强素质教育,强化职业道德,明确培养目标

高等职业院校要坚持育人为本,德育为先,把立德树人作为根本任务。要以《中共中央国务院关于进一步加强和改进大学生思想政治教育的意见》(中发〔2004〕16号)为指导,进一步加强思想政治教育,把社会主义核心价值体系融入高等职业教育人才培养的全过程。要高度重视学生的职业道德教育和法制教育,重视培养学生的诚信品质、敬业精神和责任意识、遵纪守法意识,培养出一批高素质的技能性人才。要加强辅导员和班主任队伍建设,倡导选聘劳动模范、技术能手作为德育辅导员;加强高等职业院校党团组织建设,积极发展学生党团员。要针对高等职业院校学生的特点,培养学生的社会适应性,教育学生树立终身学习理念,提高学习能力,学会交流沟通和团队协作,提高学生的实践能力、创造能力、就业能力和创业能力,培养德智体美全面发展的社会主义建设者和接班人。

三、服务区域经济和社会发展,以就业为导向,加快专业改革与建设

针对区域经济发展的要求,灵活调整和设置专业,是高等职业教育的一个重要特色。各级教育行政部门要及时发布各专业人才培养规模变化、就业状况和供求情况,调控与优化专业结构布局。高等职业院校要及时跟踪市场需求的变化,主动适应区域、行业经济和社会发展的需要,根据学校的办学条件,有针对性地调整和设置专业。要根据市场需求与专业设置情况,建立以重点专业为龙头、相关专业为支撑的专业群,辐射服务面向的区域、行业、企业和农村,增强学生的就业能力。"十一五"期间,国家将选择一批基础条件好、特色鲜明、办学水平和就业率高的专业点进行重点建设,优先支持在工学结合等方面优势凸显以及培养高技能紧缺人才的专业点;鼓励地方和学校共同努力,形成国家、地方(省级)、学校三级重点专业建设体系,推动专业建设与发展。发挥行业企业和专业教学指导委员会的作用,加强专业教学标准建设。逐步构建专业认证体系,与劳动、人事及相关行业部门密切合作,使有条件的高等职业院校都建立职业技能鉴定机构,开展职业技能鉴定工作,推行"双证书"制度,强化学生职业能力的培养,使有职业资格证书专业的毕业生取得"双证书"的人数达到80%以上。

四、加大课程建设与改革的力度,增强学生的职业能力

课程建设与改革是提高教学质量的核心,也是教学改革的重点和难点。高等职业院校要积极与行业企业合作开发课程,根据技术领域和职业岗位(群)的任职要求,参照相关的职业资格标准,改革课程体系和教学内容。建立突出职业能力培养的课程标准,规范课程教学的基本要求,提高课程教学质量。"十一五"期间,国家将启动1000门工学结合的精品课程建设,带动地方和学校加强课程建设。改革教学方法和手段,融"教、学、做"为一体,强化学生能力的培养。加强教材建设,重点建设好3000种左右国家规划教材,与行业企业共同开发紧密结合生产实际的实训教材,并确保优质教材进课堂。重视优质教学资源和网络信息资源的利用,把现代信息技术作为提高教学质量的重要手段,不断推进教学资源的共建共享,提高优质教学资源的使用效率,扩大受益面。

五、大力推行工学结合,突出实践能力培养,改革人才培养模式

要积极推行与生产劳动和社会实践相结合的学习模式,把工学结合作为高等职业教育人才培养模式改革的重要切入点,带动专业调整与建设,引导课程设置、教学内容和教学方法改革。人才培养模式改革的重点是教学过程的实践性、开放性和职业性,实验、实训、实习是三个关键环节。要重视学生校内学习与实际工作的一致性,校内成绩考核与企业实践考核相结合,探索课堂与实习地点的一体化;积极推行"订单"培养,探索工学交替、任务驱动、项目导向、顶岗实习等有利于增强学生能力的教学模式;引导建立企业接收高等职业院校学生实习的制度,加强学生的生产实习和社会实践,高等职业院校要保证在校生至少有半年时间到企业等用人单位顶岗实习。工学结合的本质是教育通过企业与社会需求紧密结合,高等职业院校要按照企业需要开展企业员工的职业培训,与企业合作开展应用研究和技术开发,使企业在分享学校资源优势的同时,参与学校的改革与发展,使学校在校企合作中创新人才培养模式。

六、校企合作,加强实训、实习基地建设

加强实训、实习基地建设是高等职业院校改善办学条件、彰显办学特色、提高教学质量的重点。高等职业院校要按照教育规律和市场规则,本着建设主体多元化的原则,多渠道、多形式筹措资金;要紧密联系行业企业,厂校合作,不断改善实训、实习基地条件。要积极探索校内生产性实训基地建设的校企组合新模式,由学校提供场地和管理,企业提供设备、技术和师资支持,以企业为主组织实训;加强和推进校外顶岗实习力度,使校内生产性实训、校外顶岗实习比例逐步加大,提高学生的实际动手能力。要充分利用现代信息技术,开发虚拟工厂、虚拟车间、虚拟工艺、虚拟实验。"十一五"期间,国家将在重点专业领域选择市场需求大、机制灵活、效益突出的实训基地进行支持与建设,形成一批教育改革力度大、装备水平高、优质资源共享的高水平高等职业教育校内生产性实训基地。

七、注重教师队伍的"双师"结构,改革人事分配和管理制度,加强专兼结合的专业教学团队建设

高等职业院校教师队伍建设要适应人才培养模式改革的需要,按照开放性和职业性的内在要求,根据国家人事分配制度改革的总体部署,改革人事分配和管理制度。要增加专业教师中具有企业工作经历的教师比例,安排专业教师到企业顶岗实践,积累实际工作经历,提高实践教学能力。同时要大量聘请行业企业的专业人才和能工巧匠到学校担任兼职教师,逐步加大兼职教师的比例,逐步形成实践技能课程主要由具有相应高技能水平的兼职教师讲授的机制。重视教师的职业道德、工作学习经历和科技开发服务能力,引导教师为企业和社区服务。逐步建立"双师型"教师资格认证体系,研究制订高等职业院校教师任职标准和准入制度。重视中青年教师的培养和教师的继续教育,提高教师的综合素质与教学能力。"十一五"期间,国家将加强骨干教师与教学管理人员的培训,建设一批优秀教学团队、表彰一批在高职教育领域做出突出贡献的专业带头人和骨干教师,提高教师队伍整体水平。

八、加强教学评估,完善教学质量保障体系

高等职业院校要强化质量意识,尤其要加强质量管理体系建设,重视过程监控,吸收用人单位参与教学质量评价,逐步完善以学校为核心、教育行政部门引导、社会参与的教学质量保障体系。各地教育行政部门要完善5年一轮的高等职业院校人才培养工作水平评估体系,在评估过程中要将毕业生就业率与就业质量、"双证书"获取率与获取质量、职业素质养成、生产性实训基地建设、顶岗实习落实情况以及专兼结合专业教学团队建设等方面作为重要考核指标。

九、切实加强领导,规范管理,保证高等职业教育持续健康发展

国家将实施示范性高等职业院校建设计划,重点支持建设100所示范性院校,引领全国高等职业院校与经济社会发展紧密结合,强化办学特色,全面提高教学质量,推动高等职业教育持续健康发展。各地要加强对高等职业教育的统筹管理,加大经费投入,制定政策措施,引导高等职业院校主动服务社会,鼓励行业企业积极参与院校办学,促进高等职业院校整体办学水平的提升,逐步形成结构合理、功能完善、质量优良、特色鲜明的高等职业教育体系。重视高等职业教育理论研究和实践总结,加强对高等职业教育改革和发展成果的宣传,增强社会对高等职业教育的了解,提高社会认可度。要高度重视高等职业院校领导班子的能力建设,建立轮训制度,引导学校领导更新理念,拓宽视野,增强战略思维和科学决策能力,要把人才培养质量作为考核学校领导班子的重要指标。高等职业院校党政领导班子要树立科学的人才观和质量观,把学校的发展重心放到内涵建设、提高质量上来,确保教学工作的中心地位。要从严治教,规范管理,特别是规范办学行为,严格招生管理。建立健全各种规章制度,完善运行机制,维护稳定,保障高等职业教育持续健康发展。

教育部
二〇〇六年十一月十六日

拓展阅读

职业教育教学改革的当代理念[①]

理念是行动的先导。没有理念创新,改革就不能向前推进,事业就不能向前发展。然而理念的创新,既是教学改革的总结与需要,也是各时代教学理念的继承与发展。

一、以就业为目标的教学导向

就业是民生之本,根据经济和社会发展要求,培养多层次、多样化的技能型人才,造就数以千万计的高技能人才和数以亿计的高素质劳动者,这是职业教育的根本任务。职业教育要适应市场经济、职业岗位的需求,满足社会对专门人才的需要,必须确立以就业为导向、以能力为本位的教学理念。它充分体现了以提高学生综合职业能力和全面素质为

---

① 金启东.试论职业教育教学改革当代理念[J].职教论坛,2007(10):10~12.

目标,以实践技能训练为重点的现代职教特色。职业学校从开始办学就要找准就业市场需求,按照"订单培养"的要求推动运行机制的改革,打造社会急需的职业技术人才,职业教育教学必须与生产实践、社会服务和技术推广紧密结合起来,加强实践操作技能的培养训练,提高学生的动手能力。

新世纪职业教育的改革与发展奠定了"以就业为目标"教学导向。该教学导向当然是建筑在"以能力为本位"理念基础上。传统教学理念是以学科为中心——强调职业知识和动手能力的完整性,现代教学理念是以能力为中心——强调操作技能的实践性,以就业为目标教学理念赋予"能力"新内涵——知识的理解能力、实践操作技能和解决问题的工作能力,强调能力的全面性。

毫无疑问,该理念与新职业主义的思潮相关。英国新职业主义强调教育与训练要加强与产业的联系,满足经济发展的要求,同时注重个人的发展。其提出了核心技能(Key Competencies)理论,即完成任务和解决问题的实际能力。核心技能具有通用性、可迁移性和工具性,还包括至关重要的人际关系技能——人际交往、群组加工、问题解决、决策与计划,这些总称为"群组问题解决"。近年来,新职业主义引入我国职教界,其关键核心技能理论已成为当代职教改革中教学新理念。

以就业为目标教学理念指导下,教学在改革中发生三大变化与扩展:

——教学场所:从学校扩展到工厂;

——教学者:从教师扩展到师傅;

——教学方式:从个体学习扩展到团队合作。

二、以理解为主体的教学范式

现代教学理念以引导学生掌握知识技能、向学科新领域探索为教学的中心任务,所以重视教学的结构和顺序,采用小步子前进式教学。后现代教学理念则以学生理解、醒悟和经验积累为教学的中心任务,所以强调反思性教学。其核心是学生通过将信息与自己特有的过去经验、现实环境及其间的互动联系起来而达成真正的理解。史密斯指出,教学是使学生运用理论知识和大众文化去理解他们自己在社会上、在这个世界上的自我形成过程。后现代阐释教学法还将游戏描述为理解的基本方式。

反思性教学原本应运用普通教育,然而"以理解和体验为主体"的理念很快引入职业教育教学范式中。解决问题的关键是理解,提高学生解决问题能力,缩短学生学习与就业岗位的距离常常运用虚拟、目标、情景、案例等各种教学手段,由此提高职业教育的针对性和实效性。

设置虚拟场景,是围绕某一教学目标和教学内容,创设直观、真实的教学环境和条件,模拟企业生产现场,仿真企业实际运行过程,通过实施周密的过程控制以达到一定的教学目的的一种教学手段。诸如运用高科技虚拟驾驶舱训练驾驶技术,虚拟世界汇集真实世界的各种境况,虚实交替,其效果比训练场更好。后现代教学理念揭示的是人类精神活动中的"理解"与"体验",而虚拟教学范式的神奇效果正是源于学生的体验。

在后现代教学理念中存在一个迷人的想象王国,在那里没有人拥有真理,而每个人都有权力要求被理解。将课程的教学过程安置在一个模拟的、特定的情景场合之中。通过教师的组织、学生的演练,在仿真提炼、愉悦宽松的场景中达到教学目标。在教学中教师只作解释不作判断和结论。要求教师只对事物和现象作解释,不作任何价值判断,由学生自己去理解和体会;教师不作结论,由学生发挥自己的想象力;打破传统教条主义的规范,教会学生如何将自己的生活经历置于更为全面的文化背景中去解读。情景教学既锻炼了学生的临场应变、实景操作的能力,又活跃了教学气氛,提高了教学的感染力。在这种教学范式中,没有唯一正确的答案,唯有学生在理解中发现真理。

目标教学范式对人的认识目标按逻辑思维发展水平的高低顺序分为识记、理解、应用、分析、综合、评估六个层次,教师依据教学要求制定出教学目标并分层次地进行教学,形成一种对教学实践具有直接指导意义的教学方法。它以教学目标为导向,以达标教育为核心,以教学评估为动力,以反馈矫正为手段。这种围绕教学目标而展开教学的方法,使学生学习时心中有数,对学习产生兴趣,提高学习的自觉性、主动性和积极性。目标教学范式印证了后现代教学理念——学习是将自己看作关于理解和解释知识意义的哲学。

三、交往与互动的教学过程

传统教学理念认为,教学过程主要是教师教的过程;现代教学理念认为,教学过程是教师主导与学生主体相统一的活动过程;后现代教学理念认为,教学过程主要是学生主动学习和建构的过程也是指教学主体之间以精神客体为中介所构成的交往活动。这里的教学主体,不仅指教师,也指学生,不仅包括师生个体,也包括师生群体。教学中介主要指促进学生认知发展、精神丰富、人格完善的精神文化和科学技术知识。教学交往理念打破了传统教学那种把教学仅仅视为一种特殊认识过程的狭窄的视野,进而把教学看成一种交往活动,一种沟通与合作现象。克林伯格的交互主体性理论、维果茨基的心理发展理论和当代的社会建构主义理论就是其主要思想来源。

行为导向法以对话为基础,以师生之间的平等互动和沟通为前提,旨在充分发挥学生的主体作用,调动学生学习的主动性、积极性,启迪学生进行意义建构和创生。它还重视教学过程的引导,包括引导学生自己解读教学文本,体验实践经验。

四、一体化整合的教学方法

后现代教学理念认为,教学的主要任务不是特定信息的传输,而是意义的创生。因此,教学过程应由"传授——接受"转变为"阐释——理解——建构",教师和学生在阐释、理解教学文本时对其意义进行建构。从学生的角度看,在阅读文本时,由于学生的背景、兴趣、需要和理解不同,因而同一段文字,对不同的学生可能会产生不同的含义;同样的实习训练,也因学生个体的差异积累不同经验。随着社会的发展,职业教育课程体系作重大改革——整合课程,删减一些传统的以传授为主的课程,增加一些以体验为主的新知识和技能,适应企业岗位技能的新要求。经过课程体系的整合,有利于学生个性的发展,学生可以自己选择自己所走的道路,选择所学的知识和技能。

由此引发教学方法的变异与革新,一体化教学成为一体化整合理念指导下职教教学方法的主流,其表现为两种形式:

理论实践一体化教学方法,是由师生双方共同在实训中心(或专业教室)进行边教、边学、边做来完成某一教学任务。

教学、实践、服务一体化教学方法,使教学更贴近实际、贴近生产、贴近市场,提高学生的职业能力,并实现以产促教、以教兴产。

一体化整合的教学方法尊重学生的人格,发挥学生的主体性,关注学生的生命世界和个体差异;主张学生依据自己的经验在教学活动中创新和发展教学内容;一体化整合的教学方法依据学生的经验和现实生活设计课程与教学,注重培养学生综合实践能力和社会责任感,发展学生解决问题的能力。

五、以学生为中心的教学行为

树立为了一切学生、一切为了学生、为了学生一切的教学服务意识。在后现代教学理念中,沟通、理解、解释、意义这些词,均扎根于交互主体性、对话性和交谈之中。

后现代教学理念认为教师和学生是对话的交互主体,倡导教师和学生发展平等的对话关系,通过对话,"学生的老师"和"老师的学生"之类的概念不存在了。在对话过程中,教师时而作为一个教育者,时而作为一个与学生一样聆听教诲的求知者;学生也可以作为教育者;他们共同对求知过程负责。

"以学生为中心"的教育理念是由英国职业教育的宗旨决定的。反映在教育观念上,提倡个性充分自由地表现和发展,鼓励学生表现出与众不同的个性,在学术上标新立异,他们认为教育的真正价值在于使学生通过思考已有的各种知识,发展理解力、判断力和独创精神;重视心智的发展在于知识的获取;发展学生的理性精神,鼓励学生独立思考,大胆质疑;反对学生把知识看作无须证明就理所当然地加以接受的教条。以学生为中心的教育,实质上就是要求教育者从学生的角度出发思考问题,充分考虑学生的兴趣、爱好、需要等,在教学过程中以学生的活动为主,教师只起一个帮助者的作用。而且今天的"学习者中心"是在新的社会发展和技术条件下,以整个社会为着眼点来看待教育,体现的是教育发展方向。

以学生为中心,更强调学生团队活动与群体组合。合作是最有效的互动方式,合作型交往,学生在认知、情感、个性诸方面将得到全面发展。小组合作学习则是一种合作型互动,是课堂教学中生生互动的最有效最直接的形式。通过以学生为中心的教学交往,对于培养学生合作精神和人际交往能力具有十分重要的作用。学生在与别人的合作与交往中,学会合作、学会交往、学会理解、学会尊重。

六、学分评价系统的教学体制

教学体制的核心内容是教学评价,不同理念有不同教学评价方式与体系。后现代教学理念对教学评价提出了独特的见解,认为世界是多元的,每个学习者都是独一无二的个体,教学不能用绝对统一的尺度去衡量学生的学习水平,同时,在教学过程中不能把学习者视为单纯的知识接受者,而更应看作知识的探索者和发现者。因此,教学评价不仅要注重学生学习知识的结果,更要注重学生分析问题、解决问题和探索真理的活动过程。

当代职业教育吸纳后现代教学评估理念,在教学改革中的重大措施之一就是实施学分制教学评价。过去在计划经济体制下,实行计划招生、计划分配,教学上实行岗位性很强的对口专业人才培养模式。随着社会主义市场经济体制的建立,要求教育必须改变单一的人才培养模式,要求学校根据市场经济的需要调整专业设置,拓宽专业面。同时,既然学生需要自主择业,就要给他们更大的自由选择课程的权力。所有这些,都要求改变以往较僵硬的教学体系,转而实施较灵活的学分制。

现代教学注重目标取向评价。这种评价取向将教学计划或教学效果与预定的教学目标联系起来,根据教学结果的达标程度来判断教学价值——具体表现在期中考试与期末考试。而过程取向评价重视过程本身的价值;主体取向评价则强调评价主体对自己行为的"反省意识与能力",价值多元、尊重差异为其主要特征。充分尊重学生学习的自主权,学生可自由地选择专业和选修课程的选课制是学分制的基础和前提。实行学分制,学生可以根据自己的兴趣、爱好、能力、特长及其他个人因素,自主地选择专业、课程、修读方式、每学期修课门数、修读时间等,可以适当调整学习的内容、速度和方法。在教学过程中允许学生自主选修课程,以取得所选取课程的总学分作为毕业的标准,采用多样的教育规格和较灵活的过程管理方式。从本质上看,学分制是一种适应学生个体差异的以过程进行评价的弹性教学体制。

【思考题】

1. 教学是什么？职业教育教学的涵义是什么？
2. 职业教育教学有哪些基本原则？
3. 请列举职业教育主要的教学方法,并作简要的对比分析。
4. 请列举职业教育主要的教学模式,并作简要的对比分析。
5. 职业教育有哪些教学组织形式？
6. 什么是职业教育教学评价？它包含哪些类型？

第七章

职业教育学生论

学习目标

1. 明确学生的基本特征,把握职业院校学生的特点;
2. 厘清传统学生观与新时期的学生观的差别,树立科学的职业教育学生观;
3. 掌握促进职业院校学生全面发展的多方面因素。

中等职业学校和高等职业院校的学生年龄跨度大致从 14 岁到 20 岁左右,正值青春期,这是人生身心素质发展成熟的关键时期——"黄金时代"。这一阶段的学生朝气蓬勃、积极热情、富于幻想、勇于探索,但他们同时又多表现出性格多样、个性极强、情绪易波动、价值观正在形成等特征,因此具有极强的可塑性。

第一节 职业教育学生的特点

正确认识和把握职业学校学生的身心发展和个性特点,熟悉和了解他们智能发展和思想发展方面的规律,是对其进行有效教育的前提。本节内容将主要从身心发展、个性发展、思想发展和智能发展四个方面来分析职校学生的基本特征。

一、学生的基本特征

全面发展的观点认为,学生是一个完整的人,一个发展中的人,一个以学习为主要任务的人。这是现代教育发展产生的学生观,同时也是新教育理念所积极倡导的内容。

首先,学生是一个完整的人。事实上学生并不是单纯的抽象的学习者,而是有着丰富个性的完整的人,他既是自然实体,又是社会实体,教育所需要实现的是人的身心的全面和谐发展。从教育学意义上看,学生必须是一个完整的人、全面的人,而不是被割裂开的人、片面的人。

其次,学生是一个发展中的人。青年学生不是成人的雏形,而是具有身心不稳定特点的可塑性极强的个体,他们在生理上和心理上所展现出来的各种特征并不是达到发展的顶峰,而是还都处在不断变化和趋于成熟的过程中,这就意味着,学生具有较大的发展潜能和很强的可塑性。

再次,学生是以学习为主要任务的人。学生的主要任务是学习,是在以学习为主的各种活动中去认识世界和改造世界,并从中得到发展和进步。这种学习与日常生活和工作中的学习不同,它是在教师的专门指导下进行的,对学生的质和量都产生着重要的影响。

二、职校学生的特点

学生在生理、心理、个性、思想、智能等方面具有突出的特点,职业学校的学生更是如此。[①]

(一)学生的身心发展特点

在生理方面,这个时期是人的生理发展最快的时期,少年年龄特征逐渐消失,青年年龄特征日益增长。在他们身上主要表现出来的是青年早期的生理特点:身体发育速度加快,脑与神经系统发育趋向健全,性发育接近成熟。

由于他们生理发育已基本成熟,可以在政治思想、道德素质、专业知识与技能、个性发展等方面提出较高较严的要求,促使其努力完成学习任务。但由于他们在各方面的发展尚未完全成熟,亦需要在营养、休息、活动、安全等方面,予以适当的关怀和照顾,使他们能够健康良好地发展。

在心理方面,分为一般心理特点和职业心理特点。一般能力方面的认识能力发展迅速,观察能力、记忆能力、思维能力和想象能力活跃而丰富;同时,情感发展很快,情感体验丰富,并逐渐趋于成熟和稳定;意志力的稳定性也逐渐增强。在职业心理方面,他们的职业自尊心理、求知心理和竞争意识逐渐明显化。

但是,这一阶段的学生的认识能力、情感发展和意志力等方面都处于趋向成熟和稳定的发展过程中,呈现出波动性和多变性,职业学校和老师必须给予正确的教育,以引导其健康发展。

(二)学生的个性发展特点

职业院校的学生在个性方面的气质、能力与人格的差异显著。不同气质的人对不同的行业或职业岗位有不同的适应度,同时不同的工作对不同人的能力高低和类型有着各自的要求。

针对学生在气质、能力与人格等方面的差异,职业学校要在教学和实践中开展积极的教育。老师要了解每个学生各方面的特点,对其气质的培养、能力的提升与人格的塑造要贯穿于整个教学活动和实习实践当中。

(三)学生的思想发展特点

对未来的美好憧憬与向往,是每个青年学生的共同心理。大多数人能够形成正确的人生观与价值观,但少数学生的思想观念淡薄,对自己的专业认可度低,学习的实利心理过强。职业院校的学生所学专业是具体可知的,其未来从事的职业也是具体化的。因此,在职业教育当中,要将学生的理想与现实结合起来,增强他们对专业的认可度,提高对所学专

---

① 纪芝信主编.职业技术教育学[M].福州:福建教育出版社,1995:127~145.

业的兴趣与热爱,培养其坚定的职业意识。

(四)学生的智能发展特点

学生的智能发展主要包括文化素质和职业素质两个方面。文化素质包括文化基础知识、专业基础知识和专业技能知识等;职业素质包括其实践技能和创造力的培养。

学生全面而扎实的文化基础和专业基础理论知识是其技能学习的基础和铺垫,是现代化的职业岗位的基本要求。没有良好的文化基础和人文素质,人只是会工作的机器。在基础知识具备的条件下,对实践操作技能的培养是对职校学生的专业要求。对生产、管理、营销与服务等实际能力的掌握,是实现学生个人价值和社会价值相统一的要求。在现代化的竞争社会中,创造力的培养也应该受到足够的重视。

三、职校学生的发展现状

综观现在职业院校的学生,整体的发展水平不断提高,对于知识的学习和技能的掌握都较为良好。但是也有为数不少的学生存在着各种各样的学习问题,这些问题主要表现在学习准备不足、学习动机缺乏和个体差异显著等方面。[1]

由于学习目标不明,学习兴趣缺乏、学习自信不足、对学校教育的有效性缺乏信任等原因,导致学习积极性偏低,缺乏自我调控的意识和能力,知识结构不良,基本能力低下等不良后果。

许多进入职校的学生,学习动机不足。由于受到当前教育结构和传统教育观念的影响,职业教育始终未能摆脱边缘化、低级化的地位,因而使得职校的学生受到与普通教育不同的"待遇",使其自信心和自尊心受挫,责任感和价值观念减弱。因而存在着学习目标不明、学习习惯不良、学习动力不足、学习信心不强等问题。

拓展阅读

职业教育学生的厌学心理问题[2]

"厌学是学生对学习的负面情绪表现,从心理学角度讲,厌学症是指学生消极对待学习活动的行为反应模式。主要表现为学生对学习认识存在偏差,情感上消极地对待学习,行为上主动远离学习。"作为学生在学习活动中的"病症",存在于各级各类学习活动中,职业教育学生群体厌学也不例外。在职业教育教学活动中,厌学心理不仅会直接影响到学生个体心理的健康发展与成熟,而且还会直接影响到我国职业教育的健康发展,探究职业教育学生厌学的心理根源对提高职业教育教学质量具有重要意义。在有限的视野中,关于这个问题的研究很多,主要从学生自身、学校、家庭以及社会四个大的角度展开,其中,从学生自身角度研究的主要是从职业教育学生群体所处的特殊身心阶段、兴趣转移、自信心不足、学习基础差这四个角度阐述。本文选取职业教育学生自身角度,依据心理动力学中动机和行为质量对行为效果的影响关系,剖析职业教育学生厌学的深层动因,提出激发策略。

---

[1] 邓泽民著.职业教育教学论[M].北京:中国铁道出版社,2011:103~104.
[2] 张蓓.职业教育学生厌学心理问题探析[J].辽宁行政学院学报,2014(6):104~107.

一、动机、行为视角中的原因

在心理动力学视野中,"行为是由强大的内部力量驱使或激发的",它的效果取决于两个要素:一是个体动机的强弱;二是个体行为的质量。职业教育学生的厌学情绪与其学习动机减弱以及学习行为质量偏低有密切关系。在动机、行为视角中,动机与学习行为质量的关系,将是分析职业教育学生厌学原因的主要认知点。

(一)动机视角中的厌学

具体表现为:

1. 目标不明;
2. 习得性无助;
3. 错误的归因;
4. 低的自我效能;
5. 学习期待丧失。

(二)行为视角中的厌学

具体表现为:

1. 低的学习效果;
2. 不良的学习习惯;
3. 低的理解能力;
4. 性格的缺陷;
5. 行为规范机制不完善。

二、动机、行为视角中的激发策略

在心理动力学视野中,人"试图解决个人需要和社会要求之间的冲突。剥夺状态、生理唤起以及冲突都为行为提供了力量,就像煤给蒸汽机车提供燃料一样。在这个模型中,当机体的需要得到了满足、它的驱动力降低时,就停止反应。行为的主要目的是降低紧张度。"基于职业教育学生缺乏学习动机和学习行为质量普遍偏低这两方面主要原因,在动机、行为视角中探讨激发策略将是重要任务,核心问题是如何通过激发职业教育学生的学习动机和提高其学习行为质量来调动其学习积极性主动性。

(一)动机视角中的激发策略

具体应做到:

1. 提升学习趣味;
2. 合理运用反馈;
3. 积极归因训练;
4. 提升自我效能感;
5. 建立积极期待。

(二)行为视角中的激发策略

大量研究表明学习行为的效果除了受学习动机的影响外,还与学习行为质量密切相关。因此,教师除了要激发职业教育学生的学习动机外,还需帮助学生提升学习行为质量。影响学习行为质量的因素有很多,如学习基础、学习习惯等,因此,教师可通过改变影响学习行为质量的相关因素来提升他们的学习行为质量。

具体要求是：
1. 提高学生学习效果；
2. 提升学生理解能力；
3. 完善学生性格；
4. 完善行为规范机制。

第二节 职业教育的学生观

学生观，通俗地讲，就是对学生的观念、看法与态度。正确的学生观是开展良好教学的前提和基础。而从社会历史的发展过程来看，很长一段时间，人们的学生观，尤其是对于职业教育的学生观并不乐观。

一、传统的学生观

受"重学轻术"传统观念的影响，一直有不少人认为职业教育是"二流教育"。上大学始终是孩子的终极目标。一些老百姓宁可花高价让孩子上普通高中，也不愿让孩子走进职业学校，毕业后当技术工人。一些地方政府把发展高中阶段教育片面理解为就是发展普通高中，在经费投入、资源配置、办学条件等方面对中等职业教育的扶持力度不够，造成了普通高中教育和中职教育发展不协调。

长期以来，人们对职业教育培养的人才有许多片面甚至错误的看法，把职业教育看作普通教育的附属品，培养出来的人才是次等人才。实际上，职业教育在我国教育体系中与其他类型教育的社会地位应该是平等的，而非"普"高"职"低。普通教育培养的人才主要偏重理论性知识，职业教育培养的人才主要偏重操作性知识，他们之间只是工作的侧重点不同，而无等级贵贱之分。

二、新时期的学生观

1983年，美国哈佛大学发展和认知心理学教授霍华德·加德纳提出了智能的多元化理论。他将智能分为八种，认为它们是全人类都能够使用的学习、解决问题和创造的工具。加德纳认为，相对于先前的一元智力理论和智力评价理论，多元智能理论能够更为准确地描绘和评价人类能力的面貌。

多元智能理论的提出，使我们认识到每一正常的个体都在一定程度上拥有多种智能，每一个体的差异在于所拥有某种智能的程度和组合不同。基于此理论，职业院校应建立与学生个体智能状况相适应的课程内容、教学方法、实验与实习基地、评价形式等，即实施"以学生个体为中心"的教育体系。其中最根本的，应该是建立在多元智能理论指导下的职业教育学生观。

按照加德纳提出的多元智能理论,每个个体所具有的智能是多元的,这些智能在个体身上的组合也是独特的,每个人都有独特的智能组合和智能表现,每个学生都有自己的优势智能领域,有自己的学习方法和特长,所以学校里不存在差生,而存在"有着差别的学生",全体学生都是可育之才。

教育的目的就是为了培养高素质的劳动者,使个体得到充分发展,服务于社会。职业学校的老师要立足可持续发展,以发展的眼光看待每个学生,引导学生发现自己的优势,发展自己的兴趣,发现自己的特长,发现自己的不足,要引导学生正确认识自己,让职业学校学生看到自己未来会扮演的角色。

职业学校的学生选择接受职业教育,那就意味着他们想通过不同于以往经历过的失败的教育而成才。只要老师在教育教学过程中,逐步激发他们的主体意识,让他们自己体验到自己的能力和成功的快乐,就能逐渐激发他们学习的动力和信心,成长为有用之才。

对于职业院校的教师而言,学生是其教育教学的直接对象,二者的关系最为紧密。教师形成正确的学生观,将会对学生的发展产生极大的积极作用。[①]

首先,作为一名职业院校的教师,必须认识到职业院校学生对于日后社会经济发展将会起到至关重要的作用。职业教育的存在和发展是我国教育体制改革的必由之路。我国人口众多、人均国民收入仍然处于较低水平。穷国办大教育,如果一味采取国家包办的原则,很难满足社会对人才的需求量,而且,国家也难以承担巨额的教育费用。基于此,大力发展职业教育,职业院校通过自主办学以及与企业联合办学等多种办学模式,既可以缓解国家教育经费的匮乏,又可以为社会输送各行各业需要的人才。我国经济在发展过程中不仅需要大批的高级科学技术专家,而且迫切需要千百万受过良好职业教育的初中级技术人员、管理人员、技术工人和其他类型的城乡劳动者。

其次,职业院校学生具有多方面的、巨大的发展潜力,具有极强的可塑性。职业院校学生与普通高校学生相比,他们之间的智力差异主要是类型差异,而不是水平差异。职业学校学生并不缺乏开拓精神和创新能力,不缺乏日后成为成功的企业家、政治家、能工巧匠、管理者等的某些潜质。换而言之,他们都是可塑之才。

再次,职业院校的学生渴望受到教师的关心和尊重。职业院校学生常常会有挫折感、自卑感,把接受职业教育当成"无条件的选择",尤其在目前普遍存在的大学生就业难的社会背景之下,许多职业院校学生对前途倍感渺茫,因此,他们更加需要教师的关心和理解。作为教师,应该帮助学生客观分析目前的就业难主要是由于以下两方面原因造成的:一是由于当前政府机构改制,国有企业调整。二是大学生择业观念普遍存在期望值过高不肯低就的现象。而这只是改革过程中必然出现的短暂现象,随着政府和企业改革的完成以及大学生就业心态的不断调整,这一现象必将逐渐缓解、消退。学生得到教师充分的关心、理解和尊重,自信心会有极大提升,而拥有自信是克服困难取得成功的必要因素。

此外,每个学生都是能动的个体,具有独立的人格和个性。教师尊重学生才能得到学生的尊重,才能更为顺利地开展教学活动,完成教学目标。

---

① 王晟红.论职业教育教师的作用和使命[J].黑龙江教育学院学报,2010(2):45.

> **拓展阅读**

多元智能理论下的职业教育学生观[①]

(一)以多元智能理论为指导正确看待学生

根据多元智能理论,大多数人具有完整的智能,但每个人的认知特征又显示出其独特性。在八种智能方面每个人所拥有的量是不同的,八种智能的组合与操作方式各有特色。长期以来,我国的学校教育偏重于培养和发展学生的语言和数理逻辑能力,强调语文和数理化等学科的教学,而忽视对学生其他能力方面的开发和培养,从而贬低了其他认知方式的重要性。因此,学生的多种智能在传统的学业方面未能受到尊重,他们的特长难以被发现,这对于学校和社会都是巨大的人力资源浪费。

职业教育必须认识到智力的多样性和广泛性,学生丰富的潜能亟待我们教师去开发和挖掘,并进一步加强引导和教育,使其真正成为适应社会经济发展需要的合格的技能型人才。

(二)以多元智能理论为指导正确引导学生

按照加德纳的观点,学校教育的宗旨应该是开发多种智能并帮助学生发展适合其智能特点的职业和业余爱好。应该让学生在接受学校教育时,发现自己至少有一个方面的长处,学生就会热切地追求自身内在的兴趣。而这种追求不仅可以培养学生对学习的乐趣,同时也是学生坚持不懈努力学习的内在动力,这正是熟练地掌握学科原理和创造发明所必备的品质。按照"短路理论",如果不去创设相关环境和给予强化,不去唤醒我们的潜在能力,相关的神经功能就会衰退,甚至会消失。

然而,传统的教学理念只强调了"科技"一词中的科学知识部分,严重忽略了对技术的认知与能力的培养。包括社会上的一些观念都认为学习的内容应该就是"语文、数学和外语",而其他都是所谓的"副科",更不会以"技术"和"能力"为导向引导学生的学习兴趣。因此学生的许多潜能被压抑甚至逐渐消失。

多元智能理论强调:学校及教师应明确在当前课程计划和课外活动中,包含了哪些在学生身上可以培养的多元智能要素,教师应致力于普及这些要素,确保所有的学生能够从中受益。在课程设计方面,不仅应重视学生不同侧面的智力,而且应拓展发展智力的空间,尽可能地发掘每一个人的潜在能力。当每个人都有机会挖掘自身的潜能而高效地学习时,他们必将在认知、情感甚至生理各方面展现出前所未有的积极变化。

(三)以多元智能理论为指导正确评价学生

根据多元智能理论,智力和教育测验应当通过多重渠道,采取多种形式,在不同的实际生活和学习情境下进行;教师应从多方面观察、记录、分析和了解每个学生的优点和弱点,并以此为依据设计和采用适合学生特点的不同的课程、教材和教法,帮助学生"扬长避短"。

[①] 苏京.论多元智能理论下的职业教育学生观[J].河南职业技术师范学院学报(职业教育版),2008(4):47.

从生源情况来看,目前大部分高职学生与同年进入普通高校的本科学生的分数线相比,要低100~150标准分。这些学生中的相当一部分人按传统的普教学业评价制度来测评就已经是一批不适应甚至是不合格者,现在仍然按这种评价方式来评价这些学生,结果必然会消磨掉学生的进取心,只会更深地挫伤学生的学习积极性。为了保护和提高学生的自信心,增强他们适应未来工作的能力,必须建立起一套以多元智能理论为指导的正确评价学生的体系。

毋庸讳言,基于传统智力理论的普教评价制度有其合理和科学的一面。但是,我们不能不看到这种评价制度所具有的局限性。目前职业教育的学生评价,基本上还是沿用了普教的做法忽视了职业教育强调学生能力本位、人格本位的价值取向方面的特点。我们应该确立以能力为本位的教学质量评价体系。如减少或降低理论课的评价标准;测试的方法也可采取多样性,如观测、口试、现场操作、面试、自评、工件制作、书面答卷等;以职业资格与等级鉴定作为一种评价标准等。这些方法的综合运用,能有效地反映学生的实际能力。

总之,职业教育与普通教育的协调发展是职业教育结构改革的重要内容,借鉴多元智能理论对于振兴我国职业教育、提高职业教育的质量,可以发挥许多积极的作用。

第三节　职校学生的全面发展

职业教育应该是人的全面发展的教育。传统意义上的普通教育和职业教育都是人的片面发展的教育。传统意义上的普通教育只注重文化基础知识的传授,轻于学生实践技能的学习,造成学生普遍的"高分低能"现象;传统意义上的职业教育多注重技术性的训练,忽视文化知识和人文素养的培养,造成学生虽有一技之长却难以适应社会的真正需求,而且不能很好地应对社会职业的变化。

因此,现代化的职业教育应该是人的全面发展的教育,必须将人文素质的培养与实践技能的掌握充分地结合起来,如此方能使职校生真正成为社会主义现代化建设的实用人才。在形成正确的学生观的基础上,必须把握家庭、学校和社会的合力,以促进职业教育学生的全面发展。职业教育学生的全面发展包括以下三个方面:第一,良好的德育素质。德育素质是学生综合素质中的首要因素,培养学生职业道德素质的第一步是进行学生的专业思想教育。第二,过硬的专业素质。学生的专业素质包括基础文化素质和专业技术素质,只有具备了这些素质,才能在当今复杂多变的市场经济社会中不断适应新的环境。第三,综合的社会素质。主要包括学生的交际能力、语言表达能力、协作能力、组织能力和管理能力等。

要保证学生在这三个方面都取得长足的发展,共同进步,需要国家、社会、学校、家庭以及学生个人全方面融洽沟通、相互作用。尤其是学校教师、家长和学生的相互影响、通力合作,是保证学生全面发展的关键。[1]

---

[1] 束仁龙.加强教育合作,促进学生个性发展[J].中国职业技术教育,2003(34):40~41.

一、学校与学生之间的合作

苏联著名的教育家马卡连柯说:"我们理解教育的目的就是:人的个性的培养计划,人的性格培养计划。"学校必须尊重信任学生,和学生之间建立一种非常友好的合作关系,实施教育合作。如果学校动不动就发红头文件、通告和守则,要求学生"应该怎样""不准怎样",而不问学生"愿意怎样""希望怎样",那就会压抑学生创造性的发挥和自主精神的培养,就会在一定程度上阻碍学生的个性发展。

职业学校是培养技能型人才的地方,是为学生走向社会打基础的。这个重任要求学校必须注重学生的自主精神、独立个性和适应新生活环境等应变能力的培养。为此,学校必须与学生进行合作。首先,学校要端正办学思想,贯彻教育"三个面向"的方针。学校领导要有一定的教育理论水平和一定的组织管理能力,目光远大,具有超前意识,充分认识到个性发展与教育合作之间的关系,认识到学校与学生之间进行合作的重要性。其次,学校要真正做到与学生合作,就必须实行"开放教育""民主教育",尊重学生的意愿和要求,取消一些框框,废除一些条条,改变那种"压""指令性"的做法,多问学生"愿意怎样""希望怎样",经常征求他们对学校工作的意见,不断改进学校工作。最后,创造条件让学生参与学校管理。比如,让他们当校长助理,让他们管理食堂,让他们当校刊编辑,让他们自己管理自己等。总之,要相信学生,把他们放到风浪中进行锻炼,逐步培养他们的自主精神和独特个性,并促进其发展。

二、老师与学生之间的合作

教师和学生是教育过程中最基本最重要的两个因素,他们之间的关系是在教育过程中结成的相互关系,是人与人之间的关系在教育领域的反映。它既有反映社会关系的道德关系,又有在教育过程中师生之间相互认识和情感交流的心理关系。这种关系要求教师和学生之间建立一种合作关系,即师生合作。"师生合作是学校人际关系中最基本的方面。"它是合作教育学阐述教育教学问题的出发点。

师生合作首先要求教师必须树立正确的学生观,把学生看成一个能动的主体,是具有独立思维的个体和发展中的人,应当给他们以学习、生活和人生等方面指导,帮助他们克服阻碍个性发展的种种困难,绝不能采取"保姆式"的教育方法,应该理解和相信他们。

其次,树立为职校学生服务的思想。我们的职业教育是社会主义性质的教育,是为祖国现代化建设培养人才的,这种人才应该是德、智、体、美全面发展的,又具有独立个性的现代化建设者。因此,教师应该对学生的全面发展负责。在评优等活动时,不能只看学生学习成绩或某一方面,应该确立一个"德智体美"综合指数加以衡量。在全面发展的基础上,注重学生独立个性的发展和特殊才能的培养,使培养出来的学生既具有共性,又具有个性。

其三,作为一个职教教师,应该热爱教育事业,对职业教育工作充满信心,时常保持愉快的情绪,努力学习,深入钻研,精益求精,严格要求学生,把自己全部的精力、学识和才能献给党和人民的职业教育事业,为职校学生的全面发展和个性发展创造条件。

其四,尊重学生的人格,把学生当作与自己地位平等的人来看待,尊重他们的权利和义务,尊重他们的意愿和情感,虚心向学生学习,发扬教育民主。

其五,尊重学生,理解学生的正常需要。当学生在学习和认识上发生问题时,教师要及时采取说服教育的方法,动之以情,晓之以理,循循善诱,使学生心悦诚服。不能动辄就对学生进行斥责,讽刺挖苦,甚至辱骂和体罚。

其六,教师必须注意自身的修养,善于控制自己的情绪,正确处理师生矛盾。在教育教学过程中,师生之间发生一些小小的矛盾是难免的。对于师生之间矛盾的处理,教师要严于律己,宽以待人,控制自己的情绪,保持镇静,注意学生的个性特点,进行针对性教育,不能伤害学生的自尊心和自信心,要保护学生的独特个性并促进其健康发展。决不能为了维护自己的面子,利用教师的权利对学生进行打击报复。

三、学生与学生之间的合作

一个人的成长离不开周围的环境,离不开所生活的集体。每个人的信念、情操、行为习惯以及兴趣、爱好等个性品质都会随着心理活动和社会活动表现出来。这种品质的个性,也只有在具有合作气氛的集体中才能得到培养。具有合作气氛的集体,要求集体中的每个成员之间进行大量交往并进行有效的意见沟通,热情帮助和指导他人,进行高水平的发散性思维,并积极地解决各种问题,学生之间相互尊重,相互信任,减少对失败的恐惧。然而今天的职校校园里,不少学生喜欢独来独往,沉默寡言,不愿意参加学校、班级和小组开展的活动,在学习上遇到困难或问题时,不肯向同学求教,更谈不上帮助他人了。这种自我封闭、不交往、不合作的同学关系,会使人的集体感淡化,思想顽固保守,心胸狭窄,信息闭塞,创造性思维等个性品质发展受到压抑。

要使职校学生的个性健康地发展,实现其自我价值,那就要求学生之间必须进行广泛交往和亲密合作。首先,在思想认识上要认识到自我封闭、不与他人交往和合作就会阻碍自己的个性发展,认识到要在将来社会立足于不败之地,今天就必须广泛地与人交往和合作,努力拓宽自己的知识面,开阔视野,培养自己开朗的性格等品质。其次,作为集体中的成员,要与他人合作,就必须走出教室和寝室,投身到改革的浪潮中,投身到充满合作气氛的集体环境中,使自己的个性得以充分发展。最后,在学习上遇到困难或问题时,应该虚心向他人求教。当别的同学求教问题时,应该给予热情解答或与之共同探讨。讨论时,目的要明确,态度要友好,本着合作精神来进行,不仅要阐明自己的观点,而且还要虚心地听取他人的不同意见。

> **拓展阅读**
>
> 职业教育应着眼学生可持续发展[1][2]
>
> 近两条关于就业的新闻在职业教育界和劳动系统引起了广泛议论。一是一项针对4000户上海人的调查报告显示,只有1%的人愿意做工人,或者说以此为就业导向来接受相关教育;二是某洗浴中心近日发出搓澡工、捏脚工等服务人员招聘信息,收到众多大学生的应聘材料,其中四成左右的大学生应聘搓澡工职位。

---

[1] 陆震谷.职业教育应着眼 学生可持续发展[N].文汇报,2007-04-30(8):1~2.
[2] 张云生主编.职教名校长耕耘录[M].上海:上海三联书店,2008:54.

如果没有情绪化的偏激,平心而论我们可以发现,社会的普遍价值观和教育的核心价值观之间其实是有距离的。一个教育工作者,假设他的孩子也面临就业与接受相关教育的关联问题,那么,通常他的选择(或者说是传统思维下的选择)也不会是"很开心地非当工人不可"。然而,城市就业的客观现实又很严峻地摆在我们面前——下岗、转岗工人再就业的"40、50问题"刚刚得到缓解,消化年轻人就业压力的"20、30问题"又凸现出来。不尽快拿出思路和对策,无疑将影响我们构建和谐社会的努力。年轻人似乎也在根据劳动力市场的变化力图做出艰难的选择。有热心者就上述第二条新闻算过一笔账,即按照搓澡工每小时58元的补助水平,这份看似不太体面的工作薪酬标准并不低,按每人每天工作四小时计算,月薪能达6000多元。但是,这似乎又是一次在显示收入问题上的"脑体倒挂"。

显然,现实让我们尤其是在职业教育第一线的实践者必须在探索中回答这样的问题:怎样在脑体收入正常的条件下,提高劳动者的就业质量?就职业教育的发展而言,虽然应该强调"择业教育是职业教育永恒的主题",但是对于职业教育来说,帮助学生开发自己的潜力,认识自己的特长,寻找适合自己发展的岗位,才是最大的教育成功。因此,在笔者看来,上述那种单纯以薪酬标准为劳动力转移的标尺,而忽视城市产业结构升级需求和劳动者特长与潜力的思维,既是不足取的,也是对教育资源的浪费。

就是从职业教育的实际来看,劳动者收入的增加,不在于其劳动力,而在于其劳动能力。其中,文化知识是能力,专项技能是竞争力,而能力的积累和竞争力的提升,关键是靠职业教育的训练来实现的。当然,时代也对职业教育本身的素质和理念提出了新的要求和挑战。

挑战之一:文化课和专业课的分配切割比例。现代科技发展和经济结构调整,导致劳动力市场变化迅速,对高素质劳动者需求不断增大,而学校专业受到观念、师资、设备、办学经验等限制,容易跟不上市场的变化。我所在的董恒甫职业技术学校很早就将专业调整和课程改革作为学校改革的重中之重,1996年起每年都对专业进行调整,对课程重新梳理,坚持"以就业为导向",力争达到毕业学生的技能要求基本符合市场需求。近年来,学校新增专业11个,关闭专业13个,毕业学生就业率达到98%,并普遍受到用人单位的欢迎。课程改革最大的困惑是文化课和专业课的分配切割比例,我们经过全面认证和长期实践,现在基本定位在5∶5的水平上,较好解决了学生发展远效和近效的矛盾,为学生的可持续发展提供了一个良好基础。

挑战之二:毕业者更应是"可培训的人"。走出校门的职校生,不应仅是"培训过的人",而更应是"可培训的人"。对此,打破学科壁垒并且积极地改革教材与教法,是眼下当务之急,而目前职教的某些教材多系套用高等院校的教材模式,"偏、难、烦、旧"弊端突出。事实上,我国教学传统中学徒式教育和半工半读模式,强调动手能力与积极的实践操作能力,这对今日职业技术教育有着非常有益的启示;而且在"应知、应会"的教学要求中,职校教育更应该向后者倾斜。

挑战之三:如何看待"学后职前"的培训?以德国与韩国的职业教育为借鉴,我国的中职生乃至高职生、大学生,其由学生向社会劳动者的角色转换中的"学后职前"培训这一块,将来会不会成为一种趋势?我们应该为此做些什么准备?这些问题需要由更多的教育政策指导者、学校管理者等共同来解决。

> 拓展阅读

我国高等职业教育学生的基本现状[①]

高等职业教育具备双重属性,它既是高等教育,和本科教育同属国家高等教育的重要组成部分,要求学生具备较扎实的理论知识;它又是职业教育,就决定了学生必须具备较强的实践动手能力。要谈高职学生适应社会所需的基本能力,可以从高职毕业生的就业去向,即用人单位的性质、工作要求等方面为参考点,来厘清高职学生在校期间理论学习、实践锻炼和综合素质的培养。

一、高职学生的就业去向

高职共分19个专业大类,除了公安大类的就业去向主要是国家机关(即公、检、法),医药卫生的就业去向主要是事业单位(即医院)外,其余17专业大类的毕业生的就业去向主要是国有企业和非国有企业。而到国有企业就业的主要是资源开发与测绘、材料与能源两个专业大类,也就是说,绝大部分专业大类的毕业生的就业去向是非国有企业,而具体岗位是生产第一线。

我国现有1200余所高职学院,绝大多数高职学院所办的专业的就业去向都是非国有企业,其中又以股份制企业和民营企业为主。非国有企业招聘高职毕业生的目的是为企业培养现场技术人员和管理人员,前提是从基层干起,要求高职毕业生有一定的相关理论知识和实践动手能力、组织协调能力、吃苦耐劳精神、沟通能力、勤学肯干并能快速适应企业文化的素质。

二、高职学生的生源情况与学习情况

高职学生的来源主要是高考后录取,随着高校的逐年扩招,作为高考最后一个录取批次的高职学生,基础知识存在着先天性的不足。另外,高职学生的来源还有"五年一贯制"、"3+2"转段、优秀中职直推生、单独招生考试等,种类多、基础知识差且不均衡,外加在校期间学制只有3年,这就决定了高职学生毕业后既不可能有本科毕业生那样扎实的理论知识,也不会有中职毕业生那样熟练的操作技能。与偏重学术研究和技术开发的本科教育不同的是,"以就业为导向"的高职教育的目的性和专业性较强,高职教育以讲解和应用成熟的设备和技术为主,着重培养具有一定专业理论知识和较强实践能力的高技能人才,主要面向基层或车间,直接面向机器和人员,是生产第一线的专业技术人员或管理人员。而中职教育主要是培养学生的实际操作和动手能力,是直接面向设备的第一线的熟练操作工人,它对理论知识要求不高。高职教育起到了把先进的科学技术应用到实际生产线的桥梁作用。

三、我国高等职业教育的特点

我国的高职教育起步较晚,基本上是在借鉴国外特别是德国、澳大利亚等发达国家成熟的职业教育经验的基础上,糅合本科教育和中职教育的办学模式,在探索中发展起来的。

---

① 唐明.我国高等职业教育学生的基本现状[J].继续教育研究,2012(6):42～44.

从20世纪80年代高职教育的正式起步,到1999年高等职业教育的蓬勃发展,经过三十多年的发展,高等教育结构体系逐步完善,并对促进高等教育的大众化起到了重要作用。现正从"浮躁"发展阶段(重规模)向"内涵式、精品化"发展(重专业建设、重课程体系建设等)转型。我国高等职业教育的主要特点有:

(一)院校结构

2012年全国1200余所独立设置的高职(专科)院校中,理工类院校占总数的近50%,满足了与当地经济社会发展要求相适应的高职教育专业结构,成为服务地方经济社会发展的重要力量。

(二)规模

当前全国共有高职高专院校1200余所。高职教育招生数和在校生数均占高等教育的约一半。高职教育在优化高等教育结构体系、促进高等教育大众化、培养高技能人才等方面彰显出不可或缺的作用。

(三)就业率

以服务为宗旨,以就业为导向,走产学研结合的发展道路,使得高职教育的社会认可度不断提高,一个明显的标志就是就业率连年攀升,现已能和研究生、本科生分庭抗礼,从而可以看出高职教育对我国经济发展的重要性。

(四)专业结构

以服务为宗旨,以就业为导向的办学思路决定了高职学院开办的专业是社会上紧缺的或需要的,是按社会或岗位需求设置的,这就说明了高职教育的办学思路是正确的。

(五)师资队伍

形成了一支理论与实践相结合、专职与兼职相结合的具有"双师"素质的师资队伍,保证了"现场有什么就教什么、现场需要什么就学什么"的职教特色,从而保证高职学生真正做到"学以致用"。

(六)教学模式

高职教育以培养技术应用型、技术技能型人才为定位,以培养高等技术应用型和高技能型专门人才为根本任务,以适应社会需要为目标,使高职学生具备从事某一特定的职业所必需的能力。从某种意义上说,高职教育已成为一种职业教育、一种就业教育、一种谋生教育。

(七)培养目标

高等职业学院的培养目标明确,那就是服务地方经济的发展和产业结构调整,满足基层对人才的需求。

(八)培养模式

高职教育以市场需求即以"就业为导向"来确定培养模式,目前成熟的培养模式主要有"订单式"培养模式、专业培养模式、行业培养模式。"订单式"培养模式是校企合作最紧密的一种形式,种类也较多,但重庆工程职业技术学院与企业签订的紧缺专业"零缴费""订单式"培养模式属于最为成功的模式。

四、高职学生的特点

高等职业教育一般是三年,学生年龄在 20 岁左右,与本科学生相比,高职学生的抽象思维和理解能力要逊色一些,但在感性方面并不比本科学生差。这类学生在面对繁忙的考试和枯燥的理论时往往感到头痛,但如果让他们观察并动手做一些事情(即注重实习实训)却能够做得很好,这也正好吻合高职教育的定位和特点,那就是毕业生既具有够用的基础理论知识,又有较强的技术应用能力。

(一)目前高职学生存在的一些问题

1. 毕业生就业定位不准确

部分高职学生把自己定位为大学本科层面,其就业观念没有与时俱进,还做着天之骄子的白日梦,认为自己毕业后一定能够有一份薪酬好、待遇高、又体面又轻松的工作,在大城市就业,工作地点在办公室。这主要体现出高职学生浮躁的心态及其艰苦奋斗精神的缺失,缺乏吃苦耐劳和参与竞争的勇气。

2. 学生专业知识不够深厚,缺乏就业竞争力

高职毕业学生整体在理论上不如本科毕业生,在动手能力上不如中职毕业生,这是一个不容回避的现实。那就应该充分利用既有强于中职毕业生的专业理论知识和后续发展能力,又有强于本科毕业生的实践动手能力的优势,去争取就业机会。

3. 部分学生缺乏吃苦耐劳的精神

现在的学生,独生子女较多,家庭生活条件的日趋提高,以及社会发展所带来的一些负面影响,致使部分学生缺乏吃苦耐劳的精神,不愿到基层就业,到西部发展,都向往着都市发达区。

4. 专业需求不平衡,部分专业学生就业难

很多高职学院办学太看重眼前效益而忽视了自己的办学特色,投入少的文科类专业大家都办,这必然造成专业需求的不平衡。

5. 社会和一些用人单位对高职毕业生的不认可,影响了高职毕业生的就业

一些企业的盲目攀比心理和虚荣心,致使招聘时对招聘要求不切实际地拔高;另外,高职学院起步较晚,有些用人单位对高职的认同度还不够;还有就是每年我国都有庞大的毕业生队伍需要就业岗位,很多用人单位在招聘时"任挑任选"。

(二)目前高职学生具有的主要优势

1. 高职毕业生符合社会需求(学院与行业联系紧密)

高职学院以"就业为导向"的办学思想,决定了高职学院所开办的专业必须紧跟市场需要、与行业联系紧密、符合地方经济的发展和产业结构调整的需要。

2. 工学合作产学结合,紧跟社会需求

高职学院开办专业要做详细的市场调研,教学计划要聘请企业的专家根据市场需要讨论制订,教学过程中有企业的技术人员参与授课(含讲座、带认识实习和毕业实习等),毕业实习采用顶岗等方式,使学生的学习有针对性,就业有竞争力。

3. "双师型"教师为学生授课

高职学院一方面从现场引进大量的专业技术人员作为学院的专职教师,另一方面聘

用足够的现场经验丰富的专业技术人员作为学院的兼职教师,还有就是把学院的教师定期派送到企业顶岗锻炼,通过多途径配置"双师型"教师为学生授课,使学生在校期间能够学到"实用的"和"足够的"理论知识,了解行业最新的发展状况和技术水平,掌握必需的实践操作能力以及应该具备的基本素质。

4. 有适合高职教育的先进教学设施,满足社会需求

高职学院为学生配置了适合高职教育的先进教学设施。高职学院为满足培养学生的动手能力,适应社会对高技能人才的需求,设有规模齐全的校内外实验室、实训室和实习实训基地;高职学院还与校企合作单位建立了满足专业需要的校外实训基地。

5. 高职教育以就业为导向

根据市场需要来设置专业和授课内容。高职教育主要体现在"职业"二字,即高职学生毕业后,能有满足工作岗位(即职业)的理论水平和技能要求。由于现代技术水平发展迅速,这就要求高职教育应不断地根据市场需要来设置和调整专业和授课内容,以满足就业的需要。

6. 双证书教育使毕业生就业如鱼得水

高职学院的毕业生在毕业时要拿毕业证,必需有两个条件:一是有关课程学习要合格(或学分要修够);二是至少有一项相关专业技能证书。这就是高职学院的"双证书"教育,它是既重视理论,又突出专业技能的有机结合与统一,更是用人单位愈来愈青睐高职学生的关键所在。

7. 学生就业定位准确

高职学生就读的原因固然有高考成绩所限的因素,但是"读一个专业、学一门技术、找一份工作"在当前就业形势十分严峻的情况下慢慢地得到了考生及家长的认可。高职学生进校前就知道自己的学习目的,进校后通过专业教育和职业规划明白自己的学习目标和方向,了解自己的就业基本去向、岗位要求和发展轨迹,能主动找准自己的人生定位,有从基层干起的心理准备。

8. 用人单位对高职学生的逐步认可

高职教育办学以来,用人单位对高职学生具有"下得去、留得住、用得上、实用、好用"的特点逐步认可。高职学生没有部分本科生那种放不下架子、不愿从基层干起的"傲气",也没有中职学生那种虽然动手能力强但发展后劲不足和综合能力欠缺的明显弱点,高职学生凭借自己足够的理论基础知识、熟练的专业技能、踏实的工作作风、虚心好学的求知欲、吃苦耐劳的工作精神等越来越被用人单位喜欢和聘用。

【思考题】

1. 学生的含义是什么?学生有哪些基本特征?
2. 请简要概括职业院校学生的特点。
3. 传统的学生观与新时期的学生观有什么不同?
4. 请简要论述科学的职业教育学生观的基本内容。
5. 促进职业院校学生全面发展需要考虑哪些方面的因素?关键在于什么?

第八章

职业教育教师论

学习目标

1. 明确教师的涵义,把握职业教育教师的特点;
2. 理解职业教育教师的素质要求;
3. 理解教师专业化的内涵,把握教师专业化的发展过程;
4. 掌握"双师型"教师的内涵;
5. 理解和掌握"双师型"教师的培养途径。

职业教育教师是职业教育发展和职业教育质量提高的关键。[①] 21世纪是知识经济时代,知识密集型的经济对教育提出了新的要求,使当前教育发展呈现出多元化、现代化、产业化、市场化、大众化、国际化、个性化、终身化的发展趋势。[②] 抓好师资队伍建设,既是职业院校当前最重要的基本建设,也是面向未来发展职业教育的战略任务。[③]

第一节 职业教育教师的内涵

现代社会要求职业学校的老师不仅仅是知识和技能的传授者,更重要的是学生人生的规划者、指导者,同时扮演着文化补习教师的角色,重新培养学生的行为习惯。从教学的角度来看,职业教育教师应由知识技能的灌输者转变为知识的管理者、学习的指导者。从管理的角度来看,职业教育教师应由家长式的、霸权式的管理者转变为朋友式的平等而民主的管理者,由居高临下的师长转变为关心学生、理解学生、体贴学生、呵护学生的朋友。[④]

---

① 宫雪.改革开放以来我国职业教育教师政策研究[J].中国职业技术教育,2012(21):26.
② 胡迎春主编.职业教育教学法[M].上海:华东师范大学出版社,2010:27.
③ 纪芝信主编.职业技术教育学[M].福州:福建教育出版社,1995:146.
④ 李雪明.浅谈职业教育教师的新角色[J].吉林教育,2012(Z2):109.

一、职业教育教师的特点[①]

现代教育原理认为,教师的职业化发展过程中具有以下几个特点:一是示范性,教师的素质和活动方式本身就是一种教育影响和劳动手段,对学生具有一种潜移默化的示范作用;二是创造性和灵活性,任何职业都要求创造性,但教师劳动的创造性不仅程度比较高,而且有自己的特点。教师面对的是千差万别的学生,不可能用一种标准或一种模式去塑造他们,因此,教师的劳动并无固定不变的规范、程序、模式和方法可以照搬照用,必须根据实际情况,尤其是学生的变化和差异做出种种选择,创造性地灵活运用各种方法;三是具有复杂脑力劳动的特点,由于教师的劳动对象是具有一定自觉意识、情感和个性的活生生的千差万别的人,使得教师的劳动非常复杂,需要运用教师自身的知识和智慧,接受专门的训练才能掌握教育的规律和方法。这些特点说明了教师的职业性质已具备了专业工作的特点,因此,教师已经属于与医生、律师等相似的专业人员,必须具备高度的专业知识、技能和特长,必须通过长期的专业训练和不断在职进修来提高自己的知识和专业素养。因此,教师职业劳动的性质和特点在客观上为教师专业发展理论的提出提供了依据。

此外,除了教师的职业特点要求教师专业发展以外,由于教育学的研究对象包含了青少年儿童学习、成长的规律,因此,对于职业院校教师来说除了要掌握专业知识以外,还必须掌握教育专业的有关知识和技能,了解教育的规律。因为现代教育已经不仅仅局限于知识的传授,更重要的是发展学生的能力,包括自我学习、自我探究的能力以及实践应用能力,如果教师缺乏正确的教育理念和教育方法,就不可能培养学生的实践能力和创造力,这也是要求职业院校教师专业发展的一个重要原因所在。教师专业发展是教师专业建构、成长的过程。在建构主义的理论看来,每个人的知识都不是固定不变的,它们处在不断的发展、扩展之中,而且在不同情境中,知识需要被重新建构。学习是学习者主动地建构自己的知识经验的过程,即通过新经验与原有知识经验的相互作用来充实、丰富和改造自己的知识经验。因此,教师的专业发展需要教师具有自主研究意识和研究能力,积极开发自身潜能,建构性地确定职业发展目标,选择职业发展内容、途径和策略,通过自我监控、评价和反思等方式,自觉主动地调节和引导自己的教育教学方面的动机、认知和行为方式,从而获得发展。这种教师的主动建构是教师专业发展的基础,也是教师真正获得个体专业发展的有力保障。因为教师的专业发展过程不是一种外在的灌输式培训或者强制性制度要求,其实质是教师专业素养的不断建构的过程,它必然要求教师是主动学习的个体,是成长过程中的人,需要不断地建构自己的知识结构。

二、职业教育教师的使命[②]

教师在工作之始就必须明确自己工作的根本任务是什么。《中华人民共和国教师法》第3条中明确规定了作为履行教育教学职责专业人员的教师,"承担教书育人,培养社会主义事业建设者和接班人、提高民族素质的使命。"按照此项法律的第2条之规定,职业教育

---

① 白光泽,邢燕.职业教育教师专业化发展内涵嬗变研究[J].职教论坛,2010(25):60~61.
② 王晟红.论职业教育教师的作用和使命[J].黑龙江教育学院学报,2010(2):45.

教师的使命当然也在其范围之内。

教书育人是职业所规定的教师日常最基本的生活或行动方式。"教书"与"育人"二者必须融为一体。对于从事职业教育的教师来说，就是首先要教好书，要教给学生扎实的文化基础知识，先进的专业知识和必要的专业技能，培养学生不断学习进步的能力，为学生日后走上工作岗位打下坚实的基础。同时，在教育教学过程中，还要帮助学生确立科学的世界观和人生观，使他们有一个明确的政治方向和崇高的精神境界。

当然，教育工作是培养人的工作，其所培养的对象是活生生的人，他们具有人的复杂性、主动性及可塑性等诸多特性，因而职业教育教师要更好地完成自己的使命，就必须对其工作对象、教育活动的积极参与者——学生的特征有正确的认识，即他们必须具有正确的学生观。学生观是对学生的基本看法，学生观影响、决定着教师对待学生的态度和方法，对学生的发展方向也会产生深刻的影响。教育史上，有人认为学生是"白板"，教师可以在上面任意涂抹，也有人认为学生是中心，教师只能围着他们转。今天看来，前者虽然强调了教师的作用，但无疑忽视了教育对象是有主观能动性的生命个体，容易造成教师对学生身心发展的过多控制甚至戕害；而后者虽然肯定了学生在教育中的地位，但抹杀了作为社会现象的教育在社会整体关系中的独特作用，也容易造成教师因放纵学生而放弃对学生应有的教育责任。

三、职业教育教师的作用[①]

职业教育教师是指在各级各类职业院校中从事教育教学工作的人员，是现代教师队伍的一个重要组成部分。拥有优秀的职业教育师资是职业教育完善和发展的关键所在，因此，我们对于职业教育教师的作用以及使命必须要有一个明确、清晰的认识。

(一)传播和创造文化知识

"师者，所以传道授业解惑也。"教师作为社会文明的传播者，人类灵魂的工程师，对社会的发展起着巨大的推动作用。教师是人类文化知识的积极传播者和创造者，他们把前代人的文化精华传递给下一代，又不断地融合和创造着新文化，使之更适合于青少年学习和社会发展需要。教育职能的实施和体现主要依靠教师。发展社会生产力，推动科技进步，传递知识和繁荣文化都离不开教师。作为文化知识的传播者和创造者，教师是社会发展和人类进步的一支不可忽视的力量。没有教师系统地进行人类文化知识的传播，社会发展和人类进步都是不可想象的。因此，职业院校的教师与其他高校教师一样，一定要具备渊博的专业知识和扎实的工作、教学能力。

(二)培养新生劳动力

作为高等教育的一种类型，职业教育无疑具备高等教育的共性，然而职业教育要存在发展必须具有自己鲜明的个性，有特色才会有旺盛的生命力。职业教育的特色就是要面向基层、面向生产、面向服务和管理第一线，简而言之，就是要培养新生劳动力。人类在长期的社会实践中积累了丰富的经验，创造了灿烂的科技文化，留下了极为宝贵的精神财富。

---

① 王晟红.论职业教育教师的作用和使命[J].黑龙江教育学院学报，2010(2)：44～45.

要使人类的精神财富世代相传,单靠劳教合一、口耳相传是极为不够的,而且人要成为劳动力必须以学习掌握生产知识、职业技能为条件,因此必须依靠专门的从事教育活动的教师,对包括职业技能在内的人类精神财富加以吸收和总结,然后传授给学生,使他们在较短的时间内能参加社会实践活动,使其由潜在的劳动力成为现实的劳动力。如果没有教师的这种劳动,新生一代就要事事直接实践,永远从头做起。可见,教师是人类延续和发展的关键因素,对整个社会的发展起着承前启后的作用,对人类文化成果、职业技能、技艺的创造、继承和发展等起着重大的作用。

(三)促进精神文明和政治文明建设

教师不仅是物质文明建设的参与者,同时更是精神文明、政治文明的建设者。职业院校的学生,在其知识结构、年龄结构等方面都具有一定的特殊性,因此,职业院校的教师不单要传授知识、技能,还承担着政治思想品德的教育工作。这就要求我们的教师不仅要有扎实的专业知识,同时还应该具备深厚的道德修养和高尚的人格魅力。教师通过言传身教,用自己的模范行动和必要的思想灌输来影响学生,以提高其思想觉悟,树立良好风气,促进精神文明和政治文明建设。在我国,教师在社会主义精神文明、政治文明建设方面的作用主要表现在:传播共产主义远大理想,塑造学生优良道德品质,净化社会精神文化环境,宣传党的方针政策等。

(四)激励学生开拓创新

江泽民总书记曾经在第三次全教会上指出:"教师一定要改变教育观念,一定要改革人才培养模式,积极实行启发式和讨论式教学,激发学生独立思考和创新意识,切实提高教学质量,让学生感受理解知识产生和发展的过程,培养学生的科学精神和创新思维习惯。"可以这样说,在传媒发达、信息畅通的今天,学生可以通过各种渠道获得教师尚不了解的知识和信息,教师不再是学生学习知识的唯一来源。不仅如此,处于渴望求知、异想天开时期的学生提出的问题,又无不给善于学习和思考的教师以启示。越来越多的事实证明,当今职业教育教师不仅对学生产生作用,促进学生成长,同时他们自身的成长与发展也日渐受到来自学生的反作用。这一现象被人们称为"文化反哺",要把学生培养成为实事求是、独立思考、勇于创新的一代新人,职业教育教师必须是开拓创新的促进者。

高等职业技术师范教育是我国改革开放后职业教育事业催生的一种新型师范教育类型,承担着中、高等职业教育师资培养培训的重任。面对我国未来中、高等职业教育发展的战略机遇期,高等职业技术师范教育任重而道远,承担着完善职业教育体系、实现教师教育由封闭到开放的过渡、探索职教师资培养培训规律、职教师资专业发展、职教师资培养试验示范、职业教育教师资格认定、职业教育科学研究以及职业学校指导和咨询等崭新的历史使命。[①]

---

① 张社字.我国高等职业技术师范教育的新使命[J].江苏技术师范学院学报,2007(3):11~14.

> **拓展阅读**
>
> ## 德国职业教育教师培养的历史和现状[①]
>
> ### 一、德国职业教育教师培养的历史回顾
>
> 在中世纪,行会组织中对于手工业学徒的培训工作是由师傅承担的。培训是以单纯的师傅带徒弟的形式进行的。在手工作坊中由师傅传授给徒弟手艺技能以及文化知识,并负责其生活。培训的监督管理由行会负责,师傅带徒弟必须在行会办理有关手续,而行会则要审定师傅的资格。当时劳动力的后备力量无须通过独立于生产之外的教育机构来培训,而可以直接在生产实践中通过师傅的传帮带获得,因而职教师资的工作只由师傅来承担。师傅的成长模式是:学徒→伙计→师傅,这种培训形式在德国一直持续到18世纪。
>
> 随着社会经济的发展,师傅带徒弟的培训方式已不能适应工业化进程。因此,专门的教育机构——学校就参与到了职业培训中去。19世纪至20世纪初是德国职业教育发展十分迅速的时期,也是"双元制"职教模式逐渐形成的时期。在19世纪前期,学徒不仅要在师傅的手工作坊中接受培训,还要在星期日去学校补习普通教育知识及制图等技能。逐渐地这种星期日学校和公共制图学校演变为进修学校或职业学校。也就逐渐形成了职业学校专业教师职业和相应的职教专业教师培训。在这期间,德国主要有三种培养模式。
>
> (一)巴登-符腾堡模式
>
> 在这种模式中,职教专业教师的培养是依据政府的行业促进政策中关于高级技术工人培养的有关规定发展而来的。巴登-符腾堡地区在18世纪已高度发展的手工业职业结构基础上,于19世纪下半叶逐渐形成了今天典型的中产经济结构,以精密机械、机械制造、电气产品的高质量著称。
>
> (二)普鲁士和巴伐利亚模式
>
> 与巴登-符腾堡地区几乎同时,在普鲁士和巴伐利亚存在的职业学校——手工业进修学校,不是作为中央或地方经济促进政策的手段而建立的机构,而是置于文化部管辖下的。
>
> (三)图林根和汉堡模式
>
> 1819年之后在一些社民党领导的地方,一些文科教育学学者发展了这样一种思想,即在职业学校中教育应在今后的职业工作和社会生活上统一起来。在图林根和汉堡,职业学校教师的培养放在大学中并且相比于其他模式更偏重于教育科学和社会科学。
>
> ### 二、现代职业教育教师培养的主要模式及特点
>
> 魏玛共和国结束时,德国存在三个职业教师培养的基本模式,对以后的师资培养产生影响。然而重视与地区的经济发展相联系,强调职教师资培养内容和形式的实践性和职业性,重视师资培养中的社会和教育科学含量等,一直是职教关注的重点。

---

① 徐朔.德国职业教育教师培养的历史和现状[J].外国教育研究,2004(5):56~59.

（一）职业学校教师培养的学术化和培养模式

发生于20世纪五六十年代的职业教师培养的学术化和向科学技术大学的转移是1945年以后原联邦德国职业教师培养的显著特征，并成为目前在德国实行的"正统"职业教师培养的一般形式。

（二）职业技术专业（第一专业）的学习模式

职业技术专业无疑是职业教师培养中最重要的内容。目前主要有三种模式：

1. 挂靠于工程科学的职业技术专业科学

在这个模式中实际上是将一个缩短了的相关工程科学的大学学习作为职业专业科学的教学基础。在这里，职业专业内容是工程师培养大纲的一个"子集"。大多数情况下，工程学生和职教师范学生在"学位中期考试"（Vordiplom）前的学习内容是一样的，在数学和自然科学领域对师范学生的要求低一些。在该模式中像完全中学教师培养模式那样设立了一个专业教学法的位置。目前，大多数高校的职业教师培养是以这种方式进行的。

2. 作为独立的职业技术科学

这种模式着眼于职业教师工作的特殊性和职业专业与工程专业的差别，也就是说这里的职业技术科学不等同于相关的工程科学，不是简单地用工程科学来充实职校教师的技术专业知识，而是发展一门独立的学科，在劳动科学和职业教育的视角下来看专业技术的传授。将职业专业科学作为"面向教学的专业理论"来看待，在职校学生将来的职业工作内容和教师教学工作的视角下将专业科学的内容加以组织和取舍。这有别于一般的用专业教学法作为专业科学和教育学的桥梁的做法。因此职业技术专业不是相关工程专业的"子集"，而是一个与相关工程专业有"交集"的另一个集合。这种模式是比较新的学术思想，主要在德国北部一些大学实施。

3. 专科学院培养形式的职业专业科学学习

这种形式实际上是一种继续教育过程。学生已经过了专业学院的学习，再通过一个继续教育过程，重点是补充教育学社会学方面的内容而成为职校专业教师。有这样的观点认为，专业学院课程内容和范围的设置对职业教师的职业专业能力培养是较合适的，因为专业学院的教学特点是应用型实践型的，而不是像大学那样是学术型理论型的。这种模式的培养本来是作为德国在职校教师数量危机时作为一种应急措施而实施的。而在实施中人们也发现了它的一些优势，特别是在第一种模式的一些缺点日益明显的时候。当然毕业生的社会地位、学校法等因素仍是这种模式普及的障碍。

（三）德国职业教育师资培养的规模及分布现状

目前德国的主要综合性大学和理工科大学都设有职教师资培养专业，1997年德国共有职业师范专业学生18790人，就读于46所大学，分属于13个职业专业领域。然而其分布极不平衡，最多的学校逾千人（汉诺威大学），最少的仅21人（伊尔梅瑙大学）。专业分布上，经济类有10045人，超过总人数的一半。最少的是印刷技术，仅为83人。统计表明，原西部各州职教师范学生人数呈下降趋势，东部各州则因职业教育的改革呈上升趋势。就专业来讲，经济管理职业专业发展十分迅速。20世纪90年代以来，德国对职业教育师资培养也进行了研究。其焦点是面对职教师范专业报考学生越来越少，毕业生不敷职业学校之用的现象，如何提高职教师资专业的吸引力，以及职教师资培养专业的优化改革。

> 第二专业的学习选择性很大,共有23个专业,最多的是社会学、德语、英语、体育、数学,最少的是俄语、劳动学、健康教育学、心理学。在有些联邦州正在执行一些相关的改革措施,第二专业除规定的普通专业外,还可以是一些和职业专业相关的或高度相关的专业,以增加职教师范专业的吸引力。

拓展阅读

联合国教科文组织"朝向可持续性的职业教育教师教育:可持续发展教育国际会议"
——会议情况综述[①]

经教育部批准,2007年8月18—26日我们一行四人应德国国际继续教育与发展协会的邀请,赴泰国清迈参加了教科文组织"朝向可持续性的职业教育(TVET)教师教育:可持续发展教育国际会议",现将会议情况综述如下:

一、会议情况

本次会议由联合国教科文组织(UNESCO)职业教育研究中心、泰国教育部职业教育委员会主办,UNESCO亚太发展教育创新项目曼谷中心和InWEnt、UNESCO可持续发展教育项目主席单位多伦多约克大学协办,于8月19至24日在泰国北部名城清迈隆重举行。会议的主题是,致力于首先从亚太地区开始,将可持续发展整合到职业教育教师教育和能力建设项目去,进而整合到国家职业教育体系之中。会议的任务是探讨可持续发展导向的职业教育教师教育的行动计划。

二、主要议题

(一)背景

1987年,世界环境与发展委员会(WECD)发表了著名的报告《我们共同的未来》(Our Common Future,也称《布伦特兰报告》),首次提出可持续发展概念。其后联大探讨过可持续发展教育问题,提出可持续性是环境教育成功的一个基本工具。随着可持续发展概念的提出,国际环境教育界提出教育必须思考与环境问题密切相关的诸多要素,必须面向可持续发展。

可持续发展教育具有以下特征:

● 跨学科性和整体性:可持续发展学习根植于整个课程体系中,而不是一个单独的学科;

● 价值驱动:强调可持续发展的观念和原则;

● 批判性思考和解决问题:帮助树立解决可持续发展中遇到的困境和挑战的信心;

● 多种方式:文字、艺术、戏剧、辩论、体验……采用不同的教学方法;

● 参与决策:学习者可以参与决定他们将如何学习;

● 应用性:学习与每个人和专业活动相结合;

[①] 和震.联合国教科文组织"朝向可持续性的职业教育教师教育:可持续发展教育国际会议"综述[J].职教通讯,2007(11):10~12.

● 地方性:学习不仅针对全球性问题,也针对地方性问题,并使用学习者最常用的语言。(引自《联合国可持续发展教育十年(2005—2014)实施计划》)

可持续发展教育概念突破了过去仅以环境保护为主的理念,突出了教育肩负对可持续发展的更大责任。关于职业教育与培训,教科文组织认为其对于可持续发展具有关键的和持久的意义。以可持续性来改革既有的职业教育教师教育,是实现职业教育上述作用的前提。

(二)会议的具体目标

● 了解职业教育教师教育对于可持续发展教育的贡献和范围;
● 确认职业教育教师教育在加强对可持续发展教育贡献方面的议题;
● 确认强化上述贡献的方式;
● 提出强化上述贡献的有关研究、项目、开发方面的日程和行动计划;
● 对教科文组织及其职业教育网络提出相关建议。

(三)存在问题与可能的解决方案

与会者认为存在的问题包括:

● 在职业教育领域的学习者、教育者和管理者身上,可持续发展的自觉意识有限;
● 缺乏可持续发展的概念框架和行动指南;
● 缺乏某些政府和机构领导者的支持和提供的保障;
● 职业教育机构分布不平衡;
● 把职业教育仅作为技能传授的狭隘视野;
● 在职业教育和主流群体\正规教育之间缺乏联系;
● 资金和人力资源缺乏;
● 教师教育者的可持续发展教育能力缺乏;
● 教育者缺乏可持续发展的信息和理解;
● 可持续发展的教学方法不足;
● 相对于普通教育和大学教育,职业教育中教师认证不完善;
● 教师专业发展的动力和进取心不足;
● 社会需求和职业教育质量供给之间不一致;
● 不可抗拒的追求生产率的文化压力。

可能的解决方案:

● 开发可持续发展的概念框架和行动指南;
● 为职业教育提供清晰的政策;
● 为政策制定者提供信息和知识的支撑;
● 在教育哲学中整合可持续发展教育理念;
● 提供足够的资源和职业教育机构;
● 提高职业教育的地位;
● 在正规、非正规、非正式教育和培训之间建立联系;
● 用可持续性的概念修订和开发课程;
● 职业教育的服务导向——需求驱动的课程;

- 把工商业的变化吸收到职业教育的课程和项目中来;
- 完善职业教育教师资格认证;
- 教师和相关人员的再培训;
- 强调职业教育和教师教育满足工作场所需求的责任。

(四)分组讨论的议题和结果

议题1:如何使职业教育和可持续发展教育对学习者和社区更有用?

结果:明确了为实现职业教育教师教育对于可持续的工作实践的价值而应完成的重要开发任务。

议题2:职业教育和可持续发展教育方面的教师教育改革。

结果:明确了职业教育教师教育对于可持续的工作实践价值实现的整体进程中,在政策、机构和个人等运行层面上应完成的任务和采取的行动计划中的关键要素。

议题3:体面的工作:工作场所和劳动条件的改善

结果:明确了推进职业教育教师教育对于改善工作场所和劳动条件所负的责任,以及落实这种责任必须进行的改革,以实现职业教育教师教育对于可持续的工作实践的价值。

这些讨论结果将被吸收作为强化职业教育教师教育对可持续发展教育的贡献的系列进程和行动计划的理论基础。会议最后拟订了总结报告(草案),并将在此基础上,于2007年底形成最终报告。

三、收获与启示

(一)收获

圆满完成了教育部交办的参会任务,同时也完成了会议期间主办者委托的任务。通过深度参与,全面生动地展现了中国职业教育改革发展的迅猛步伐和推动可持续发展的科学态度,使得会议期间不少代表在发言中多次提到并肯定中国的成绩和措施。通过与代表们的沟通交流,建立了联系,达成了进一步合作的意向。同时,进一步了解了可持续发展教育,收集了丰富的资料,为相关职业教育政策的制定和可持续发展教育的研究奠定了基础。

(二)对我国的启示

1. 用科学发展观统领可持续发展以及可持续发展教育,丰富科学发展观的内涵和凸显其时代性。

2. 将可持续发展教育逐步作为我国各级各类教育中的基本内容,纳入教育发展的宏观战略。

3. 总结我国科学发展、节约型社会、节能减排、环境保护等方面的成功做法和经验,充实到我国可持续发展教育中来,同时也可为国际可持续发展教育提供支持。

4. 在今后的职业教育教师培训中,以及其他各种教师培训中,渗透可持续发展教育理念,提高教师可持续发展教育的能力。

5. 投入资源支持对可持续发展教育的项目研究与课程开发。

6. 继续跟踪国际组织可持续发展教育的相关会议,吸收和借鉴国际可持续发展的经验。

7. 利用各种国际舞台,不断展现中国政府的科学精神和负责任态度,塑造良好的国际形象。

第二节 职业教育教师的素质要求

职业教育作为现代国民教育体系的重要组成部分和国民终身教育的重要途径,既要遵循教育的一般规律,同时,作为职业特点比较鲜明的教育类型,也有其个性要素。《中华人民共和国职业教育法》规定:"实施职业教育必须贯彻国家教育方针,对受教育者进行思想政治教育和职业道德教育,传授职业知识,培养职业技能,进行职业指导,全面提高受教育者的素质。"《国务院关于大力推进职业教育改革与发展的决定》要求加强职业教育教师队伍建设,"要积极开展以骨干教师为重点的全员培训,提高教师的职业道德、实践能力和教学水平,培养一批高水平的骨干教师和专业带头人。"《国家中长期教育改革和发展规划纲要(2010——2020年)》提出:"教育大计,教师为本。有好的教师,才有好的教育。……严格教师资质,提升教师素质,努力造就一支师德高尚、业务精湛、结构合理、充满活力的高素质专业化教师队伍。"党的十八大报告指出:"加强教师队伍建设,提高师德水平和业务能力,增强教师教书育人的荣誉感和责任感。"这既为职业院校师资队伍建设提供了依据,也为职业院校师资队伍建设指明了方向。全面推进素质教育,建设高水平、高质量的现代职业教育,关键在于建立一支高素质的师资队伍。职业教育的改革和发展对教师提出了更高的素质要求。因此,更新教育观念,适应时代发展要求,建设一支高素质的师资队伍势在必行。[1]

职业教育教师的素质结构是指职业教育教师所具备的各项素质要求,以及它们之间稳定的联系方式。职业教育教师要想使自己的作用在工作中发挥到最佳状态,必须具备以下各项素质:[2]

一、思想道德素质

思想道德素质是职业教育教师整体素质的核心内容,也是其工作的精神支柱。它决定着教师职业活动的方向和态度,影响着教师文化专业素质等的发挥,并且直接关系到学生政治思想品德的形成。

(一)优良的思想素质

在我国,职业教育教师应当具有坚定的共产主义信念和强烈的爱国热情,成为党的教育方针政策的积极拥护者和坚定执行者。因此,职业教育教师必须认真学习马列主义、毛泽东思想、邓小平理论和"三个代表"重要思想,认真学习党的基本路线、方针政策,不断提高自己的思想政治和政策水平;自觉地运用辩证唯物主义和历史唯物主义的世界观和方法论,认识和掌握人类社会发展的客观规律,热情地传播并勇敢地捍卫真理,推动社会进步。

---

[1] 冯春梅,孟祥坤.新形势下职业教育教师素质结构探析[J].齐齐哈尔师范高等专科学校学报,2013(4):36.
[2] 金戈.职业教育教师应具备的素质结构[J].黑龙江教育学院学报,2009(11):55~56.

(二)崇高的职业道德

教师的职业道德简称"师德",一般是指教师在教育活动中必须履行的行为准则和规范,是一个教师对社会和受教育者所承担的道德责任和义务。教师职业道德是一种强有力的教育因素和教育手段,它制约着教育目标的实现和教育事业的发展。它具体表现在以下四个方面:

(1)热爱职教,爱岗敬业

这是教师对待职业教育事业的道德要求。热爱职业教育事业是教师工作的动力源泉,它不仅可以激发教师工作的责任感和对事业的忠诚,而且可以使教师产生对教育工作高涨的热情和浓厚的兴趣。敬业是对职业责任和职业荣誉等有了深刻理解后所表现出来的行为态度。它具体表现为恭敬严肃地对待自己的工作,认真负责、一心一意、任劳任怨、精益求精。敬业总和爱岗相联系,爱岗是敬业的前提,敬业是爱岗的升华。

(2)尊重学生,严而有爱

这是教师对待学生的道德要求。尊重学生就是将学生当成一个独立的人,对其独立人格加以积极的肯定。教师在施行教育学生的权力时不能凌驾于这一基本人权之上,侵犯它们。教师为了避免学生对抗、逃避等不合作表现,就必须放弃诸如斥责、讽刺、挖苦,甚至辱骂和体罚等对待学生的错误手段。当然,这并不意味着教师要放弃教育的权力,放弃对学生的激励和严格要求。其实,只有严格要求学生与尊重学生相统一,教育才会取得最佳效果。

(3)尊重同志,团结协作

这是教师对待教师集体的道德要求。职业教育目标的实现是由教师集体互相配合,互相协作,共同完成的。每一位教师担任不同的工作任务,他们在认识、能力、情趣、个性、经验、年龄、教育观、学生观等诸多方面存在着差别,加之学校管理中存在的不合理、不公正的做法,可能会导致教师之间人际关系的失衡,产生矛盾和冲突。而教师要想使自己在工作中发挥应有的作用,就必须和全体教师心往一处想,劲往一处使,形成坚强的教师集体,做到既"敬业"又"乐群"。只有在良好的同志关系中,教师才能保持愉快的精神状态,获得较高的工作效能,从而感受到职业幸福。

(4)以身作则,为人师表

这是教师对待自己的道德要求。教育的思想、行为、作风和品质对学生具有潜移默化的影响。因而教师不仅以言立教,更要以身立教,以此确定自己在学生中的威信。倡导以身作则,为人师表。孔子认为:"其身正,不令而行,其身不正,虽令不从","不能正其身,如正人何?"可以说,强调身正,注重教师的表率作用,以自身形象直接感化学生,一直是自孔子以来中国教师师德规范的传统。

二、文化专业素质[①]

知识是连接教师和学生的重要纽带。职业教育教师所拥有的文化知识、专业知识、技

---

① 马建富主编.职业教育学[M].上海:华东师范大学出版社,2008:164~165.

术知识等的结构与水平直接影响到教师在教学过程中主导作用的发挥。

(一)宽厚的文化基础知识

文化基础知识是知识体系中较为稳定、持久的部分,是一切知识的基础。对职业教育教师来讲,宽厚的文化基础知识不仅包括与其专业有关的自然科学知识,还包括社会科学知识和哲学人文方面的知识。"有渊博的知识"往往是学生选择教师的首要条件,学生的年龄越高越是如此。

(二)扎实的专业知识与精湛的技术技能

职业教育专业教师大多为"双师型"教师。一方面,他们应精通本专业的理论知识,熟悉其历史、现状和未来的发展趋向。不仅要"知其然",还要"知其所以然";同时,由于职业教育的专业设置须随职业的变化而不断调整,故职业教育教师还必须掌握本专业的技术技能,有较强的实践动手能力,并善于学习新知识,掌握新技术,以满足职业教育培养兼有专业理论与操作技能的人才的需要。

(三)较强的解决生产实际问题的能力

职业教育是与生产活动紧密联系的教育,教师应成为沟通教育与生产的纽带,具有一定生产经验,以及解决生产实际问题的能力。当然,随着社会主义市场经济体制的建立和完善,职业教育教师还必须具有一定的市场经济意识和经营管理能力以及社会交往和组织协调能力,才能更好地适应经济和社会的发展。

三、教学科研素质[①]

对职业教育教师来说,教学与科研就如同两个轮子或两只翅膀,两者相互配合,则在更为有效地达到教育或教学目的同时,也有助于提升教师从事职业教育事业的境界。

(一)高超的教学能力

教师的教学能力主要表现在教书育人的教学行为上。教师的教学行为,是教师教学水平的直接体现。职业教育教师的教学能力主要包括加工教学信息能力、传导教学信息能力和组织管理能力等。

(1)加工教学信息能力

在职业教育过程中,影响学生学习的因素很多,但并不是所有的影响因素都具有教育教学价值。因此,教师必须具有根据专业特色和学生的实际情况对多种影响因素进行加工的能力,取其精华,去其糟粕,达到教育学生的目的。

(2)传导教学信息能力

教师加工过的教学影响或教学信息必须经过合理有效的传导,才能被学生掌握和接受。语言是教师传递教育影响所要凭借的最为重要的工具。职业教育教师的语言运用必须准确鲜明、生动形象、逻辑严密、富有节奏,同时以娴熟的操作示范、生动的面部表情等体态语言加以配合,这样才能吸引和感染学生,以达到传导教学信息的最佳效果。

---

① 马建富主编.职业教育学[M].上海:华东师范大学出版社,2008:165~167.

(3)教学组织管理能力

职业教育教学内容丰富,教育场所广阔,有课堂教学,也有丰富多彩的课外活动;有校内的教学和生产学习,也有校外广泛的社会服务。可见,职业教育教师与普通教育教师相比除了具有一般性组织管理能力外,还应具有较强的组织、管理生产实习教学工作的能力。

(二)基本的教育科研素养

职业教育科学研究是一种以科学理论为指导,运用科学研究方法,揭示职业教育规律,解决职业教育发展中存在的问题的活动。从教育科学理论体系的创建和发展与教育实践所存在的密切联系来看:一方面,教育科学理论发展的直接动力和源泉来自教育实践。另一方面,教育理论的科学性和可行性又必须依赖教育实践的检验。因此,只有从事教育实践的人,才更具有条件促进教育理论的丰富和发展。职业教育教师是教育实践的主体,他们最有条件发现职业教育中存在的问题。倘若他们具备教育科研素质,那么,他们将是一支宏大的教育科研队伍,不仅大有裨益于教育科学的繁荣,同时也会直接影响教育教学质量的改善。

四、身体心理素质

教师的身体素质是其他各项素质的基础。常言道:"身体是革命的本钱。"职业教育教师承担着繁重的教书育人任务,工作头绪多,涉及面广,没有明显的工作时间界限。要完成如此繁重的工作,就必须具有健康的体魄和旺盛的精力。教师的心理素质具体体现在其认知与情感的平衡度把握上。由于受应试教育影响,在我国包括职业教育在内的各类教育中偏重认知而忽视情感的教育观比较盛行,并引发一系列教育问题,使学生往往成为知识能力上的巨人,情感精神上的低能儿。职业教育教师应当提升对自己情绪的把握和控制,对他人情绪的揣摩和驾驭,以及对人生的乐观程度和面临挫折的承受能力。只有达到认知与情感和谐的状态,才能将对职业教育事业的忠诚与对学生的热爱充分表现出来。

综上所述,职业教育教师只有具备了以上四种基本素质,才能更加适应职业教育工作,才能使职业教育更加蓬勃地发展。

拓展阅读

如何做一名合格的职业教育教师[①]

随着我国社会主义市场经济的不断发展,职业教育事业也面临着新的挑战。面对世界市场经济的冲击,只有培养出了真正符合市场经济发展的职业人士,我国才能在世界经济发展的大潮流中立于不败之地。抓发展就必须抓教育,发展教育需要好的引导人,职业教育事业的发展必须依靠职业教育老师,所以职业教育老师们要为此做好各方面的准备。

一、职业教育老师应具备的素质

对一名设计师来说,设计的产品如何满足消费者的需求即市场需求,这是一项艰巨的

[①] 王学阳.如何做一名合格的职业教育教师[J].职业,2014(3):68~69.

任务。职业教育的老师如同设计师,学生如同产品,如何教育学生,培养出满足社会人才市场需求的人才,已经成为当今职业教育老师亟待解决的问题。因此,要成为一名合格的职业教育老师,笔者认为应该从以下几个方面做起。

1. 基本素质

了解掌握职业教育老师应该具备什么基本条件,什么可以使职业教育老师具有坚定的信念而为职业教育事业奋斗终生,真正把职业教育作为自己的终身事业来做。

2. 职业素养

职业素养就是社会职业人士的素质。根据社会各行各业的工作性质不同,所需具备的职业素质也有一定的差别。作为职业教育老师必须了解和培养综合的职业素质,把自己培养成为真正的职业人士,才能达到言传身教的目的及效果。

3. 责任心

根据市场调查,职业教育培养出来的部分学生缺乏责任心,这说明职业教育老师在这方面需要给予特别的重视。有责任心的老师无论做什么事情都会认认真真,不抱怨、不气馁,把学生视为服务对象,想学生之所想,急学生之所急,遇到学生有问题是想着为学生解决问题而不是推卸责任。这样在无形之中,为学生创造了一个有责任心的成长环境,环境会成就人生,学生也需要这样的环境。所以,面对特殊的服务对象,职业教育老师要有责任心。

4. 沟通力

面对职教学生问题的复杂性,职业教育老师需要具备良好的沟通意识和高水平的沟通能力,做学生最好的倾听者。这就要求职业教育老师应该参加多方面的培训,掌握多种多样的沟通技巧,通过沟通真正成为学生的知心朋友,在学生出现问题时成为他们的倾诉对象。只有这样,职业教育老师才能真正地了解学生,掌握学生问题的实质,从根本上在生活和学习等方面为学生解决问题。

5. 办公室业务能力

这是职业教育老师处理学生日常事务必备的条件。例如处理学生信息时,掌握了Excel函数的基本应用会带来很多的方便,一般老师需要一天或者两天完成的工作,仅需几分钟即可解决。职业教育老师课程讲解要力求生动形象,吸引学生的注意力,便于学生掌握所授知识,要熟练运用PPT,设计出适用、形象、生动的画面和场景,这样的课程学生爱听,知识更容易被学生吸收。所以,职业教育老师具备了办公室业务能力,就会使得复杂的工作变得简便化、实用化、高效化。

6. 职业态度

职业教育老师的态度好与不好会直接影响工作。职业教育老师必须端正态度,学会运用柔和、平静、耐心的方式处理学生问题,用语重心长的话语,微笑、和蔼、关心的表情,以理解学生的态度处理学生问题。

7. 专业知识

职业教育老师应该明白在专业知识方面可以给学生什么,是否需要根据社会市场的需求提升自己的专业知识,同时又能传授给学生,培养出能够适应市场、与时俱进的学生。

8. 奉献精神

奉献精神是一种爱,对事业甘于奉献,不求回报。对个人而言,就是要在这爱的召唤之下,把本职工作当成一项事业来热爱和完成,从点点滴滴中寻找乐趣;努力做好每一件事,认真善待学生,全心全意为教育事业服务,履行党和人民赋予的光荣职责。要努力地用这份爱去感染身边的学生,用大家的无私奉献编织出事业的美丽蓝图。

9. 是正能量的化身

作为老师,自己是学生学习的榜样,要在自己身上表现出正能量的方方面面,例如自信、乐观、包容、积极向上、敢于承担、甘于奉献、思想健康、充满活力、甘于平凡等。只有这样才能给学生创造良好的成长环境,学生才能不断地培养出积极的人生态度。

10. 良好的道德修养

道德是社会主义精神文明的一个重要组成部分,它反映整个社会的精神风貌,也反映个人的思想觉悟、精神境界、文明教养以及自我调节、自我控制的能力。老师的良好道德是社会主义精神文明的一部分,只有具备良好的职业道德修养才能不断地影响学生,使学生也不断地培养良好的道德修养。

11. 良好的协作能力

团队精神是大局意识、协作精神和服务精神的集中体现,核心是协同合作,反映的是个体利益和整体利益的统一,并进而保证组织的高效率运转。职业教育老师是我们职业教育的核心,如果自己不具备团队精神,又如何教育学生,培养出社会需求的人才?

12. 管理能力

在现实社会中,每一个人都生活在不同的组织之中,如工厂、学校、医院、军队、公司等。人们依赖组织,组织是人类存在和活动的基本形式。没有组织,仅凭人们个体的力量,无法征服自然,也不可能有所成就;没有组织,也就没有人类社会今天的发展与繁荣。所以,作为职业教育老师无论是专职教师还是兼职教师都必须具备一定的管理知识,懂得一定的管理艺术,才能保障日常课堂教学的顺畅和学生管理工作的井井有条,才能保障学校日常工作的正常运转。

二、职业教育老师素质能力提升的意义

我国的职业教育取得了长足发展,但职业教育的现状仍不适应现代化的要求,不论是体制、规模,还是质量都存在诸多不适应之处。究其原因,主要是我国的职业教育还是传统式的职业教育,没有真正实现向现代职业教育的转化,教育观念落后,管理体制僵化,办学形式封闭,不适应社会主义市场经济发展的要求。因此,转变职业教育的教育观念、教育目标、办学模式、管理体制、运行机制以及教育的发展策略,实现由传统职业教育向现代职业教育的转变,使职业教育现代化,是提高劳动者素质,加速实现现代化进程的必然趋势。在这一过程中职业教育的老师发挥着重要的作用。职教老师是职业技能的传授者,职教老师具备什么素质和水平,决定着培养出来的学生质量,所以,提升职业教育老师的素质和能力势在必行。

职业教育老师工作的特殊性和职业教育学生的差异性要求职业教育老师必须具备以上的素质和能力。我们应首先将自己打造成为合格的职业教育老师,才能为国家和社会培养出直接与社会岗位接轨的高素质、技能型人才。

> 拓展阅读

职业教育教师应具备的心理素质[①]

职业技术学校教师的心理素质,是指那些完成职业技术教育培养目标所必需的,并受职业技术教育教学规律、学生心理特点和职业教育环境等因素制约的各种心理品质。它是对职业技术学校教师心理品质的一般要求,是评价职业技术学校教师心理品质的尺度,职业技术学校教师的心理素质有两个侧面:

一是作为一般意义上的教师,它应具有一切教师普遍具有的一般心理特点。它不仅反映了教师在心理面貌上有别于从事其他职业活动的人,而且它也是教师从事教育、教学活动所必需的心理条件和心理品质要求。

二是指在职业技术学校里任教的教师所应具有的各种独特的心理品质,这些心理品质是同职业技术教育的特殊性相联系的。即所谓职教师资与普教师资的心理差异之处。

为了适应职业技术学校教育、教学的需要,职业技术学校的教师除具备一般教师的心理特点外,还应兼备如下心理素质:

1. 知识与能力方面

职业技术学校的教师除应具有高等教育水平的文化素养和一般能力外,还应具有相应的教育理论和教育能力与专业知识和专业能力。

第一,普通文化和一般能力是从事一切社会劳动都不可缺少的知识品质和能力因素,也是接受和运用职业技术与专业知识、接受和运用教育理论和教育方法的前提。因此,合格的职业技术学校教师,必须受过高等教育,并具有广博的学识和智慧。

第二,掌握专业知识和专业能力是职业技术学校教师的基本特质。由于职业技术教育的要求,他们必须掌握一定的专业知识和完成相应专业技术或工艺的能力。这是他们从事职业技术教育的基本条件或必备的心理素质。

第三,教育理论和教育教学能力是每个从事职业技术教育的教师都必须具备的心理条件。职业技术学校的教师,不是工程技术人员,他们必须把所掌握的文化知识与专业知识、一般能力与专业能力变成一种培养人教育人的能力。因此,掌握教育理论和具有教育教学能力,直至形成传授职业技术和培养职业道德的能力,则是职业技术学校教师有别于普教师资的本质方面。而职业技术教育能力,不仅包括专业知识和理论的传授能力,更重要的是训练学生形成职业能力和职业操作技能的能力,如指导实习和实际操作的能力等。

2. 职业技术方面

专业知识和职业能力只有同一定操作规程和工艺结合起来才能成为人们直接进行生产和创造财富的技术和技能。职业技术教育的最终目的是培养掌握职业技术和具有职业技能的人,因此传授、示范和指导学生掌握所学的职业技术则是职业技术教育过程的核心问题。这就要求教师不仅具有一定的专业知识能力,还要熟练地掌握职业技术或工艺,以便实施对学生的操作性指导和示范。对于从事职业技术教育的教师来说,对其职业技术方面的要求一般有以下四点:

[①] 魏润源.职业教育教师应具备的心理素质[J].现代企业教育,2014(4):43.

第一,技术熟练。这是教学中对学生进行示范、指导的前提。

第二,掌握两门以上或宽面技术。这种要求,一方面是教学的需要,一方面是职业技术学校专业设置发展变化的需要。

第三,具有理论指导下的操作技术。职业技术学校教师的技术操作,不同于工匠的手艺,只知其然,不知其所以然。教师的技术操作过程是在心智活动的基础上进行的,它不仅更加精确,而且有深刻的操作原理做基础。

第四,不断更新并始终保持其先进性。职业技术教育是劳动力再生产的过程,因此不能传递落后技术或已经淘汰了的工艺,要始终保持其先进性、领先性。

3. 个性倾向性方面

职业技术学校的教师除具有独特的知识能力结构、熟练地掌握专业技术和职业指导能力外,还要具有适合于从事职业技术教育的个性倾向性。主要表现在以下几个方面:

第一,有理想、有信念,特别是职业理想和职业抱负。教师对所教专业满怀激情,终生矢志不移,并不断地追求职业技术的变革和发展,对学生来说是一种巨大的鼓舞和鞭策力量,也会唤起学生的事业心和责任感,使他们建立起积极的社会奉献的价值观念。

第二,忠于职守,有献身于职业教育的精神,这将为学生做出榜样,使学生更加热爱自己的专业和职业劳动,坚信自己的选择。

第三,有崇高的职业道德,被学生视为做人的楷模、生活的导师。学生会以教师的表现作为自己的参照系,规范自己的职业行为。

第四,满意自己的工作、敬业乐群,情绪稳定,有良好的师生关系。职业技术学校教师的这种良好的品格对学生的影响,将使学生更加热爱集体,热爱生活,向往早日投入美好的社会生活。

第五,保持气质、性格、情感等与职业活动的相符性和适应性。这会唤起学生向老师学习,并自觉地加强对个人气质、性格、情感等方面的锻炼,以便使自己的个性心理特征更加适合职业活动的需要。

应该指出,个性倾向性是个体的心理差异之一,职业技术教育活动对教师个性倾向性的要求与某个体的个性倾向性表现并非完全一致。因此,在这方面就某个体而言,或多或少都存在着适应这种要求的可能和必要的过程。因此它本身就是一个动态性的特征。

第三节 职业教育教师的专业化发展

教师的成长与发展是其职业理想、职业道德、职业情感、职业能力不断走向成熟的过程,是作为社会成员的教师从接受教育的学生到初任教师,再到有经验的、成熟的教师,直至有成就的教育专家的持续过程。当今为了提高教师地位和质量,教师成长与发展的主题已日趋集中在专业化方面。1966年,国际劳工组织、联合国教科文组织共同发布《关于教师地位之建议书》,认为"应当把教育工作视为专门的职业,这种职业是一种要求教员经过严格而持续的研习才能获得并保持专业知识及专业技能的公共业务,它要求对所辖学生的教育和福利具有个人的及共同的责任感"。1996年,联合国教科文组织第45届国际教育大会指出:在提高教师地位和质量的整体政策中,专业化是最有前途的中长期策略。①

一、教师专业化的内涵②

所谓专业是指具备高度的专门知识、特殊技能和责任感而异于其他职业而言的。专业是一种需要特殊智力来培养和完成的职业,其目的在于提供专门性服务。专业的基本原则和标准是:一是具有系统的理论基础和高度的知识构成;二是必须经过长期(通常4~5年)的知识和技能的培养与训练;三是拥有一套服务、客观、公正的行事规范,如依据专业知识和标准而订立的行规、伦理;四是有同行参照及组成的专业团体。

专业发展的动态过程,或专业人士的成长过程,人们常称其为"专业化"。③ 教师专业化,是指教师在整个职业生涯中通过不断的学习和接受培训,逐步习得教育专业知识与技能并在教育实践中不断提高自己的从教素质,从而成为一名合格的专业教育工作者的过程。④ 而职业教育教师专业化是指职业教育教师的职业具有自己独特的职业要求和职业条件,有专门的培养制度和管理制度。

从动态的角度来看,职业教育教师专业化主要是指职业教育教师在严格的专业训练和自身不断主动学习的基础上,逐渐成长为一名专业人员的发展过程。这一过程的实现不仅需要教师自身主动的学习和努力,以促进和提高自己的专业能力,而且良好环境的创建也是职业教育教师专业成长所必不可少的重要条件。因此,需确立严格的职业教育教师选拔和任用标准,建立职业教育教师专业组织和形成职业教育教师专业规范等。在职业教育教师的专业成长过程中,其自身和外部环境这两方面因素是相互作用、相互促进、缺一不可的。

从静态的角度来讲,职业教育教师专业化是指职业教育教师的职业真正成为一个专业,职业教育教师成为专业人员得到社会认可的这一发展过程。因此职业教育教师专业化不仅是教师培养、教师教育的过程,而且是教师培养、教师教育的目标和发展趋势,体现了对职业教育教师专业水平和社会地位的一种肯定和认可。

职业教育教师专业化发展是指职业教育教师个人在专业生活中的成长,包括信心的增强、技能的提高、对所任教学科知识的不断更新拓宽和深化以及对自己在课堂上为何这样做的原因意识的强化。教师专业化是一个长期的过程,甚至是终身学习的过程,体现了信息时代教师的高度责任感、积极的进取心和令人钦佩的事业追求。

二、教师专业化的发展过程

国际教师专业化历经教师专业化发轫、教师专业化提升和教师专业内涵发展三个阶段。第一阶段以教师职业训练为核心;第二阶段通过追求教师学历水平、知识结构、教学技能及教师权利、地位等方面的改变,达到实现提升教师专业地位的目的;第三阶段是以追求

---

① 马建富主编.职业教育学[M].上海:华东师范大学出版社,2008:167~168.
② 李强主编.职业教育学[M].北京:北京师范大学出版社,2010:216~217.
③ 米靖著.现代职业教育论[M].天津:天津大学出版社,2010:265.
④ 于辉,戴娇娇.浅析我国职业教育教师专业化发展及其培养途径[J].商品与质量,2010(SB):128.

教师个体专业化水平为核心。我国职业教育教师的状况不容乐观。我国职业学校专任教师学历仍偏低,统计表明,2000年我国职业高中专任教师学历合格率仅为44.33%,中等专业学校专任教师大学本科毕业及以上学历者占72.86%;到2003年,职业高中专任教师学历合格率为59.39%,中等专业学校专任教师大学本科毕业及以上学历者占77.81%。据此可见,目前我国职业高中专任教师学历合格率达到60%左右,中等专业学校专任教师大学本科毕业及以上学历者占70%左右。另外,从数量看,2003年全国中等职业教育专任教师71.29万人,在校生1254.68万人。两者之比为1:17.5。按相同比计算,如果2005年中等职业学校在校生达到1800万人,则教师总量应达到102万人,在现有水平上至少应增加30万人。上述统计数字说明,我国职业教育教师仍处在追求学历合格率和满足数量时期。比照国际教师专业化的发展历程,可以认为,我国职业教育教师专业化正处于专业化提升阶段。[1]

(一)职前教育阶段

主要进行学科专业知识和教育专业知识的教育,接受基本的教学技能训练,进行初步的实习训练,形成初步的教师品质,为将来从事教师职业奠定基础。职前教育主要依托本科教育和研究生教育来完成。

(二)上岗前的培训阶段

主要进行做好职业教育工作的基本职业意识的教育和具体的岗位培训。通过培训,使他们掌握职业教育的特点和规律,明确职业教育的特殊情境,提高自身的职业意识,使他们很快地进入角色,适应职业教育的岗位规范和要求。同时,对于不同类型的教师,上岗前的培训也应有所不同。新上岗的教师大致有三类。第一类是职技高师的毕业生。他们拥有教育理论的学习和教育活动研究的能力,却缺乏实践能力。这类人员的培训应联系管理水平高、技术水平先进的企业,派他们进入工作岗位进行短期的挂职学习和锻炼。第二类是非师范院校的毕业生。他们学科专业知识较好,虽然有部分毕业生已通过教育学和教育心理学的理论考试,拿到了教师资格证书,但毕竟没有受过严格的教育教学基本技能的训练,缺少教学工作的基本技能。第三类是企业调入人员。他们大多数有了几年的工作实践经验,动手能力强,但缺少教育理论的支撑和教学工作的基本技能。对于后两类人员,则应注重加强教育基本理论的培训。

(三)实践锻炼阶段

这是职业活动的具体展开和结合教学实践进行反思与统一的过程。在这一阶段,要根据每位教师的具体情况,采取灵活多样的方式来进行。针对教学技能比较欠缺的教师,可结合具体的教学工作实践,采用导师制。每一位教学经验丰富的老教师可以带2~3名青年教师,在教学设计、教学技巧、课程文档建设等方面提供支持与帮助。针对实践操作能力差的教师,特别是实习指导教师的培养,可采用师徒制。充分发挥企业调入人员和兼职外聘教师动手能力强的优势,以师傅带徒弟的方式,增强他们的实际操作能力。

---

[1] 李娟华.我国职业教育教师专业化探析[J].教育探索,2006(11):108.

(四)职后培训提高阶段[①]

本阶段重在提高职业教育教师的水平与质量,应具体地结合教学实践和生产实践来进行。通常可采取以下方式:

第一,倡导终身学习,制订职业生涯发展规划。每个教师都可结合学校发展目标和自身专业特长,制订自己的职业生涯发展规划,明确自己努力的方向,使职前教育和职后教育有效地衔接起来,避免功利性的短期行为。

第二,强化职业教育教学实践的效果。即参加与职业有关的教育过程的设计与实施。通过参与具体的职业领域的教学活动,熟练掌握职业工作任务和职业工作过程实践,运用职业教育学和职业教学论的理论,开发职业教育课程,成为驾驭职业教育教学过程的能手,并能根据自己的教学实践开展教学研究,以促进职业教育教师教学行动能力的提高。

第三,强化企业职业实践的训练。即直接参加与职业有关的企业实际工作的训练。这主要是针对实践操作能力比较差的教师的培训。根据每个人的具体情况和今后的工作岗位要求,选择有代表性的工种和岗位,通过下厂实习、职业考察等多种方式,熟悉并掌握相关的典型的职业工作任务和职业工作过程的经验与知识。

第四,加强校本培训。当代教师专业化发展的新取向,是从实体思维向实践思维发展,关注教师的实践过程甚于教师所应该掌握的客观知识本身。要真正促进教师专业化的发展,就必须对教师的知识构成形成新的认识,其中最为核心的是实践知识。校本培训是立足于本校本岗,融"学习、研究、实践"为一体的一种培训模式,它把教师的实践知识看作教师专业化发展的知识基础,注重从工作实践需求出发,鼓励教师的自我学习和自我活动,把理论和实践紧密结合起来。

拓展阅读

从制度层面看我国职业教育教师的专业化发展[②]

一、可替代性强——我国职业教育教师专业化水平低的核心表现

一个职业是否具有不可替代性是该职业是否具有专业性的核心标志。与一些发达国家相比,目前我国职业教育教师职业的专业化水平较低,这从我国职业教育教师的来源与构成可见一斑。目前我国职教师资队伍主要由以下几部分构成:一小部分职教师资是来自职业技术师范院校或综合大学的职业技术教育学院的毕业生,这部分教师在职教师资队伍中所占比例较小,目前全国只有8所以培养职业教育教师为主要任务的职业技术师范院校,综合大学中只有同济大学、山西大学等一些为数不多的学校设置了以培养职业教育师资为任务的职业技术教育学院,远远不能满足我国职业教育发展的需要。为了解决职业教育师资的不足,目前比较普遍的做法有:一是由文化课教师或其他学科教师转行而来,这部分教师在许多学校仍然占有相当大的比例,特别是在一些新兴的热门专业中表现

[①] 张桂荣,毕开颖,张阔.职业教育教师专业化培养体系探析[J].教育与职业,2008(24):127.
[②] 徐涵.从制度层面看我国职业教育教师的专业化发展[J].教育与职业,2007(21):10~12.

得更为突出。笔者曾经为数控专业的百余名职业学校教师进行职业教育教学改革方面的专题培训,了解到在这些教师中数控专业出身的不足5%,相关专业如机械制造专业出身的也不足20%。这些教师不仅没有相应的职业经验,而且对专业理论的掌握也不精熟。二是综合大学的工科毕业生,他们是按照传统的工程师的模式培养出来的,不仅没有接受过职业教育的教师教育,在专业上也与职业教育的要求有较大的差距。三是聘请企业的工程技术人员或社会上的能工巧匠作为职业学校的教师,这部分教师虽然具有较丰富的职业经验和较强的动手能力,但缺乏教育专业方面的知识与能力,很难胜任教学工作。从我国目前职教师资的构成状况看,我国的职业教育教师职业具有很强的可替代性,许多没有接受过职业教育教师教育的人都在从事这一职业。造成这种状态的原因是多方面的,其中最关键的是缺乏促进职业教育教师专业化的制度保障。职业教育教师的专业化不仅是一种观念,更应该是一种制度。而目前我国在促进职业教育教师专业化的进程中,恰恰缺乏相应的制度保障,具体表现为:

首先,没有国家公认的职业教育教师的专业标准。

其次,缺乏规范的职业教育教师的准入制度。

再次,缺乏促进职业教育教师专业发展的制度机制。

二、我国职业教育的发展需要专业化的职教师资

1.职业教育教师的专业化战略反映了一个国家职业教育体系的发展程度。从世界范围看,一个国家职业教育教师的专业化程度,反映了一个国家职业教育体系的发展水平。具有发达的职业教育体系的国家,才有对高质量的职业教育教师的需求。例如德国具有世界公认的以双元制为主要特征的发达的职业教育体系,其培养的学生不仅具有较强的职业适应能力,如精湛的职业技能、严格的职业规范等,而且具有较强的参与设计职业世界的能力,如灵活地创造性地解决具体的职业情景中复杂问题的能力等。与德国高质量的职业教育相适应,它的职业教育教师的专业化程度极高,主要体现在以下两个方面:

首先,具有严格的职业教育教师培养制度,确保了职业教育教师职业的入口水准,为其专业化的发展奠定了良好的基础。

其次,具有促进职教师资在职发展的机制,为职业教育教师的专业化发展提供了保障。

2.我国职业教育的发展需要高质量的职业教育师资,这就需要促进职业教育教师的专业化发展。职业教育是我国现代国民教育体系的重要组成部分。目前我国职业教育无论是在高中教育阶段还是在高等教育阶段,其招生数和在校生数均已占到一半左右,成为与普通教育相对应、以职业为导向的一种教育类型。它在促进经济发展,构建和谐社会,促进人的社会化、职业化及个性发展中的价值和作用已经引起国家和社会的高度重视。因此,新世纪以来,国家和政府高度重视职业教育的发展,把职业教育置于优先发展的战略地位,出台了一系列促进职业教育发展的方针和政策,并投入大量资金加强职业教育基础能力建设。

随着我国职业教育规模的扩大,对职业教育的教育质量必然提出更高的要求。特别是经济界认为传统的职业教育远离职业世界,不能完全满足企业发展与创新的需要。这要求职业教育应根据经济的发展、企业的需求,从专业设置、课程内容到培养方式进行全面的改革,为企业培养具有较强职业能力和创新精神的高素质的技术型、技能型人才。而

这一目标的实现是以高素质的职业教育师资为前提条件的,因此促进职业教育教师的专业化发展,提高职业教育教师的专业化水平成为我国职教师资队伍建设的核心任务。

三、从制度层面为职业教育教师的专业化发展提供条件与可能

关于怎样才能实现职业教育教师的专业化,这是近年来学术界一直在热烈讨论的问题。笔者认为首先应该在社会宏观政策和制度的保障下,通过职业教育教师个体的专业化发展来实现职业教育教师职业的整体专业化。职业教育教师职业的专业化是整个社会分工发展和职业分化的必然结果,也是我国职业教育发展的客观要求。因此,这一目标的实现首先涉及国家、专业群体和有关组织等社会因素,当然也和教师个人方面的因素有密切关系。本文仅想从制度层面谈一谈如何促进职业教育教师的专业化发展。

1. 建立科学、具体的职业教育教师的专业标准。专业标准是培养专业人才的出发点和归宿。要促进职业教育教师的专业化发展,必须首先建立国家公认的、科学的、具体的职业教育教师的专业标准。

2. 建立完善的职教教师准入制度,提高职教教师的入职标准。教师专业化建设的根本措施之一在于通过资格认定,提高入行标准,体现教师职业的专业性、技术性和规范性。因此,要严格教师资格证书制度,强化教师职业的专业性,提高社会对教师职业的专业认可度。应根据职业教育教师的专业标准,制订体现职业教育教师劳动特点的任职资格,并建立相应的职业教育教师资格的认证机构,严把职教师资入口关。

3. 建立职业教育教师在职培训制度,促进教师的专业化发展。一种职业的在职培训制度是确保该职业专业化发展的根本性的制度保障。要提高职业教育教师的专业化水平,在提高职业教育教师的入行标准的同时,必须建立完善的在职培训制度,这可以从以下几方面入手:

首先,制订职业生涯发展规划,倡导终身学习。

其次,建立职业教育教师在职进修制度,促进教师个体的专业发展。

再次,建立学习共同体,促进教师的专业发展。

第四节 职业教育"双师型"教师的培养

首先应该清楚的是,"双师型"教师不是舶来品,它是我国职业教育发展到一定阶段产生的一个独特的概念,这一概念首先是由我国的王义澄先生提出来的。分析"双师型"教师产生的过程,可以发现它大致经历了三个阶段:[1]

第一阶段,源自职业教育发展的现实。20世纪80年代初,我国的职业教育特别是中等职业教育开始迅速发展,大量普通高中改制成为职业高中,这样的职业高中没有职业教育的经验,没有相应的设施设备,没有专业师资。所以当时的职业学校很自然地寻求与

---

[1] 朱孝平."双师型"教师概念:过去、现在与未来[J].职教论坛,2008(14):26~27.

企业的合作，专业课与技能课的教学多由企业人员担任。随着职业教育的发展，职业学校开始有了自己的实习与实训设施，通过改行等方式培养专业课教师，并从高校毕业生中引进专业师资，但是恰恰是职业学校办学独立性（封闭性）的增强，在师资方面出现了严重的问题：无论是职业学校自己培养的教师还是来自高校的毕业生，普遍缺乏动手能力与实践能力，无法承担起培养学生职业能力的重任。由此，如何通过后天的措施对原有的师资进行"改造"，以适应技能型人才培养的需要，成为师资队伍建设的重要内容，"双师型"教师就是在这样的背景下提出的。

第二阶段，形成于高职高专的实践。80年代末90年代初，高职高专得到快速的发展，一个重要的背景是，高职高专的前身多为以前的中专，是以理论教学为主的学术性的专门学校，升格为高职高专后，其师资结构同样无法适应职业教育的发展需要，专业课教师有较好的理论功底，但是实际动手能力偏弱，在高职高专，职业教育的理论研究与实践上的探索较于中职学校更为系统与深入。在师资队伍的建设方面，鉴于专业教师的动手能力普遍缺失现象，高职高专首先提出了"双师型"教师的培养问题。因此一般认为，"双师型"教师的概念最早是由工科类专科学校在实践的基础上提出的。[1] 1990年，时任上海冶金专科学校仪电系主任的王义澄在中国教育报上发表了《建设"双师型"专科教师队伍》的文章。他提出通过四条途径，即"参与学生实习过程""选派教师到工厂实习""参与重大教学科研工作""多承担技术项目"等，进而从能力和素质上达到"双师型"教师的要求。[2] 他强调，"要建设一支理论密切结合实际的结构合理的'双师型'（即教师加工程师）教师队伍。"[3]

第三阶段，受推于政策与行政的力量。"双师型"教师的概念在职业教育领域之所以能受到广泛关注，并成为职业教育师资培养的重要组成部分，与行政和政策的引导、推动密切相关。我国政府多次在正式文件中提出进行"双师型"师资队伍建设。首次提到的是原国家教育委员会1995年印发的《关于开展建设示范性职业大学工作的原则意见》（教职〔1995〕15号），明确提出"有一支专兼结合、结构合理、素质较高的师资队伍。专业课教师和实习指导教师具有一定的专业实践能力，其中有三分之一以上的'双师型'教师"。它标志着对"双师型"教师及其队伍建设的研究已经上升到了国家政策高度，也表明教育行政部门对此课题研究的高度重视。第二次是在原国家教委印发的《国家教委关于高等职业学校设置问题的几点意见》（教计〔1997〕95号）中。1997年首次召开的全国职教师资队伍建设工作座谈会上明确提出：职教师资工作以建设"双师型"师资队伍为重点，今后中等职业学校要不断提高教师队伍中的"双师型"教师所占比重，至2010年，"双师型"教师占教师总数的比例应不少于60%。第三次是原国家教委1998年制定的《面向21世纪深化职业教育教学改革的意见》中再次提出"双师型"教师概念。第四次是1999年《中共中央、国务院关于深化教育改革 全面推进素质教育的决定》中提出"加快建设兼有教师资格和其他专业技术职务的'双师型'教师队伍"的要求。第五次是2002年，教育部颁发了《教育部办公厅关于加强高等职业（高专）院校师资队伍建设的意见》（教高厅〔2002〕5号），对我国高职院校师资队伍建设提出了明确的指导意见。第六次是2004年4月12日，教育部办公厅在《关于

---

[1] 易玉屏，夏金星.职业教育"双师型"教师内涵研究综述[J].职业教育研究，2005(10)：16.
[2] 王义澄.建设"双师型"专科教师队伍[N].中国教育报，1990-12-05(3).
[3] 王义澄.适应专科教学需要，建设"双师型"教师队伍[J].教材通讯，1991(4)：14.

全面开展高职高专人才培养工作水平评估的通知》(教高厅〔2004〕16号)中的附件——《高职高专院校人才培养工作水平评估方案(试行)》中对"双师型"教师的内涵再次作了明确的阐述,为"双师型"教师的培养及成长起到了重要的推动和指导作用。[①]

一、"双师型"教师的内涵与外延[②]

(一)"双师型"教师的内涵

在教育政策文件角度和理论学术角度的"双师型"教师概念界定论说基础上,结合当前高职教育实践,并针对高职教育培养目标,本文从教师"双"素质和"双"能力两个层面解读"双师型"教师的内涵。

(二)具备基本的教育和职业工作素质

高职院校"双师型"教师应该具有教育工作和实际职业工作的基本素质,是集教育者和企业员工于一体的复合型人才。

作为职业教育的教育者,"双师型"教师的教育素质包括师德高尚、科学素养厚重、专业理论功底扎实、文化修养深厚。其一,"双师型"教师要具有高尚的师德。"学为人师,行为世范",师德是教师从事教育活动的基本前提。教师正确的政治信念、科学的思想方法、较高政治理论水平以及严谨治学、爱岗敬业等诸多品行,都会对学生的世界观、人生观、价值观的形成产生至关重要的影响;其二,"双师型"教师应具备深厚的教育科学素养。教育科学素养体现在教师能够掌握教育理论,并遵循教育规律解决教育教学实践问题。这要求教师能够根据教育目标,运用教育技巧(如驾驭教材能力、语言表达能力等),按照教学计划和课程标准,完成理论教学和实验教学,并正确评价教学效果等。同时,具有运用现代化教育手段进行教学的能力;其三,"双师型"教师应具备深厚的文化修养和专业理论功底。教育要促进学生全面发展,这就要求教师既具有广博的文化知识以引领学生习得文化方面的知识,又要精通专业的系统知识,具备扎实而深厚的理论功底,对专业研究的发展动向有敏锐的洞察力。

作为职业教育的教育者,"双师型"教师的职业素质包括职业道德高尚、恪守职业操守、实践技能过硬、善于操作性活动指导,关爱与指导学习者,规划学习者职业生涯等。其一,"双师型"教师应具有高尚的职业道德,必须恪守行业道德。教师在行业中所表现的人际关系、职业意识、职业情感与职业行为都是学生效仿的对象,直接影响学生进入行业后的知、情、意、行,影响该行业的道德风貌;其二,"双师型"教师应具有过硬的实践技能与专业操作指导素质。实践技能是职业院校"双师型"教师所特有的内在素质。职业教育"以服务为宗旨,以就业为导向","培养面向生产、建设、管理、服务第一线需要的""实践能力强、具有良好职业道德的高技能人才",这就决定了职业院校"双师型"教师必须具备过硬的专业实践技能,在其专业理论教学中能够有较强的操作示范、解决现场疑难问题的指导能力,能够培养学生专业实践能力;其三,"双师型"教师应具有职业指导的专业化素质。学生职业指导

---

① 贺文瑾."双师型"职教教师的概念解读(上)[J].江苏技术师范学院学报:职教通讯,2008(7):48~49.
② 肖凤祥,张弛."双师型"教师的内涵解读[J].中国职业技术教育,2012(15):72~73.

与职业生涯规划是职业院校教师工作的重要组成部分,职业教育是适应经济和社会发展需要、以就业为导向确定办学目标的教育类型,这必然要求职业院校的教师熟悉专业人才市场需求情况,掌握社会所需专业人才的培养规格,进而确定学生掌握的知识与技能,使职业教育课程紧跟岗位要求的变化,从专业化角度指导学生选择适合个人专业发展需求的职业。

(三)"双师型"教师的外延

"双师型"教师是表征职业教育作为一种教育类型存在合理性的标志之一,"双师型"教师概念界定具有基础性的理论价值,对于职业院校教师队伍建设具有十分重要的意义。外延是概念指称对象的范围,明确概念的外延是揭示概念内涵的前提。只有明确了"双师型"教师概念的外延,概括和提炼"双师型"教师的内涵才有可能。"双师型"教师的外延的实际意义在于,哪些人属于"双师型"教师或"双师型"教师包括的指称对象。总结职业院校教师队伍建设的实践经验,解读教育政策文件关于"双师型"教师的叙述,分析学界对于"双师型"教师的阐述,职业院校"双师型"教师的外延界定为四种类型:其一,承担职业学校教育和职业培训责任,至少具有特定专业中级技术职称和相应中级职业工作技术职称的教育者;其二,承担职业学校教育和职业培训责任,至少具有特定专业中级技术职称和相应中级职业工作职称,或虽不具备特定专业中级技术职称和相应中级职业工作技术职称,但具有特定专业(或相近专业)和实际工作中级职称人员的素质和能力的学校教师;其三,承担职业学校教育和职业培训责任,虽不具备特定专业中级技术职称和相应中级职业工作技术职称,但至少具有特定专业和职业工作的素质和能力的企业教育者;其四,承担职业学校教育和职业培训责任,既具有讲师(及以上)的素质与能力,又具有本专业或相近专业实际工作中级(及以上)的素质与能力,未取得讲师(及以上)职称和中级(及以上)技术职称的教师。这类教师大多是出自职业院校"助教"和行业企业"助理工程师"中的出类拔萃者,他们虽不具有讲师或"工程师"的职称,但其素质与能力已经达到或超过了讲师或"工程师"的要求,能够担当起"双师型"教师的职责。概括以上四类关于"双师型"教师外延的表述,可以将"双师型"教师指称对象界定为:承担对职业教育学习者的职业学校教育和职业培训任务的教育者。

二、"双师型"教师的培养

"双师型"教师是我国职业教育教师专业化发展过程的一个阶段性产物。建立合理的"双师型"教师评定标准,才能促进职业教育教师队伍建设,提升其专业化发展水平。

(一)"双师型"教师的培养标准[①]

建立起合理的"双师型"教师评定标准,其意义不仅在于界定"双师型"与非"双师型"教师,更重要的在于确立"双师型"教师的素质所要努力达到的目标,为职业院校教师队伍建设指明了方向。因此,在设置评定标准时应考虑的问题:一是"双师型"教师应该有一个从低到高成长的过程,这样有利于"双师型"教师的培养;二是"双师型"教师是"双证"与"双能"的高度统一,是"双师"在知识、能力和态度等方面的有机融合;三是"双师型"教师是突

---

① 林开仕."双师型"教师的内涵解读与评定标准[J].福建信息技术教育,2010(4):42~43.

出以专业实践能力为核心,专业理论水平与实践指导能力相统一的职教教师。基于这些目的,可建立如下职业院校"双师型"教师评定标准:

(1)初级"双师型"教师评定标准

必备条件:(具有"双师"资格)

承担专业课专业基础课教学教师,具有助教及以上的教师职称,并具备本专业非教师系列初级及以上专业技术职称或相应的三级及以上国家职业资格证。

充分条件:(从事实践教学工作)

近3年内分别有4个学期承担累计30课时(1周)以上实验、实训教学工作,考核合格,胜任实践教学。

选择条件(具备下列条件之一):(专业技术实践经历)

①近3年内有半年以上一线生产实践或校内技术应用实践。

②近3年参与一项应用技术研究,成果已被使用,效益较好。

③近3年参与一项校内实践教学设施建设或提升技术水平的设计安装工作,使用效果良好。

(2)中级"双师型"教师评定标准

必备条件:(具有"双师"资格)

承担专业课专业基础课教学教师,具有讲师及以上的教师职称,并具备本专业非教师系列中级及以上专业技术职称或相应的二级及以上国家职业资格证。

充分条件:(从事实践教学、教研工作)

近3年内分别有4个学期承担累计30课时(1周)以上实验、实训教学工作,考核合格,胜任实践教学,并对本专业实验、实训、教学等有一定的研究,在校内以上刊物上发表本专业相关的文章1篇。

选择条件(具备下列条件之一):(专业技术实践经历)

①近3年内有半年以上一线生产实践或校内技术应用实践。

②近3年主持或主要参与一项应用技术研究,成果已被使用,效益较好。

③近3年主持或主要参与一项校内实践教学设施建设或提升技术水平的设计安装工作,使用效果良好。

(3)高级"双师型"评定标准

必备条件:(具有"双师"资格)

承担专业课专业基础课教学教师,具有高级讲师或副教授及以上教师职称,并具备本专业非教师系列高级及以上专业技术职称或相应的一级国家职业资格证。

充分条件:(从事实践教学、教研工作)

近3年内分别有2个学期承担累计30课时(1周)以上实验、实训教学工作,考核合格,胜任实践教学,并对本专业实验、实训、教学等有一定的研究与创新,对本专业发展提出意见,在省级以上刊物上发表本专业相关的论文一篇。

选择条件(具备下列条件之一):(专业技术实践经历)

①近3年内有半年以上一线生产实践或校内技术应用实践。

②近3年主持一项应用技术研究,成果已被使用,效益较好。

③近3年主持一项校内实践教学设施建设或提升技术水平的设计安装工作,使用效果良好,在省内同类院校中居先进水平。

以上初级、中级、高级"双师型"教师评定标准,其中,"必备条件"是"双师型"教师基础条件,没有了这条件,就称不上"双师"了;"充分条件"是"双师型"教师的立足点,是"双师型"教师存在依据,如果没有实践教学、教研这一指标,也就无所谓"双师型"教师;"选择条件"是"双师型"教师理论联系实际、技术应用实践的要求,既是"经师"又是"技师"的体现,同时,也是"双师型"教师能够保持"能力之师"和"素质之师"的条件。因为,实践能力的提高,仅从书本上是学不到的,必须坚持有一定时间深入到生产科研一线,也只有在生产科研一线,才能掌握本专业最新的职业发展和职业需求,才能使职教教学符合当前社会需要。评定"双师型"教师,是体现职教教师素质的指标,又是衡量教师职业教育教学水平的手段。由于社会职业发展与职业需求是在变化的,使得职教教师的教学内容也要变化,因而体现在专业教师上这种"水平",也是变化的。为使"双师型"教师能适应这种变化,"双师型"教师评聘结果,设置有效期为3年,用来保证"双师型"教师所掌握的社会职业发展和职业需求方面知识的有效实用性,以保证教学质量。

(二)"双师型"教师的培养途径

职业教育"双师型"教师的培养,应主要从观念的改变、师资的来源以及制度的保障三个方面加以把握。①

1. 转变观念,提高认识

首先,教师自身应积极转变观念,积极主动争取成为"双师型"教师。目前高职院校教师自身的观念落后。一部分教师只一心搞学术研究,认为理论知识的学习才是最重要的,不愿接触实践,不懂与时俱进。而一部分教师仅重视技能,认为技能才是最重要的,他们不愿提高自己的理论知识水平,进而提高学历层次。因而,要更好地建设"双师型"教师队伍,教师自身首先要转变观念,统一思想,认识到成为"双师型"教师的重要性和必要性。高职院校的教师不但要拥有一般教师所具有的"传道、授业、解惑"的能力,还要拥有技术应用能力,并能把理论与实践相结合。而打铁先要自身硬,"双师型"教师要想培养出综合素质较高的人才,首先自身应具备多方面的素质和能力,提高自身综合能力。

其次,学校也要转变观念,校领导要加强对"双师型"教师队伍的认识。转变观念,提高认识,是加强"双师型"师资队伍建设的基础。而目前部分高职院校领导对"双师型"教师队伍建设的重要性认识不足,他们还没有充分认识到"双师型"师资队伍建设的必要性,各个方面也不重视"双师型"教师的培养。职业教育具有特殊性,不是具备一般意义上的教师素质能胜任的。因而,领导要转变观念,重视"双师型"教师队伍的建设,作为高职院校的领导,要充分认识到"双师型"教师队伍建设的重要性,高职院校应把"双师型"教师培养纳入院校发展总体规划之中,确立相关制度,保障培养经费,制订一系列建设规划,树立全新的理念,充分调动教师发展的积极性。

2. 多种途径,加大建设"双师"力度

第一,在源头上对新进教师严格把关。目前,高职院校"双师型"教师培养的主要途径

---

① 唐艳辉,黄正伟.高职院校"双师型"教师队伍建设的途径[J].企业导报,2012(19):194~195.

是在职教师培训,虽然这种方式时间短,见效快,但从长远来看,不能从根本上解决"双师型"教师队伍建设的问题。要想真正能从根本上解决问题,那就要从源头上把好新进教师的入口关。要吸收那些已经具备职业教育教师素质并且经过一定的专业实践训练的"双师型"教师充实到教师队伍中来,以提高"双师型"教师队伍素质。要做到这些,首先,要严格审核人才准入渠道。要尽量从职业技术师范院校引进,因为这些学校的学生既接受了普通高校学生所学习的基础文化课知识、专业课知识以及师范素质教育,同时又具有专职院校学生的实践技能,他们能更好地把理论与实践结合,这样培养出来的教师才更有成为"双师"的潜能。其次,对来自普通高校的应届毕业生要严格考核,不能把学术成果看作衡量人才的唯一标准,不允许"只会说,不会做"的人留校,只能让既动手又动脑的复合型人才留校。

第二,培养与引进相结合,建立专兼结合的"双师型"教师队伍。高职院校要对本校的专业课教师进行培训,加强教师专业技能和实践能力培养,以全面提升教师的技能。但同时为弥补高职院校教师短缺的现状,提高"双师型"教师的比例,要积极深入到企业单位,将那些既有一定理论水平,能够从事教学工作,又有熟练操作技能的巧工能匠充实到教师队伍中来,做专职或兼职教师。这样的人才有丰富的经验和技能,能够快速成为"双师型"教师,这样不但能改善教师实践经验少、技能短缺的现状,还能对现有教师起到"传、帮、带"的作用。同时专职教师也可以帮助和引导他们,提高他们的授课技巧。这样培养与引进相结合,互相帮助,取长补短,就能逐步建设一支教学水平高、实践能力强、专兼职相结合的"双师型"师资队伍。

第三,建立产学研一体化的交流机制。产学研相结合是一个促进知识相互扩散、相互集成,进而推动知识创造的过程。"产"为知识创造提供了实践锻炼和应用的场所,"学"为知识创造提供了不断更新的途径,而"研"则为知识创造提供了动力。通过产学研相结合,可不断地创造出新知识、新技术,同时又能使这些知识和技能得到实践的检验,保证知识的不断形成和积累。可通过以下方式来进行:设立共同研究项目,通过共同参与项目,可以使师生将理论、个人经验与实践相结合,并通过对新项目的攻关,获得更多的经验及教训,丰富师生的专业知识、锻炼他们的技能;人员互派,学校应与企事业单位互派人员,进行相互交流和学习,使新的思想、新的工作方式注入进来。

第四,实行高校与企业联合办学。调动企业参与"双师型"教师培养的积极性,实行高校和企业联合办学,是高职院校"双师型"教师队伍建设发展的必然结果。通过联合办学,学校可以依托企业改善自身实践能力不足的情况。同时,企业也可以利用学校的新能源、新技术,提高自己在市场竞争中的优势,企业和学校相辅相成,共同发展。在高职院校中,大多数教师是普通高校的毕业生,他们理论知识丰富,专业课基础扎实,却被传统的教学模式束缚,而且动手实践能力不强,缺乏相关技能。通过校企合作,能够使这些教师充分发挥自身的能动性,按照社会和市场的要求,优化教学方法,完善教学内容。

第五,国家应增加"双师型"教师培养经费的投入。"双师型"教师队伍的建设直接影响到能否培养出社会所需的全能型人才,关系国家的建设和发展。目前"双师型"教师队伍的建设面临的一个较大的瓶颈是资金的缺乏,因而国家应加大对"双师型"教师队伍建设的经费投入,建立"双师型"教师培养基金及相应的管理机构,支持并鼓励教师到企业进行顶岗实践和参加有关技能培训。应设立专门机构来管理经费,各高职院校直接向该机构申请,经费可根据制定的分配相关政策,按一定比例拨付给各培训基地。逐步建立起一种中央引导、地方配套、企业和学校参与的多渠道的经费投入机制。给予"双师型"专业带头人一定的补助,营造一种尊重技能的职业教育氛围。

3.制度上,建立合理的"双师型"教师的评价与激励机制

"双师型"教师培养与评价激励机制之间的关系处理得是否得当,直接关系到"双师型"教师队伍建设的成效。一方面,评价激励机制正确,可以有效推动"双师型"教师的培养;另一方面,"双师型"教师的培养反过来又可以促进评价激励机制的完善。因而,高职院校应根据"双师型"教师的特殊性,尽快制订高职院校特殊的教师职称评审标准,统一起来形成制度,要把过分重视学术考核转变为技能和学术考核并重,真正体现高等职业教育对"双师型"教师的素质要求。只有把技能应用和理论知识放在同等重要的位置,才能从根本上扭转现行职评工作中的"重论文、轻教学,重研究、轻应用"的局面,提高广大教师实践教学的积极性,从而使"双师型"教师队伍建设的步伐加快。另外,高职院校也应该建立完整的激励制度,对于"双师型"教师,在待遇、政策等方面应给予适当的倾斜,科学合理地设置教师职务岗位,加强聘任和聘后管理。在职称晋升、骨干培养等方面,同等条件下优先考虑"双师型"教师。设立"双师型"教师特聘教学岗位,充分发挥"双师型"教师的骨干带头作用,使更多教师成长为"双师型"教师。在管理上设立奖励基金,鼓励教师参与科学研究和实践技能应用,形成一种激励机制,使学校其他教师在教学工作中主动向"双师型"教师看齐,提高他们的积极性和主动性,从而加快"双师型"教师队伍的建设。这样让教师们在许多方面都有优厚的待遇和条件,极大地调动他们的积极性,为建设一支有较高学术水平和较强实践能力的高职院校"双师型"教师队伍奠定基础。

"双师型"教师是时代发展与职教教师教育文化的产物。正如前面章节所讲到的那样,"双师型"教师还不是我们所期望的职教教师专业化发展的理想形态。理想的职教教师在专业理论知识和专业实践能力方面应呈现整合的"一",而不是目前所强调的"双"。[①] 从某种意义上说,"双师型"并不是我国职教教师队伍建设的终极目标,它只是我国职教教师教育发展过程中一个过渡性的必经阶段。我国职业教育师资队伍建设应与国际接轨,在总结多年来"双师型"师资队伍建设经验的基础上,借鉴国外理论与实践,应尽快建立和完善职业教育教师资格标准,使我国职业教育专业教师队伍从目前的"'双师型'+兼职教师"这一模式,经过二元化"双师型"师资这一过渡形态,尽快发展为在科学合理的职业教育教师资格标准基础上的专兼职结合的师资队伍。[②] 因此,从这一层面上而言,我们期待着"双师型"教师早日走向"终结"。[③]

[①] 李利,李菲,石伟平."双师型"师资队伍建设的系统思考.职业技术教育(教科版),2005(19):50~53.
[②] 曹晔.我国职业教育"双师型"师资的内涵与发展趋势[J].教育发展研究,2007(19):26.
[③] 贺文瑾."双师型"职教教师的概念解读(下)[J].江苏技术师范学院学报:职教通讯,2008(8):51.

拓展阅读

"双师型"与职业教育教师专业化[①]

我国职业教育界关于职业教育教师"双师型"问题的研究已经持续十多年，研究的重点和难点集中在对"双师型"的理解上，众说纷纭，莫衷一是。日前，教育部职业教育与成人教育司副司长王继平撰文，从历史和逻辑两个维度，结合职业教育教师专业化，对"双师型"问题做了探讨。

"双师型"的缘起

"双师型"第一次出现在官方教育文件中是在1995年。1995年10月，为贯彻改革开放以来第二次全国教育工作会议精神，落实国务院关于《中国教育改革和发展纲要》实施意见中提出的"积极发展高等职业教育"的要求，国家教委印发《关于推动职业大学改革与建设的几点意见》（教职〔1995〕12号），就职业大学在我国高等职业教育事业发展中的地位和作用、推动职业大学改革与建设的基本要求和主要措施、切实加强对职业大学的领导等问题作出规定。为深入贯彻该意见，同年12月，国家教委决定开展建设示范性职业大学的工作，遴选部分（约占学校总数的20%）符合条件的职业大学进行示范性建设试点，通过深化改革、加快建设、提高质量、办出特色，起到示范性作用，以点带面，促进高等职业教育的健康发展。国家教委印发的《关于开展建设示范性职业大学工作的原则意见》（教职〔1995〕15号），对申请试点建设示范性职业大学的基本条件、试点学校的申报与审定、示范性建设试点学校的检查验收、示范性职业大学建设的目标要求等做出了具体规定。申请试点建设示范性职业大学的基本条件共有8条，第四条规定，"有一支专兼结合、结构合理、素质较高的师资队伍。专业课教师和实习指导教师具有一定的专业实践能力，其中有1/3以上的'双师型'教师。"示范性职业大学建设的目标要求共有9条，第七条规定，"师资队伍结构合理，水平较高，专业课教师和实习指导教师基本达到'双师型'要求。"

"双师型"提出后，职业教育界高度关注，展开了长期、广泛、深入的研究。研究的焦点集中在"双师型"的内涵理解和"'双师型'教师"概念界定上。关于"双师型"的内涵，有"双证"说、"双能（双素质）"说、"叠加"说、"双职称"说、"双层次"说、"双来源"说、"特定"说等。关于"'双师型'教师"概念界定，由于对"双师型"内涵理解不同，也就出现了多种概括。如何全面准确地理解"双师型"内涵就成了问题的关键。

含义

"双师型"不是一个固有的概念，出现后主要在描述职业学校教师时使用。官方文件使用"双师型"一词在1995年之后，对"双师型"的讨论主要也在此之后。笔者查阅了1995年至2005年所有涉及职业教育教师的官方文件，对相关问题进行了分析。"双师型"在这些文件中大致有两种用法。

第一种用法，是用来界定职业教育队伍中的一部分教师，一般表述为"'双师型'教师"。这里的"双师型"主要是对这一类教师的个体素质要求。

[①] 王继平."双师型"与职业教育教师专业化[J].职业技术教育,2008(27):50~54.

第二种用法,是用来界定整个职业教育教师队伍,一般表述为"'双师型'教师队伍"。这里的"双师型"主要是指对职业教育教师队伍的整体素质要求,除了教师个体素质要求外,还包括教师队伍构成方面的要求。

"双师型"不仅用来界定职业教育队伍中的一类教师,而且用来界定整个职业教育教师队伍;不仅是指对职业教育队伍中一类教师的个体素质要求,而且是指对整个职业教育教师队伍的整体素质要求;不仅是指教师个体素质,而且是指教师队伍构成;不仅涉及"双证""双能",而且涉及"双层次""双来源"。因此,在"双师型"的内涵理解和"'双师型'教师"概念界定上出现各种各样的观点也就不难理解了。

探讨

"双师型"是在职业教育教师专业化探索过程中提出来的。涉及职业教育教师的官方文件中"双师型"的用法是在逐步变化的。1999年以前,文件中主要出现的是"'双师型'教师","双师型"主要用于界定一部分教师;1999年以后,文件中主要出现的是"'双师型'教师队伍","双师型"主要用于界定职业教育教师整体,甚至,当界定前一类教师时,用"双师素质教师"取代了"'双师型'教师"。这说明,官方在"双师型"的认识上也在逐步深化。可以说,"双师型"的提出,是对职业教育教师专业化的一个探索,旨在表达职业教育教师的职业特性。

"双师型"的本质是职业教育教师的职业素质特征。不同职业劳动者具有不同职业素质特征。"双师型"不仅是对一部分职业教育教师的要求,而是对所有职业教育教师的要求。"双师型"不是层次要求,而是素质结构要求。

什么是"双师型"基本素质?这个问题还需要深入研究。笔者认为,"双师型"基本素质包括两个基本方面:一是作为教师的一般职业素质,二是职业教育教师的特殊职业素质。职业教育教师的特殊职业素质主要是教师对相关行业(职业)基本知识的了解和相关行业(职业)基本能力的掌握,了解、掌握、运用的程度决定这种素质的高低。

推进

我国职业教育界关于"双师型"的讨论,实际上是关于职业教育教师专业化的讨论,是推进职业教育教师专业化的探索。

促进教师专业化,这是世界范围的总趋势。教师专业化主要包括两层含义,一是把教师视为社会职业分层中的一个阶层,争取专业的地位与权利及力求集体向上流动;二是把教师视为提供教育教学服务的专业工作者,发展教师教育教学的知识和技能,提高教育教学的水平。确认教师职业的专业性、推进教师专业化进程,一直是有关国际组织和各国政府努力的目标,也是世界各先进国家提高教师质量的共同战略。在我国,推进教师专业化也已成为教师队伍建设的重要目标。

加强职业教育教师"双师型"建设,是推进我国职业教育教师专业化的一项带有全局性、方向性的工作。这项工作任重而道远,当前,重点应从以下几方面加以推进:

1. 完善职业教育教师资格制度,广开来源,严格准入;
2. 完善职业教育教师教育体系,加强职业教育教师培养;
3. 建立与企业密切联系的职业教育教师培训体系,加强职业教育教师在职培训;
4. 面向行业一线引进师资,专兼结合,形成职业教育教师的队伍结构特色。

> **拓展阅读**
>
> **从"双师型"教师政策的演进看职业教育教师专业发展的定位**[①]
>
> "双师型"教师政策是在努力破解职业教育技能型教师短缺问题的过程中出台的,在相当长的时期内,它指向部分教师,尤其是部分专业课教师和实习指导教师。随着时代的发展,其内涵不断地丰富与完善,覆盖面越来越广,最终将指向职业教育各类教师。
>
> **一、"双师型"教师政策的演进**
>
> "双师型"教师是中国职业教育发展进程中特有的现象。它根植于中国20世纪80年代初期普通高中向职业高中教师的转型中技能型教师大面积缺乏的环境,形成于20世纪80年代末90年代初的高职高专实践。随着时代的发展,关于"双师型"教师的理论探讨越来越多,对于"双师型"教师的解释也仁者见仁,智者见智。"双师型"教师正式出现于官方文件中,始于20世纪90年代中期。
>
> 1995年原国家教委《关于建设示范性职业大学工作的通知》在关于"申请试点建设示范性职业大学的基本条件"中提出:要有"一支专兼职结合、结构合理、素质较高的师资队伍";"专业课教师和实习指导教师具有一定的专业实践能力,其中1/3以上的达到'双师型'"教师。该通知在谈及教师队伍建设的目标时,还要求"专业课教师和实习指导教师基本达到'双师型'要求。"随着职业教育的发展,国家对于示范性职业大学的"双师型"教师要求进一步扩大到所有高职与中职学校。1997年,原国家教委《关于高等职业学校设置问题的几点建议》中规定:"每个专业至少配备副高级专业技术职务以上的专任教师2人,中等职业技术职务以上的本专业非教师职称系列的或'双师型'专任教师2人"。1997年首次召开的全国职教师资队伍建设工作座谈会上明确提出,职教师资工作以建设"双师型"师资队伍为重点,今后中等职业学校要不断提高教师队伍中的"双师型"教师所占比重,至2010年,"双师型"教师占教师总数的比例应不少于60%。
>
> 如果说在上述文件中,"双师型"教师是针对部分专业课和实习指导教师提出的,那么,后来的文件则意味着将"双师型"教师的覆盖面扩大到部分公共课教师。1998年,原国家教委颁布的《面向二十一世纪深化职业教育教学改革的原则意见》提出:"要采取教师到企事业单位进行见习和锻炼等措施,使文化课教师了解专业知识,使专业课教师掌握专业技能,提高广大教师特别是中青年教师的实践能力。"这预示着,"双师型"教师将具备两层含义:
>
> 一是专业课教师不仅掌握专业理论,还要掌握专业技能;二是公共课教师不仅掌握公共课知识,还要掌握专业知识。该意见还有两条值得注意的地方。一是"要注意从企事业单位引进有实践经验的教师或聘请他们做兼职教师";二是"要重视教学骨干、专业带头人和'双师型'教师的培养"。前者表明,校外人员作为"双师型"教师的来源被正式提出;后者表明,"双师型"教师总数较少,与教学骨干、专业带头人并列表明尚未包括后两类人员,这两类人员仍局限于理论教学工作。

[①] 李树峰.从"双师型"教师政策的演进看职业教育教师专业发展的定位[J].教师教育研究,2014(3):1~6.

迅速发展的职业教育需要大量的技能型教师补充进来。这一时期,兼职教师作为"双师型"教师的一个来源被进一步强调。1999年《中共中央、国务院关于深化教育改革 全面推进素质教育的决定》提出:"注意吸收企业优秀工程技术和管理人员到职业学校任教,加快建设兼有教师资格和其他专业技术职务的'双师型'教师队伍。"2000年,教育部下发《教育部关于加强高职高专教育人才培养工作的意见》提出:"'双师型'教师队伍建设是提高高职高专教育教学质量的关键"。2002年教育部办公厅下发的《关于加强高等职业(高专)院校师资队伍建设的意见》指出:"各类高职(高专)院校一方要通过支持教师参与产学研结合、专业实践能力培训等措施,提高现有教师队伍的'双师素质';另一方面要重视从企事业单位引进既有工作经验,又有扎实理论基础的高技术人员和管理人员充实教师队伍,以不断提高师资队伍的整体素质。"

随着国家对于职业教育重视程度的加大,"双师型"教师的评聘和资格认证也被提到了议事日程。2005年,国务院《关于大力发展职业教育的决定》指出,要深化职业学校人事制度改革,"加强'双师型'教师队伍建设",要求"职业院校中专业实践性较强的专业教师,可按照相应的专业技术资格职务系列条例的规定,再评聘第二个专业技术资格,也可以根据有关规定取得相应的职业资格证书,促进'双师型'教师队伍建设"。2006年,教育部《关于全面提高高等职业教育教学质量的若干意见》提出,逐步建立"双师型"教师资格认证体系,研究制订高等职业院校教师任职标准和准入制度。

由于客观条件的限制,"双师型"教师尚无法覆盖职业学校全体教师,即便是专业课教师和实习指导课教师也不能全部覆盖。因此,加强对部分"双师型"教师的培养,以作为整个职业学校师资队伍建设的示范和导向已被写入政策文本中。2007年,教育部《关于"十一五"期间加强中等职业学校教师队伍建设的意见》提出:"造就一大批在教育教学工作中起骨干和示范作用的'双师型'优秀教师,带动教师队伍整体素质的提高"。2008年,教育部《关于印发<高等职业院校人才培养工作评估方案>的通知》又对专业课教师范围内"双师型"条件加以界定,提出"双师"素质是指具有教师资格,又具备3个条件之一的校内专任教师和校内兼课人员。该文件明确指出,"双师型"教师覆盖兼职教师,同时将兼职教师定义为"聘请来校兼课的一线管理、技术人员和能工巧匠。"

在新的历史时期,"双师型"教师政策已经成为职业教育教师队伍建设的重点。《国家中长期教育改革和发展规划纲要(2010—2020)》(下文简称《规划纲要》)分五次从不同侧面提到"双师型"教师队伍建设的问题。在基础能力建设方面,《规划纲要》第14条提出"加强'双师型'教师队伍和实训基地建设,提升职业教育基础能力";在"双师型"教师培养路径方面,《规划纲要》第53条提出"通过研修培训、学术交流、项目资助等方式,培养教育教学骨干、'双师型'教师、学术带头人和校长,造就一批教学名师和学科领军人才";在师资队伍建设内容方面,《规划纲要》第53条提出"以'双师型'教师为重点,加强职业院校教师队伍建设";在"双师型"教师培养支持方面,《规划纲要》第53条提出"依托相关高等学校和大中型企业,共建'双师型'教师培养培训基地";在"双师型"教师来源方面,《规划纲要》第66条提出"完成一大批'双师型'教师培训,聘任(聘用)一大批有实践经验和技能的专兼职教师"。2012年,《国务院关于加强教师队伍建设的意见》强调了"双师型"教师的培养培训体系,提出:"职业学校教师队伍建设要以'双师型'教师为重点,完善'双师型'教师培养培训体系,健全技能型人才到职业学校从教制度";"发挥好行业企业在培养'双师型'教师中的作用"。

二、基本判断

"双师型"教师政策的演进过程表明,"双师型"教师的内涵处于不断的变化中,其指向更加具体。总体看来,"双师型"教师政策的演进分别指向四个阶段。在不同的阶段,"双师型"教师有着不同的解释,反映在教师专业发展上,各有差异。四个阶段分别表现为:

1. 起始阶段:作为两类结构互相叠加的"双师型"教师;
2. 发展阶段:作为两种证书共同持有的"双师型"教师;
3. 成熟阶段:作为两层素质同时具备的"双师型"教师;
4. 升华阶段:作为职业院校教师特有素养的"双师型"教师。

三、职业教育教师专业发展的定位

职业教育教师主要分为公共课、专业课和实习指导教师。这三类教师的专业发展定位既存在着一定的联系,也保持着明显的差异。具体表现为:

1. 公共课教师:提升学生人文素养和优化学生专业能力相结合;
2. 专业课教师:培养学生理论素养和扩大学生实践能力相结合;
3. 实习指导教师:训练学生职业习惯和增强学生职场能力相结合。

拓展阅读

我国职业教育兼职教师政策分析与建议[①]

改革开放以来,我国的职业教育取得了快速发展,职业教育研究的水平也在不断提高。由于职业教育的发展离不开政府的指导和推动,政策在其发展过程中起着关键作用,对政策文本的研究有利于我们明确职业教育发展的方向。但在现有的研究成果中,涉及职业教育兼职教师的研究很少。本文试图对有关职业教育兼职教师的政策文本进行解读,分析职业教育兼职教师的内涵在职业教育政策中的发展与演变,提高对职业教育兼职教师重要性的认识,发现职业教育兼职教师政策的缺失,提出完善职业教育兼职教师政策的建议,从而增强政策的适用性,为形成一支相对稳定的兼职教师队伍提供政策保障。

一、我国职业教育兼职教师政策分析

1. 职业教育兼职教师政策文本的数量变化分析

在政策研究中,对研究对象量的分析,就是对其质的深入认识。职业教育兼职教师政策数量的变化,客观上反映了政府对职业教育活动的一种价值取向。据不完全统计,改革开放以来,有关职业教育兼职教师的政策有22件,其中14件职业教育兼职教师政策产生于新世纪的13年当中,其数量超过了自改革开放以来的一半,达到了63.6%。这一时期,我国的市场经济体制得到进一步完善,职业教育基本进入市场办学,职业教育政策主要围

[①] 保承军,岳桂杰,徐宏彤.我国职业教育兼职教师政策分析与建议[J].高教论坛,2014(2):112～115.

绕如何深化教育教学改革而进行,使职业教育更好地适应经济发展和劳动就业需要。在推动职业教育教学改革的深化,提高教学质量和办学效益方面,兼职教师发挥的作用日益凸显出来,引起了政策制定者的重视。

2. 兼职教师的概念在我国职业教育政策中的演进

改革开放以来,我国最早涉及兼职教师队伍建设的政策文件可以追溯到1983年中共中央、国务院下发的《关于加强和改革农村学校教育若干问题的通知》,文本中提到,要尽快把各类职业学校专业课教师队伍建设好。当前,可选调一部分科技人员担任专职或兼职教师;也可将部分教师经过培训,改任或兼任专业课教师;还可由学校教师与农村的能工巧匠结合起来进行教学。不仅提出兼职教师的概念,还指明了兼职教师的来源。在以后的有关兼职教师的政策文本中对兼职教师做了进一步的说明。特别是1996年5月,兼职教师问题写进了《中华人民共和国职业教育法》,文本中指出,职业学校和职业培训机构可以聘请专业技术人员中有特殊技能的人员和其他教育机构的教师担任兼职教师,有关部门和单位应当提供方便。这是我国首次以法律的形式确定了兼职教师的地位。对兼职教师做出明确界定的是2004年教育部颁布的《高职高专院校人才培养工作水平评估方案(试行)》,兼职教师是指由学校正式聘任的,已独立承担某一门专业课教学或实践教学任务的校外企业及社会中实践经验丰富的名师专家、高级技术人员或技师及能工巧匠。

3. 兼职教师的来源在我国职业教育政策中的界定

纵观我国职业教育兼职教师政策中关于兼职教师来源的描述,主要有1983年中共中央、国务院下发的《关于加强和改革农村学校教育若干问题的通知》中提到,当前可选调一部分科技人员担任专职或兼职教师。1985年5月发布的《中共中央关于教育体制改革的决定》中指出,可以聘请外单位的教师、科学技术人员兼任教师,还可以请专业技师、能工巧匠来传授技艺。2002年5月下发的《教育部办公厅关于加强高等职业(高专)院校师资队伍建设的意见》(教高厅〔2002〕5号)文件中指出,兼职教师主要应从企业及社会上的专家、高级技术人员和能工巧匠中聘请。2002年8月国务院发布的《关于大力推进职业教育改革与发展的决定》提出要广泛吸引和鼓励企事业单位工程技术人员、管理人员和有特殊技能的人员到职业学校担任专兼职教师,提高具有相关专业技术职务资格教师的比例。2004年9月《教育部等七部门关于进一步加强职业教育工作的若干意见》中指出,面向社会公开招聘具有丰富实践经验的专业技术人员和高技能人才。2006年11月教育部发布的《关于全面提高高等职业教育及教学质量的若干意见》(教高厅〔2006〕16号)提到,大量聘请行业企业的专业人才和能工巧匠到学校担任兼职教师。由此可见,兼职教师主要来自行业企业,具有丰富实践经验是他们的共性。

4. 兼职教师资助在我国职业教育政策中的建立

为适应职业教育不断发展壮大的需要,加大财政支持是非常重要的举措。2006年,教育部、财政部《关于实施中等职业学校教师素质提高计划的意见》中提出,"十一五"期间,中央财政安排1.2亿专项资金,支持一批发展势头良好、社会声誉较高、专业师资紧缺的中等职业学校从社会上聘请在职或退休的专业技术人员、高技能人才兼职任教,以补充学校专业课和实习指导教师的不足。2007年9月21日,《中等职业学校教师素质提高计划专项资金管理暂行办法》的第二条指出中央财政专项资金的主要投向,其中包括引导、支持中等职业学校紧缺专业面向社会聘请专业技术人员、高技能人才担任兼职教师;

第三条指出中央专项资金的具体使用范围,包括对中等职业学校紧缺专业特聘兼职教师的资助,主要用于特聘教师的课酬补助。财政部、教育部综合考虑各省(区、市)中等职业学校在校生规模和师生比等因素,确定资助经费额度。各地根据特聘兼职教师承担的教学任务,确定具体补助标准。此文件为职业院校聘请兼职教师提供了财力保障,是资助兼职教师重要的职业教育政策。

5. 兼职教师的作用在我国职业教育政策中的变化

兼职教师的作用,已从最初解决师资不足和教师操作能力差,发展为当前加强师资队伍本身建设的高度。在1985年5月27日发布的《中共中央关于教育体制改革的决定》中指出,师资严重不足是发展中等职业技术教育的突出矛盾。显然,聘任兼职教师的目的主要侧重于弥补学校教师数量不足。

第一次全国职业技术教育工作会议后对兼职教师的认识进一步深化。1986年《关于加强职业技术学校师资队伍建设的几点意见》中指出,兼职教师要占一定比例,作到专兼结合,以专为主,要提倡校际之间的教师互相兼课,注意聘请有实践经验的四级以上技工、能工巧匠担任实习指导教师。1993年1月《国家教委、农业部、林业部关于加强农村、林区中等职业技术学校和农民中专农、林类专业师资队伍建设的几点意见》(教职〔1993〕1号)中指出,从社会上聘任专兼职教师,是职教、成教师资队伍建设的一条重要原则,不仅是解决中等职业技术学校、农民中专学校专业师资短缺问题的重要渠道,而且是增进职业技术教育和成人教育与社会生产的联系,办出特色,更好地为当地经济建设服务的重要措施。由此可见,兼职教师不仅起到了弥补教师数量不足的作用,也是拉近与生产的距离的重要渠道。

进入新世纪,对兼职教师的认识上升到了教师队伍自身建设的高度。2000年,教育部《关于加强高职高专教育人才培养工作的意见》(教高〔2000〕2号)中指出,积极从企事业单位聘请兼职教师,实行专兼结合,改善学校师资结构,适应专业变化的要求。2001年11月《关于"十五"期间加强中等职业学校教师队伍建设的意见》提到兼职教师比例一般应不少于10%。教育部2006年11月16日发布的《关于全面提高高等职业教育教学质量的若干意见》(教高〔2006〕16号)指出,大量聘请行业企业的专业人才和能工巧匠到学校担任兼职教师,逐步加大兼职教师的比例,逐步形成实践技能课程主要由具有相应高技能水平的兼职教师讲授的机制。从量上对兼职教师进行规定。在2002年5月下发的《教育部办公厅关于加强高等职业(高专)院校师资队伍建设的意见》(教高〔2002〕5号)中,对兼职教师队伍建设做了进一步的明确规定,聘任兼职教师是改善学校师资结构、加强实践教学环节的有效途径,各高职(高专)院校要结合实际,加强兼职教师队伍建设工作。这些政策文本从职教师资队伍建设的高度强调兼职教师的作用,兼职教师已成为推动职业教育健康发展的重要力量,其作用正在逐步地扩大。

二、我国职业教育兼职教师政策的建议

具体建议包括以下几个方面:

1. 明确资格要求,建立兼职教师资格认证制度;
2. 收集信息数据,建立兼职教师人才库管理制度;
3. 紧贴中国实际,创新兼职教师规范管理运行机制;
4. 制订企业优惠措施,激励企业提供优秀兼职教师。

【思考题】

1. 教师的含义是什么？职业教育教师有哪些特点？
2. 职业教育教师的地位如何？在实际教学和实践过程中扮演着什么角色，发挥着什么作用？
3. 请简要论述职业教育教师的素质要求。
4. 什么是教师专业化？教师专业化需要经过哪些发展阶段？
5. 请简要概括"双师型"教师的内涵和特点。
6. 如何培养"双师型"教师？

第九章

职业教育的职业伦理

学习目标

1. 了解我国古代的职业伦理思想,把握孔子和墨子的职业伦理思想概况和特征;
2. 理解现代西方的职业伦理思想,注意区分韦伯和涂尔干的职业伦理思想的异同;
3. 把握中国职业伦理的现状、成因及对策;
4. 掌握职业院校伦理教育的方法和途径。

法国社会学家涂尔干认为:"职业伦理(Professional Ethics)是从事相同职业的人共同达成的观念、情感和利益上的共识,形成集体主义的道德情感。"他同时指出,"制裁是伦理规范必不可少的环节,特殊利益必须服从共同利益。"在我国,学者普遍把职业伦理归结为:"从事某一职业的个体对该职业具有总体性的社会伦理和社会主导价值观的遵循。"[①]由此可见,职业伦理既蕴含了职业道德的精神内涵,又兼具法治的精神,它介于职业道德和职业法规之间,把职业道德的主观性同职业法规的客观性相结合,并从社会伦理的角度确立职业道德规范及价值观问题。[②]

第一节 我国古代的职业伦理思想

伦理,作为人际关系的共同体,是个人作为单一性与共同体的普遍性的统一。在精神文化层面而言,它是由环境产生的意识形态,成为协调环境中不同社会关系的重要价值根据。职业伦理是职业环境的产物,它以"善"的理念调解人与人之间的关系,对职业主体的行为具有重要的价值导向作用。

伦理是伴随着人际关系的产生而产生的。而在社会职业产生的最初阶段,人们的职业意识比较淡薄,对于自己所从事职业的伦理意识也比较淡漠,加之受到"重学轻术""重农抑商"等思想偏见的广泛影响,我国古代的职业伦理思想鲜有所成,本节将主要以孔子和墨子

[①] 刘婧竹,李名梁.论职业伦理建设的困境及其出路——以科研人员职业伦理为例[J].职教论坛,2013(15):8.
[②] 葛桦.公民社会视域下职业伦理的蕴涵、范式与进路[J].济南职业学院学报,2010(2):5~9.

的思想为代表进行阐释。

一、孔子的职业伦理思想[①]

孔子(公元前551—前479年),春秋末期伟大的思想家和教育家,我国儒家学派的创始人,名丘,字仲尼,世人尊称孔子。春秋鲁国陬邑(今山东曲阜东南)人。早年丧父,家道中落,年轻时曾做过管粮仓、管放牧的小官。早年开始授徒讲学。中年曾在鲁国短期行摄相事,却因和当权者发生矛盾而不得不辞去职务,率弟子周游列国,志欲改良时政,复兴周礼,但是都没有得到重用。68岁重返鲁国,从此专心从事整理和传授典籍的文化教育工作。他修《诗》《书》,定《礼》《乐》,序《周易》,作《春秋》。其言论由门徒记录整理,编为《论语》一书。他在长期的封建社会中都被作为"圣人""万世师表"。

孔子一生的职业经历极其复杂,但其毕生主要精力还是在"求政"和"从教"上。纵观其一生的职业履历,可以说他是一位"失败"的政治家,同时是一位成功的教育家。他对职业伦理的论述也主要是针对从政人员和教师这两类人群,虽然孔子本人"述而不作",但通过对其言行的分析,亦可发现他的职业伦理思想有其独特体系,主要包含职业伦理观、职业伦理规范以及职业伦理的实现途径等三项内容。

(一)职业伦理观

职业伦理观是指从业人员在其从事的工作领域内关于职业伦理之价值追求的总体观念。跨越时空界限,孔子生活于"礼崩乐坏"的春秋时代,当时社会分工已有了很大发展,不同的行业有不同的职业分工,也就需要不同的职业道德要求,正如子夏所说:"百工居肆以成其事,君子学以致其道"。但当时社会的等级观念相当严重。孔子自幼喜好"礼""乐"文化,对周公更是顶礼膜拜,宗法观念在其脑海里自然是根深蒂固,在对待职业伦理问题上难免打上宗法等级的烙印。加上孔子是位积极的"救世论"者,推崇的是"精英"政治,要把有德有才之"士"推上行政职位。因此他极力主张"举贤才",根据人才的特长就任合适的职位。因而形成了职业有等、因才择业等职业伦理观,表现如下:

(1)职业有等

据先秦古籍《周礼·考工记》记载,我国奴隶社会时的职业分工主要有六大类,即"国有六职:王公、士大夫、百工、商旅、农夫和妇功。"王公是统治阶级,只用"坐而论道";士大夫是官僚和贵族,只需"作而行之";百工是手工业者,必须"审曲面势,以饬五材,以辨民器";商旅是行商坐贾,"通四方之珍异以资之";农夫耕种,"饬力以长地材";妇功是女子纺织,"治丝麻以成之"。《左传·昭公七年》载:"天有十日,人有十等,下所以事上,上所以共神也。故王臣公,公臣大夫,大夫臣士,士臣皂,皂臣舆,舆臣隶,隶臣僚,僚臣仆,仆臣台,马有圉,牛有牧,以待百事。"《国语·晋语》也载:"公食贡,大夫食邑,士食田,庶人食力,工商食官,皂隶食职,官宰食加。"这些均表明当时的社会等级森严,社会分工也很细,不同的阶层对职业道德有不同的要求。正如恩格斯所指出的:"在社会生活中,实际上每个阶级,甚至每个行业,都各有各的道德"。

[①] 涂平荣,姚电.孔子职业伦理思想探析[J].中北大学学报,2007(4):48~52.

孔子的职业伦理思想也不例外,其生活的春秋时代难免给他套上奴隶社会的阶级烙印,宗法等级观念在其职业伦理思想中也表现得淋漓尽致:

首先,他对自己年轻时能做多种技能的评价是:"吾少也贱,故多能鄙事""吾不试,故艺"。言外之意是自己年轻时地位低微,又没做官,所以会做那些"下等人"干的技能。

其次,在教育弟子的过程中也带入这种偏见。当樊迟请学稼,子曰:"吾不如老农。"请学为圃,子曰:"吾不如老圃。"樊迟出,子曰:"小人哉,樊须也!"足以说明孔子根本不认同弟子去学那些"下等人"做的事情,认为学好了安邦治国之术就自然会有老百姓替自己种庄稼。

再次,孔子办学的宗旨是培养从政人员,而轻视其他职业技能的培训。他说:"诵《诗》三百,授之以政,不达;使于四方,不能专对,虽多,亦奚以为?"可见,孔子认为书读得再多,如派不上为政的用场,这样的学习是无用的,而对其他职业的各种技能的学习,孔子是很少涉及的。这也初步奠定了"万般皆下品,唯有读书高"的伦理基础,造就了后世的许多读书人皆把读书作为谋求官职的神圣途径。

(2)因才择业

孔子一生最向往的职业就是从政,因此对为政者的职业道德尤为重视,特别是人才选拔和任用方面的论述颇多。他突破了周礼中"以世举贤"的世袭卿禄的选官制度,提出了"举贤才"思想,为平民子弟通过苦读登仕途开创了一条就业途径。他主张选拔贤才,一是应不分贵贱:"先进于礼乐,野人也;后进于礼乐,君子也。如用之,则吾从先进。"二是不论地位:孔子在答齐景公"昔秦穆公国小处僻,其霸何也"的问题时,指出,"秦,国虽小,其志大;处虽僻,行中正,身举五羖,爵之大夫……"三是不论亲疏,主张选贤要广开才路,如《礼记·儒行》载:"内称不避亲,外举不避怨。"他本人也十分注意根据弟子各自的气质、性格、能力和特长进行举荐择业,如《雍也》载:季康子问其弟子子路、子贡、冉求等是否可"从政"时,孔子依据各人之长加以推荐,说"由也果""赐也达""求也艺",均"于从政乎何有?"当孟武伯问其弟子的为政能力情况,孔子答曰:"由也,千乘之国,可使治其赋也""求也,千室之邑,可使为之宰也""赤也,束带立于朝,可使与宾客言也"。这种因才择业的职业伦理观,既有利于从业人员能力的发挥,又能使工作落到实处,值得当今各行各业的人事部门认真吸收借鉴。

(二)职业伦理规范

职业伦理规范是调整职业活动中人们的利益,判断从业者职业行为善恶以及是否履行职业义务和责任的行为准则和评价标准。作为人们在职业关系和职业活动中应遵守的准则,其对于规范从业者的职业观念和职业行为,乃至提高整个社会的道德水平都是至关重要的,春秋末期的孔子对此认识也是比较深刻的。具体表现如下:

1.忠于职守

忠于职守就是忠实地履行职业责任。曾子在评论孔子的"道"时曾说:"夫子之道,忠恕而已矣。"从仁学的角度讲,"忠"就是"己欲立而立人","恕"就是"己所不欲,勿施于人"。《大学》也讲:"君子有大道,必忠信以得之,骄泰以失之。"可见,孔子十分重视"忠"。其"忠"有两层含义。一方面是指忠君。这不仅包括"为人谋而不忠乎?""孝慈,则忠",而且包括"忠告而善道之""忠焉能勿诲乎?"比如"臣事君以忠",亦即,下级对上级要忠心耿耿,但不能愚忠和一味顺从,而更要敢于直谏、敢于坚持原则,强调有原则、有选择的"忠",即"以道事君,不可则止。""勿欺之,而犯之""邦有道,谷;邦无道,谷,耻也"。另一方面是指"忠于职守""居之无倦,行之以忠"。孔子的学生子张问他:"令尹子文三仕为令尹,无喜色;三已之,无愠色。旧令尹之政,必以告新令尹。何如?"孔子回答:"忠矣。"可见孔子对忠于职守的认识是很深刻的。

2. 精钻业务

精钻业务既是对从业人员的素质要求,又是行业发展的伦理要求。孔子的弟子子夏曾言:"百工居肆以成其事,君子学以致其道。"就是说市肆中的各种工匠,都要努力钻研业务,做好自己的本职工作,正如君子要通过努力学习来精通自己的"道"一样。孔子本人"十五志于学",继而"笃信好学"。再如"子入太庙,每问事""访乐于苌弘(《礼记·乐记》)""问礼于老聃(《礼记·曾子问》)",强调"三人行必有我师焉",都可见孔子终生不懈地学习,求学的痴迷程度甚至到了"三月不知肉味"的境界。对工匠的业务要求也是:"工欲善其事,必先利其器。"即工匠要做出高质量的器物,必先修整好他的工具,说的也是要精钻业务。在教育学生方面他也是提倡学而不厌,每事必问,学思结合,孜孜以求,精益求精。

3. 谦虚谨慎

谦虚谨慎是从业人员必备的一种工作作风和工作态度。其在孔子的职业伦理规范中也有相关的表述。当子张学干禄,子曰:"多闻阙疑,慎言其余,则寡尤;多见阙疑,慎行其余,则寡悔。"一语道出了为政者谦虚谨慎的重要性。在《述而》篇中也说:"三人行,必有我师焉。"对自己的评价也是:"若圣与仁,则吾岂敢!抑为之不厌、诲人不倦,则可谓云尔已矣。"足可见其谦虚谨慎的态度。对于为政者的道德要求方面,他要求君子应"慎于言"、应求"讷"(谨言)德,才能"近仁""使民如承大祭"。强调施政于民时应像祭祀祖先一样慎重。

4. 勤奋敬业

在勤政方面,孔子要求为政者应勤其政,只有勤敏地工作,造福于百姓,才能实践高尚的仁德。他认为为政者只有"博施于民"才能"济众",因为他们肩负了社稷重任,理应勤勉于政事,奋发图强。他的勤政要求可见于"君子应讷于言而敏于行""敏则有功""敏于事而慎于言""敏以求之者也"等,其中的"敏"就是勤敏的意思。在敬业方面,孔子提倡"事君,敬其事,而后其食""执事敬",强调"道千乘之国,敬事而信"。这里的"敬事"就是强烈的敬业精神。当子张问政,子曰"居之无倦,行之以忠。"要求君子在位,就必须忠心耿耿,不能有丝毫懈怠。子路问政,子曰"先之劳之。"请益,曰:"无倦",这就是说,君子从政应以身作则勤奋工作,为老百姓树立榜样。对于事业,孔子提倡的是一种吃苦在前,享受在后,踏踏实实,孜孜不倦的敬业精神,体现于"事君,敬其事而后其食"。

5. 以身作则

孔子特别注重从业人员的榜样示范作用,像"君子之德风,小人之德草,草上之风,必偃。"就是用"风行草偃"的效果去说明以身作则的重要性。对于为政者和教师,他的要求是:"其身正,不令而行;其身不正,虽令不从。"还说:"苟正其身矣,于从政乎何有?不能正其身,如正人何?"假若端正了自己,治理国家有什么困难呢?连自身都不能端正,又怎么端正别人?因此,在孔子所忌讳的"德之不修,学之不讲,闻义不能徙,不善不能改"这四项都是与自身修养相关的,可见以身作则在孔子职业伦理思想中的地位的重要性。

6.求真务实

求真务实是科学精神的核心内容之一。求真就是求真理、做真人、办真事；务实就是说实话、见实效、务实际。这些都是从业人员必备的工作态度和作风。在这方面,孔子曾说:"天何言哉?四时行焉,百物生焉,天何言哉?"或问祭祀之说,子曰:"不知也""知其说者之于天下也,其如示诸斯乎!指其掌。"在《述而》篇中,孔子也"不语怪、力、乱、神"。在《公冶长》篇中,子曰:"巧言、令色、足恭,左丘明耻之,丘亦耻之"。在求学态度上,他也强调"知之为知之,不知为不知",这些话都说明了孔子的求真思想和实证精神。在《子罕》篇中,他要求君子"四毋",即"毋意、毋必、毋固、毋我",也就是要求君子在工作过程中不凭空猜测、不绝对肯定、不固执拘泥、不自以为是。在《卫灵公》篇中,子曰:"众恶之,必察焉;众好之,必察焉";他还说:"君子不以言举人,不以言废人",即强调众人都厌恶和喜欢的,都要认真考证详情原因,做到实事求是。在《为政》篇中,他也要求为政者在选用人才时应坚持"视其所以,观其所由,察其所安"的原则;在《宪问》篇中,当子张问政,子曰:"君子耻其言而过其行";在《里仁》篇中他说:"君子欲讷于言而敏于行",还说:"古者言之不出,耻躬之不逮也"。这些都可体现出孔子对为政者的求真务实的职业伦理要求。

(三)职业伦理的实现途径

孔子面对"礼崩乐坏"的社会现实,既深恶痛绝,又痛心不已。其积极入世的参政情怀和济世抱负决定了他要奋力去探求一套拯救方案,恢复西周盛世时的各种职业伦理秩序,尤其是政治伦理秩序,于是他提出以"礼"规范、以"仁"导向作为其实现的基本途径。

1.以"礼"规范

周公制的"礼"到了春秋时期,已可"经国家,定社稷,序民人,利后嗣也"。《礼记·曲礼》也载:"道德仁义,非礼不成;教训正俗,非礼不备;纷争辩讼,非礼不决;君臣上下,父子兄弟,非礼不定;宦学事师,非礼不亲;班朝治军,莅官行法,非礼威严不行。"可见当时的"礼"是调节政治、经济、军事、司法、教育等各种职业活动的行为规范的基本原则。

孔子对"礼"的规范作用是有深刻认识的:首先,孔子认为"礼"是维系君臣等级关系的法度。像"事君尽礼""君使臣以礼",像季氏"八佾舞于庭""旅于泰山",管仲与邦君比,亦"树塞门",亦"有反坫",便会受到孔子的谴责和唾弃:"是可忍也,孰不可忍也?管氏而知礼,孰不知礼?"就连"为礼不敬,临丧不哀"的行为他也看不下去。其次,孔子认为"礼"是刑罚的基础,如"礼乐不兴,则刑罚不中;刑罚不中,则民无所措手足"。再次,针对当时社会上出现的"礼崩乐坏",即君不君、臣不臣等失范现象,他提出为政者要倡"礼"、讲"礼"、践"礼",并以"礼"教民,克己复"礼",做到"非礼勿视,非礼勿听,非礼勿言,非礼勿动。"

可见,孔子的"礼治"思想,主张处理社会的各种矛盾、处理国家政治事务,一切都依照周礼而行。具体表现如下:在君对臣的行政道德方面,他要求"君使臣以礼",孔子的这一职业伦理观点从根本上说是维护贵贱有等的宗法制度,但其不是盲目愚忠于君主的君臣关系论,有其合理的成分,对君权的约束有一定的可取之处。在臣对君的行政道德方面,除了"臣事君以忠""事君尽礼"等外,还提倡恢复"礼乐征伐自天子出"的局势,希望"谨权量,审法度,修废官,四方之政行焉"等权力皆回归天子的行政伦理秩序。治国为政方面,他提出"齐之以礼",要求为政者用礼去规范人们的行为;在恢复和维护周礼的途径上,他强调"正名""复礼",要求君、臣、父、子各守其"份",各循其"道",不出其"位";当然对一些不合时宜的礼,他还是有原则的:像"礼于其奢也,宁俭""麻冕,礼也;今也纯,俭,吾从众"。这些又表现了孔子的革新精神和时代价值。

总之,孔子以"礼"规范职业伦理的方式,是站在日益没落的奴隶主阶级立场去观察社会的,其高度重视"礼"的社会整合功能,并把它看作万能的法宝,在本质上是为维护统治阶级的统治秩序服务的,但对当时保持社会稳定、调节各种社会矛盾也是有一定积极作用的。

2. 以"仁"导向

"仁"是孔子职业伦理思想的灵魂,对于各种从业人员都至关重要,因为"天子不仁,不保四海;诸侯不仁,不保社稷;卿大夫不仁,不保宗庙;士庶人不仁,不保四体"(《孟子·离娄上》)。只有爱人,才能"仁者无敌",才能"杀身以成仁",才能"见利思义,见危授命",才能"托六尺之孤,可以寄百里之命,临大节而不可夺也"。从中可见"仁"是孔子的从政目标。孔子为政以"仁"的观点,旨在竭力主张为政者实行以"仁民爱物"为核心的王道统治。故当季康子问政于孔子,子曰:"子为政,焉用杀?子欲善,而民善矣。君子之德风,小人之德草。草上之风,必偃。"

孔子认为,为政者应把"仁爱"原则推行到本职工作中去:

首先,要重视人的尊严,他提倡"孝悌"就是为了倡导恭敬,他说:"今之孝者,是谓能养。至于犬马,皆能有养,不敬,何以别乎?"维护人的尊严是"爱人"的主要内容。不敬、不恭、不肖、不悌的人不会成为充满仁爱精神的人,在处理人际关系中,体现仁爱思想的核心是要尊重对方的人格尊严,为政者在为政过程中遵循"爱人"的伦理观就显得更为重要了。

其次,孔子把仁爱思想当作一种施政原则,主张把仁爱精神灌输到为政过程中去,实行"仁政",经过仁政教化,使为政者都自觉接受仁道、躬行仁道,从而实现他的政治理想。

再次,为政者施"仁"政还表现在施政措施上,像"节用而爱人""奢则不孙,俭则固,与其不孙也,宁固",这一点与现代提倡的行政人员应节省财政开支,减轻人民负担的精神是相吻合的,值得大力提倡。另外,孔子还提出了一系列利民、养民、惠民、安民、教民等施政观点,它们都体现孔子以"仁"为导向建构为政者的职业伦理。

最后,孔子认为"仁"与"礼"是不可分的,为政者在为政过程中应克制自己的欲望,使礼制得以实行,孔子的"克己"是一种对人的心理素质的修养,是要把"礼"的规范内化到为政者的思想和行为中去,认为他们的自我克制能力达到了一切依"礼"而行的程度,就能"从心所欲,不逾矩",就是"克己复礼为仁矣。"为政者若坚持"一日克己复礼",则"天下归仁焉",这样以"仁"为导向的目的也就达到了。

如上所述,我们可以看出,孔子的职业伦理思想既有消极的因素,又有合理的成分。对此我们应科学地分析、辩证地对待,积极发挥它的良性价值为我国的职业伦理建设服务。

二、墨子的职业伦理思想[①]

墨子(公元前468—公元前376),名翟,汉族,我国战国初期宋国国都(今河南商丘)或鲁国(今山东滕州)人,是战国时期著名的思想家、教育家、科学家、军事家,墨家学派的创始人及主要代表人物。后来其弟子收集其语录,完成《墨子》一书传世。他提出了"兼爱""非

---

① 李雪辰. 职业伦理的形而上探寻——墨子职业分工论的伦理解析[J]. 兰州学刊,2010(11):18~21.

攻""尚贤""尚同""天志""明鬼""非命""非乐""节葬""节用"等观点,其主要思想以兼爱为核心,以节用、尚贤为支点。墨子创立墨家学说,并著有《墨子》一书传世。墨子是历史上唯一一个农民出身的哲学家、有重大影响力的人。他在先秦时期创立了以几何学、物理学、光学为突出成就的一整套科学理论。墨学在当时影响很大,与儒家并称"显学",在当时的百家争鸣,有"非儒即墨"之称。

在先秦诸子中,墨子特别重视职业之分,他从小生产者的立场出发,将职业之分与天志观念结合起来,以天志作为其职业伦理的形而上学基础,形成了独具特色的职业伦理观——职业分工论。

(一)成"义"与循"义"——职业分工的伦理审视

墨子强调做好职业"分事"(分内之事)的职业分工思想与当时的政治经济环境和他个人的出身有密切的关系。一方面,农业和商业的发展是职业分工思想产生必不可少的经济前提。墨子生活的时代,群雄割据的局面进一步加剧,各诸侯国从富国强兵的现实诉求出发,特别重视耕战,这使得农业生产有了较为迅速的发展。与此同时,商品交换也发展起来,墨子说:"为屦以买衣为屦"(《墨子·经说下》),孙诒让改"衣"为"不"字,意思是制作鞋子不只是用来穿,而是为了购买自己所需要的其他物品。可见,商品生产和交换在当时已经成为日常生产和生活中的普遍现象。

另一方面,墨子作为一名出身小生产者的知识分子,自然对社会下层劳动者生产、生活的艰辛有着深刻体会,他主张"赖其力者生,不赖其力者不生。"(《墨子·非乐上》)每个人都要参加劳动,才能生存下去,社会也才能获得发展。在墨子看来,通过劳动暖衣饱食是人与禽兽的一个重要区别,鸟兽或以羽毛为衣,或以水草为食,不事耕稼、纺织,"衣食之财固已具矣。"(《墨子·非乐上》)人如果不劳动,基本的衣食需求都无法满足,因此,他特别重视农业生产,"一谷不收谓之馑,二谷不收谓之旱,三谷不收谓之凶,四谷不收谓之馈,五谷不收谓之饥。"(《墨子·七患》)尽管墨子强调生产劳动的重要性,提倡人人劳动,但他并不是要每个人都去从事农业生产,或从事同一种生产活动,而是按人的能力不同进行职业分工,各人做好自己的"分事"。

墨子认为自天子、三公、将军、大夫以至士、庶人,都是有分工的,必须按照彼此的分工做好各自的分内之事,不可相互僭越,"王公大人蚤朝晏退,听狱治政,此其分事也;士君子竭股肱之力,亶其思虑之智,内治官府,外收敛关市、山林、泽梁之利,以实仓廪府库,此其分事也。"(《墨子·非乐上》)从表面上看,这种分工有等级高低之差别,但墨子并不认为从天子之事到庶人之事有贵贱之分,他本人常自称"贱人"。被孔子鄙视为小人之学的稼圃之事,墨子也十分重视,甚至把"农事"作为国家治乱的根本,"农事缓则贫,贫且乱政之本。"(《墨子·非儒下》)墨子对天子、三公、将军、大夫、士、庶人的划分是以其所从事的职业而论的,他们之间的等级差别也不是不可逾越的,"虽在农与工肆之人,有能则举之,高予之爵,重予之禄,任之以事,断予之令"(《墨子·尚贤上》),即便是从事农、工、商的平民,只要有才能,一样可以得到提拔,给予高爵厚禄,委以重任。这种尚贤举能的思想,打破了宗法血缘等级制度下以血缘出身论贵贱的社会秩序,树立了社会分工无贵贱的职业平等观。另外,墨子看到了男女之间由生理能力差别而形成的自然分工,认为这种分工也是合理的,"蚤出暮入,耕稼树艺,多聚菽粟"(《墨子·非乐上》)是农夫之"分事","夙兴夜寐,纺绩织纤,多治麻丝葛绪捆布缪"(《墨子·非乐上》)是妇人之"分事"。

　　墨子将各种"分事"看作是"成义之必需"。墨子认为,"义,利也。"(《墨子·经说上》)义和利是一回事,不过他所说的"利"不是个人私利,而是天下人的公利,"志以天下为芬,而能能利之,不必用。"(《墨子·经说上》)即以利天下作为自己的分内事,有能力为天下谋利,而不考虑这样做对自己有什么好处。在这个意义上,墨子所提倡的职业之"分事"是与他"兴天下之利,除天下之害"的终极目标紧密联系在一起的,"兴天下之利"的终极目标,也可以说是"兴天下之义",或"成义"。墨子说:"为义犹是也,能谈辩者谈辩,能说书者说书,能从事者从事,然后义事成也。"(《墨子·耕柱》)行义之事就是让谈说论辩者、解释书典者、身体力行者等各行业的人们发挥其才能,做好自己的分内之事,如此一来,行义的事便成功了,这就是"成义"。当然,墨子的职业分工以"兴天下之利"为伦理诉求,将"成义"与"兴利"联系在一起,带有明显的功利主义价值趋向。

　　另一方面,墨子将"义"视为做好职业之"分事"的伦理准则,职业分工一旦确定下来,每个人都应当在自己的职业"分事"内"竭力从事",不可以随便逾越,"是故庶人竭力从事,未得次己而为政,有士政之;士竭力从事,未得次己而为政,有将军大夫政之;将军大夫竭力从事,未得次己而为政,有三公诸侯政之;三公诸侯竭力听治,未得次己而为政,有天子政之;天子未得次己而为政,有天政之。"(《墨子·天志上》)从庶人、士、将军到三公、天子,在权位上是一个由低到高的序列,墨子所强调的不可逾越各自职业"分事"是单向的,即在下位者不可以越出自己的职守,去干预上位者的事,这就是墨子所说的"义"。他明确指出,"且夫义者,政也。无从下之政上,必从上之政下。"(《墨子·天志上》)墨子把"义"视为正道,应从上面匡正下面,而不能从下面来匡正上面。

　　在墨子之前,孔子就已经注意到社会各阶层"分事"的重要性,他从君子与小人在社会中所处"位"的差异出发,指出"君子喻于义,小人喻于利。"(《论语·里仁》)在上位的君子应当遵照道义原则行事,处于下位的小人(普通百姓)则可以把追求利益作为自己的行为指导。孔子的这一观点到孟子那里便发展为"劳心者"与"劳力者"之分,"劳心者治人,劳力者治于人。"(《孟子·滕文公上》)这是普天之下的"通义"。不过,墨子的职业分工与孔子的"君子""小人"之分不同:孔子是从社会等级之分的角度,主张社会等级不同,所应遵守的行为规范也不同。墨子则是从职业之分的角度,强调不同职业的人们做好自己的分内之事,实现天下之大利,当然,墨子所说的职业之分,仍然带有等级之分的色彩,这与古代社会的等级观念和社会分工不细有关,在某种程度上,即使在现代社会,职业之分与社会等级之分也不是泾渭分明。

　　墨子之后的荀子也十分重视职业分工的意义,这一点与墨子相合。他说,"事业所恶也,功利所好也,职业无分,如是,则人有树事之患,而有争功之祸矣。"(《荀子·富国》)荀子从性恶论出发,认为人们都厌恶劳作,喜好功利,如果没有社会的职业分工,就没有人去劳作,而人人竞相争功夺利,便会造成社会的祸乱。在此基础上,荀子区分了"农夫众庶之事""将率之事"和"圣君贤相之事",这三事皆是"人事",其并行而不悖,就可以"胜天",实现国富民强。那么,靠什么来保证这三事并行不悖?与墨子将"义"作为准则不同,荀子认为要靠"礼",即封建礼义制度。"礼者,贵贱有等,长幼有差,贫富轻重皆有称者也。"(《荀子·富国》)那么,"礼"合理性依据从何而来呢?荀子认为根源于恶的人性。通过这种反身内求的追问方式,荀子为职业分工的合理性找到了人性论的内在依据。在墨子看来,职业之分仅仅依靠道德原则——"义"的调控是不够的,"义"的力量不足以保证人们安于自己的职业,以兢兢业业的态度做好自己分内的事。于是,他对职业分工的合理性依据也做了进一步探究,不过,他采取了不同于荀子的路径,进行了形而上的探寻,向外、向上求诸"天"以"天志"作为其职业之分的形上根据,从而形成了具有宗教色彩的职业伦理观。

(二)顺天之志——职业分工论的形上学探寻

墨子认为人们在职业活动中各司其职、恪尽职守,认真完成自己的"分事"是基于天志的命令,"天志"即"天"的意志,他说:"天之意,……又欲上之强听治也,下之强从事也。"(《墨子·天志中》)从事职业活动,无论是在上位者的"听治",还是处于下位的"从事"。都是出于天的意志,是天志对人们的要求。不仅如此,职业活动所遵循的"义"也出自天的意志。墨子指出,义是完美的政治,而完美的政治必定是尊贵有智慧的人统治那些愚笨而卑贱的人,"义不从愚且贱者出,而必自贵且知者出也。"(《墨子·天志中》)世人以为天子是最高贵、最有智慧的人,但天子还要向天祈福,可见比天子更高贵、更有智慧的是天,所以说,义必定出自天的意志。先秦时期,天有三种含义:一是自然之天,一是道德之天,一是意志之天或主宰之天,墨子心目中的"天"即是意志之天或主宰之天,是一个纯然的"人格神"——上帝,他有意志,有感觉,有好恶,凭借自己的意志创造了整个世界,并以自己的好恶对人们的行为进行赏罚。借助于"天"这个人格神的权威和威慑力,墨子为他的职业分工论确立了形而上学的基础。

天志不仅是人们做好职业之"分事"的最高命令,也是度量天下万物的最高标准,"我有天志,譬若轮人之有规,匠人之有矩。"(《墨子·天志上》)天的意志就好比制造车轮的圆规,木匠手中的矩尺,圆规和矩尺可以用来度量圆与方,掌握了天志,"上将以度天下之王公大人为刑政也,下将以量天下万民为文学出言谈也。观其行,顺天之意,谓之善意行,反天之意,谓之不善意行。"(《墨子·天志中》)用天志来衡量国家的刑法政令和人民言行,符合天志的为善,不合天志的即为恶。墨子还进一步指出,顺从天意,以天志为最高法则不是他的独创,上帝早就告诫过文王要以天志为法,"非独子墨子以天之志为法也,于先王之书《大夏》之道之然:帝谓文王,予怀明德,毋大声以色,毋长夏以革。不识不知,顺帝之则。此诰文王之以天志为法也,而顺帝之则也。"(《墨子·天志下》)天作为世间万物的最高主宰,行使着惩恶扬善的赏罚功能,即便是人间的最高统治者——天子的行为也受天的宰制,"天子为善,天能赏之;天子为暴,天能罚之。"(《墨子·天志中》墨子通过历史经验进一步证明了"天"行使赏善罚恶功能的灵验:三代的圣王禹、汤、文王、武王,都顺从天志而得到赏赐,暴君桀、纣、幽王、厉王,则因违反天的意志得到了惩罚。由此,他希望天子、王公等居上位者以三代的圣王为模范,以桀、纣等暴君为警戒,顺从天的意志,克勤克俭地做好自己职业规定的分内之事,不要肆意乱为。

实现国家强盛,社会安定,百姓富足,安居乐业,便是墨子所说的"成义",也就是"兴天下之利",这是墨子的政治理想。为实现这一理想,必须重视物质生产,要保证生产活动的正常进行,就必须进行职业分工——在上位的君子"强听治",处下位的贱人"强从事"。那么,人们为什么要安于这种职业之分?因为这种分工是地位最尊贵、最有智慧、无处不在的"天"的命令,如果不服从,就会受到天的惩罚,这便是墨子为其职业分工论寻找形上根据的思维逻辑。墨子之所以搬出了"天",将其作为自己学说能够实行的终极保证,与他的出身有关。作为代表小生产者阶层利益的知识分子,在当时的社会生活中处于弱势地位,如何使自己的社会理想付诸实践,是墨子必须要解决的问题,为此,他请出"天"——上帝,通过其无所不在,赏善罚恶的强大威慑力,来约束统治者的行为,同时也为自己的思想确立形上学基础。一些学者从史学的角度批评墨子的天志观念是一种保守、落后的思想,是春秋末期对人本思潮的一种反动,郭沫若说:"孔子思想中动摇了的传统鬼神,墨子则完全肯定下来。……在奴隶制崩溃的时候,墨子来提倡'天志''明鬼',这说明他是在复古,而不是在革新。"从历史的发展来看,这种批评是有道理的,但是,"墨子思想作为一种道德学说是一个完整的体系,在这个体系中必须有一个形上的保证,只有这样,其思想才能具有终极性的动力,其理论才能变为具体的行动,因此其理论意义是不可低估的。"也就是说,并不能因墨子天志思想所具有的宗教色彩,而抹杀其形而上学的积极意义。

墨子以天志为形上根据的职业伦理观,与马克斯·韦伯在《新教伦理与资本主义精神》中所阐述的"天职"(The calling)观念有相似之处:二者都试图以神或上帝的意志来保障其实现,可以说,他们的致思路径是基本一致的,"从'强听治'与'强从事'这一职业伦理'命令'的'命令者'是'天'这一具有超越性质的存在来看,墨子的'天志'职业伦理观与韦伯所讲的'天职'观念的确是可以相通的。"韦伯认为,职业的概念虽出自《圣经》,但译者却赋予了它新的含义,即从事一种职业是在完成上帝安排的任务,这样一来,职业活动便具有了神圣性,成为"天职"。"在德语的 Beruf(职业、天职)一词中,以及在英语 calling(职业、神召)一词中,至少含有一个宗教的概念:上帝安排的任务——这一点不会被人误解。"新教与天主教都认为"天职"是"上帝安排的任务",但是,在宗教改革中,新教又赋予了"天职"新的内涵,即所有新教派的核心教理:"上帝应许的唯一生存方式,不是要人们以苦修的禁欲主义超越世俗道德,而是要人完成个人在现世里所处地位赋予他的责任和义务。这是他的天职。"也就是说,新教把从事世俗的职业活动视为是上帝的命令,世俗生活中人们兢兢业业、克勤克俭地做好自己的职业工作,就是完成上帝赋予的任务。墨子的职业伦理观和新教天职观尽管相隔的时代久远,其理论体系和价值取向大相径庭,但它们都试图为世俗生活中的职业劳动提供形而上学的终极价值依据,为世俗的求利行为做出道德支持与论证,可谓异曲而同工。

(三)敬业奉献——墨子职业伦理观的内在精神

天志不但赋予了职业分工以合理性,还要求人们在"从事"或"听治"时要"强",即努力、勤勉、竭尽全力地"从事"或"听治",保持一种敬业精神。事实上,墨子本人也是以此严格要求自己的,为了实现他倡导的"兼相爱""交相利"的主张,四方奔走,不辞辛苦,舍身赴义,这种"以自苦为极"的献身精神令人慨叹。从文字训诂的角度看,"'墨'字训有三义,一为墨型,墨是古代五刑之一,故有刑徒贱役之义。二为瘠墨,《荀子·礼论》以瘠墨称墨子,因墨子以自苦为极,致面目黧墨。三为绳墨,喻绳墨之木匠。《庄子·天下》篇说墨子'以绳墨自矫',正是墨子及墨者这种工匠的吃苦耐劳的作风,才使荀子斥墨子行'役夫之道',楚国大臣穆贺称墨子之学是'贱人之所为'。"由此可见,强调"强"的敬业精神和"自苦为极"的献身精神是墨者的一贯作风和应有之义,也是墨子职业伦理思想的内在精神品质。

首先,墨子的天志和明鬼思想强化了天的权威性,但他并不是一个命定论者,相反,他主张非命、尚力,认为人应该兢兢业业地做好自己的分内之事,通过自身的不懈努力来把握自己的命运。国家治理的好坏,百姓财用的足与不足,取决于居上位的王公大人是否"强听治",处下位的普通劳动者是否"强从事",与天命无关。如果把国家治理和百姓生计寄托于天命,放弃个人的努力,"听治"不"强","从事"不"强",必将导致"刑政乱""财用不足"的恶果,尤其是担负着治理国家重任的王公大人,必须把天帝鬼神的青睐、人民的拥护与自己的努力结合起来,"天鬼之所深厚而能强从事焉,则天鬼之福可得也。万民之所便利而能强从事焉,则万民之亲可得也。"(《墨子·尚同中》)有天帝鬼神的厚待和广大民众的拥护,自己又能努力去做,那么天帝鬼神的福佑和广大民众的亲善,就可以得到了。另外,居上位的君子仅有智慧也是不够的,"志不强者,智不达"(《墨子·修身》),如果意志不坚强,不勤奋,其智慧也不会高。"故君子力事日强,愿欲日逾,设壮日盛。"(《墨子·修身》)君子越勤奋,理想越远大,前景便日益隆盛。

　　与道家的无为相比,墨子是明确主张有为的。他以天志作为行事的最高准则,要求人们在自己的职业活动中积极进取、敬业自强,破除人们对于天命的迷信,通过努力劳动实现个人的人生价值。在顺应天志与非命、尚力之间看似矛盾,实则一致,因为墨子的天志实质上是平民百姓的意志,只不过借天之口表达出来,其目的是约束那些居上位的王公大人,使他们克制欲望,安于职业之分,认真履行治理国家的职责,不侵害小生产者从事职业劳动的"分事",为社会生产的顺利进行创造一个良好的环境,最终实现"兼相爱、交相利"的政治理想。

　　其次,墨子还践行人人劳动的主张,以"利天下"作为自己的职责和使命,不畏艰苦,体现出一种以苦为乐,不怕牺牲的职业伦理精神。作为儒家的反对者,墨子不赞成孔子"法周"的主张,特别推崇大禹,主张"背周道而用夏政"(《淮南子·要略》)。大禹为治水"腓无胈,胫无毛,沐甚雨,栉疾风,置万国。"(《庄子·天下》)在墨子看来,这种不畏艰辛的献身精神是他学习的榜样,"不能如此,非禹之道也,不足谓墨。"(《庄子·天下》)后世墨者一直秉承着这种精神,他们"多以裘褐为衣,以跂蹻为服,日夜不休,以自苦为极。"(《庄子·天下》)在这种牺牲精神的激励和天志的感召下,以墨子为首的墨家为实现天下之大利,即使"摩顶放踵"(《孟子·尽心上》)也在所不惜。《淮南子》对墨家的这种牺牲精神钦佩不已,"墨子服役者百八十人,皆可使赴火蹈刃,死不还踵,化之所致也。"(《淮南子·泰族训》)

　　总之,诉诸天志,墨子为其职业分工论的合理性找到了形而上学的终极依据,也使这种以天志为保证的职业伦理观具备了敬业不倦、勇于牺牲的内在精神品质。尽管借助于天帝、鬼神的力量来保证职业伦理得以践行的做法,为墨子的职业伦理观披上了一层宗教外衣,但是,墨子所强调的职业劳动的神圣性以及敬业奉献的牺牲精神,却给我们提供了有价值的思想文化资源。通过对墨子职业分工论的伦理透析,借鉴其中有益的思想因子,有利于我们在现实条件下对职业道德问题进行深入思考,从而建立与社会主义市场经济相适应的职业伦理观。

> 拓展阅读

教师职业伦理及其后现代诠释[①]

职业伦理是现代社会所兴起的一个社会伦理的中心层次,在现代社会伦理中具有越来越重要的意义。在古代社会,虽然也有相对的社会分工,但是整体性的社会伦理和家庭伦理的中心地位,使得职业伦理没有应有的社会意义。到后工业主义和后福特主义时代兴起的后现代主义思潮,其本质是放弃现代性的基本前提及其规范内容,批判理性主义,崇尚非理性;解构现代主体性;反对同一性、整体性,崇尚差异性。

一、教师职业伦理的含义及意义

作为一种社会伦理现象,教师职业伦理由四大要素构成:教师职业伦理关系、教师职业规范、教师个人德性(也可称为个人角色道德)和教师职业伦理秩序构成。其中教师职业伦理关系主要指在教育教学中,教师与学生、教师与教师、教师与社会之间的伦理关系;教师职业规范是反映教师职业伦理关系的规范性要求,如各类职业道德规范和准则,具有客观性和社会性;教师个人德性是伦理规范内化为个体的道德选择、道德品性,是个体遵循为人之道所引起的收获、体验,具有主观性和个体性;而当教师根据个人德性,主动遵循教师职业规范并处理好相互之间的伦理关系,便形成了一个井然有序的教师职业伦理秩序。

作为伦理关系的教师职业,是一个社会历史范畴,是伴随着学校的产生而产生的。原始社会早期,由原始部落首领或有生产经验的人承担教师职责,当生产力发展到一定阶段便产生了专门的教育机构——学校,也有了专门从事教育活动的教师。春秋时,孔丘创办私学,在世界历史上第一次正式出现了教师职业。教师职业作为社会分工的产物,古代官学贡献较大,私学当然也功不可没。到了近代社会,教师职业开始制度化。再到现代社会,教师开始在个人本位和社会本位两种价值观冲突中寻找自身的出路。麦金太尔认为,古代社会是以德性为中心的,而现代社会则是以规则为中心的,这种规则中心最典型的代表就是职业伦理。

教师职业的伦理关系特性。从根本上说,教师是交往、政治与历史的生成者,与学生、社会共成生命的关系网络。这种对"主体与主体"间交互关系的重点关注,使教师职业伦理区别于其他职业伦理。在教师职业伦理关系中,教师理当成为道德和学问认知、评价、审美、决策、信仰与实践的"生成中心"。这种普遍性与特殊性,让教师职业有了特殊的职责规定,也就是不同的伦理规定。所以教师职业伦理恰是一种维持其与学生、社会关系的德性要求。

教师职业规范的约束。根据目前的教师资格条件,只要遵守宪法和法律,热爱教育事业,具备《教师法》规定的学历、拥有教育教学的科学文化素质和教育能力素质,遵守教师职业道德,身体合格的人便可以从事教师职业。更具体的如美国教育协会颁布的《教育专业道德规范》、我国2008版的《中小学教师职业道德规范》等对教师的职业行为做出了具

[①] 龙献忠,许烨,舒常春.教师职业伦理及其后现代诠释[J].大学教育科学,2012(1):60~65.

体规定,但对教师个体的角色道德并未做具体明确规范。正如拉德布鲁赫所说的"每一个职业都有它所要求的爱好和能力,人们不能在职业中发现这些爱好和能力,而只能依职务和理解力渐渐取得"。教师的从教行为必须依法、依规范,否则就是渎职。

对教师个人德性的要求。德性是一个人的道德品质、做人的品格,而教师德性,就是一种能够担当起教师角色职责的专业品质和专业品格,它是教育伦理学的一个范畴,也是与教育情景相关的教育行为准则。教师个人德性正是在履行其职责的活动中对教师职业道德准则的内化和遵循,集中表现为个人的观念情操和品质境界。教师个人德性对教师职业规范的遵守、伦理关系的处理和伦理秩序的生成具有重要的意义,从中产生的教师职业伦理包括教师对职业的认识、职业良心、职业纪律、职业理想、职业信念、对职业规则的信奉等。所有这些教师职业伦理的需求与履行均是教师个人德性不可分割的一部分。教师职业伦理虽是个人的,但也是社会的。教师职业伦理体现了教师个人角色的道德选择和道德品性,也往往是一个时代道德精神的反映,是一个时代所趋的社会角色。

教师职业伦理秩序。由于教师职业伦理在内容上比一般职业伦理更具全面性、先进性、导向性,在影响上比一般职业伦理更具广泛性、示范性,因此其对教师个人的德性也提出了更高的要求。高德性的从业者更能严格遵守职业规范的约束,所建立起来的职业伦理秩序也就更井然。但是由于教师个人德性在其教育活动中并不产生直接的功利效益,使得教师在现代社会"拜金、犬儒"等功利思想的侵蚀和诸多竞争压力的挤压中要保持个人德性的崇高也变得有些力不从心,最终甚至导致了某些道德失范的病态秩序。

二、教师职业伦理的历史演变

伴随着社会分工而产生的教师职业在长期的历史演变中逐渐形成了各时期独特的教师职业伦理。

奴隶制时期,孔子提出了"忠、孝、诚、信、礼、义、廉、耻"的思想,宣扬献身教育、甘为人梯的精神追求和热爱学生、诲人不倦的品德,这些成为中国传统师德的最初内容。继孔子之后,诸子百家学说纷纷兴起,私学进一步发展,形成百家争鸣的局面。秦始皇统一中国后,通过焚书坑儒,采取既禁官学又禁私学的政策,重新把教师拉回到"官私合一"状态。自秦以后,无论是官学还是私学都有了进一步发展,在这些学校里执教的教师,道德标准都必须符合封建地主阶级的利益,必须有利于维护封建统治和等级制度。教师职业伦理即"为官"之道,也就是符合奴隶主贵族统治需要的伦理观。综观整个农业社会,居于统治地位的儒家思想将教师的地位抬得很高,常常把师与君相提并论,一方面提倡师道尊严,以强化社会的伦理秩序,把师与道完全等同起来,把教师的道德地位放在了极其崇高的地位,也造就了社会对教师的不切实际的如"圣人"般的道德要求;另一方面,要求教师要以身作则,在教育过程中通过处理师生关系来完整地体现社会的要求,成为教育过程的主宰,教师职业的权威性和教师权威也由此产生。

到了近代,中国沦陷为半殖民地、半封建社会,西方科学文化的传入使得中国传统的私塾日趋萎缩。辛亥革命后,新兴的资产阶级民主派对清末的教育进行了一些改革,社会上一些有识之士如梁启超、孙中山、蔡元培、陶行知等人也对教师道德进行了论述。陶行知既有"捧着一颗心来,不带半根草去"的献身精神,也有"富贵不能淫,贫贱不能移,威武不能屈"的高风亮节。杨昌济以"自闭桃园称太古,欲栽大木柱长天"自勉、华罗庚以"心甘情愿当人梯,鞠躬尽瘁育英才"自律。教师对社会的责任被无限放大,认为教师应当完全承担起人类繁衍、文明进化、个人发育之重任,认定"全世界之人类才能德性皆系之。"随着1966年联合国教科文组织通过的《关于教师地位之建议书》,1975年联合国教科文组织提出的《关于教师作用的变化及其对教学专业的职前教育、在职教育的影响的建议》等规定的相继出台,教师职业有了进一步的立法约束,社会、学校、家长和学生也开始赋予教师越来越多的社会职责和功能,要求教师根据社会不同方面的期望和要求,扮演不同的角色。"从不言及放弃""永不承认绝望"是现代社会最鲜明的精神选择。教师作为"科学的传教士""人类灵魂的工程师",只求无私奉献,教师职业从"教书育人"演变为国家建设的"工程师"。教师职业的社会利益最大化、个人利益最小化成为这个时代的特点。

到后现代社会,全民学习、终身学习理念的推行,使得古希腊雅典时代的"乌托邦学习型社会"成为现实。由于后现代教育注重开放的知识观,主张平等的师生关系、"对话式"的教学观、建构性的课程观,道德关注的焦点也从道德行为者的自我审视转移为制订伦理准则的规定和禁令的哲学,同时"责任的责任"——即决定实际行动是否符合责任要求(超越责任要求)的责任——已经从道德主体转移为超个人的代理机构,它们被授予唯一的道德权威。吉尔兰·罗斯(Gillian Rose)认为后现代的新伦理关注"他者",既是道德个人的毁灭,又是他新生的契机。在后现代社会里,传统意义上的教师将在地位、作用、师生关系、意义等多面从根本上发生转变,从"教育性"逐渐过渡到"指导性",或者由"主导"变为"服务",更确切地,应称为"学习活动的服务者"。在教育上,教师职业成为一项道德的工作,不仅有道德的目的,而且还必须有道德的行为,并在道德的方式中去做,其职业伦理演化为人文关怀意义上的道德实践。在个人德性方面,单方面的服从和遵守教师职业道德规范的约定已不能成为评判教师个人德性好坏的标准。

三、教师职业伦理的后现代特征及规定

教师职业伦理历史演变至后现代社会,也逐渐褪去了其奴隶社会、封建社会、工业社会的一些典型特征,接受了后现代的一些要求并加以发展,形成了后现代特色。

1. 教师职业伦理的后现代特征

在内容上,后现代主义认为要从每个学生个体发展的独特性出发来设置开放性的课程,而不是"照本宣科"传授普遍主义的"真理"。教师与学生既然共享生命的资源,那么教师和学生均可以成为课程的创造者和开发者。

在形式上,后现代主义认为教师在其职业角色活动中所进行的教育职业活动不是往复循环的工艺,而是哲学,是艺术,是诗篇,是思想与思想的碰撞,是心灵与心灵的交流,是生命与生命的对话。这种关注"主体与主体"间的对话关系,是后现代推崇的方式。师生间的交往也推崇以彼此关怀为核心的伦理关系。

在调节范围上,后现代的教师已从"权威话语"的代表渐渐转变为与学生共同成长,共享生命资源的"学习活动的服务者"。随着教师对个体的自我批判与反思成为教师时尚,其个人德性的完善和提升也能更好地调节教育过程中的人际关系、利益关系,使各种教育关系更为协调发展,更好地构建教师职业伦理秩序。

在功效上,后现代主义教育观认为教师职业道德是一定的社会道德的职业化。它所体现的一种教师个体的道德选择和道德品性往往是一个时代所趋的社会角色的道德精神反映,虽具有一定缺陷,但其对自身自律的追求使其精神所带来的社会效益依然可观。

2. 教师职业伦理基本范畴的后现代规定

职业道德规范。后现代要求人人认可或尊重彼此的思想和存在,而目前教师职业道德规范在特定的国家中有特定的政治规定,如我国教师职业道德规范中与我国整个社会的泛政治化氛围相协调的部分。当然,教师职业道德规范对教师经济活动的规定必须是有条件的且适当的。如果道德规范超出利益冲突的条件限定,对个体经济活动横加干涉的话,其自身就会丧失道德力量的支撑,并损害整个社会的发展。

荣誉感。由于教师担负着国家教育、传承知识的重大责任,社会对教师寄予了许多崇高的期许,这要求教师具有高度的职业荣誉感和责任感。在言行上能为人师表,作出表率;在实际中能教给学生成长成才的知识。在公众的眼中,教师职业道德水准的高低,往往影响公众对教师和国家教育的评价。

义务。教师从接受聘约的那一刻开始,就得按照教师职业道德规范中所作的约定履行自己的从教义务。在后现代教学观看来,教学义务从根本上来说是教师不断进行创新和超越以体验生命律动以及实现自我生命价值和意义的过程,课程不再是预成的、一成不变的文本,而是处于不断生成中的一种体验。其次,教师"依法从教"只是对法律的遵守,对教师底线道德的践行,并不能据此给予其"道德"的评价。

良心。良心是教师作为"社会人"和"伦理人"的关键和保证,它要求教师秉承对教育的信仰,不为来自社会生活中的各种诱惑所动,淡泊名利,诚信做人,平等待人,善意执业。

四、教师职业伦理的后现代发展趋势

由于后现代社会道德环境的宽松,道德主体的多元化、价值追求的多极化开始出现。虽然这种宽松、宽容并不是说人们容忍道德性的"恶",而是说社会"善"的范围和领域从理想化的层面拓展开来,社会生活的正当领域都是社会"善"的领域。过去,在工业社会由于片面强调社会利益而抹杀个人利益,道德对人的约束主要来自社会和他人。而现在,统一的道德标准对人的制约开始减弱,教师道德的约束力主要来自道德主体的内心,而不再是外部。后现代保留了现代的宝贵成果——教师的"无责任"自主,同时也拿走了现代性所贴上的价格标签和绳索。教师职业伦理的后现代发展包括如下一些趋势:

(1)教师职业伦理关系从"教师主宰"走向"平等者中的首席";
(2)教师职业规范从他律时期的"服从"走向自律时期的"主动构建";
(3)教师个人德性从"无意识追寻"走向伦理反省与自明;
(4)教师职业伦理秩序从"规则中心"走向"关怀中心"。

总之,教师职业伴随着社会分工而产生,教师职业伦理始终与教师职业伦理关系、伦理规范和个人德性息息相关。反思教师的职业伦理及其历史演变,无论是古代社会、工业社会,还是后现代社会,"他律"时期统一的职业规范对教师的制约性的减弱,教师个人德性的好坏已不能简单从其是否遵循了教师职业道德规范、是否处理好了职业伦理关系等要求来评价。由于后现代社会教师职业道德的约束力和职业伦理秩序的构建主要来自道德主体内心的"自律",所以,如何实现道德自我的发展与提升仍旧是教师需要一生追寻的人生哲学。

第二节　现代西方的职业伦理思想

在欧洲中世纪,职业伦理思想长期被封建教会所支配。现代意义上的职业伦理,主要以韦伯和涂尔干为代表。

一、韦伯的职业伦理思想[①]

马克斯·韦伯(Max Weber,1864—1920),德国著名社会学家、历史学家、经济学家,公认的现代西方社会学的奠基者之一。出身于德国埃尔富特市一个中产阶级家庭。他的知识范围广泛,学术研究视野宽阔,从经济、政治、法律、宗教、音乐等社会生活领域到社会科学方法论都有重要成果。一生著述颇丰,主要有《宗教社会学论文集》《政治论文集》等。

传统观点认为,职业伦理是从事某项职业的从业者对所从事的专业性和职务性工作具备的对整体性社会伦理和主导性社会价值的操守。韦伯对职业伦理的主张则是将"本职"与"天职"融为职业的对立统一的两面,使职业具有了宗教道德的意义,进而构筑了整个社会伦理的结构,特别是在现代性的意义上。

(一)路德的职业观:"天职"与职业的道德意义

德文 Beruf 创造了具有世俗职业意蕴的"天职"概念。这是韦伯根据路德用德文翻译宗教文献的过程所考证出来的理论成果。宗教改革前,职业不具有宗教伦理色彩的道德意义,仅是为生存而不得已的世俗劳作。天主教对之持蔑视态度。路德对天主教神职人员的对抗确定了新教伦理,即人被召唤于上帝,而不受其他任何人的约束(宗教改革之前,个人完全受制于教会神职人员及其组织的神权统治)。路德在翻译末世论时,Beruf 表示"要个人停留在当下状态的劝告里",又在翻译旧约次经《西拉书》时用作"要各人留守在自己本业上的劝告"。由"当下状态"到"自己本业"的转变,使个人具有了伦理上职业感的心理,亦使 Beruf 具有相应的意蕴了。职业被赋予了对上帝信仰的伦理色彩,职业的道德是上帝的意旨,继而职业的道德感从中演化而来,于是"也就成了各人的天职"。上帝与个人在职业上单线联系起来,建立了职业的伦理观念,可称为"天职"。这是路德对职业观念赋予了道德的善功,具有重大的开创意义。但路德对职业的现代意义及心理基础并没有直接的确定作用,"顶多只有不明确的重要性"。以卡尔文教派为新教派主要代表的职业伦理作为过渡,现代意义的职业伦理观由此发展演化而来。

(二)新教职业伦理:禁欲与理性的世俗职业观

韦伯认为基督新教在历史上的担纲者主要有四个:卡尔文派、虔敬派、卫理派和再洗礼派。各新教派具有一个共同特质的宗教伦理,那就是"禁欲的合理性格"。西欧宗教改革斗争中最具影响力的教派是卡尔文教派,其宗教信仰变革聚焦在"预定论",即教义所称的

[①] 杨少琳.韦伯职业伦理思想对大学职业道德教育的启示[J].黑龙江高教研究,2011(8):17~20.

"上帝预选之说"。个人是否被上帝预选与信徒来世是否幸福的直接关联压抑个人产生了自我空前的孤寂感。通过"邻人爱"的"唯神的荣耀是事"且"拒斥一切被造物的神化"的圣洁信仰作为杠杆,来确证上帝对信徒的恩宠状态,即"救赎确证"。这种救赎确认的核心是自我确认和世俗职业任务的二者兼备,及其表现出的禁欲和理性的心理状态,不同于中世纪的教会确认和出世的极度禁欲,及对现实事务的漠不关心。韦伯对新教职业伦理总结道:"宗教要求圣徒有别于'自然'人的这种特殊生活,已不再是在俗世之外的修道院里,而是内在于现世及其秩序里实行的,此乃决定性的关键之所在。着眼于彼世而在现世内进行生活样式的理性化,这是禁欲的基督新教的职业观所造成的结果。"从中可以看出,新教职业伦理的理念主要由三个观念因素来维系着:新教的禁欲、理性和世俗职业劳动。这三个观念因素互相连接,横跨神灵与俗世两界,形成颇具"个人主义"色彩的新教职业伦理观。

(三)近现代的职业劳动与资本主义精神

韦伯认为:"近代资本主义精神,不止如此,还有近代的文化,本质上的一个构成要素——基于职业理念上的理性的生活样式,乃是由基督教的禁欲精神所孕育出来的……"这主要体现在对财富与职业劳动的不同道德认知,及其对两者之间非因果关系的确认。以对财富的贪婪和享受为价值取向的观念是不道德的,而为追求财富而实施的职业劳动是对神的不敬,也是不道德的;为了增添神的荣光而积极劳动不浪费光阴和积累并节约性地掌管财富,是对被神恩宠的救赎确认,是神的祝福;以及由此而来的"禁欲的理性主义"促进了职业劳动的理性化、专业化、规格化,培育了讲究方法的性格和理性的生活样式。这种新教禁欲的职业劳动观念成为资本主义兴起的一种重要的要素:以"天职"劳动作为确认"恩宠"状态的信仰,禁欲性节约的劳动成果用来投资的欲望,并以禁欲理性的营利观念,构成资本运转的心理驱动力。新教职业伦理在禁欲宗教伦理的浸染下蕴含着良心、冷静、克制、敬业、理性、积极、严格和正直等观念。通过近代的演化,禁欲的职业伦理所蕴含着的那些观念,深刻影响着韦伯那个年代以及至今的经济伦理风格——资本主义精神。

韦伯的职业伦理思想的核心是"天职"概念,基于宗教禁欲观念的心理追求,孕育出理性敬业、关注个人世俗生活的广泛群众心理信仰形态,揭示了近现代发达技术社会所蕴含着的人文价值。近代以来的历次产业革命,加速了社会化大分工的技术专业性,使"天职"的伦理观念最大限度地增强或增添了专业化、理性化、全球化、竞争化和功利化等因素,嬗变为现代意义上的职业伦理,已与近代及以前的职业伦理不可同日而语。但是,对以现代化为诉求的中国社会主义建设而言,韦伯的职业伦理思想对我国现代职业精神的孕育仍具有重要的启示意义。尤其是在当前的市场经济大发展和大转型中,专业化的职业劳动逐渐成为重要的社会活动内容的同时,也衍生了许多职业道德问题。这就需要让职业伦理观念融入社会现实,深入人心,树立社会主义职业信仰,构建有中国特色的职业伦理道德观。

二、涂尔干的职业伦理思想[①]

涂尔干(Emile Durkheim,1858—1917)又名埃米尔·迪尔卡姆,法国社会学家、教育社

---

① 李君.涂尔干职业伦理思想研究[D].河北大学硕士学位论文,2009,5:11~13.

会学家。与卡尔·马克思及马克斯·韦伯并列为社会学的三大奠基人。他率先将建构社会学理论与分析社会实践相结合，将统计分析运用于社会学研究之中，并提出西方社会学界所普遍遵循的一个方法论原则——"社会学主义"。他在西方教育学与教育社会学的发展史上占有重要地位。他反对以赫尔巴特为代表的以确立规范为目的的传统教育学，倡导建立以阐明教育事实为目的的"教育科学"；他系统地论述了教育的社会性，强调教育的制度、目的与内容等都要受到社会的制约，教育的根本功能是对新生一代进行社会化；他还从社会化的角度出发，着力研究了道德教育问题，认为社会化的中心任务是将作为群体精神与群体表象的道德内化于新生一代。道德教育是教育活动的中心环节。他的这些观点集中反映在其三部教育名著《教育与社会学》《道德教育》与《法国教育思想史》之中。这三部名著被西方教育社会学界视为经典性著作，他因此也被尊奉为教育社会学的鼻祖。其主要著作有《社会分工论》《社会学方法论》等。

涂尔干的职业伦理思想是在社会整合的角度上提出来的，他认为"道德和权利科学的基础应该是对道德和法律事实的研究"。[①] 他对职业伦理问题的研究目的是对现有社会事实的改造，因此他对职业伦理思想内容的认识并没有仅仅停留在职业或经济的狭窄范围内，而是在社会的总体范围内对职业伦理展开认识和探索。涂尔干对职业伦理思想的定位，体现了他对职业伦理思想的社会属性的认识。

(一)职业伦理是一种社会现象

涂尔干认为，当相互影响的个人成为再也不能用个别行为者的特殊性来说明的存在时，就产生了社会现象。社会既超越我们之上，又存在于我们之中。应当从先于它产生的社会事实中，而不是在个人意识的状态中去寻找影响社会事实的决定性因素。涂尔干竭力构建的职业伦理不是要回到总体性社会的国家全能主义以及机械团结状态，而是试图在日常生活层次上重建社会，实现对社会因素的整合。可以看出，涂尔干是站在实用主义的角度上，将职业伦理作为一种社会现象来进行研究的。涂尔干在职业伦理体系中发现并重建了一个总体的社会现象，而且从总体的社会现象的构成和运作机制中为现代社会寻找有效的借鉴。

涂尔干认为，现代社会的一个根本问题就是经济活动对利己主义个人主义的彰显给整个社会造成的失范风险，利己主义个人主义构成现代社会失范的一个总体的社会现象。法人团体实际上是社会组织层面上重构的一种拒绝社会失范的总体性的社会团结机制，它位于社会中间的层次，既能以道德为基础和纽带，整合社会生活所必需的政治的、经济的和社会的功能，又能顺应现代社会规模不断扩大、劳动分工日益深化以及民主化进程持续加快的时代背景，协调好彼此愈行愈远的国家与个人之间的关系。

(二)职业伦理是集体情感的体现

涂尔干对社会分工问题和职业问题研究的着眼点是能将个体维系起来的社会纽带，即涂尔干所说的具有道德性的集体意识。涂尔干认为，一般社会成员共同的信仰和情感的总和即"集体意识"，是社会得以整合的基础。但在现代社会，劳动分工越来越多地替代了共

---

① 爱弥尔·涂尔干著.渠东译.职业伦理与公民道德[M].上海：上海人民出版社，2006：3.

同意识所曾经扮演过的角色。他清楚地认识到,仅仅依靠社会分工本身的力量是不能完全实现社会整合的,而集体意识又在不断衰落,致使分工发达的现代社会面临着社会解体的危机。涂尔干的职业伦理思想就是要在分工发达和领域分离的状态下,试图在日常生活层次上重建社会,实现社会对国家、对市场的制约,并同时一定程度地重塑传统共同体意义上的人对人的相互依赖和支持关系,也为人的心灵寻找新的价值依归。

在工业社会,职业是个人不可或缺的内在需要,并且同个人的生存方式密切相关,职业相同的人彼此之间在观念、感情和利益上都相对一致,能够很容易地培育和确认彼此之间的团结感和互助感,以及智力和道德方面的同质性。业缘关系把他们连接起来成为一个群体,故职业伦理能够有效地建立起来,并且很好地切合个体基本利益的、心理的、职业的和情感的需求,把个人有效地纳入到群体生活和社会生活主流中。而且,职业本身的生生不息也使得职业群体的生命具有持久性。

(三)职业伦理是公共精神的载体

涂尔干试图通过对职业伦理的研究,寻求社会公共精神得以重新确立的基础和载体。他认为在分工发达的现代社会,职业群体的社会整合作用"并不在于它促进了经济的发展,而在于它对道德所产生的切实影响。在职业群体里,我尤其能够看到一种道德力量,它遏止了个人利己主义的膨胀,培植了劳动者对团结互助的极大热情,防止了工业和商业关系中强权法则的肆意横行"。涂尔干指出:"渗透在经济活动中的观念和需求,应该是社会化的观念和需求。而且,它的目的是,各种职业应该变成许许多多的道德环境,所有这些(往往是由各种各样的工商业机构构成的)还会不断强化职业道德。"具体地说,与国家和全社会的公共意识相比,职业群体和职业伦理在职业分工发达的社会更贴近具体的社会生活,能随职业生活领域的变化而变化,并且它具有更强大的道德力量,能为人们提供最直接、最广泛、最持久的道德生活环境。

法人团体给成员提供的集体生活,如罗马工匠社团的宗教色彩比职业色彩更加浓郁,其所提供的产品包括共同的教会生活、宴会、节日、信仰、葬礼以及慈善活动等,创造了一个积极的道德环境。总之,法人团体处在某一职业的所有成员之上,能够保持某种统一性,能够作为各种传统和共同实践的储存库,可以看到职业成员在需要的时候对这些传统和共同实践的遵守。

涂尔干对职业伦理问题的研究是以他的功能主义立场为前提的。他站在社会整合的角度上进行职业伦理研究,其目的是利用职业伦理进行社会整合,改善道德环境,拯救社会失范和道德危亡。因此,涂尔干职业伦理思想的主要特性是工具性。这种工具性主要表现在三个方面:第一,职业伦理协调个人利益与集体利益;第二,职业伦理构建政治形式和公共道德形式的关系;第三,职业伦理塑造了现代经济生活模式。

第三节 职业院校的伦理教育

根据对中西方职业伦理思想的对比,可以得知:职业伦理,中国人通常理解成是"属于"职业本身的伦理要求,并不随着社会历史的变化而有什么本质性的变化;西方人则通常理解成是现代社会对职业生活和职业活动的伦理要求,而所谓现代社会正是以与传统彻底决裂的理性自由精神为标志的。①

在当下的中国,职业伦理的规范主要依靠的是法律的约束和道德的自律。然而,在法律尚未健全、法制意识淡薄、道德自律不足的情况下,伦理失范的行为在各种职业活动中实属常见,甚至有人极端地认为"中国不存在职业伦理"。②

在职业教育发展日益进步的今天,要促进职校生身心素质的全面发展,不但要教以科学的知识和先进的技术,更要教以做人的道理,学会遵守职业伦理道德,承担社会责任,做一个完满的职业人。基于此,我们需要从以下几个方面入手:③

一、建设合理的职业伦理体系

职业伦理能约束企业的所作所为,规范就业大学生员工的言行,良好的职业伦理可以为人们的高标准、高质量的工作提供依据和指导,明确"哪些是该做的""应遵循怎样的准则",并通过提供规范和指导,将职业伦理内化为行动纲领,运用到实际工作中。当人们在工作中遇到纷繁复杂的人际关系时,容易在价值观念、情感理性、契约信任、服务效果等方面发生冲突。此时,职业伦理作为评判依据,不仅可以维护就业大学生的权利,更有助于化解矛盾和冲突,增强企业的凝聚力和向心力。

二、营造良好的职业伦理氛围

高校作为大学生职业伦理建设的主体,应充分发挥其主导作用,积极提炼、构建职业伦理的核心伦理观,作为大学生就业教育的重要内容。通过建立合理的职业伦理价值体系和合理的工作规范以形成就业大学生的工作标准和核心价值观,并将这些核心的职业伦理观融入日常工作中。在这种职业伦理氛围中生活和工作,受到耳濡目染、潜移默化的影响,久而久之,一定会形成一致的职业伦理观、相同的工作态度、共同的行为方式和价值判断原则。一旦这种职业伦理氛围建构成功,必然会成为影响就业大学生的巨大力量,甚至使态度不同的成员改变初衷,抑制其违反职业伦理的言行,从而使其与多数人趋于一致,与周围的职业伦理环境协调起来,提高就业大学生工作的积极性和主动性,增强其工作责任感和使命感,从而更有助于大学生就业、成长、成才。

三、加强学生的职业伦理教育

职业伦理的学习和养成是一个长期的过程,培养就业大学生忠诚于企业,与企业同生共死、吃苦耐劳、认真负责、勇于创新、开拓进取等良好的职业伦理观不是一蹴而就的,它需要学校采用多种方法和途径进行教育和培训,才能使之养成良好的工作习惯、做人习惯、处事习惯和思维习惯,才能形成正确的世界观、价值观和工作观。在大学生职业伦理教育过

---

① 崔宜明.韦伯问题与职业伦理[J].河北学刊,2005(4):22~23.
② 陆濯.寻找今日中国的职业伦理[J].法律与生活,2005(5):43.
③ 曹照洁.论当代大学生新型职业伦理知识的构建及其实现策略[J].中国成人教育,2013(12):17.

程中,要制订工作规范标准,通过制度、体制和机制来保障职业伦理教育的实效性,从观念上扭转就业大学生思想出现偏移的可能性,培养他们爱岗敬业的精神,激发他们的工作潜能和动力,从而提高他们的职业伦理素养。并且要重视教育培训,培养就业大学生严格按规范办事,做到有章必循,违章必究,令出必行,工作认真,一丝不苟。

拓展阅读

论职业伦理[①]

中国古代有"百业"之称,这说明复杂的职业分类在古代就有,西方的古代及前现代社会也有过诸多行业或职业的繁荣。不过,发达的职业观念和典型的职业概念,却只在现代社会才会有。这种观念和概念是对现代社会真实情况的反映和抽象。现代社会的那些职业种类的繁复特性和专门程度,无疑是前现代社会的职业所难以比拟的。从职业分层的视角来看,这样的差别可以借助于职业发育和分化来做出解释。职业分层的发达程度关乎社会发展之成就的高下,职业分层的发达程度终究与专业分工的成熟程度相关。专业分工愈成熟,职业分层亦愈加复杂。

在现实社会中,正是分工的发展才造成了职业的日益分化。分工是从一个方面衡量社会进步的重要指标。一般而言,分工愈细,社会即愈是发展。职业上的日益分化是社会进步的必要条件。分工的专业化,造就职业的专门化。这种职业上的专业化或专门化,是现代社会的一个突出的现象。从某种意义上说,如果没有这种职业上的专业化或专门化,也就不会有现代社会的许多成就。职业上的专门化作为社会化大生产的一个事实,创造了以前各个世代不可能有的高效的劳动生产率,为现代社会的高度文明奠定了坚实的物质基础。与此同时,职业的专门化也造成了职业间的分隔与疏远,其偏向还导致人的发展的片面化。对这一事实的夸大和发挥,还引发了一些田园牧歌式的反动或逆动情绪和违背历史的错误观点。这些围绕着职业或分工以及对它们的认识而展开的讨论,已经实际地涉及职业伦理问题的某些关键之点。

职业伦理是关于从事某种职业的群体或个人的总体性的价值要求之一。不同职业道德主要是对某一职业的从业者个体的特殊要求,职业伦理则是某一职业的从业者对具有总体性的社会伦理和社会主导价值观的遵循。职业伦理所具有的这种总体性特点,与职业道德的个体性和主观性形成了对照。在社会化和市场化趋势日益凸显的现代,对于职业伦理的要求,较之职业道德,将更为迫切和必要。那么,职业伦理就是一种特殊的伦理立法,它是要从社会伦理的角度确立职业的伦理规范及价值观问题。在很多时候,职业伦理甚至主要是体现为一种否定性意义上的东西,其存在的必要性恰恰在于着力解决职业领域内的伦理失范和价值混乱问题。职业伦理从社会意义的角度提出要求,是它的基本定位。把从业者视为按照职业来加以区分的特定的社会角色,并在此定位基础上对其权利与义务做出规定,这样来说,职业伦理其实就是角色伦理。

---

① 张晶.论职业伦理[N].中国高新技术产业导报,2000—08—29(7):1~2.

作为角色伦理的职业伦理,必然要求明确依照职业来区分的每个社会角色的"名分"所在。"名分"可以看作是"名"与"分"的统一。职业伦理即要求名与分的统一,而职业伦理的建设过程,无非是要明确每个行业和岗位上从业者的名与分的统一。名是行业和岗位,分是职责和义务。名分就是要求从业者须恪守其所在职业的行为规范和伦理准则。确定职业主体的角色伦理,为其提供伦理的社会立法,把显得是外在的社会伦理作为一种根据性的东西,内化或落实为从业者个人的道德认识,是职业伦理建设的首要任务。社会伦理区别于道德,包含着道德,又不归结于道德,但与道德互相联结,而且互相转化,在职业伦理建设中尤其突出地表现出来。职业伦理是社会伦理的一种形式,扬弃了抽象的法权的直接的客观性,亦扬弃了道德直接的主观性,实现了主观性与客观性的统一,其本身是作为一种反思的形式,指导并反思着职业道德的内涵与要求,当然不能混同或归纳为职业道德这种相比较而言是主观性的东西。

职业伦理本身不是一个凝固的东西,它追随着社会伦理的一般变化,并且最终要求与社会发展保持一致,其发展变化趋势在社会转型时期更为活跃。与此相联系,职业伦理的发展变化植根于职业的发展变化。一般而言,社会发展程度越高,职业变化频度就越高。随着社会的发展,职业的变化呈现为一种客观趋势。由这种职业的变化,而有职业选择上可能性的增加。职业变化的必然性决定着职业选择的必然性。职业伦理必须考虑职业选择的复杂情况。职业选择空间的狭小,只能反证社会发展空间的狭小。人们在现代社会所进行的职业选择,其机会,较之以前的所有世代都大为增加。除了某些特种职业及特殊情况,社会成员终生从事一种职业的可能性微乎其微。那么,发扬"螺丝钉精神",在鼓励爱岗敬业、恪尽工作职守的意义上无疑是对的;不过,倘若在一般层面上将此精神发挥为职业伦理的基本精神,却不免走入以偏概全的误区。

在此已经实际涉及现代社会人们在职业认同上的矛盾情境,这就是存在于本职与天职之间的那种意义的矛盾。无论人们在职业认同上是如何希图本职与天职的融合或统一,事实上在这两种东西之间还是存在着一些不可克服的矛盾。因此,尽管主张"努力工作以取悦上帝"的新教伦理,以及主张"干一行、爱一行"的社会主义的职业伦理,对于本职与天职的内在统一表现出全力以赴的某种共同立场,但仍以克服二者的矛盾为潜在的前提。"天职"概念的提出,就是对此矛盾前提的一个揭发。在许多颇为不同的职业伦理之要求中,都对此矛盾进行了不同形式或不同层次上的论述,而德国社会学家马克斯·韦伯对此矛盾所做极其明确的揭示,甚至把他推上"本职—天职"这种新型二律背反现象的发现者的宝座。视为本职的工作,只为个人的谋生这样的实用目标;视为天职的工作,则为神的事业或自我实现这样的超越的目的。现代分工为本职与天职的统一提供了空前的可能性,但现代分工所带来的过度专业化的片面发展,亦为将此二者之间的矛盾更加推至分裂境地创造了条件。这样,在许多社会情境中,职业与天职相矛盾乃至分裂的现象,还创造了将职业与兴趣相结合的新的社会需要。绝大多数社会一般都不会希望其成员总是处于这种矛盾和分裂的境地,因为这种情况的存在,对于社会成员的工作热情,他们对企业和团体的忠诚,以及他们对政府和社会的信心,都是一个极大的抑制和挫伤。与此同时,却很少有哪一个社会为此做出真正自觉而积极的努力。现代社会的实际情况虽然一直在受到许多抨击,但从总体水平看已经有了相当进展,改进的可能性和政策措施大大增加了,但显然仍然需要做出继续努力。

> 拓展阅读

以人为本的职业伦理观[①]

在日常生活中我们时常听到这样的事件：工人被老板罚跪，雇用童工，忽视劳动保护致使职业病高发，工伤之后无人负责，恶意拖欠民工工资，剥夺工人的人身自由，等等。这些令人痛心的现象强烈地呼唤社会和企业必须树立以人为本的职业伦理观。

以人为本的职业伦理观就是用以人为本的理念来调整各行业中人与人、人与物、软件与硬件的关系，主张在职业活动的所有方面把人置于最高地位，强调人重于物，要追求对人的生命、人格、人性的珍重和保护，同时还要尽可能使人的个性和创造才能得到充分的发展，绝不可伤害他人的合法权益。

一、"以资为本"必然导致劳动者地位低下

"以资为本"主张生产活动的最高目的是实现资本增值，生产活动的中心是资本的运动，资本是经济活动的支配者；社会经济活动的一切主要方面、主要过程都是围绕资本进行的。在这里人仅仅被视为被购买的劳动力，其作为社会人的其他属性，如人格、人性、思想、情感甚至是生命都被忽视，而劳动力的再生产，是作为资本增值的物质要素被再生产和创造出来的。所以，人仅仅成为资本的一部分，机器的一部分。把人简单地物化为生产的要素，必然导致以资（价值、物）为主导的经济运行机制，使资本支配人，劳动者完全是被动的。

我们可以说，劳动者权益被侵害，甚至遭受非人待遇的根源就是"以资为本"的职业伦理观念被置于至上的地位，这些现象表现为一种单纯经济效益观。很多企业，往往只重视生产经营作为盈利手段的功能，而忽视了它服务社会、贡献人类、实现自我社会价值的功能，常常是以赚钱的多少为衡量尺度。为了赚钱，一些人可以丧失人性，泯灭良心，以次充好，假冒伪劣，欺诈瞒骗，不择手段，唯利是图，不惜浪费资源，污染环境，破坏自然甚至造成本文开头所讲的严重侵害劳动者基本权益，严重违法犯罪的现象。

二、"以人为本"才能使劳动者成为主人

"以人为本"主张，虽然"人"与"资"在生产过程中都是必不可少的，但人是生产力中最活跃的因素，在生产过程中是起主导和主体作用的方面。"以人为本"还主张经济活动的目的是人。经济活动的目的，微观上说是获得利益，宏观上讲是使社会发展，取得社会效益，但从根本上来说是满足人的需要，也即目的在人，而不在"资"。人的经济活动的初始目的是指向"资"的追求，并以此来丰富人们的物质生活，但从终极上看，不仅是物欲的满足更是为人的全面发展。"以人为本"，虽然也承认人是劳动力的载体，劳动力是资本的物质要素；但是它更强调，人是有感情、有思想、复杂的生物体，劳动力只是人的构成的一部分而已。所以把人作为最终目的和全部社会经济活动的中心，把人看作社会的人，在生产活动和社会活动中加以尊重。生产过程和目的是满足人的需要及实现人的价值、社会的进步。

[①] 邢建辉,孟庆东.试论以人为本的职业伦理观——兼谈保护企业劳动者的合法权益[J].教育与职业,2004(28)：56~57.

很显然,如果树立了以人为本的职业伦理观,就意味着企业摒弃了以赚钱牟利为唯一目的的单纯经济效益观,企业生产的最终目的是满足人的需要,企业的生产过程是人的价值的实现过程,企业的管理是维护和激活人的主动性,维护和激活"人本"的管理,从而使劳动者获得真正的主人翁地位,企业中管理者与被管理者之间的人际关系和谐向上。这样劳动者的人格才能得到充分尊重,积极性创造性得到充分发挥,其基本权益才能得到充分维护。

三、"以人为本"的职业伦理观是企业的生命线

企业坚持以人为本的职业伦理观不仅是劳动者的幸福所在,也是企业生命得以维系、发展的根本。首先,这是提高企业劳动生产率和产品质量的重要条件。其次,坚持以人为本的职业伦理观是企业永葆活力的根本理念。最后,坚持以人为本的职业伦理观是企业履行社会责任、体现社会价值的基本前提。

四、以人为本的职业伦理观指导下的管理策略

贯彻以人为本的职业伦理观,最基本、最起码的要求是维护劳动者的合法权益。一是劳动者的劳动权。劳动者具有劳动的权利,任何用人单位只能依照法律规定解除劳动关系,不能滥用企业内部规章制度解除劳动合同,或是根本不与劳动者签订劳动合同。二是劳动者的劳动报酬权。要按劳动法规定,工资应当以货币形式按月支付给劳动者,不得克扣或无故拖欠劳动者的工资。三是劳动者的物质帮助权。劳动法规定劳动者有获取物质帮助的权利,如养老保险、工伤保险、医疗保险等,企业应给予兑现。四是劳动者的安全保护权,如提供安全的劳动环境,提供必要的劳动保护条件,以及职业病救治、工伤救治等。

贯彻以人为本的职业伦理观就必须平等地对待劳动者。这就要求彻底纠正把人视为机器的错误观念,确立劳动者是企业真正的主人,而不是单纯的被雇佣者;肯定劳动者的人格和自身价值,尊重和维护他们的主人翁地位、人格尊严和合法权益;在企业内部建立一种真正的、全面的人与人之间的信任和平等的关系。

贯彻以人为本的职业伦理观就必须民主地对待劳动者。就企业管理而言,普通劳动者不仅是管理的对象,更是管理主体。所以,群体意志的体现和落实,要靠管理者民主决策和组织实施,努力为企业的发展创造宽松和谐的环境。企业事务的公开、开放、民主监督,是企业民主管理发展的必要条件。要建立民主管理制度,真正做好劳动者参与管理,企业必须坚持公开透明的原则,使劳动者随时都可以向管理层了解决策的执行情况并能大胆地提出建议和意见。

贯彻以人为本的职业伦理观就必须人性化地激励劳动者。建立精神激励与物质激励相结合,以精神激励为主导的激励机制,是激发劳动者奋发向上,发挥聪明才智,做好各项工作的基本手段。首先,要特别注意并努力创造一种有利于劳动者自我发展、自我实现的生活、工作和文化环境,尽量满足他们在物质上、精神情感上、自我发展上等多方面、多层次的正当要求。其次,要尽力避免使用强制性激励手段,这不仅是维护企业利益的需要,也是尊重支援劳动者人格和权益的需要。

【思考题】

1. 请概述我国古代的职业伦理思想。

2. 孔子的职业伦理思想有哪些主要特点?墨子的职业伦理思想主要表现在哪些方面?请试着分析二者的异同。

3. 请概述现代西方的职业伦理思想。

4. 请对比分析韦伯和涂尔干的职业伦理思想。

5. 我国职业伦理的现状如何?成因是什么?你认为有哪些对策是可行的?

6. 在当前,你认为我国中高等职业院校应当如何开展职业伦理教育?

第十章

职业指导论

学习目标

1. 理解和掌握职业指导的内涵,把握我国当代职业指导的发展历程;
2. 掌握职业指导所涵盖的内容,对比识记职业指导的各层面内容;
3. 了解职业指导需要坚持的基本原则;
4. 熟悉职业指导的实施方法与途径。

职业教育是面向职业的教育,学生在学校习得知识、获得技能之后,最终要进入社会参加工作,成为职业人。学生能否顺利就业、合理有效就业,职业指导在其中扮演着关键性的角色。因此,在学生进入职场之前,以及在求职过程中,职业院校和老师对学生提供就业、创业等方面的指导和帮助,就显得尤为必要。

第一节 职业指导的内涵

"职业指导"这一概念首先是由美国波士顿大学教授弗兰克·帕森斯(Frank Parsons)在1908年提出来的,他认为职业指导就是协助求职者选择职业。1909年,他在《选择职业》一书中阐明了求职者选择职业的三大要素或步骤:一是应清楚地了解自己的价值观、能力、兴趣、性格、局限和其他特征;二是应清楚地了解职业成功的条件、所需知识,在不同职业工作岗位上所占有的优势、不利和补偿、机会和前途;三是上述两个条件的平衡。[1] 这也就是后来人们所称的帕森斯的"人职匹配理论"(也叫"特质因素理论")。1908年,为解决美国城市化和移民带来的就业压力,帕森斯在波士顿建立了职业局,并亲自出任第一任局长,开始职业指导工作的实践。[2]

我国早期职业指导始于20世纪初,据文献资料,1916年,清华大学校长周寄梅先生初创职业指导。我国最早倡导职业指导的社会团体是中华职业教育社。该社《教育与职业》

---

[1] 许江荣.帕森斯人职匹配理论在小学教育专业学生成长成才中的作用[J].淮南师范学院学报,2008(6):93.
[2] 纪芝信主编.职业技术教育学[M].福州:福建教育出版社,1995:285.

杂志第100期《十年来中国职业指导》一文介绍："职业指导一名词，流行中国，不过十年，倡导最先者，在学校，为北京清华学校；在研究机关为本社。"中华职教社黄炎培等老前辈，从介绍西方国家职业指导的理论与经验入手，结合我国当时经济与社会状况，论证了在我国开展职业指导的必要性，他指出："凡物能传之久且远，必有其存在的理由。职业指导外适于社会分工制度之需要，内应天生人类不齐才性之特征，苟社会分工制度一日不废，而人类天生才性一日不齐，职业指导永远存在可也。"1920年中华职教社创设职业指导部，同时建立起职业指导委员会；1927年建立了我国第一个直接为社会服务的组织——上海职业指导所，此后，各地相继建立职业指导所，对推动我国职业指导事业奠定了基础。新中国成立后，人员使用统包统配，职业指导中断了一段时间。改革开放后，原国家劳动部于1994年10月颁发了《职业指导办法》，明确规定职业介绍机构应开展职业指导工作。在高职院校开展职业指导，是近几年的事情，这充分体现了高职教育的特色和优势。目前，大多数高职院校都认识到了职业指导的重要性，设立了职业指导机构，开设了职业指导课程，开展一系列扎实有效的职业指导活动，为高职院校的发展注入了新的生机和活力。[①]

由于不同的历史发展道路和社会文化背景，各国关于职业指导的含义与范围目前尚无统一的界定，甚至名称也不尽相同。如美国和加拿大称其为"职业指导"或"生计指导"，苏联称为"职业定向教育"，日本称为"前途指导""进路指导"，德国称为"职业咨询"，在我国则一直沿用"职业指导"这一名称。随着就业形势的发展、职业指导内涵的扩大，又衍生出"就业指导"和"创业指导"等称谓。[②]

现在一般认为，职业指导是社会职业指导机构和各级各类学校运用职业评价分析、调查访谈、心理测试等方法和手段，按照社会求职者和学生的个人条件、求职意愿以及单位用人要求等提供咨询与指导，帮助社会求职者和学生了解社会人才需求状况、职业结构和有关人事、劳动政策法规，了解自己的职业志趣、职业能力倾向与个性心理特征，培养正确的职业价值观、良好的职业道德、综合的职业能力，自主选择适合自己的职业发展方向，最终获得职业的成功并实现个人与职业科学匹配的过程。[③]

> **拓展阅读**
>
> **中国当代职业指导发展回眸（1978～2008）[④]**
>
> 科学的职业指导诞生于1908年，德国的社会福利协会和美国波士顿地方职业局是职业指导事业的最先实践者。美国波士顿大学教授帕森斯在1908年5月1日第一次公开使用了"职业指导"（Vocational Guidance）这个名词，并因其独特的主张和行动而被誉为职业指导事业的鼻祖。在中国古代，基本不存在现代意义上的职业指导，只有零星的思想体现和相关实践。直到中华民国建立，职业指导才渐入中国。在此名词输入后不久的

---

① 俞飙.论高职院校职业指导的特点及作用[J].北京市经济管理干部学院学报，2004(2):58.
② 马建富主编.职业教育学[M].上海：华东师范大学出版社，2008:145.
③ 廖轶涵.职业与职业指导概念探究[J].中国职业技术教育，2007(15):27.
④ 李兴军，侯佳.中国当代职业指导发展回眸：1978～2008[J].职业技术教育，2008(34):34～37.

1916年,清华大学校长周诒春(寄梅)出于学生择业的现实考虑,开了国内职业指导事业的先河。此后,以黄炎培、邹恩润(韬奋)、庄泽宣为代表的进步人士率先提倡,并身体力行,开展了一系列的职业指导运动,为职业指导事业在中国的发展做出了卓越贡献。其后,涌现出了潘文安、何清儒、陈选善、喻兆明等一大批职业指导专家,提出了一系列结合中国国情的职业指导思想,奠定了职业指导的坚实基础。

一、中国当代职业指导的历史演进

1978年改革开放之后,职业指导事业开始恢复。依据历史与逻辑统一的原则,30多年来我国职业指导的发展主要经历了三个阶段:转折与过渡期(1978~1986年)、恢复与重建期(1986~1999年)以及繁荣与发展期(1999年至今)。

二、中国当代职业指导的现实困境

我国当代职业指导面临着诸多现实性的困境:(1)名称实质混乱,行动各自为政;(2)理论浮光掠影,实践浅尝辄止;(3)国际消化不良,本土反思不足。

三、中国当代职业指导的发展取向

回顾职业指导的发展历程,结合我国职业指导当下所肩负的使命和所面对的环境,职业指导,即关于职业的指导,意义有三:宏观而言,职业指导在于调剂人与事的适合,在维护社会稳定的基础上,使社会进步更有效率,使社会发展更加均衡,是国家层面基于职业的一种调节和控制手段,包括人才的调剂和职业的管理。中观而言,职业指导即"使无业者有业,有业者乐业"。表现在人力资源市场上,即相应的职业介绍和指导服务,旨在为人求事,为事求人。表现在教育中,即相应的职业指导与介绍,为升学和就业服务。微观而言,职业指导在于协助个体解决职业问题,促进个体的职业社会化,使个体获得相对的就业能力和职业生涯管理能力。历史上,职业指导与职业介绍关系错综复杂,黄炎培曾言:"从源头上解决生活问题,是为职业教育。而欲从生活实际上解决是为职业指导与介绍。包含教育意义较多者,是为职业指导;而包含政治意义较多者,是为职业介绍。"所以,在名上暂时无法理清两者包含关系时,逐步成熟的职业指导势必出现两种发展取向:一是社会职业介绍与指导取向;二是教育职业介绍与指导取向。

在当下中国,应该形成以教育部为首的职业指导与介绍模式。在教育界推行职业指导应该从师资开始,所有的师范院校应该开设职业指导课程,使之成为职业指导实施的根据地,使师范生养成"自育育人"的能力,并以星火燎原的方式推广"自救救人,自养养人,自卫卫国"的职业指导发展模式。所以,教育界应该以职业指导为主、职业介绍为辅,在学校里培养起学生的就业能力,尽可能地让更多的人学会职业自我发展和管理能力。

第二节 职业指导的内容

积极而有效的职业指导可以促进教育与社会的有机衔接,从而促进教育结构的优化,合理配置人力资源;同时预测职业发展,帮助学生科学地选择专业或职业,激发学生的学习动机,促进学生的社会化和职业化,有利于学生的身心健康和个性全面发展。

而要开展积极有效的职业指导,全面把握职业指导的内容是其前提。职业指导从职业观念的形成到职业道德精神的培养,从知识的习得到实践技能的掌握,内含着职业生涯指导、职业准备指导、职业选择指导、求职指导、职业适应指导以及创业指导等六个主要层面。

一、职业生涯指导

职业生涯指导(Career Education),即"职业生涯教育",又叫"职业生涯发展规划"。它是指对个体一生的职业选择、设计、发展进行培养和引导,是由曾任美国教育署长的马兰博士于1971年提出的,在美国联邦政府的鼓励下,发展成为范围广、影响深的教育改革运动。[1]

职业生涯指导是对个体一生职业发展的总体计划,具有较强的方向性。因此,要培养学生对未来职业生涯的意识,全面、客观地认识自己,为自己制订一个发展性的目标。

二、职业准备指导

很多人认为,职业教育就是指的职业准备教育。这种看法虽然有失偏颇,但是强调了职业准备的重要性。只有职业准备充分的人,才能在职场社会应付自如,游刃有余。

职业准备指导是职业学校开展职业指导工作的中心环节。它主要包括两个方面的内容:身心素质的指导和知识能力的指导。所谓"身体是革命的本钱",健康的身体和心理素质是人们从事一切职业活动的前提和基础。同时,伟大的职业理想、高尚的职业道德、端正的职业价值观等也是职业准备中的应有之义。

在知识技能方面,尤其是对于接受职业教育的学生,显得尤其重要。职业教育,本质上就是知识技能型教育,职校学生的一技之长将会成为求职过程中不可或缺的优势。因此,职业学校和老师对学生文化知识和专业技能的培养应是其一切职业准备工作的重点。

三、职业选择指导

职业选择是指人们从自己的职业期望、职业理想出发,依据自己的兴趣、能力、特点等自身素质,从社会现有的职业中选择一种适合自己的职业的过程。[2] 职业选择理论中最有代表性的是帕森斯的"人—职匹配理论"和霍兰德的"人—职互择理论"。

职业选择与发展是人生的永恒主题。随着我国高等学校毕业生就业制度改革的逐步

---

[1] 陈蓉.职业生涯教育:提高高职学生职业适应能力的突破口[J].职业教育研究,2009(8):62.
[2] 苗旭,董新泽.职业选择理论与大学生就业指导[J].辽宁高职学报,2005(3):152.

深入,高校原来实行的"统包统分"的就业办法已被"一定范围内的双向选择"的就业机制所取代,并终将全面实行"国家政策指导,大部分毕业生自主择业"的就业机制。① 这一政策为学生自主选择职业提供了良好的机遇,但同时也增加了学生在选择职业和就业时的压力与盲目性。因此,职业学校和老师进行职业选择指导的时候,应注意引导学生正确认识职业选择的意义,指导其全面考虑个体择业的主客观因素,遵循职业原则,按照职业选择的程序顺利地选择适宜的职业。

四、求职指导

求职指导是指在就业前或就业的过程中,学校和老师给予学生适宜的指导和帮助,让其在求职过程中能够顺利地找到合适的就业岗位。

求职指导主要包括指导学生有效地搜集就业岗位和职业招聘信息,指导学生撰写求职信和其他相关材料,以及指导和训练求职面试技巧等。让学生树立"职业无贵贱和高低之分"的职业意识,根据社会的发展需要和个人的发展方向寻求职业。在学生求职的过程中,帮助学生防范求职陷阱,懂得运用法律的手段维护自身利益。

在学生求职的过程中,学生的知识和技能水平是既定的,"关注学生的非智力因素,培养学生既成'才'更成'人',才是行之有效的求职指导,才是提高毕业生就业率的不二法门。"②

五、职业适应指导

职校毕业生从学校进入社会,面临着从学生角色向职业人角色的转变。学生在角色转变的这一段身体和心理的适应过程叫作"职业适应期"。职业适应指导主要针对的就是对处于职业适应期的"职业新人"的指导。职业适应期一般包括"兴奋好奇"——"矛盾冲突"——"协调平衡"——"稳定发展"四个大致阶段,职业指导必须做到因时制宜、合理到位。

职业适应指导主要是针对"职后"的指导,主要包括对工作岗位、人际关系以及个人生活三个方面的适应指导,指导人员既可以是职业学校的教辅人员,也可以是公司企业的人事部门的工作人员。

在职业适应指导的过程中,要针对"新人"的年龄特征,社会阅历和社会交往能力欠缺等特点有针对性地进行指导:培养职业生涯规划能力,帮助其充分认识职业价值,树立合理的职业价值观;加强交往能力的培养,增强团队协作意识;了解企业文化,适应企业氛围;帮助他们正确认识和接受职业自我。③

需要注意的是,如果"职业新人"对所从事的职业不能适应,甚至产生极大的负面影响,对身心造成伤害,则必须考虑指导其进行重新就业。在重新就业的过程中,负责指导工作

---

① 杨晓苏.浅谈大学生择业就业时的职业准备[J].青年研究,1998(4):6.
② 窦旭初.大学生需要什么样的求职指导[N].中国劳动保障报,2006—11—15(1):1.
③ 杨贤梅.加强中职生职业指导,成功转型为职业人——中职生的"职业适应期"职业指导工作[J].考试周刊,2011(79):226~227.

的人员必须做好其转岗培训和再次就业的保障工作,防止因职业不适而造成"惯性跳槽"现象的产生。

六、创业指导

创业指导是在职业指导的理论与实践经验的的基础上,根据我国国情和新时期要求提出来的,是职业指导的继续、延伸和发展。从职业指导到创业指导,都是更好地开发利用和合理配置人才资源的重要途径。[1]

创业指导主要包括培养学生的创业意识,完善学生创业所需的知识结构,进而指导学生的创业实践,提高其创业能力。创业指导的基本途径是开设创业指导课,传授创业理论,分析社会经济市场结构及其发展趋势,了解社会人才需求状况和各种职业必须具备的专业知识与技能。创业指导课旨在让学生了解个人、家庭和社会职业的相互关系,根据个人的具体条件和国家的实际需要,确立个人理想,选择奋斗目标,[2]从而开展创业活动。

与此同时,创业指导必须注重实践的作用,实践是开展创业指导的核心。通过典型案例的引导,以教学和生产实习为手段开展参观调查和社会实践,将创业指导的理论运用到实践中去。

第三节 职业指导的实施

职业指导工作的实施主要依靠职业院校的就业指导部门——就业指导办公室或就业服务中心。班级辅导员、职业指导课程教师和学生处工作人员等必须相互配合,沟通融洽,共同为学生选择职业和就业做好指导工作。

一、职业指导的实施原则

职业指导离不开符合个人和社会发展规律的原则的引导。任何职业指导的展开,都是在一定的原则下进行的。只有这样,所开展的职业指导才会科学而有效。在具体的职业指导实施过程中,应遵循以下基本原则:[3]

(一)以学生自我分析为基础的原则

为使职业指导能够切合实际,正确有效,要在职业指导教师的指导下引导学生首先进行自我分析,着重分析自己的学识、性格、兴趣爱好、能力倾向,使学生对自己有所认识,做出正确评价,避免学生在自我认识方面的盲目性。特别要帮助学生弄清自己的潜在能力和不足之处,使学生正确认识自己,并以此为基础正确进行职业选择。

---

[1] 刘鉴农.创业指导的理论依据和初步构架[J].教育与职业,1996(10):30.
[2] 刘辑元.农村职业学校中的创业指导工作[J].中国职业技术教育,1996(5):41~42.
[3] 纪芝信主编.职业技术教育学[M].福州福建教育出版社,1995:290~292.

(二) 全面了解社会职业信息的原则

由于各方面的局限,职校学生和其他很多求职青年对社会分工的复杂性及各种社会职业的性质、特点,对从业人员素质的要求、待遇和未来发展趋势等往往缺乏了解。这种状况不改变,难以避免在择业方面的盲目性。为此,职业指导教师应尽可能向学生提供有关社会职业和学校教育的信息,使之尽可能全面地掌握择业和升学方面的信息,使学生的职业选择和接受继续教育的选择具有可靠的基础。

(三) 学生个人与社会相一致的原则

为了指导学生和求职者做出正确的择业决定,要引导学生对个人条件和社会职业的素质要求进行综合分析,弄清社会需求和个人的愿望、特长是否一致,是否具有实现个人愿望的现实可能性。以便使学生把对自己的认识与对所选职业和岗位的认识统一起来,从而达到正确择业的目的,实现个人职业理想与国家的需要、自身的条件的协调统一,实现"人与事的适合"。

(四) 坚持学生自主选择职业的原则

在实施职业指导过程中,职业指导教师要给学生提供其自身不能得到的资料和信息,帮助学生了解其自身所不能看到的情况,帮助学生对自我和社会的职业信息和教育信息进行全面的、综合的分析,提示青年在择业过程中应注意的问题,甚至提出有关择业和升学方面的建议等都是必要的,也是一个职业指导教师应尽的责任。但是,必须明确的是,在实施职业指导的过程中,教师或其他的职业指导工作者都处于辅导的地位,而不能代替被指导者做出决定。否则会给学生的职业选择造成失误,以致影响其事业的发展。为此,在职业指导工作中必须始终坚持学生自主择业的原则,使学生能够真正自由地、自主地进行选择和判断。与此同时,学生或求职者的家长、朋友或其他人也都应尊重学生和求职者自主择业的权利,不能代为决定。

二、职业指导的实施途径

职业指导要达到对学生求职的指导作用,关键在于落实。而要落实职业指导,必须讲求一定的方法。职业指导的实施方法主要包括如下几个方面:[①]

第一,认清形势,更新职业指导观念。当前毕业生面临的就业形势特点主要有三:一是高等教育逐步迈入大众化,必然导致毕业生的大众化就业。按全国高校学生信息咨询与就业指导中心曹殊研究员的观点,社会所提供的就业岗位从低端向高端,是一个正三角形,高端的职位越来越少,低端的职位越来越多。那么毕业生将必然从社会提供的就业岗位的三角形靠近顶端的层面向下移动、依次分布,一部分毕业生通过竞争,优胜劣汰进入精英岗位层面,与此同时,必然有更多的毕业生在非精英的岗位层面就业,从事起"大众化"的工作。二是社会经济结构和产业结构的调整,直接导致毕业生的结构性过剩和不足。这种人才结构性的矛盾将随着经济结构与产业结构的调整显现出来,短期内不可能消失。三是社会转

---

① 林颖.试论新形势下高校学生职业指导的内容和方法[J].中国大学生就业,2007(16):160.

型期人才市场配置人才资源的功能尚不够完善,形成了毕业生就业压力增大、就业困难,而用人单位又难以招聘到合适人才的两难局面。面对这些特点,职业指导要更新观念,以新的理念引领职业指导工作。要围绕职业指导的目标,明确高校对学生进行职业指导的义务和责任。高校要在全校范围内形成全员化、全程化、规范化职业指导的共识与氛围,将职业指导工作贯穿于人才培养的各个岗位,变成教职员工的自觉行为,做到人人有职业指导任务,个个岗位有职业指导责任。真正把职业指导融入管理育人、教书育人和服务育人的具体工作中。以转变学生的就业观念为己任,通过职业指导实现毕业生顺利地由"学校人"转换为"社会人"的目标,完成人才培养的全过程,做到职业指导观念和学生的就业观念双更新。

第二,加强职业指导机构建设,建立校(院)、系、班三级协调运作的职业指导体系。学校成立职业指导委员会,下设职业指导中心,负责协调全校的职业指导工作。具体设立校(院)级就业服务办公室和职业指导教研室,承担全校学生的职业指导、服务和教育工作。各系建立职业指导小组,由负责思想政治工作、学生管理工作的人员和职业指导教师组成,承担全系学生职业指导与服务工作。班级明确职业辅导员,指派职业指导教师,针对学生个体开展职业指导工作。

第三,落实职业指导经费,不断改善职业指导工作条件。职业指导同其他人才培养环节一样,需要必需的设备和设施作为支撑才能有效进行,所以学校应按教育部的相关规定,按学生上交学费的1‰标准将就业经费单列,确保经费落实。同时,还要建立相关的硬件设施,如建立网上就业教育与指导信息平台,组建网络就业信息咨询中心,培育无形就业市场;建立面试及岗前模拟教室,以便实施职业指导课的实训教学;建立供需见面的校内外人才市场,提供双向选择的服务平台等。总之,要创建良好的软硬件环境,确保职业指导行之有效。

第四,强化职业指导人员的指导,培养一批思想和业务双过硬的职业指导师。职业指导师是职业指导的骨干力量,承担着学生思想教育、职业道德教育、求职技巧教育、求职心理教育,以及择业、就业与创业等相关教育的重要任务。现阶段高校的这支队伍本身还很年轻,而且数量和素质均显得与现实的需要有一定差距,因此应加紧培养和提高。要加强这支队伍的思想道德、职业道德教育,强化其教书育人意识和以学生为本的教育理念;要强化这支队伍的心理学、营销学等相关业务知识培训,让他们迅速提高,达到国家规定的职业指导师标准,持证上岗。

第五,适应市场,创新职业指导措施。市场经济条件下人才资源应由人才市场来配置,高校职业指导也不能仅仅停留在过去毕业前的讲座、推荐及信息介绍方面,必须与时俱进、相应调整创新。实践中的职业指导措施有多种,大致可以归纳为八个方面:①实施全学程职业指导。将职业指导纳入人才培养计划,定目标、定任务、定措施,从新生入学开始到毕业离校,分阶段分层面进行职业教育指导。②抓好就业教育。要特别强调理论与实践结合的就业教育,做好职业道德、团队精神与敬业精神的教育。③开展职业知识讲座。除由本院的教授举办讲座外,还请企业的人事部经理、政府人事部门的负责人、人力资源研究专家,以及过去的毕业生等人士来校为学生举办就业与创业辅导讲座。④利用校园电台、电视台、简报等媒体为毕业生提供就业信息咨询,开展指导。⑤办好供需见面的双向选择会。广邀用人单位来校内面试招聘,让学生直接在现场招聘活动中受到教育、得到启迪和指导。

⑥组织学生参加校外的招聘活动,到用人单位顶岗实习,参加竞聘,在实践中得到锻炼和指导。⑦办好职业指导网。搭建网上职业指导平台,让学生学会在网上求职,开展网上职业指导活动等。⑧对已毕业就业的往届毕业生进行跟踪调查与服务。通过邮件、信函、调查表等方式与往届毕业生保持联系,既为需要服务的毕业生提供信息指导服务,又可以获得第一手信息资料,从而不断改进职业指导工作。

拓展阅读

高校职业指导教师的能力培养①

职业指导,作为一种社会服务方式,不仅要求职业指导人员具有满腔热情和奉献精神,并且还要懂得本专业理论,学会运用科学、规范的职业指导技术与方法。具体到高校的职业指导,首先要使学生对社会的职业状况有一个相对全面和正确的了解,了解各种产业、行业、职业对从业人员共同的基本要求和不同的具体要求。通过职业指导,培养学生理智的职业意识,形成客观的职业理念,纠正就业过程中的行为偏差。其次,对学生所学专业相对应的职业群有一个清醒的认识,如职业群的地位、作用和社会价值,组成职业群的具体职业有哪些构成要素等,并在此基础上培养职业兴趣,树立职业理想。就业指导就是要帮助学生树立正确的就业理想,主动适应未来从事的职业需要,不断提高自身素质,实现人生的最大价值。

一、职业指导教师存在的问题

目前职业指导教师存在的问题有:与形势脱节,职责不清;就业指导的方法落后、手段简单;职业指导的机构和队伍不完善;等等。

二、职业指导教师应具备的能力

当前的自由择业,成为大学生毕业、就业的主要趋势,在调查中,尽管85%的受调查学生都认为就业是自己的责任,但仍有近70%的学生希望通过学校推荐就业。考查学校的就业率,成为衡量学校专业设置、教学质量、学生质量和学校公信力的一个指标。就业率已经在某种程度上成为评价一所大学教育办学成功的标准之一,如何避免将就业率指标放在不恰当的位置上,导致在专业设置和学生全面素质培养方面的急功近利以及功利、浮躁的职业指导,提高职业指导教师的能力势在必行。

从国外的职业指导教师培训的实践来看,一个教师如果想成为专业职业指导教师,必须具备以下10个方面的能力和学识:①职业发展理论:该理论基础和知识是专业人员进行职业指导和发展的基本素质要求;②个人和群体指导技能:个人和群体指导能力是有效进行职业指导的必要条件;③个人和群体评估:个人和群体的评估能力是专业指导员进行职业指导的必要条件;④信息和资源:信息和资源基础与知识是专业人员进行职业指导的必要条件;⑤项目管理和实施:这是在不同环境下对综合性职业发展项目进行开发,计划实施和管理的必备技能;⑥咨询:这是使个人和组织能够有效影响职业指导和发展过程的

---

① 朱薇薇.浅谈高校职业指导教师的能力[J].成都电子机械高等专科学校学报,2006(2):60~62.

基本知识和技能;⑦特殊群体指导:这是指向特殊群体提供职业指导和发展过程指导的基本知识和技能;⑧监督:这种知识和技能也是必备的,能够准确地评估职业指导员的工作,能够维持提高专业技能,在必要时为他人寻求职业指导方面的帮助;⑨道德和法律:这是指在进行职业指导中,处理道德和法律问题的信息基础和知识;⑩研究和评价:这是指在职业指导和发展方面理解并进行研究和评价的基本知识和技能。

结合上述理论和当前高等专科学校就业工作的实际及社会职业的现实情况,对于职业指导教师而言,需要特别注意培养的能力有:

(1)全程教育的能力;

(2)指导实践活动的能力;

(3)提供"一对一"服务的能力。

三、职业指导教师能力的培养

在我国,早在1994年,劳动部颁发了《职业指导办法》,规定各类职业介绍机构开展职业指导工作时,应配备专(兼职)职业指导员,向劳动者和用人单位提供指导和服务,以就业指导为重点的职业指导成为当前我国教育的重要组成部分。但在高等学校中,职业指导目前仍处于初步发展阶段,运作方式及发展现状很不均衡。大学生在求职时接受职业指导意识淡薄,职业指导人员多为"兼职",综合素质、理论与工作水平欠缺。

职业指导教师在加强自身理论学习和对就业形式的了解,多调研、多实践外,还应结合应有的职业道德、就业与职业发展、相关法律法规、职业咨询基础、职业素质测评、职业生涯设计等指导内容的要求,进行以下几方面工作能力的培养:

(1)掌握职业指导、职业咨询技术、职业生涯规划等理论和职业指导技术的具体实践方法,这些是各类职业指导人员开展工作的必备基本能力。

(2)针对高校职业指导的具体实际,高校的职业指导教师还应该掌握大学生职业生涯规划实用技术,结合大学生心理特征的职业心理测验的方法和职业素质测评。

(3)就业指导与就业信息分析,学习并掌握利用先进计算机信息管理技术收集和处理就业信息的能力,对指导项目进行组织与管理。

(4)营造良好的服务关系,职业指导服务技术包含对学生和用人单位两方面的内容。在针对学生指导方面,建立良好的咨询关系对顺利实施指导有重要作用。职业指导人员应真诚相待并察言观色,深入了解求职者的内心世界,使求职者真正从内心放松,畅所欲言,与职业指导人员交融在一起,这样会为了解问题的症结,促进问题的解决提供良好的前提。同时作为一种咨询人员,较强的亲和能力、说服表达能力是必不可少的。在谈话中,具备敏感、温和的气质,同时练就较强的文字描述和出色的口才。

以上能力培养的要求除了自学达成外,高校应该给从事职业指导的教师提供相关的培训,增加相互交流的机会,真正地提高高校职业指导教师的实际工作能力。

第六,以就业为导向,改进培养模式。职业指导作为人才培养的一个环节是不可忽视的。那么,在整个人才培养过程中如何体现职业指导?出路就在改革传统的人才培养模式。①改革专业设置。专业设置与建设应以社会经济结构和产业结构的调整趋势为导向,并适度超前,绝不能单纯以校内现有什么教师和设备设施为依据。②改革招生模式。招生计划的拟定应以人才市场的需求为依据,招生政策的制定和实施、生源的组织,都应紧紧围绕人才市场进行。③改革教学内容。按照社会职业岗位群对知识和技能的需要设置课程及教学内容,确保人才培养规格符合将来岗位的要求。④改革教学教法。教学应在保证学生基本理论够用和可持续发展的前提下,突出将来适应职业岗位的需要,那么在教法上就要特别强调理论与实践的结合,以便学生获得就业必需的工作技能。⑤改进学生思想教育,强化职业道德教育、敬业精神教育、团队精神教育和协作精神教育。⑥加强职业指导教育。将职业指导课作为学生的必修课,要有教学计划、课时和学分等,让职业指导系统化,学生掌握牢固的求职、就业与创业的系统理论知识和技能技巧,毕业后能得心应手地驰骋于职场。

拓展阅读

"职业指导"系列讲座[①②③④⑤⑥⑦]

"职业指导"系列讲座(一):
职业指导的概念与基本内涵

一、职业与职业指导

"职业"是指在业人员所从事的有偿工作的种类,是有劳动能力的人为生活所得发挥个人能力并为社会做贡献的持续性活动。职业种类、内涵、功能与社会发展的阶段性和生产力水平高低有着密切关系,整个社会的协调运行与持续发展,依托于所有职业岗位的有效运转和所有在岗人员在时间、智慧、精神、才能与体力上的付出。

职业指导是帮助学生和社会求职者了解社会就业形势与当前就业状况,了解社会人才需求和有关人事与劳动政策法规,认识自己的职业志趣、职业能力与个性特点的过程;是运用职业评价分析、调查访谈、心理测量等方法和手段,依据市场人才供求,按照求职择业者个人条件与求职意愿以及单位用人要求,提供咨询、指导和帮助,实现人职合理匹配的过程。

二、职业指导的目标、分类与内涵

职业指导的总体目标是通过信息交流、咨询指导、教育和就业帮助等多种方式,达到人职匹配,使社会人力资源有效开发,合理配置,发挥最大效益,促进社会整体发展。

---

① 柳君芳.职业指导的概念与基本内涵[J].北京成人教育,2000(1):15~16.
② 柳君芳.我国职业指导的历史沿革与发展[J].北京成人教育,2000(2):12~13.
③ 柳君芳.学校职业指导的具体内容和方法[J].北京成人教育,2000(3):12~13.
④ 柳君芳.学校职业指导的活动设计和学校的创业教育[J].北京成人教育,2000(4):13~14.
⑤ 柳君芳.国外职业指导理论概述(一)[J].北京成人教育,2000(5):14~15.
⑥ 柳君芳.国外职业指导理论概述(二)[J].北京成人教育,2000(6):10~11.
⑦ 柳君芳.国外职业指导理论概述(三)[J].北京成人教育,2000(7):9~10.

1. 社会职业指导。社会职业指导是依据劳动力市场供求状况,为社会各阶层求职择业者提供咨询、指导和帮助,同时也为用人部门提供劳动力市场信息和协助人员招聘,通过运用各种有效手段,引导就业、促进就业和援助就业,实现社会人职匹配的过程。

2. 学校职业指导。学校职业指导是根据学生培养目标和学校教学特点,学习职业知识,了解国家就业政策和社会就业形势;帮助学生结合自己身心特点与具体条件选择升学或就业途径;引导学生以社会实际需求调整就业期望值,努力提高全面素质,主动增强综合能力,适应社会发展的教育过程。

"职业指导"系列讲座(二):

我国职业指导的历史沿革与发展

一、我国职业指导的历史沿革

我国早期职业指导始于20世纪初,据文献资料,1916年清华大学校长周寄梅先生初创职业指导。我国最早倡导职业指导的社会团体是中华职业教育社。

由于我国20世纪三四十年代的内忧外患等种种原因,无力深入进行职业指导研究与具体实施。新中国成立以后,我国实行计划经济体制,人员统包统分的配置和使用制度,使职业选择和人员流动的余地极其有限。所以,中国的职业指导工作中断了相当长一段时间。

直到十一届三中全会以后,我国经济体制逐步由计划经济向社会主义市场经济体制过渡,在改革开放的方针指引下,经济发展突飞猛进,社会发生了巨大变化。随着经济体制变革,劳动人事制度、企业全员合同制、社会人才招聘制度、各级学校毕业生就业制度等改革力度不断加大。

二、现阶段职业指导的法律依据

一般来说,某项事业的发展逐步形成一定规模,同时又反映社会与人民群众的要求,就会引起有关行政部门的关注并作出相应指示,以法定文件加以支持。从教育部门来说,原国家教委基础教育司于1994年9月13日下发了"关于印发《普通中学职业指导纲要(试行)》的通知(教基司〔1994〕40号文件)",要求各省、自治区、直辖市教育委员会,教育厅(局)加以实施,《九年义务教育全日制小学、初级中学课程方案》指出在初中阶段设置"职业指导课",《现行普通高中教学计划的调整意见》中也明确提出了开设"职业指导课"的要求。还指出这是适应社会主义市场经济体制的建立,深化基础教育改革的需要。

为提高职业指导人员业务素质,促进劳动力市场建设,规范管理,1999年国家劳动与社会保障部制定了职业指导人员的国家职业标准,并编写了配套的培训教材。于1999年9月17日下发《关于开展职业指导人员职业资格培训和鉴定工作的通知》(劳社培就司发〔1999〕62号文),拟定于1999年12月在部分地区开展职业指导人员职业资格鉴定试点工作。通过试点,在总结经验的基础上,从2000年5月起,在全国范围内开展职业指导人员职业资格培训和鉴定工作。实行全国统一标准、统一教材、统一命题、统一考务管理、统一证书。鉴定合格者,由省级以上劳动保障行政部门按照有关规定办理相应的职业资格证书。

同时,附件有《职业指导人员职业资格培训指导意见》(试行)、《职业指导人员职业资格统一培训大纲》(试行)、《职业指导人员职业资格鉴定实施细则》(试行)。从此社会职业指导人员队伍将走上科学化、规范化管理的轨道。

三、学校职业指导研究与教学

在学校职业指导研究方面,我国"七五""八五""九五"期间都专门立题进行了实验教学研究和教材开发,为学校开展职业指导工作及开设职业指导课程做了研究探索和基础性工作。近年来各级各类学校毕业生就业制度的改革和毕业生就业面临的种种困难,迫使学校不得不注重职业指导工作的开展,毕业生就业指导普遍开展起来,农村创业指导也受到重视。

许多学校根据本学校生存发展的需要,自主开展了职业指导教学工作。十几年来,不少省市开发了适合本地区的职业指导教材,进行了大量的教学试验工作。

"职业指导"系列讲座(三):
学校职业指导的具体内容和方法

一、学校职业指导的重点内容

学校职业指导应重在育人,首先要把培养全面发展的人才放在第一位,提高学生全面素质和综合能力。通过职业指导,任何一级教育层次和机构培养出来的学生,都能够较好地适应社会对劳动者的多种需求,在观念、期望值和行为方面进行全方位调整,较顺畅地从学校环境步入职业社会,融入各行各业,成为有理想、有目标、有创造力的积极向上的劳动者。

在当前经济体制改革和用人机制调整较为迅速的时期,学校的职业指导还担负着为毕业生寻找出路、推荐就业、联络用人部门、提供职业信息等任务。但是,随着社会职业介绍机构功能的完善和社会职业指导与就业服务的深入,毕业生的就业工作将逐步过渡到由社会职介机构来承担。从这个角度来看,学校职业指导内容的重点还应该是以育人为主,如果学生在校期间的职业指导有显著效果,毕业时就水到渠成了。

二、中等学校职业指导的具体内容

主体形式是以开设课程为主,职业指导课程是在教材开发的基础上进行的。实践证明,没有开设课程的职业指导比较松散,缺乏科学性与系统性,而且随意性很强。如果指导者没有经过有关学习与培训,严格说是不能担任职业指导工作的。教材是学校职业指导教学主要参照的依据。

现以全国教育科学"九五"规划教育部重点课题总课题组组织编写的中等职业学校职业指导实验教材为例,介绍职业指导教材理论框架和具体内容。

全部课程分为六个教学模块,分别是:

①社会与职业;

②职业资格与证书制度;

③认识自我、认识专业、做好准备；

④求职方法与策略；

⑤工作过渡与职业适应；

⑥创业教育与指导。

通过全部内容的学习与训练，学生能进一步发掘自身潜力，为步入社会和职业领域做好准备。

"职业指导"系列讲座(四)：
学校职业指导的活动设计和学校的创业教育

1. 开拓创业是时代的要求

创新决定着一个国家和民族的综合实力和国际竞争力，创新意识和创造能力是民族生存发展之魂。要缩短中国与发达国家在经济特别是在知识经济发展方面的差距，提高整个民族的创新能力是当务之急。

时代发展的节奏越来越快，经济全球化的程度越来越高，人口和资源问题加剧了社会就业的严峻性。因此，从微观上来说，每个人都必须具备全面的素质和完善的人格，强调创新精神和创业实践，不断突破自我，一步一步通过职业生涯设计，追求更高层次的发展。可以说，开拓创业的能力和创新才能，是个人最具价值的能力。培养高素质人才，特别是把培养创新能力和创造精神放在突出地位，是当今教育亟待改革的重点问题，是未来教育发展的主要模式，也是整个社会发展和进步的共同要求。

创业教育的模式正处于探讨和试点当中，不少省市开始对创业教育进行教学实验，同时努力向各个学科的教学渗透。一些学校还开设了小企业开发课程，例如小餐馆、小农场、小百货、小美容厅或小型运输、营销代理等。创业教育课程的开发，对于城市、城郊接合部以及农村解决毕业生就业与分流富余劳动力都具有积极的促进作用。

2. 创业教育对创业者知识储备、综合能力、心理素质培养的构架

针对创业者的培养目标，创业教育应以学生为主体，以能力培养为前提，以创业者综合素质提高为重点。创业者的知识储备、综合能力和心理素质的基本构架至少应涵盖下列特性：

自我意识——个人特性：创新意识与自尊自信；创业目标与决策判断；善于学习与善抓机遇；果敢负责与顽强坚韧；心理调整与控制。

社会意识——人际特性：人际交往与合作；信誉与洽谈技巧；有效交流、说服和影响他人；社区观念与环境意识。

专业能力——技术特性：信息采集与有效应用；专业技能、行业资格与相关经验；政策法规与金融财税；科技开发与形象设计。

运作能力——实践特性：创业起步与扩展；生产经营、管理与组织协调；风险意识与应对；市场开发利用；破产与退出策略。

"职业指导"系列讲座(五):

国外职业指导理论概述(一)

一、美国的职业指导

1. 美国职业指导的创立

美国是开展职业指导最早的国家。美国底特律中央中学杰西·戴维斯在1898年就开始实施教育咨询和职业咨询,在咨询中,他强调了职业信息的重要性并为学生提供就业信息。同时,他还强调艰苦工作的道德价值,进行职业道德教育。

美国在更大范围内倡导职业指导并做出贡献的代表人物是弗兰克·帕森斯,他是美国波士顿的律师兼铁路工程师。由于他热衷于社会改良运动和帮助青年选择职业,于1901年在波士顿市建立了公民服务机构,并制订了帮助青年和移民寻找职业的计划。

1908年在帕森斯领导下,创立了第一个职业局,即波士顿职业局,他任该局第一任局长。这个职业局是波士顿公民服务机构的一部分,其最初和最重要的目的是为年轻人谋求新工作,不仅服务于已获得工作的年轻人,而且服务于在激烈的社会变革中失业的年轻人。

帕森斯去世后,职业局的领导权交给了梅厄·布鲁姆菲尔德,他是美国"国家生涯发展协会"的第三任主席。他使用帕森斯的模式,在他的书里提出纲要:"选择职业",并于1911年在哈佛大学设计并教授了在职业指导方面的第一门课程。

2. 美国职业指导的发展

从美国发展职业指导的历史背景来看,生涯咨询的产生及发展出现于社会变革较大的时期。

美国生涯发展的第一阶段(1890—1919),产生职业咨询定位服务,服务于不断城市化和工业化的社会。第二阶段(1920—1939),通过初等和中等学校进行的教育指导成为焦点。第三阶段(1940—1959),焦点转向学院、大学及对咨询人员的培训。第四阶段(1960—1979)是职业咨询的兴盛时期,工作对于人们的生活来说已经很具有意义,人们对工作的观点、看法已成为最重要的内容,系统性的职业咨询发展开始于这个时期。第五阶段(1980—1989),是工业时代向信息时代过渡的开始时期。这一时期,职业指导实践独立进行,高级生涯咨询也有所发展。第六阶段(1990—现在)人们开始重视技术和不断变化的人口状况,这一阶段,人们对技术的应用不断复杂化,职业指导也走向国际化,多元文化职业指导开始产生。从学校到工作的过渡成为焦点。

美国第一个为职业指导设立标准的是"国家生涯发展协会"。标准包括:(1)能够开设职业指导的标准;(2)职业指导资料的标准;(3)对职业指导员的培训标准;(4)职业指导机构的标准。原"国家职业指导协会"于1982年颁布的"职业指导水平",是"国家职业指导协会"制订的生涯指导员资格证书的初期形式。获得"国家注册生涯指导员资格证书"除了通过考试(国家生涯指导员考试)以外,还需要具备丰富的学术知识和经验。接着,在1983年建立了全国生涯指导员制证委员会,按照"职业指导水平"规定的一系列能力的具体要求,设立了国家职业指导员考试,该考试于1984年在得克萨斯休斯敦的AACD中心第一次举行。自此,全国注册职业指导证书成为全国注册指导委员会的第一个专业证书。

3.美国职业指导有代表性的理论

早期以弗兰克·帕森斯创立的"特性—因素论"为代表,该理论在西方国家职业指导中一直处于主导地位。当代以约翰·L.霍兰德创立的"人格—职业类型匹配理论"为代表。

"职业指导"系列讲座(六):
国外职业指导理论概述(二)

二、德国的职业指导

1.发展简况

德国职业指导工作有着突出的本国特色和悠久历史。根据联邦德国《劳动促进法》的规定,政府一切有关社会经济政策方面的任务均由联邦劳动局贯彻执行。该局主管的七大项主要工作之一就是职业咨询服务。

职业指导在德国经过多年的发展趋于完善,现在已经形成一整套社会职业咨询与职业指导体系。布满全国每一个社区的职业咨询网络,正在以内容丰富、形式多样、现代化的信息手段,有效地为青少年、社会求职者、转岗人员提供咨询服务。

2.职业指导与咨询的具体实施

德国对社会求职者和青年毕业生提供的职业咨询服务体系十分完善,包括对初中在校生和毕业时选择培训企业和职业培训岗位的"双元制"学徒,都有专门人员对他们实行免费咨询服务。

一般说来,德国劳动部门针对个人的职业指导与咨询有三种方式,一是咨询者到劳动局预约时间,预约后按时到劳动局接受1小时职业咨询,最好事先排出问题的顺序,按自己的想法提出问题。如果一次解决不了,可以约时间再来。二是在劳动局固定的时间内来咨询,方法同上。三是劳动局职业指导与咨询人员定期到学校为学生进行职业咨询。这种方式除了个别咨询以外,还有小组咨询的模式,如果5、6个人对同一职业有兴趣,劳动局则专门派遣熟悉该专业、职业的人员负责为学生提供咨询。

3.德国职业咨询人员的培训途径、资格和能力要求

德国职业指导与咨询专家曼海姆大学教授Ertelt博士在1998年来华讲学时,介绍了德国职业咨询人员的培训途径、资格和能力要求。

德国对职业指导与咨询人员的培养和资格要求十分严格。一个德国公民能有机会专门从事职业咨询工作,不仅是职业稳定的国家公务员,而且由于这项工作有较强的社会公益性和体谅他人与助人的高尚精神,也受到社会的普遍尊重。因此,很多青年人踊跃报名,愿意投身于这项工作。全国仅有一所大学即"德国联邦行政管理专业高等学院"专门培养此种专业学生。该学院此专业的招生比例为10∶1。

成为专业的职业指导与咨询人员,一般有两个途径,一是高中毕业后参加"双元制"职业培训两年,专业可以是商业、服务或技术工种,再在职业岗位实际工作两年,才具备申请资格。然后经过劳动局的挑选,先与劳动局签订合同,再到上述高等学院学习,入学年龄一般28岁左右,经过三年严格的学习和训练,考试通过后获得学历证书,才具有专业职业

指导与职业咨询资格。二是高中毕业后进大学学习管理,毕业后在劳动局工作两年以上,再接受劳动局的培训课程,学习与训练合格后结业,可具备职业咨询工作者的资格,但没有学历证书。

4. 德国的职业指导与咨询对经济发展的促进

德国在职业指导与咨询方面投入很大,为什么?因为学校教育需要,青年人求职需要,成年人转岗再就业需要,企业部门人事管理也需要,也就是说,整个社会都需要,要服务的对象太多了。如此重视这项工作的深刻的经济原因,是德国资源匮乏,只能通过提高劳动生产率来提高工作效率和经济效益,唯一的资源就是高素质的人才。

在德国,参加培训、参加进修要依靠职业咨询,介绍职业、选择职业也首先进行咨询。对学校的职业咨询,可以以社会的反馈信息为参考,帮助学校调整教学计划。社会就业状况可以通过职业咨询反馈给转岗或再就业人员,还可以帮助培训机构和个人调整再就业培训计划,通过解决就业问题促进经济发展和社会稳定。

"职业指导"系列讲座(七):

国外职业指导理论概述(三)

三、日本的职业指导

1. 发展简况

日本劳动界和教育界十分重视职业指导。社会的职业介绍与职业指导是公益性和福利性事业,是作为保障国民劳动权利、稳定职业和社会生活的主要基石之一。日本政府于1921年制定并颁发了《职业介绍法》,取缔和禁止一切以营利为目的的职业介绍机构和活动,明确市、街、村的职业介绍所为公共事业单位,业务活动经费由国家补助。1938年职业介绍所改称为职业指导所。

第二次世界大战以后,日本的职业介绍事业进入了一个新的历史时期,1947年颁布了《劳动基准法》和《职业安定法》。在以后的发展中,职业指导所主要执行了下列任务:一是为求职者提供有关的职业信息;二是对求职者进行职业适应性检查,以使求职者发现、了解自己的职业适应性;三是对已经就业的人员进行如何适应职业岗位的指导。

2. 日本学校的职业指导

学校里的职业指导称为出路指导。日本的职业指导基于日本的雇佣惯例,大企业中的雇佣惯例有应届毕业生的录用、企业内教育培训、终身(长期)雇佣三种,并且形成不可分割的一整套体系。

日本《职业介绍法》第25条第3款对公共职业介绍所和学校之间的合作有明确规定,即公共职业介绍所所长可以让学校的校长分担部分公共职业介绍所的业务,准许学校进行如下6项业务工作:

1. 受理招聘申请并与职业介绍所联络;
2. 受理毕业生的求职申请;
3. 将求职者介绍给招聘者;

4. 进行职业指导；

5. 进行就业后的指导；

6. 就公共职业能力开发设施到职业介绍所斡旋。

在第33条第2款1项中认可高中生也同大学生、大专生、高专生、专修学校的学生一样，可免费接受职业介绍工作。

日本学校的职业指导，特别是高中阶段职业指导的重点是"如何使学生纳入应届高中毕业生劳动市场的就业机制"并加以实行。即从学生上高中时就要开始描绘高中毕业后的出路，这项工作要贯穿在高中就学的整个期间，使职业出路的希望具体化。学生的就业希望越明朗越好，这样才可能通过高中的职业介绍变为确切结果。应届毕业生劳动市场的就业如前所述，在选择工种与选择企业中，人们更注重选择企业。为了确保稳定的雇佣，结果就把自己的职业生涯与企业的雇佣管理方针联系起来。

随着社会、经济结构的变化，日本的雇佣惯例发生了很大动摇，也影响到应届毕业生劳动市场。现在的应届毕业生劳动市场已经使经由这个途径就业的青年人增加了选择。但是目前日本学校的职业指导最大的问题是，对不经由应届毕业生劳动市场的青年人就业没有准备从理论和方法上给予支援。

四、国际职业指导发展新趋势

国际职业指导发展的新趋势有：

1. 服务的广泛与高度组织化；

2. 计算机辅助测量与多媒体的应用；

3. 职业指导理论与实践中的多学科交叉应用；

4. 教育与社会、教育与劳动、教育与就业联系的加强；

5. 注重提高职业指导与咨询专业人员的素质和队伍建设。

高素质的专业的职业指导队伍，是搞好职业指导工作的关键。各国都已经建立了职业指导专业人员的考核标准和健全了职业指导专业人员的培养途径，只有在严格的资格认定后，才能从事职业指导工作。我国职业指导人员的资格考核和认定也已经开始，这是提高我国职业指导工作水平和与国际接轨的重要步骤。

【思考题】

1. 职业指导是什么？请简要概括其内涵。
2. 请简要回顾我国当代职业指导的发展历程。
3. 职业指导包括几个层面的内容？不同层面的职业指导各有什么特点？
4. 开展职业指导需要坚持什么原则？
5. 如何实现科学而有效的职业指导？

参 考 文 献

著作类：

[1] 陈元晖主编.中国近代教育史资料汇编：学制演变[M].上海：上海教育出版社，2007.
[2] 邓泽民著.职业教育教学论[M].北京：中国铁道出版社，2011.
[3] 顾明远主编.教育大辞典[M].上海：上海教育出版社，1991.
[4] 顾明远主编.教育大辞典（增订合编本上）[M].上海：上海教育出版社，1998.
[5] 国家教委职业技术教育司，国家教委政策法规司组织编写.中华人民共和国职业教育法释义[M].北京：红旗出版社，1996.
[6] 国家教委职业技术教育中心研究所编著.职业技术教育原理[M].北京：经济科学出版社，1998.
[7] 胡迎春主编.职业教育教学法[M].上海：华东师范大学出版社，2010.
[8] 黄艳芳主编.职业教育课程与教学论[M].北京：北京师范大学出版社，2010.
[9] 黄尧主编.职业教育学——原理与应用[M].北京：高等教育出版社，2009.
[10] 黄政杰，李隆盛主编.技职教育概论[M].台北：台湾师范大学书苑出版社，1996.
[11] 纪芝信主编.职业技术教育学[M].福州：福建教育出版社，1995.
[12] 姜大源著.职业教育学研究新论[M].北京：教育科学出版社，2007.
[13] 姜大源主编.当代德国职业教育主流教学思想研究[M].北京：清华大学出版社，2007.
[14] 江山野编译.简明国际教育百科全书·课程卷[M].北京：教育科学出版社，1991.
[15] 蒋乃平主编."宽基础、活模块"的理论与实践[M].宁波：宁波出版社，1999.
[16] 教育部职业教育与成人教育司.教育部职业技术教育中心研究所编.中等职业教育教学改革理论与实践研究[M].北京：高等教育出版社，2008.
[17] 李秉德著.教学论[M].北京：人民教育出版社，1991.
[18] 李强主编.职业教育学[M].北京：北京师范大学出版社，2010.
[19] 李森著.现代教学论纲要[M].北京：人民教育出版社，2005.
[20] 李向东，卢双盈主编.职业教育学新编[M].北京：高等教育出版社，2005.
[21] 刘兰明著.高等职业技术教育办学特色研究[M].武汉：华中科技大学出版社，2004.
[22] 罗崇敏著.教育的智慧[M].北京：人民出版社，2010.
[23] 马建富主编.职业教育学[M].上海：华东师范大学出版社，2008.
[24] 门振华编著.职业技术教育概论[M].重庆：重庆大学出版社，1998.
[25] 米靖著.现代职业教育论[M].天津：天津大学出版社，2010.
[26] 石伟平著.比较职业技术教育[M].上海：华东师范大学出版社，2001.
[27] 孙培青主编.中国教育史[M].上海：华东师范大学出版社，2009.
[28] 王策三著.教学论稿[M].北京：人民教育出版社，1985.

[29] 王杰恩,王友强主编.现代职业技术教育:理论与实践[M].济南:山东大学出版社,2007.
[30] 徐国庆著.职业教育课程论[M].上海:华东师范大学出版社,2008.
[31] 杨鄂联著.职业教育概要[M].上海:世界书局,1929.
[32] 张明兰,丁详坤编著.优化课堂教学方法丛书:教学方法运用技能[M].北京:中国人事出版社,1998.
[33] 张云生主编.职教名校长耕耘录[M].上海:上海三联书店,2008.
[34] 中国大百科全书出版社编辑部编.中国大百科全书·教育[M].北京:中国大百科全书出版社,1986.
[35] 中国大百科全书出版社编辑部译编.简明不列颠百科全书(8)[M].北京:中国大百科全书出版社,1986.
[36] 中国大百科全书出版社编辑部译编.简明不列颠百科全书(9)[M].北京:中国大百科全书出版社,1986.
[37] 朱德全,张家琼主编.职业教育课程与教学论[M].重庆:西南师范大学出版社,2010.
[38] [日]细谷俊夫著,肇永和、王立精译.技术教育概论[M].北京:清华大学出版社,1984.
[39] [原苏联]孔德拉秋克著,李子卓译.教学论[M].北京:人民教育出版社,1984.
[40] [法]爱弥尔·涂尔干著,渠东译.职业伦理与公民道德[M].上海:上海人民出版社,2006.
[41] [瑞典]T.胡森,[德]T.N.波斯尔斯韦特主编.教育大百科全书(4)[M].重庆:西南师范大学出版社/海口:海南出版社,2006.

论文类:

[1] 白光泽,邢燕.职业教育教师专业化发展内涵嬗变研究[J].职教论坛,2010(25).
[2] 白汉刚,苏敏.中国职业教育体系的演化历程[J].中国职业技术教育,2012(18).
[3] 保承军,岳桂杰,徐宏彤.我国职业教育兼职教师政策分析与建议[J].高教论坛,2014(2).
[4] 曹晔.我国职业教育"双师型"师资的内涵与发展趋势[J].教育发展研究,2007(19).
[5] 曹照洁.论当代大学生新型职业伦理知识的构建及其实现策略[J].中国成人教育,2013(12).
[6] 查吉德.改革开放30年来职业教育培养目标的政策分析[J].中国职业技术教育,2013(3).
[7] 陈蓉.职业生涯教育:提高高职学生职业适应能力的突破口[J].职业教育研究,2009(8).
[8] 陈宇杰.对泰勒目标模式评价的认识与反思[J].考试周刊,2009(30).
[9] 崔宜明.韦伯问题与职业伦理[J].河北学刊,2005(4).
[10] 邓风.CIPP评价模式在实践教学评价中的应用探讨[J].中国科技信息,2011(24).
[11] 邓英剑、刘忠伟.国内外职业教育教学模式的比较分析[J].中国冶金教育,2011(5).

[12] 邓泽民、陈庆合、郭化林.借鉴 CBE 理论,构建适合中国国情的职教模式[J].河北科技师范学院学报(社会科学版),2002(4).

[13] 邓泽民、陈庆合.高等职业技术教育教学模式的比较与创新研究[J].职教论坛,2002(20).

[14] 翟轰.德、澳、中三国职业教育体系的对比[J].中国职业技术教育,1998(3).

[15] 樊国华、李加棋、商丽媛.国外高等职业教育教学模式分析及启示[J].理论导报,2010(11).

[16] 范小振.校企合作深化产学研结合教学模式改革的探索与实践[J].沧州师范专科学校学报,2006(2).

[17] 冯春梅、孟祥坤.新形势下职业教育教师素质结构探析[J].齐齐哈尔师范高等专科学校学报,2013(4).

[18] 冯林、徐循、赵维俊、王凤英、尹平凡.推广产学研教学模式的实践[J].中国大学教学,1998(3).

[19] 高松.德国双元制职业教育专业设置及对我国的启示[J].职业技术教育,2012(19).

[20] 葛桦.公民社会视域下职业伦理的蕴涵、范式与进路[J].济南职业学院学报,2010(2).

[21] 郝超、蒋庆斌.试论高职教育项目课程的基本内涵[J].中国高教研究,2007(7).

[22] 和震.联合国教科文组织"朝向可持续性的职业教育教师教育:可持续发展教育国际会议"综述[J].职教通讯,2007(11).

[23] 贺来.现实生活的辩证觉解与"哲学立场"的确立[J].人大复印报刊资料(哲学原理),2000(4).

[24] 贺文瑾."双师型"职教教师的概念解读(上)[J].江苏技术师范学院学报(职教通讯),2008(7).

[25] 贺文瑾."双师型"职教教师的概念解读(下)[J].江苏技术师范学院学报(职教通讯),2008(8).

[26] 胡育.CIPP 评价模式简介[J].上海教育科研,1987(1).

[27] 姜大源.论职业教育课程的基本特征与课程观[J].课程·教材·教法,1997(8).

[28] 姜大源.世界职业教育课程改革的基本走势及其启示——职业教育课程开发漫谈[J].中国职业技术教育,2008(27).

[29] 姜大源.构建现代职业教育体系需把握三个基本问题[J].广州职业教育论坛,2012(1).

[30] 姜大源.职业教育教学思想的整体说[J].中国职业技术教育,2006(13).

[31] 姜大源.职业教育教学思想的设计说[J].中国职业技术教育,2006(16).

[32] 姜大源.职业教育教学思想的结构说[J].中国职业技术教育,2006(19).

[33] 姜大源.职业教育教学思想的职业说[J].中国职业技术教育,2006(22).

[34] 蒋庆斌、徐国庆.基于工作任务的职业教育项目课程研究[J].职业技术教育,2005(22).

[35] 教育部.关于全面提高高等职业教育教学质量的若干意见[J].中华人民共和国教育

部公报,2007(5).
[36] 教育部.关于全面提高高等职业教育教学质量的若干意见[J].中国职业技术教育,2007(1).
[37] 教育部.关于全面提高高等职业教育教学质量的若干意见[J].云南教育(视界时政版),2007(1).
[38] 教育部.关于全面提高高等职业教育教学质量的若干意见[J].卫生职业教育,2008(8).
[39] 金戈.职业教育教师应具备的素质结构[J].黑龙江教育学院学报,2009(11).
[40] 金启东.试论职业教育教学改革当代理念[J].职教论坛,2007(10).
[41] 鞠荣祥,尹铁林.构建职业教育结构体系的基本原则[J].科学与管理,2006(3).
[42] 耿春霞.裴斯泰洛齐的职业教育思想与实践[J].教育与职业,2012(16).
[43] 宫雪.改革开放以来我国职业教育教师政策研究[J].中国职业技术教育,2012(21).
[44] 黎荷芳,查吉德.职业教育培养目标三要素[J].中国职业技术教育,2013(9).
[45] 李娟华.我国职业教育教师专业化探析[J].教育探索,2006(11).
[46] 李君.涂尔干职业伦理思想研究[D].河北大学硕士学位论文,2009,5.
[47] 李利、李菲、石伟平."双师型"师资队伍建设的系统思考[J].职业技术教育(教科版),2005(19).
[48] 李树峰.从"双师型"教师政策的演进看职业教育教师专业发展的定位[J].教师教育研究,2014(3).
[49] 李兴军,侯佳.中国当代职业指导发展回眸:1978~2008[J].职业技术教育,2008(34).
[50] 李修清、罗国湘.关于高等职业技术教育课程模式的评价与思考[J].桂林航天工业高等专科学校学报,2006(1).
[51] 李雪辰.职业伦理的形而上探寻——墨子职业分工论的伦理解析[J].兰州学刊,2010(11).
[52] 李雪明.浅谈职业教育教师的新角色[J].吉林教育,2012(2).
[53] 梁丹.我国中高职专业设置的有效衔接——从中高职专业目录设置、实施的角度分析[J].职教通讯,2014(19).
[54] 廖轶涵.职业与职业指导概念探究[J].中国职业技术教育,2007(15).
[55] 刘邦祥.试论职业教育中的行动导向教学[J].职教论坛,2006(2).
[56] 刘骋.任务引领型课程开发探析[J].武汉职业技术学院学报,2008(4).
[57] 刘辑元.农村职业学校中的创业指导工作[J].中国职业技术教育,1996(5).
[58] 刘鉴农.创业指导的理论依据和初步构架[J].教育与职业,1996(10).
[59] 刘婧竹、李名梁.论职业伦理建设的困境及其出路——以科研人员职业伦理为例[J].职教论坛,2013(15).
[60] 刘力.走向以学校为本位的课程发展模式——香港的课程改革计划及其所带来的困扰[J].外国教育资料,1993(4).
[61] 刘要悟.试析课程论与教学论的关系[J].教育研究,1996(4).

[62] 林开仕."双师型"教师的内涵解读与评定标准[J].福建信息技术教育,2010(4).
[63] 林颖.试论新形势下高校学生职业指导的内容和方法[J].中国大学生就业,2007(16).
[64] 柳君芳.职业指导的概念与基本内涵[J].北京成人教育,2000(1).
[65] 柳君芳.我国职业指导的历史沿革与发展[J].北京成人教育,2000(2).
[66] 柳君芳.学校职业指导的具体内容和方法[J].北京成人教育,2000(3).
[67] 柳君芳.学校职业指导的活动设计和学校的创业教育[J].北京成人教育,2000年(4).
[68] 柳君芳.国外职业指导理论概述(一)[J].北京成人教育,2000(5).
[69] 柳君芳.国外职业指导理论概述(二)[J].北京成人教育,2000(6).
[70] 柳君芳.国外职业指导理论概述(三)[J].北京成人教育,2000(7).
[71] 龙献忠,许烨,舒常春.教师职业伦理及其后现代诠释[J].大学教育科学,2012(1).
[72] 陆灈.寻找今日中国的职业伦理[J].法律与生活,2005(5).
[73] 吕红,朱德全.高等职业教育集群式课程模式与课程开发[C].2007年职业教育国际研讨会论文集.
[74] 吕鑫祥,王式正.构建我国职业教育体系的背景和依据[J].职业技术教育,2004(1).
[75] 马陆亭.中国台湾地区相对独立的技术与职业教育体系[J].辽宁教育研究,2006(6).
[76] 米靖,薛洋洋.论黄炎培对20世纪上半叶中国职业教育学科的贡献[J].职教论坛,2012(15).
[77] 苗旭,董新泽.职业选择理论与大学生就业指导[J].辽宁高职学报,2005(3).
[78] 明廷华."教学工厂":一种值得借鉴的教学模式[J].职教论坛,2007(16).
[79] 牛岩红.黄炎培"培养健全优良之分子"的职业教育培养目标[J].中国职业技术教育,2009(30).
[80] 欧阳河.试论职业教育的概念和内涵[J].职教与经济研究,2003(1).
[81] 秦福利.试论影响职业教育专业设置的因素[J].纺织教育,2009(4).
[82] 沈小碚.中国职业技术教育的产生发展及其现状述略[J].西南师范大学学报(人文社会科学版),1992(1).
[83] 束仁龙.加强教育合作,促进学生个性发展[J].中国职业技术教育,2003(34).
[84] 苏京.论多元智能理论下的职业教育学生观[J].河南职业技术师范学院学报(职业教育版),2008(4).
[85] 孙琳.对中等职业教育培养目标的再认识[J].职教论坛,2008(11).
[86] 孙琳,苏敏.中等职业教育培养目标和学制研究[J].中国职业技术教育,2008(20).
[87] 唐明.我国高等职业教育学生的基本现状[J].继续教育研究,2012(6).
[88] 唐艳辉,黄正伟.高职院校"双师型"教师队伍建设的途径[J].企业导报,2012(19).
[89] 涂平荣,姚电.孔子职业伦理思想探析[J].中北大学学报(社会科学版),2007(4).
[90] 涂三广.以就业为导向的职业教育教学评价的四个问题[J].职教论坛,2009(21).
[91] 王晟红.论职业教育教师的作用和使命[J].黑龙江教育学院学报,2010(2).
[92] 王继平."双师型"与职业教育教师专业化[J].职业技术教育,2008(27).
[93] 王珑.借鉴英国BTEC教学模式改革高职考核评价方法的浅析[J].中国职业技术教

育,2003(1).
[94] 王珑.BTEC教学模式带给我们的变化[J].中国职业技术教育,2005(1).
[95] 王珑、董刚.借鉴英国BTEC教学模式改革高职学生能力培养方式[J].中国职业技术教育,2008(19).
[96] 王小丽.中外职业教育教学模式的比较及启示[J].黄河水利职业技术学院学报,2011(1).
[97] 王学阳.如何做一名合格的职业教育教师[J].职业,2014(3).
[98] 王义澄.适应专科教学需要,建设"双师型"教师队伍[J].教材通讯,1991(4).
[99] 王玉霞.澳大利亚TAFE教学特色对中国高职院校实践教学的启示及其运用[J].当代世界,2009(3).
[100] 王云超.泰勒的目标模式———《课程与教学的基本原理》导读[J].文教资料,2011(34).
[101] 魏润源.职业教育教师应具备的心理素质[J].现代企业教育,2014(4).
[102] 吴东泰.CIPP评价模式在教学评价中的运用[J].教学与管理,2002(21).
[103] 吴国琴.现代职业教育的特点[J].考试周刊,2007(17).
[104] 肖凤祥、张弛."双师型"教师的内涵解读[J].中国职业技术教育,2012(15).
[105] 谢长法.黄炎培与穆藕初———中国近代教育家和实业家携手合作奋斗的典范[J].职业技术教育,2010(28).
[106] 邢建辉,孟庆东.试论以人为本的职业伦理观———兼谈保护企业劳动者的合法权益[J].教育与职业,2004(28).
[107] 徐国庆.职业教育课程的学科话语与实践话语[J].教育研究,2007(1).
[108] 徐国庆.职业教育项目课程的内涵、原理与开发[J].职业技术教育,2008(19).
[109] 徐涵.从制度层面看我国职业教育教师的专业化发展[J].教育与职业,2007(21).
[110] 徐佳丽.试论构建我国职业教育体系[J].江汉大学学报,1999(4).
[111] 徐平利.泛智教育:职业教育思想的萌芽[J].职业技术教育,2009(25).
[112] 徐朔.德国职业教育教师培养的历史和现状[J].外国教育研究,2004(5).
[113] 许江荣.帕森斯人职匹配理论在小学教育专业学生成长成才中的作用[J].淮南师范学院学报,2008(6).
[114] 宣以麟.任务引领型课程模式探究[J].上海教育科研,2006(10).
[115] 薛颖、冯文全、黄育云.发达国家职业教育课程改革的特点及其对我国的启示[J].内蒙古师范大学学报(教育科学版),2006(8).
[116] 杨黎明.关于职业教育的教学理念———实现教学理念从"供给驱动"逐步向"需求驱动"转变[J].职教论坛,2012(6).
[117] 杨敏恒.论产学研合作教学模式的优化及运作要求[J].江西金融职工大学学报,2008(1).
[118] 杨少琳.韦伯职业伦理思想对大学职业道德教育的启示[J].黑龙江高教研究,2011(8).
[119] 杨贤梅.加强中职生职业指导,成功转型为职业人———中职生的"职业适应期"职业

指导工作[J].考试周刊,2011(79).

[120]杨晓苏.浅谈大学生择业就业时的职业准备[J].青年研究,1998(4).

[121]叶子飘.开展产学研教学培养高职专业人才促进区域经济发展[J].高等建筑教育,2003(1).

[122]一帆.教育评价的目标游离模式[J].教育测量与评价(理论版),2013(2).

[123]易雪玲.我国高职教育目标定位演变的理性思考———《国家教育事业发展第十二个五年规划》的高职教育目标定位解析[J].中南林业科技大学学报(社会科学版),2013(2).

[124]易玉屏、夏金星.职业教育"双师型"教师内涵研究综述[J].职业教育研究,2005(10).

[125]于辉、戴娇娇.浅析我国职业教育教师专业化发展及其培养途径[J].商品与质量,2010(SB).

[126]俞飒.论高职院校职业指导的特点及作用[J].北京市经济管理干部学院学报,2004(2).

[127]张蓓.职业教育学生厌学心理问题探析[J].辽宁行政学院学报,2014(6).

[128]张成涛.职业教育培养目标新探[J].西南交通大学学报(社会科学版),2012(6).

[129]张桂荣、毕开颖、张阔.职业教育教师专业化培养体系探析[J].教育与职业,2008(24).

[130]张江林、郑天竹.TAFE教学模式对中国高职基础课改革的启示[J].中国现代教育设备,2011(23).

[131]张萍.借鉴德国双元制教学模式探索高职教育产学研合作有效途径[J].辽宁科技学院学报,2007(4).

[132]张社字.我国高等职业技术师范教育的新使命[J].江苏技术师范学院学报,2007(3).

[133]张文雯.中等职业教育教学模式研究[D],河北科技师范学院硕士研究生学位论文,2010,6.

[134]张武升.关于教学模式的探讨[J].教育研究,1988(7).

[135]赵晓雨、刘朝禄、刘灿国.任务引领型课程的建设与思考[J].职业技术教育,2009(35).

[136]郑晓梅.当代世界职业教育课程改革的特点与趋势[J].河南职业技术师范学院学报(职业教育版),2003(3).

[137]周明星,唐林伟.职业教育学科论初探[J].教育研究,2006(9).

[138]周明星等.职业教育学科论[J].中国职业技术教育,2009(24).

[139]周勇.高等职业教育教学模式研究综述[J].长沙民政职业技术学院学报,2007(1).

[140]朱薇薇.浅谈高校职业指导教师的能力[J].成都电子机械高等专科学校学报,2006(2).

[141]朱孝平."双师型"教师概念.过去、现在与未来[J].职教论坛,2008(14).

[142]朱旭平.BTEC教学模式在高职课程教学中的应用[J].中国高教研究,2004(9).

报纸类:

[1] 雷正光.构建体系还需凝聚哪些共识[N].中国教育报,2013-1-23(5).

[2] 陆震谷.职业教育应着眼学生可持续发展[N].文汇报,2007-4-30(8).

[3] 王义澄.建设"双师型"专科教师队伍[N].中国教育报,1990-12-5(3).

[4] 奚旭初.大学生需要什么样的求职指导[N].中国劳动保障报,2006-11-15(1).

[5] 袁丽英.职业教育课程评价要抓住三个关键[N].中国教育报,2009-10-12(7).

[6] 张晶.论职业伦理[N].中国高新技术产业导报,2000-8-29(7).